FE 经济贸易类

21世纪高等职业教育财经类规划教材

Economic and Trade

张东庆 ◎ 主编

张颖 黄锐 张健 吴浩波 ◎ 副主编

# 外贸单证实务

## （第2版）

Practice of Foreign Trade
Documents

U0740214

人民邮电出版社

北京

**图书在版编目（CIP）数据**

外贸单证实务 / 张东庆主编. -- 2版. -- 北京：
人民邮电出版社，2016.8（2022.7重印）
21世纪高等职业教育财经类规划教材经济贸易类
ISBN 978-7-115-43204-9

Ⅰ. ①外… Ⅱ. ①张… Ⅲ. ①进出口贸易－原始凭证
－高等职业教育－教材 Ⅳ. ①F740.44

中国版本图书馆CIP数据核字(2016)第177699号

## 内 容 提 要

　　本书立足外贸制单的工作背景，紧扣单证员所需的知识和技能，采用任务驱动模式，设计了商业发票、装箱单、运输单据、保险单据、报检单据、报关单据、结汇等各种单据的制作背景，从签订进出口合同，审核信用证，办理运输、投保、报检、报关、结汇等环节整合教学内容，构建"理论+实务+实训"三位一体的教材组织结构。

　　本书以培养应用型人才为目标，适合作为高职高专国际贸易实务、货运与报关类专业及相关专业的教材。此外，本书还可作为单证员的培训和参考用书。

　◆　主　　编　张东庆
　　副 主 编　张　颖　黄　锐　张　键　吴浩波
　　责任编辑　刘　琦
　　责任印制　焦志炜
　◆　人民邮电出版社出版发行　　北京市丰台区成寿寺路 11 号
　　邮编　100164　电子邮件　315@ptpress.com.cn
　　网址　http://www.ptpress.com.cn
　　北京七彩京通数码快印有限公司印刷
　◆　开本：787×1092　1/16
　　印张：19.75　　　　　2016 年 8 月第 2 版
　　字数：480 千字　　　2022 年 7 月北京第 7 次印刷

定价：43.00 元
读者服务热线：(010)81055256　印装质量热线：(010)81055316
反盗版热线：(010)81055315

　　"外贸单证实务"是高职高专国际贸易相关专业的专业核心课程。本书针对高职高专高素质技能型人才的培养目标，结合编者多年的外贸企业工作、国际贸易咨询和高职教学经验，博采众长，不仅吸收了同类优秀教材的精华，同时在保持第 1 版教材体系完整和内容丰富特点的基础上，适应外贸制单工作近几年的技能要求和最新发展，对内容做了更新。

　　本书体现了素质教育和能力培养的精神，注重培养学生的科学思维方法和创新能力；本书贯彻以服务企业为宗旨、以提高职业素养和技能为指导方针的原则，突出对学生应用能力的培养，把重点放在概念、结论和方法的实际应用和技能训练上。作为国际贸易的专业课，本书在内容编排上紧密结合当前外贸企业单证员工作实践中遇到的问题，重在提高学生分析问题和解决问题的能力。此外，本书注重教、学、做相结合，主张理论与实践一体化，并有针对性地采取案例研讨、任务驱动、项目导向等行动导向的教学模式，力求通过学习本书，培养和提高学生单证制作的素质和技能。

　　本书以单证制作的实践工作过程为依据，用项目、任务的形式重构了单证制作的内容体系，坚持"教学内容项目化、项目内容任务化、任务内容过程化、理论实践一体化"的教学改革方向。每个项目开始之前都设计了相关情境引入来构建模拟的制单工作背景，并要求学生边思考、边学习、边实践，重点培养学生分析问题和解决问题的能力；每个项目之后都提供了思考与练习题、实训题，这些训练既突出了主要知识点，又强调了技能训练，全方位提高了学员的制单工作素养。最后，本书还配备了来自企业的真实单据样本作为实践材料。

　　本书由安徽工商职业学院张东庆担任主编，张颖、黄锐、张键、吴浩波担任副主编。其中，张东庆编写了项目一、项目三和项目四，张颖编写了项目二和项目十一，黄锐编写了项目五和项目六，张键编写了项目七和项目八，吴浩波编写了项目九和项目十；安徽财贸职业学院的尚海燕编写了项目十二。本书在编写过程中得到了进出口公司有关单证工作人员的鼎力帮助，在此致以诚挚的谢意。

　　本书在编写过程中，参阅了大量的资料，还借鉴了一些专家学者的研究成果，在此一并表示衷心的感谢。

　　由于作者水平有限，书中难免有不妥和疏漏之处，敬请广大读者批评指正。本书作者的E-mail 是 ahbvczdq@163.com，欢迎广大读者通过邮件进行交流、探讨。

作者
2016 年 5 月

# 目 录

# 目 录

4

# 项目一

# 外贸单证的认知

## 知识目标

通过本项目的学习，使学生了解外贸单证工作的意义，单证的种类、作用，掌握单证的基本概念、进出口单证流程、外贸单证员的工作任务和职业能力等基本知识。

## 职业能力目标

能够对外贸单证工作的重要性和制单要求具有充分的认知能力。

## 情境引入

李林是一名刚走出校门的外贸专业的优秀毕业生，应聘于浙江宁波一家外贸公司。他非常渴望成为一名外贸业务员，觉得当业务员可以挣很多钱。但是刚进公司的时候，老板安排李林在单证部工作。对此，李林感到非常沮丧，他认为单证工作就是利用计算机对着合同和信用证等资料填制单据，没有大出息。试问：（1）你了解外贸业务员的主要工作内容吗？（2）如果你是他的同事，你准备如何向他解释单证员与外贸业务员的关系？

# 任务一　了解外贸单证工作的重要性

国际贸易业务是跨国界、跨市场的商品流动，要顺利完成一笔国际贸易业务，买卖双方从贸易磋商、签订合同，直到一方交货装运，另一方提货缴款的整个过程，涉及多个环节，这些环节一般都有相应的单证需要缮制，以满足有关各方的要求，并协同企业顺利完成进出口交易。因此，单证工作是企业进行对外贸易业务的一个重要组成部分，它与企业完成进出口业务有着非常密切的关系。

## 一、单证是结算的基本工具

国际贸易是国与国之间的商品买卖，但由于买卖双方处在不同的国家、地区，商品与货币不能简单地直接交换，而必须以单证为交换的凭证。因此，现代贸易又称为单据买卖。按照国际商会《跟单信用证统一惯例》规定，"在信用证业务中，各有关当事人所处理的只是单据，而不是单据所涉及的货物、服务或其他行为"。同时规定，"银行必须合理小心地审核信用证规定的一切单据，以确定其是否表面与信用证相符。本惯例所体现的国际标准银行实务是确定信用证规定的单据表面与信用证条款相符合的依据。单据之间表面互不一致即视为表面与信用证条款不符"。如果单据与信用证有细小差别，开证银行就可不负承付责任。所以，正确地缮制好各种单证，以保证交货后能及时地收回货款就显得十分重要。

## 二、单证是履行合同的必要手段

在国际贸易中，买卖双方必须以单证作为交换的媒介手段。出口贸易合同履行过程中的单证，一般可分为两类：一类具有商品的属性，它们有的代表商品，有的为商品的输入输出提供必要的证明；另一类具有货币的属性，它们有的直接代表货币，有的为货币的支付做出承诺或做出有条件的保证等。每种单据都有其特定的功能，它们的签发、组合、流转和应用反映了合同履行的进程，也反映了买卖双方权责的产生、转移和终止。由此可见，单据的缮制是对外贸易不可缺少的手段。

## 三、单证工作是出口企业经营管理的重要环节

单证工作是为出口贸易全过程服务的。贸易合同的内容、信用证条款、货源衔接、审证改证、交单议付等业务管理的问题，最后都会在单证工作中反映出来。

单证工作是外贸企业经营管理中一个非常重要的环节，单证工作组织管理的优劣直接关系到外贸企业的经济利益。单证就是外汇，如果我国每出口 1.5 亿美元的货物，出口结汇每延误一天，就要造成约数百万美元的损失。所以，单证工作是企业经营管理的重要环节。

## 四、单证工作是政策性很强的涉外工作

外贸单证工作是一项政策性很强的涉外工作，体现着平等互利和按国际惯例办事的政策精神。

出口单证为涉外商务文件，必然体现国家的对外政策，因此必须严格按照国家有关外贸的法规和制度办理。例如，进出口许可证关系到国家对某些时期出口商品的计划管理，甚至还会涉及两国之间的贸易协定。出口单证也是收汇的依据，当发生贸易纠纷时，又常常是处

理争议、解决索赔的依据和法律文件。例如，货物在运输途中受损，收货方向保险公司提出索赔，保险单就是索赔的凭证；在计算赔偿额时，发票是赔偿的依据。

# 任务二 熟悉外贸单证的内容和分类

## 一、单证的含义和分类

### （一）含义

单证（DOCUMENTS）是指外贸业务中所应用的单据、证书与文件，包括信用证和国际结算中的其他有关单据和证书，用以处理货物的交付、保险、运输、商检、结汇等，一般简称为"单证"，在香港地区也称为文件。

### （二）分类

国际贸易中的交易主要是通过单证的出立和流转来完成的。无论采用何种支付方式，卖方都必须按合同或信用证的规定提供买方或银行所需要的单证。单证在对外贸易业务中分为进口贸易单证和出口贸易单证两大类，本书主要介绍出口贸易单证。其所指的出口贸易制单，是广义上的出口贸易制单，不仅包括了信用证支付方式为主的信用证项下制单（有证出口制单），也包括了汇付方式项下和托收方式项下的制单（无证出口制单）。

国际贸易中涉及的单据较多。按照国际商会《托收统一规则》（UNIFORM RULES FOR COLLECTIONS，ICC PUBLICATION NO.322）的解释，单据包括资金单据和商业单据。

#### 1. 资金单据（FINANCIAL DOCUMENTS）

资金单据主要用于货款的收取，具有货币的属性，或直接充当货币的支付职能，或为货币的支付做出承诺或保证等，它是一种以支付一定货币金额为目的、可以转让和流通的债务凭证。国际贸易中使用的资金单据主要有汇票（BILL OF EXCHANGE/DRAFT）、本票（PROMISSORY NOTE）、支票（CHEQUE/CHECK），其中以汇票的使用为主。

#### 2. 商业单据（COMMERCIAL DOCUMENTS）

商业单据具有商品属性，或代表商品的价值、包装、品质，或代表商品的数量、产地等，具体是指出口结汇中使用的商业凭证和各类证书。商业单据包括基本单据（BASIC DOCUMENTS）和附属单据（MISCELLANEOUS DOCUMENTS）两类。

基本单据有时也称为货运单据，它是根据买卖合同的约定，出口人必须向有关方面提供的单据。例如，在 CFR 合同下，出口人必须提供商业发票（COMMERCIAL INVOICE）和运输单据（TRANSPORT DOCUMENTS）。在 CIF 合同下，出口人则除了提供商业发票和运输单据之外，还要提供保险单/保险凭证（INSURANCE POLICY/CERTIFICATE）。

附属单据是出口人应进口人的要求而特别提供的单据。这类单据又分为两类：一类是进口国官方要求提交的单据，即公务单据，如领事发票（CONSULAR INVOICE）、海关发票（CUSTOMS INVOICE）、检验检疫证书（INSPECTION CERTIFICATE）、领事产地证（CONSULAR CERTIFICATE OF ORIGIN）、产地证明书（CERTIFICATE OF ORIGIN）及普惠制证书（GENERALIZED SYSTEM OF PREFERENCES CERTIFICATE OF ORIGIN）即 GSP 产地证等；另一类是进口人要求提交的、用以说明货物情况或作为出口人履行有关合同义务证明的单据，如装箱单（PACKING DOCUMENTS）、重量单/磅码单（WEIGHT LIST/WEIGHT MEMO）、装运通知（SHIPPING ADVICE）、受益人证明（BENEFICIARY'S CERTIFICATE）、船籍证明（CERTIFICATE OF VESSEL'S NATIONALITY）、航运路线证明（ITINERARY CERTIFICATE）、船长收据（CAPTAIN'S RECEIPT）、运费收据（FREIGHT RECEIPT）和电报抄本（COPY OF CABLE/TELEX/FAX）等。

除此之外，在外贸合同的履行中，还涉及与各项业务活动相关的业务凭证。这些业务凭证虽不是结汇单据，但其签发与使用却与结汇单据的获取以及外贸合同的履行有直接的关系。出口贸易中涉及的业务凭证主要包括联系单、出货报告单（提货单）、出口货物报关单、出口许可证、出口货物明细单、托运单、装货单、收货单（大副收据）、投保单、出境货物报验单、出境货物通关单等。

## 二、单证工作的具体要求

在外贸业务中，进、出口双方都要做单证工作，但出口商的单证工作相对更多、更为重要。

出口单证工作的内容（以信用证为例）主要包括审证、制单、审单、交单和归档五个环节。单证工作应做到"三一致，五要求"。"三一致"即单证一致，单单一致，单货一致；"五要求"即正确、完整、及时、简明、整洁。

### （一）审证

信用证的开立是以合同为条件，凡合同所列明的要点必须在信用证中明文列出。信用证所含的条款必须满足合同所列明的内容和要点。出口商收到信用证后，由通知行和出口商分别审核。通知行应着重审核开证行的资信情况，核验其签字或密押的真实性等。出口商应按照合同仔细审核信用证的条款，对不能接受的条款须及早提出修改。

### （二）制单

制单是指不同类别的单证（或称单据）的缮制和签署，是单证工作的主要环节。制单要求按照严格相符的原则做到单证一致、单单一致和单货一致。虽然对于信用证项下的单证，银行只考虑单证一致和单单一致，但就出口人而言，单货一致、单同（合同）一致也同样重要。

制单工作要求做到：正确、完整、及时、简明、整洁。

#### 1. 正确

正确是单证工作的前提，是安全收汇的保证。它包括两个方面的内容。一方面要求各种单据必须做到"三相符"，即单据与信用证相符、单据与单据相符、单据与实际货物相符，其中单证相符是前提，离开这个前提，单单之间即使相符，也会遭到银行的拒付。单货相符主要是指单据的内容应该与实际交货一致，也与合同一致。这样，单证才能真实代表出运的货物，确保履约正常，安全收汇。另一方面，要求各种单据必须符合有关国际惯例和进出口国有关法令和规定。在信用证业务中，单据的正确性要求精确到不能有一字之差，同时还要求出口人出具的单据种类、份数和签署等必须与信用证的规定相符。

> **小案例**
>
> 浙江某出口公司与印度某进口商达成一笔总金额为 6 万多美元的羊绒纱出口合同，合同中规定的价格术语为"CFR NEW DELHI"，支付方式为 100%不可撤销的即期信用证，装运期为当年 8 月间自上海空运至新德里。合同订立后，进口方按时开来信用证，信用证中价格

术语为"CNF NEW DELHI",出口方当时对此并未太在意。他们收到信用证后,按规定发运了货物。出口方在制作发票时将价格术语仍按合同打成"CFR NEW DELHI",与信用证中的"CNF NEW DELHI"不一致,开证银行因此拒付货款。出口方与进口方联系要求对方付款赎单;同时通过国内议付行向开证行申明该不符点不成立,要求对方按照 UCP600 的规定及时履行偿付义务。但进口方和开证行对此均置之不理,在此情况下,出口方与货物承运人联系,货物承运人在新德里的货运代理告知该批货早已被收货人提走。最终出口方不得不同意对方降价 20%的要求作为问题的最后解决办法。(案例摘自《出口风险管理实务》(第二版)冯斌著,中国海关出版社出版。)

---

**▌ 小知识 ▌**

《关于审核跟单信用证项下单据的国际标准银行实务(ISBP)》第 6 条规定,使用普遍承认的缩略语不导致单据不符,例如,用"LTD."代替"LIMITED"(有限),用"INTL"代替"INTERNATIONAL"(国际),用"CO."代替"COMPANY"(公司),用"KGS"或"KOS."代替"KILOS"(千克),用"IND"代替"INDUSTRY"(工业),用"MFR"代替"MANUFACTURER"(制造商),用"MT"代替"METRIC TONS"(公吨)。反过来,用全称代替缩略语也不导致单据不符。

国际标准银行实务(ISBP)第 25 条规定,如果拼写及/或打印错误并不影响单词或其所在句子的含义,则不构成单据不符。例如,在货物描述中用"MASHINE"表示"MACHINE"(机器),或用"MODE"表示"MODEL"(型号)都不会导致单据不符。但是,将"MODEL 321"(型号 321)写成"MODEL 123"(型号 123)则不应视为打印错误,而应是不符点。

---

## 2. 完整

完整是构成单证合法性的重要条件之一,是单证成为有价证券的基础。它包含三方面的内容。

(1)单据内容完整:即每一种单据本身的内容(包括单据本身的格式、项目、文字和签章、背书等)必须完备齐全,否则就不能构成有效文件,也就不能为银行所接受。

---

**▌ 小案例 ▌**

2014 年 11 月,安徽某进出口公司有一批货物出口法国,货物按时出运后,该公司单证部在交单议付时,没有注意到提单上只有承运人签字,签字下面漏标了承运人身份(As carrier)。开证行收到单据后,以此为由,提出不符点。经与开证行、进口商磋商,进口商同意赎单,但以提单内容不完整,提货需支付额外费用为由,要求卖方承担 USD1 000.00。最终卖方承担 USD600.00,外加支付 USD125.00 不符点费,卖方因此蒙受人民币近 5 000 元损失。

---

(2)单据种类完整:即单据必须是成套齐全而不是单一的,遗漏一种单据,就是单据不完整。单据应严格按照信用证规定一一照办,除主要单据外,一些附属证明、收据一定要及时催办,不得遗漏。

---

**▌ 小案例 ▌**

安徽某进出口公司向巴西出口一批价值为 80 000 美元的毛毯,信用证中对品质检验证书的规定为"两份正本",但工厂向商检报检时按照以往的惯例只申请出了一份正本品质检验证书给进出口公司。该进出口公司在即将交单议付时,才发现少了一份检验证书,但此时信用证有效期快到了,为按时交单议付,单证员将检验证书复印一份,在复印件上盖上"ORIGINAL"字样,充当第二份正本。该套单据到开证行后遭开证行拒付,后与客户反复交涉,最终以我方承担客户 1 200.00 美元损失和 USD110.00 不符点费,客户付款赎单了结。由此可见,单据的完整性与安全收汇息息相关。

---

（3）单据份数完整：即要求在信用证项下的交易中，进出口商需要哪些单据，一式几份都应注明，尤其是提单的份数，更应注意按要求出齐，避免多出或少出。

### 3. 及时

及时是指进出口单证工作的时间性很强，必须紧紧掌握装运期、交单期、信用证的有效期及时出单。它包括两个方面的内容。

（1）各种单据的出单日期必须符合逻辑。也就是说，每一种单据的出单日期不能超过信用证规定的有效期限或按商业习惯的合理日期。如保险单、检验证的日期应早于提单的日期，而提单的日期不应晚于信用证规定的最迟装运期限，否则就会造成单证不符。

（2）交单议付不得超过信用证规定的交单有效期。如信用证不做规定，按国际商会《跟单信用证统一惯例》规定，"银行将拒绝接受迟于运输单据出单日期21天后提交的单据，但无论如何，单据也不得迟于信用证到期日提交"。

---

**小知识**

各单据日期关系如下。
- 发票日期应在各单据日期之首。
- 提单日不能超过L/C规定的装运期，也不得早于L/C的最早装运期；保单的签发日应早于或等于提单日期（一般早于提单日2天），不能早于发票日期。
- 装箱单日期应等于或迟于发票日期，但必须在提单日之前。
- 产地证日期不早于发票日期，不迟于提单日。
- 商检证日期不晚于提单日期，但也不能过分早于提单日，尤其是鲜货、容易变质的商品。
- 受益人证明日期等于或晚于提单日。
- 装船通知日期等于或晚于提单日后3天内。
- 船公司证明日期等于或早于提单日。

---

### 4. 简明

简明是指单证的内容应力求简化。国际商会《跟单信用证统一惯例》中指出，"为了防止混淆和误解，银行应劝阻在信用证或其任何修改书中加注过多细节的内容"，其目的也是为了避免单证的复杂化，提高工作效率。

### 5. 整洁

单据整洁是指单据格式的设计和缮制力求标准化和规范化，单据内容的排列行次要整齐、字迹清晰，重点项目突出、醒目。整洁的单据应该尽量减少甚至不应该出现差错涂改的现象。各种单据的涂改都要有一个限度，一般不应超过3处涂改。更改处必须加简签或加盖校对图章。提单、汇票以及其他一些单据的主要项目，如金额、件数、重量等不宜更改。一些官方出具的单据，如出口许可证、商检证明、使馆认证、贸促会产地证，是根本不允许加简签的。单证的整洁主要从以下几个方面反映出来：

（1）单证的表面整洁、清晰；

（2）单证内容的排列整齐；

（3）单证上的字迹清楚、易认；

（4）单证无更改或涂改；

（5）单证的整洁性要求尽量减少或避免差错，即使允许更改的，也不得随意更改。涂改、多次涂改会影响出单效果。对于一些重要的单证，如汇票、提单以及单据的主要项目，如货物的数量、重量、金额等则不能改动，如有差错，最好重新制作。

> **小案例**
>
> 2014 年 8 月，安徽某进出口公司出口一批货物到德国。单证人员在缮制 FORM A 时，在"原产地标准"一栏填写了"W"，交单议付时才发现填错了，应该填写"P"，因修改液修改效果不错，为节约时间和成本，单证员用修改液修改了此栏。开证行收到单据后，以 FORM A 涂改为由拒付，进口商以涂改的 FORM A 清关时无法使用为由拒绝赎单。出口商只得要求开证行将单据寄回，重新办理 FORM A，进口商此时以延迟提货产生额外费用并使货物错过销售旺季导致损失为由，要求卖方降价 20%，否则拒绝赎单。卖方虽经力争，但由于货物即将到港，为避免更大损失，最终降价 10%。可见，注意单据的整洁性以保证单据的外在质量，与注意单据的正确性、完整性以保证其内在质量是同等重要的。

### （三）审单

审单是指对已缮制的所有单据的复核和审查。信用证的审单必须严格按照信用证的规定，具体来说，就是以发票为中心，逐条逐项进行审核，做到"单证相符、单单相符和单货相符"。在审核单据的过程中，若发现条款前后有矛盾，数字计算有出入，各单据所列的主要内容繁简不一，单据份数有多有少等，应及时予以改正和修改。

### （四）交单

交单是议付和结汇的前提，出口商必须在合同或信用证规定的期限内将单据交至银行，请求议付、承兑或付款，并要做到单证完整、内容正确、提交及时。

### （五）归档

进出口单证是外贸业务的重要文件，交单之后可能会出现退单、争议、拒付、索赔等情况的发生。因此，每一个信用证都必须保持一套完整的副本单据归档，以备查询。最好按证逐笔登记，如登记信用证号码、合同号码、开证申请人、开证行、总金额、装期、效期等内容。

## 三、外贸单证的标准化与电子化

近年来随着科学技术的进步，一些新的科学技术逐渐被应用于国际贸易领域，为单证的改革创造了条件。如大量的信用证传递已经运用了环球银行金融电信协会网络系统——SWIFT，国际电话和传真技术也得到了广泛应用。目前，由于网络技术的发展和网络应用的普及，电子商务正受到世界各国政府和企业的重视。EDI 作为电子商务的一项应用技术，在国际商务活动中得到越来越广泛的应用，使得单证的制作、传递和交接更为快捷和方便。

### （一）商务单证的简化

传统的国际商务单证都是手工制作，内容繁杂，形式多样，份数也多。一笔业务经常要填制数十种单据，加上副本更是达到上百份，费时费钱，而且非常容易出现差错。据联合国有关机构统计，全世界每年用于单证方面的经济消耗高达 16 亿美元，人力消耗更是不可计其数。

瑞典是世界上最早进行单据简化的国家，20 世纪 50 年代创造出一种"套合一致"的单据形式，减少了 70%制作费，还降低了差错率。70 年代联合国贸易简化程序委员会出版《联合国贸易单据设计样式》，向世界各国推广发行。另外，《套合式国际贸易发票设计样式》《国际贸易程序简化措施》《简化运输标志》《贸易单证中的代码位置》等 19 个推荐项目也开展了工作，简化单证工作已经取得了很大的进展。

### （二）推广使用国际标准代号和代码

为实现单证的简化和规范化，使各国各地区之间便于交流和沟通，为计算机制单创造条件，提高工作效率，国际商会和联合国等有关国际贸易的国际组织就出口单证的标准化和国际化做了大量基础性工作。联合国设计推荐使用下列国际标准化代号和代码。

（1）唛头代码：收货人简称、目的地、合同号（参考号）、件号。

（2）国家或地区代码（两个英文字母组成）：CN（中国）、US（美国）、GB（英国）、KR（韩国）。

（3）货币代码：由 3 个英文字母组成，前两个符号代表国名或地区名，后一个符号代表货币，如人民币 CNY、美元 USD、英镑 GBP。

（4）地名代码：由 5 个英文字母组成，前两个符号代表国名，后 3 个符号代表地名，如上海 CNSHG、伦敦 GBLON、纽约 USNYC。

（5）用数字表示的日期代码：如 2005 年 5 月 6 日可写作 2005-05-06 或 05-05-06。

### （三）单证制作和管理的现代化

随着打印机、电子计算机及网络技术的发展和应用，目前很多国家的外贸单证制作和传递都实现了现代化，如计算机尤其是 EDI 制单，其优点在于只要数据一次输入，核对正确，便可打印出多种单证，节约了制单、审单的时间，减少了人工制单所造成的各种差错，减轻了劳动强度，提高了工作效率，便于单证的归档和管理。而单证传递的现代化更是大大缩减了单证工作的时间，如美国一些银行采用一种称为加速贸易付款（ACCELERATED TRADE PAYMENT，ATP）的付款方法，银行与公司之间设有电信联机，使用相互约定的密押，通过电信把单证内容传递到对方，对方可以从荧光屏上看到传来的单证内容，也可以从联印机中取得文字式的单证。

# 任务三 掌握外贸单证工作内容与流程

在对外贸易结算业务中，买卖双方凭借在进出口业务中应用的单据、证书来处理货物的交付、运输、保险、商检、结汇等工作。作为一名单证员，从事的具体外贸单证工作内容有：负责进出口相关单证的制作、管理及信用证审核；收集和整理各种单证，完成送货单、订单、提单核对等对单据的各项处理，并进行基础数据录入和归档；跟踪每票货物的送货情况，统计核对相关数据；及时准确地与货代公司联系装箱、送仓工作；在整个过程中，完成与业务员、跟单员以及客户、货代各方面的协调工作；协助参与收付汇，外汇核销以及退税的跟踪。

## 一、出口单证工作流程

当收到正确无误的信用证以后，根据货源的具体情况，卖方即办理托运，缮制单证，交单结汇，进行履约的后阶段工作，即单证工作。

它的程序一般为：缮制外销出仓单，办理检验，开立出口货物报关单，制作发票、装箱单等单证，托运和缮制提单或其他运输单证，投保和发发运通知，审单结汇等。

## （一）缮制外销出仓单（发运单）

在货物备齐后，业务部门即可开具发货凭证，即外销出仓单（或称提货单）。此单是根据信用证和工厂提供的交货单（或称进仓单）而缮制的。内容包括商品名称、数量、件数、毛净重、唛头和商品存储地点等。

## （二）出口货物报验

商品检验是对外贸易业务的一个重要环节。凡应由出入境检验检疫机构实施法定检验的出口商品，以及合同、信用证规定或国家规定须经出入境检验检疫机构检验出证的出口商品，出口前必须实行检验，经发给证书或放行证件后方可报关。一般在报关前 10 天报验。

## （三）缮制出口货物报关单并报关（放行章盖在十联单上）

出口货物报关单是向海关申报出口供海关验关放行的重要单据，也是海关对出口商品进行统计的依据。其格式、项目由海关总署统一制定，内容须载明商品编号、品名、数量、重量、总值、唛头、集装箱号、输往国别、运输方式等。报关时，凭此单证向海关申报，海关验明货物无误后即在报关单上加盖放行章。这时出口商品才能装上运输工具出运。

## （四）缮制商业发票和装箱单

一般在缮制"出口货物报关单"的同时，有关部门即进行商业发票和装箱单等缮制工作。凡是信用证项下的单证，必须严格按信用证条款并参照外销出仓单缮制单据。

## （五）缮制出口货物明细单并办理托运

托运时出口企业需要提供出运货物的必要资料和有关单据，即出口货物明细单，其主要内容包括托运人、收货人、货名、件数、重量、尺码、船名、装船日期、目的港等。出口货物明细单是出口企业在报关前向船方或货运代理申请租船订舱的首要单据，可提供制作其他单据所必需的资料，应认真缮制。

办理托运必须随时掌握运输工具的情况，努力做到赶先不拖后，并保证单证齐全、资料正确，能顺利及时装运。

在海运方式下，货装妥后，船公司根据大副所签的收货单签发正本提单，交出口公司结汇。

## （六）投保

凡是按 CIF 成交的出口合同，出口方在装运前，应及时向保险公司办理投保手续。投保时须填具投保单（现有的出口公司为简化手续，利用发票副本加注船名、投保险别和保险金额等内容来代替投保单），保险公司据以缮制保险单。

## （七）发出装运通知

货物装运完毕后，出口企业必须及时向买方发出装船通知（SHIPPING ADVICE）。特别是在 FOB 或 CFR 条件成交时因由买方投保，发出装船通知尤为重要。在 CIF 条件下，出口企业及时发出装船通知，便于买方掌握运输信息，做好接货、销售、转卖、加工等准备工作，有利于业务的进一步开展。有时信用证规定装船通知的电传或电报副本是议付的单据之一，这时必须按信用证要求及时发出装船通知。

### （八）审单

各种单证缮制完毕后，即进入了关键的一项工作——审单。单证的审核工作直接关系到单证的最终质量和收汇安全，涉及企业的经济效益。因此要全面、细致地审核每一份单据。

### （九）交单议付结汇

出口企业将经过审核的单证按需要的份数及时送交银行称为交单。议付是议付银行在保留追索权的条件下，购买信用证受益人出具的汇票及其所附单据。结汇是银行在审查后，将单证寄送进口地银行，向其索款，货款到账后，出口地银行将款项打入出口企业的外汇账号或人民币账户，至此才完成一个合同的所有要求，达到出口交易的最后目的，收取外汇。

### （十）改单

交单以后，如果银行发现单证有误，出口方应及时进行改单，不可拖延。对国外银行拒付或退回来要求更改的单据，应立即查明原因及时解决。

### （十一）单证的留底和保管

出口单证均需有一副本留底。交单后，一套完整的副本单据必须存档，以便改单和查阅。

## 二、进口单证工作流程

进口贸易大多须先向有关机关申请许可证，取得许可证后才能对外正式签约。进料加工、来料加工以及补偿贸易等的进口货物也需向有关管理机构提出申请，批准后向海关备案，然后对外签订合同。

### （一）申请开证

以信用证为付款方式的进口贸易，在合同规定的期限内进口企业须按合同条款向开证银行递送开证申请书，并将外汇或外汇额度移存开证银行，经银行审核后将信用证开给卖方。付款交单（D/P）、承兑交单（D/A）等托收方式成交的则无须开证。

### （二）安排运输

大宗商品的进口多采用 FOB 价格条件，应由进口方安排运输工具。例如，租用船只或飞机到对方港口或机场接运，或向有关船公司订好舱位在对方交货港口受载。租船及订舱工作可委托货代机构办理，也可自行联络承运企业办理，运输工具落实后应及时将装运通知书发给对方。装运通知书的内容一般有合同号码、货名、规格、数量、重量、体积、运输工具、装运期以及承运单位在收货地的代理企业的名称和地址等。卖方据此做好发货前的准备工作，并与承运人在当地代理人衔接装运事宜。

## （三）付款赎单

信用证项下的全套单据经过进口方银行审核后送交进口企业，再经进口企业审核认可后，银行即对外付款或承兑。托收（D/P、D/A 等付款方式）项下的货运单据也由银行转交给进口企业，但不管是出口方的托收银行或是进口方的代收银行均不承担单据审核的责任，进口企业更有必要加强审核。

无论信用证或托收，进口企业的审核往往是终局性的。经过审核，如发现单据不符或有异状，应通过银行及时提出异议并说明理由。

## （四）货物到达后的检验

货物到达后，进口企业应抓紧做好数量和质量的检验工作，属于法定检验商品必须由商检局检验。在合同索赔有效期内取得商检局检验证书，列入国家规定的动植物检疫范围的进口货物，应申请进行消毒和检疫。货物卸下后发现有残损的，须及时通知保险公司做残损检验并协商赔款事宜。

## （五）进口报关

货物运达进口方指定目的地后，进口企业应立即缮制"进口货物报关单"并附进口许可证（或类似性质的文件）正本、贸易合同、进口发票、装箱单和运输单据等副本，向进口地海关申报进口。经海关查验单据和货物相符、核定进口关税，进口单位付清关税及附加税后即可凭正本运输单据或有关证明向承运企业或其代理办理提货。

## （六）索赔

进口货物经过检验后如发现属于卖主责任的数量短缺或质量不符等情况，须在合同索赔有效期内向卖方提出索赔，索赔时须提供检验证明书和发票、提单等货运单据的副本。

### 项目总结

本项目介绍了外贸单证的概念和分类，阐述了外贸单证的重要意义，还重点介绍了外贸单证工作的基本要求。所谓外贸单证，就是在进出口业务中应用的单据和证书。

外贸单证的种类很多，可以根据不同的标准分类。外贸制单工作在具体的环节中应做到正确、完整、及时、简明、整洁。

### 练习与思考

1．在缮制出口单据的各项要求中，正确的含义及内容是什么？
2．在实际出口制单业务中，为什么一般都从商业发票和装箱单这两种单据开始缮制？
3．制单工作的基本要求有哪些？
4．简述出口单证工作的操作流程。

### 项目实训

分组讨论下列单据签发日期的先后。
① 商业发票

② 装箱单

③ 报关单

④ 报检单

⑤ 投保单

⑥ 产地证

⑦ 海运提单

⑧ 汇票

### 知识拓展

#### 单证员考试介绍

**项目背景**

改革开放以来，随着我国外向型经济的不断发展，外贸业务量迅速增加，各类应用型外贸专业人才供不应求的状况已初见端倪。2002 年中国正式加入 WTO，根据我国与 WTO 的约定，从 2004 年年底起中国外贸企业准入实施备案制。之前集中在外贸企业代理出口的大量业务分散至各生产企业，由各生产企业自营出口，这使外贸专业人才短缺问题更加突出。

以外贸单证处理为主要工作内容的国际商务单证员是各企业开展外贸业务的基础性人才之一，目前不论是学历教育体系还是职业教育体系中针对该岗位的职业培训较少，现有的少量培训也存在内容单一、覆盖面狭小等问题，大量在岗人员未经过较系统的职业培训，企业也很难招聘到符合业务需要的人员，使得外贸业务风险大大增加。

我国外贸及物流业务人才缺口增大，而以外贸单证处理和物流单证操作为工作内容的国际商务单证员又是各企业开展外贸业务的基础性人才之一。中国商业技师协会、全国商贸业务技术资格考评委员会在广泛调查研究、专家论证的基础上，决定从 2004 年起在全国范围内开展国际商务单证员业务技术资格培训认证工作。

职业名称：国际商务单证员（INTERNATIONAL COMMERCIAL VOUCHING CLERK）

**目的及原则**

国际商务单证员全国统一考试主要是测试应试者从事国际商务单证工作必备的业务知识和能力。

国际商务单证员全国统一考试实行公开、公正、公平的原则，采取全国统一报名、统一收费标准、统一命题、统一考试、统一阅卷、统一发证的方式进行。

**报考条件**

（1）具有一定的国际商务单证实践经验或已接受过国际商务单证业务培训的从事国际商务单证业务的在职人员。

（2）具有高中以上学历并有志从事国际商务单证工作的求职人员或在校学生。

**报名流程**

（1）国际商务单证员全国统一考试实行网上报名。网上报名时间一般在 3 月份左右，考试资格确认同时进行。在规定日期内考生可到中国对外贸易经济合作企业协会指定的当地考试点办理报考资格确认手续，逾期未办理报考资格确认者不能参加考试。

（2）确认报考资格时，考生应持本人身份证、学历证书原件和复印件以及"全国国际商务单证员考试报名表"，并交近期免冠同底版 2 寸蓝底彩色证件照 3 张（用于报名表、准考证主证和合格证书，经考试不合格者照片不予退还）。证件不全或照片不符合要求者，不予办理报考资格确认手续。

（3）考生报考资格被确认后，应交纳考试费，每科 80 元，两科共 160 元，另外每科交纳报名费 20 元。因故未参加考试或考试不合格者所交费用不予退还。

（4）其他有关事项，请考生随时关注全国国际商务单证员考试中心网站公布的信息。

### 考试时间

每年 6 月份。

### 考试科目

国际商务单证基础理论与知识、国际商务单证操作与缮制。（每科满分为 100 分）

### 考试方式

考试以闭卷笔试答题方式进行。部分试题为客观性试题，考生应试时用 2B 铅笔将选定的答案填涂在答题卡上。考生必须按要求正确填涂答题卡，未按规定填涂的不得分。主观题则由考生按试卷要求作答。

### 考试用书

考试用书主要有全国国际商务单证考试办公室编印并由中国商务出版社出版的《国际商务单证理论与实务》《全国国际商务单证考试大纲及复习指南》等教材。

### 合格标准

（1）全国国际商务单证员培训认证考试的合格分数线为 60 分（单科）。

（2）两科均达到 60 分及以上者方可获得证书。如一门合格，另一门未通过，则合格成绩保留一期，过期作废。

（3）考试成绩合格的考生，可凭本人身份证向当地考试点领取国际商务单证员资格证书，不再另行向合格考生收取证书工本费。

### 证书期限及管理

对符合报考条件并经培训认证合格者，颁发"全国外贸单证员资格证书"。资格证书由发证机构编号、发放，并建立证书查询系统，为用人单位和持证人员提供查询服务。

国际商务单证员资格证书不需要到企业注册，也不需要年审，在有效期前需要到发证机关进行延期注册登记（需要经过一定的培训和考核）。

有效期 3 年。

# 项目二

# 信用证的处理

## 知识目标

通过本项目的学习，使学生了解信用证的基本内容、信用证的主要类型、当事人和信用证的一般工作原理，熟悉《UCP600》相关条款。

## 职业能力目标

能读懂信用证，并掌握信用证的审核与修改的基本知识，明确单据制作要求。能找出信用证中的"软条款"。会填写开证申请书。

## 情境引入

王凯是上海一家外贸公司的实习生。有一天，恰逢公司单证部一名同事出差，经理把一份刚收到的信用证连同合同一起交给王凯，交代他要仔细审证，看看信用证当中有没有问题。这是王凯第一次实际接触 L/C，比照合同，他开始认真地审核信用证。

问题：

（1）审核信用证的内容从哪几个方面入手？

（2）如果发现信用证有错，该怎么办？

# 任务一 熟悉信用证内容

在国际贸易活动中，买卖双方可能互不信任，买方担心预付款后，卖方不按合同要求发货；卖方也担心在发货或提交货运单据后买方不付款。因此需要银行作为买卖双方的保证人，代为收款交单，以银行信用代替商业信用。银行在这一活动中所使用的工具就是信用证。

信用证是银行用以保证进口方有支付能力的凭证。信用证是国际贸易中使用最普遍的付款方式，受益人（通常为出口人）在提供了符合信用证规定的有关单证的前提下，开证行要承担第一性的付款责任，其性质属于银行信用。

## 一、信用证有关当事人

### （一）开证申请人（APPLICANT）

向开证银行申请开立信用证的人，一般是进口人。在信用证中又称开证人或申请人，除了常用的"APPLICANT"以外，还可以表示为 OPENER，PRINCIPAL，AT THE REQUEST MESSRS，ON BEHALF OF MESSRS，BY ORDER OF MESSRS 等。

### （二）开证银行（OPENING BANK，ISSUING BANK，ESTABLISHING BANK）

接受开证申请人的委托开立信用证的银行，承担按信用证规定条件保证付款的责任，它代替开证申请人成为信用证中的第一付款人。

### （三）通知银行（ADVISING BANK，NOTIFYING BANK）

通知银行是受开证行的委托将信用证转交出口人的银行。它只证明信用证的表面真实性，不承担其他义务。

### （四）受益人（BENEFICIARY）

信用证上所指定的有权使用该证的人，一般为出口人。信用证中常见的词汇或词组如下。

| | |
|---|---|
| BENEFICIARY | 受益人 |
| IN FAVOUR OF … | 以……为受益人 |
| IN YOUR FAVOUR… | 以你方为受益人 |
| TRANSFEROR… | 转让人（可转让信用证的第一受益人） |
| TRANSFEREE… | 受让人（可转让信用证的第二受益人） |

### （五）议付银行（NEGOTIATING BANK，NEGOTIATION BANK）

议付银行指开证行指定的或自愿买入出口商信用证项下汇票和单据的银行。

### （六）付款银行或称代付行（PAYING BANK，PAYMENT BANK）

信用证中指明履行付款责任的银行，一般为开证行，也可以是开证行所指定的银行。无论汇票的付款人是谁，付款行必须对提交了符合信用证要求的单据的出口人履行付款的责任。

### （七）保兑行（CONFIRMING BANK）

保兑行指应开证行或受益人的申请在信用证上加批保证兑付的银行，它和开证行处于相同的地位，即对于汇票（有时无汇票）承担不可撤销的付款责任。

### （八）偿付行（REIMBURSEMENT BANK）

偿付行又称清算银行（CLEARING BANK），是接受开证银行在信用证中委托代开证行偿还垫款的第三国银行。

## 二、关于信用证本身的说明

### （一）信用证号码（L/C NO）

信用证的号码是开证银行制作的，作用是方便查询和归档。

### （二）信用证开证日期（ISSUING DATE）

开证日期是开证行开立信用证的日期。开证日期也可表述为"DATE OF ISSUE"。信用证中必须明确表明开证日期。如果信用证中没有开证日期（DATE OF ISSUE）字样，则视开证行的发电日期（电开信用证）或抬头日期（信开信用证）为开证日期。确定信用证的开证日期非常重要，特别是需要使用开证日期计算其他时间或根据开证日期判断所示提单日期是否在开证日期之后等情况时更为重要。同时，开证日期还表明进口商是否是根据商务合同规定的开证期限开立的信用证。

### （三）信用证有效期限（EXPIRY DATE）和到期地点（EXPIRY PLACE）

信用证的有效期限是指受益人向银行提交单据的最后日期。受益人应在有效期限日期之前或当天向银行提交信用证单据。

到期地点是受益人在有效期限内向银行提交单据的地点。境外开来的信用证一般规定有效地点在我国境内，如果有效地点在境外，受益人（出口商）要特别注意，一定要在有效期限之前提前交单（近洋国家或地区提前7天左右；远洋国家或地区提前10～15天），以便银行在有效期限之内将单据寄到有效地点的银行。如果有效地点在境外，最好建议将其修改在境内。如果信用证未列明有效地点，则应立即要求开证行进行确认。如果开证行始终不予答复，则应视同有效地点在我国境内。

信用证中常见的议付有效期和到期地点的描述介绍如下。

#### 1. 直接写明到期日和到期地点名称

举例如下。

EXPIRY DATE: MAY 18,2010　　　　　PLACE：CHINA

信用证到期日：2010 年 5 月 18 日　　地点：中国

THIS LETTER OF CREDIT IS VALID FOR NEGOTIATION IN CHINA UNTIL OCT.20, 2010.

本信用证在 2010 年 10 月 20 日前在中国议付有效。

THIS CREDIT IS AVAILABLE FOR NEGOTIATION OR PAYMENT ABROAD UNTIL DEC.15, 2010.

此证在国外议付或付款即日起到 2010 年 12 月 15 日止有效。

**2. 以"交单日期""汇票日期"等来表达信用证的有效期限**

举例如下。

THIS CREDIT SHALL CEASE TO BE AVAILABLE FOR NEGOTIATION OF BENEFICIARY'S DRAFTS AFTER MAR.02, 2010.

本信用证受益人的汇票在 2010 年 3 月 2 日前议付有效。

DOCUMENTS MUST BE PRESENTED FOR NEGOTIATION WITHIN 10 DAYS AFTER SHIPMENT DATE.

单据须在装船后 10 天内提示议付。

### （四）信用证的种类和性质（FORM OF CREDIT）

（1）跟单信用证（DOCUMENTARY CREDIT）和光票信用证（CLEAN CREDIT）。

（2）保兑信用证（CONFIRMED LETTER OF CREDIT）和不保兑信用证（UNCONFIRMED LETTER OF CREDIT）。

（3）即期信用证（SIGHT PAYMENT L/C）和远期信用证（USANCE L/C）。

（4）可转让信用证（TRANSFERABLE L/C）和不可转让信用证（NON-TRANSFERABLE L/C）。

（5）付款信用证（PAYMENT CREDIT）、承兑信用证（ACCEPTANCE CREDIT）、议付信用证（NEGOTIATION CREDIT）和延期付款信用证（DEFERRED PAYMENT CREDIT）。

（6）循环信用证（REVOLVING L/C）。

（7）背对背信用证（BACK-TO-BACK L/C）。

（8）对开信用证（RECIPROCAL L/C）。

（9）红条款信用证（RED CLAUSE L/C）。

### （五）信用证金额（AMOUNT）和货币（CURRENCY）

信用证中金额的写法一般有：AMOUNT（金额），FOR THE AMOUNT OF...（金额是……），IN THE AMOUNT OF...（金额是……），TO THE AMOUNT OF...（最高金额达……）。

## 三、汇票条款

汇票条款主要包括出票人、付款期限、付款人和汇票金额等内容。常见条款如下。

（1）THIS CREDIT IS AVAILABLE WITH ANY BANK IN CHINA BY NEGOTIATION DRAFTS AT SIGHT DRAWEE HONG KONG AND SHANGHAI BANKING CORPORATION LTD, LONDON.

此信用证在中国境内任何银行议付有效，即期汇票，以中国香港上海汇丰银行伦敦分行作为付款人。

（2）DRAFTS ARE TO BE DRAWN INDUPLICATE TO OUR ORDER BEARING THE CLAUSE "DRAWN UNDER BANK OF CHINA, SINGAPORE IRREVOCABLE LETTER OF CREDIT NO. 52315 DATED SEPTEMBER 16, 2010".

汇票一式二份，以我行为抬头，并注明"根据中国银行新加坡分行 2010 年 9 月 16 日第 52315 号不可撤销信用证项下开立"。

（3）DRAFTS IN DUPLICATE AT SIGHT BEARING THE CLAUSES "DRAWN UNDER BANK OF CHINA, NEW YORK L/C NO.13569 DATED JULY 10, 2010."

即期汇票一式二份，注明"根据中国银行纽约分行信用证 13569 号，2010 年 7 月 10 日开具"。

# 四、货物条款（DESCRIPTION OF GOODS）

货物条款包括货物名称、规格、数量、包装、单价以及合约号码等。举例如下。

FROZEN YELLOWFIN SOLE WHOLE ROUND (WITH WHITE BELLY) USD770/MT CFR DALIAN QUANTITY: 200MT

ALASKA PLAICE (WITH YELLOW BELLY) USD600/MT CFR DALIAN QUANTITY: 300MT

# 五、运输条款

运输条款一般包括装运期、装运港（地）、目的港（地）、分批装运和转运的规定等。举例如下。

PARTIAL SHIPMENTS：NOT ALLOWED

TRANSSHIPMENT：ALLOWED

SHIPPING ON BOARD/DISPATCH/PACKING IN CHARGE AT/ FROM：SHANGHAI PORT，CHINA

TRANSPORTATION TO：NEW YORK，U.S.A.

LATEST DATE OF SHIPMENT：101031

# 六、单据条款（DOCUMENTS REQUIRED）

单据条款包括受益人应该提交的单据种类及份数要求以及具体要求等。一般有商业发票、提单、装箱单、保险单、检验证书、原产地证书等。

# 七、信用证中的特别条款

信用证中的特别条款主要是依据银行和买卖双方交易的具体需要，以及进口国的政治、经济和贸易政策等的变化而定的。常见的条款有以下几方面。

## （一）议付与索偿条款（NEGOTIATION AND REIMBURSEMENT）

议付与索偿条款一般是开证银行对于议付行的指示，但是也涉及其他各方的利益，常见的条款有：

UPON PRESENTATION OF THE DOCUMENTS STRICTLY COMPLIED WITH ALL CREDIT TERMS, WE AUTHORIZE YOU TO DRAW ON OUR H/O REIMBURSEMENT A/C VALUE FIVE WORKING DAYS LATER UNDER AUTHENTICATED SWIFT ADVICE TO US WITHOUT ANY CHARGES ON OUR PART.

收到单证严格相符的单据后，我们授权贵行向我总行索偿，五个工作日起息，SWIFT 通知我行，费用由贵方承担。

AT MATURITY, WE SHALL PAY TO THE NEGOTIATING BANK AS INSTRUCTED BY T/T FOR DOCUMENTS WHICH ARE IN COMPLIANCE WITH CREDIT TERMS AND CONDITIONS. TELEX CHARGES ARE FOR ACCOUNT OF BENEFICIARY.

到期日，我行将对符合信用证条款的单据用电汇方式做出偿付。此电报费由受益人承担。

## （二）佣金/折扣条款（COMMISSION AND DISCOUNT）

信用证中通常有佣金/折扣条款，其表现形式各不一样，在信用证中的表示经常是这样的：
SIGNED COMMERCIAL INVOICE MUST SHOW 5% COMMISSION.
签署商业发票必须显示 5%的佣金。
5% COMMISSION TO BE DEDUCTED FROM THE INVOICE VALUE.
5%佣金必须在发票金额中扣除。

## （三）费用条款（CHARGES）

信用证一般都列有费用条款，大多数规定为，开证行的费用由开证人负担，开证国（地区）以外的银行费用由受益人承担。
ALL BANKING CHARGES OUTSIDE U.A.E AND REIMBURSING CHARGES ARE FOR ACCOUNT OF BENEFICIARY.
所有阿联酋以外的费用及偿付行费用由受益人承担。
ALL YOUR COMMISSION AND CHARGES ARE FOR BENEFICIARY'S ACCOUNT INCLUDING REIMBURSEMENT BANK PAYMENT COMMISSION AND CHARGES.
所有你方的费用及佣金由受益人承担，包括偿付行的费用在内。

## （四）其他条款

DOCUMENTS TO BE PRESENTED WITHIN 15 DAYS AFTER SHIPMENT DATE BUT WITHIN THE VALIDITY OF THE CREDIT.
单据于装运日期后 15 天内提示银行，但必须在信用证的有效期内。
ALL DOCUMENTS EXCEPT BILL OF LADING SHOULD SHOW THIS L/C NUMBER AND DATE.
除了提单外，所有单据都须显示信用证号码和日期。
BOTH QUANTITY AND AMOUNT FOR EACH ITEM 10% MORE OR LESS ARE ALLOWED.
每一项目数量和金额允许 10%的增减。

# 八、其他文句

其他文句主要包括开证行对议付行的指示、开证行对受益人及汇票持有人保证付款的责任文句，遵守《UCP600》的责任文句以及特殊条款等。如：
WE HEREBY UNDERTAKE ALL DRAFTS DRAWN UNDER AND IN COMPLIANCE WITH THE TERMS AND CONDITIONS OF THIS LETTER OF CREDIT WILL BE DULY HONORED ON PRESENTATION AT THIS OFFICE.
凡按本信用证所列条款开具并提示的汇票，我行保证承兑。
THIS CREDIT IS SUBJECT TO THE UNIFORM CUSTOMS AND PRACTICE FOR DOCUMENTARY CREDITS UCP(2007 REVISION) INTERNATIONAL CHAMBER OF COMMERSE PUBLICATION NO.600.
本证根据国际商会（2007 年修订本）第 600 号出版物《跟单信用证统一规则》办理。

## 跟单信用证

国际银行界提供的这种服务形式，促进了国际贸易的发展。跟单信用证的发展削弱了货主的风险，其根本的作用是能够保证卖方得到货款，买方得到货物。然而，需要信用证涉及的各方——银行、买方、卖方必须诚实可信。

跟单信用证的操作流程简单，当买方从国外进口货物时，向本国银行申请开具向卖方（或信用证的受益方）付款的信用证，卖方根据销售合同规定的运输方式，将能够证明货物已经出运而且符合信用证要求的文件交与银行议付。证明货物出运的主要单据是提单，除此之外还有一些双方约定的单据，如原产地证明、商业发票、保险单等。

那么，银行在跟单信用证体系中起什么作用呢？当开证行收到全套符合要求的文件后，开证行会将约定的货款付给卖方（或受益人）。通常，开证行要求卖方将单据交给其本国的银行，该银行作为议付行。议付行将全套完整的单据邮寄给开证行，开证行将这些文件转交给买方（开证申请人）。

为使跟单信用体系运转良好，削弱卖方和买方的风险，卖方提供给银行的文件必须具有可靠性和真实性，而且执行贸易合同的承运人必须是值得信赖的。当然，银行本身的可信度也是一个重要因素。在一般情况下，如果卖方提供的文件符合跟单信用证的要求，银行则履行付款义务。但是银行不担保文件的真实性和可靠性。如果银行发现单据不符或文件失效，这时跟单信用证就失效了。银行在审核单据的正确性时非常谨慎，单据之间内容是否相符，单据与信用证是否相符，这是银行接受议付或拒付或拒绝议付的根本原因。

跟单信用证体系下，银行操作的是单据而不是货物。例如，银行处理原产地证明时，并没有考虑货物的实际状态，银行只考虑文件内容是否符合信用证要求。但是，有些文件银行是不予考虑的，如印刷在提单背面的条款，银行处理单据的准则是国际商会600号出版物《跟单信用证统一惯例》。

在跟单信用证体系下，卖方和买方怎样才能降低风险呢？

首先，必须认真缮制销售合同。国际贸易是从订立合同开始的，合同中应阐明买方申请开证时向银行提出的条款，这些条款应该清晰、简单可核实而且限制条款少。买方对运输单据的规定要具体，如提单的种类、由谁签发等。买方应明确规定对于货物的品名和包装的描述，语言应清晰、明了，便于银行审核单据。合同中应避免使用诸如"第一流的承运人"、"特定天气状况下装船"之类的语言。当卖方向银行提供的文件需要满足上述语言要求时，议付行将无所适从，不得不征求申请人（买方）的意见，这必将造成议付延迟。除进口清关和官方所要求的文件外，进口方（买方）不应要求过多的文件，因为文件越多，银行遇到单证不符点的机会越大，这必将影响跟单信用证体系的顺利运行。

其次，卖方收到信用证后，必须及时、认真地核查。通常，收到信用证后，卖方即根据销售合同的条款开始备货，准备出运。但是，当卖方根据销售合同准备好单据提供给议付行时，发现单据不符合信用证的要求，银行只能根据信用证议付，而对销售合同一无所知。由此，必将造成议付失败或有条件议付。如果卖方收到信用证后及时与销售合同比较，发现信用证有偏差，卖方可以通知买方更改信用证，上述麻烦是可以避免的。

最后要说明的是，货主不要为了获得清洁提单而向承运人出具保函。实际上，货主都知道，应该使与货物有关的单据真实地反映出货物的实际情况。这不仅是银行审核信用证时的要求，而且也是因为发生过利用单据进行诈骗的情况。但是，卖方为了获取清洁提单，往往通过向承运人出具保函的方式要求承运人删除批注。事实上，承运人有权对收到的待出运货物状态进行批注，因为这可以限制承运人承担的责任。对于出具保函的做法，银行方面十分反对。有些国家的法律是不承认这种保函的，而且认为这是欺诈行为，是卖方与承运人共同欺骗买方。真正的问题是，一旦这种保函落入买方手里，那么跟单信用证的操作就复杂化了。

# 任务二 办理开证手续与填制开证申请书

## 一、信用证的开立

当进、出口双方在贸易合同中确立以信用证为结算方式后，进口商须在规定的开证时间内向当地的银行申请开立信用证，填写开证申请书。这样，进口商即成为开证申请人，开证申请书就是银行开具信用证的依据，也是其与进口商之间的契约。

### （一）申请开立信用证的手续

#### 1. 递交有关合同的副本及附件

进口商向银行申请开证时，需向银行递交进口合同的副本以及所需附件，如进口许可证、进口配额证、某些审批文件等。

#### 2. 填写开证申请书

进口商根据银行规定的统一开证申请书格式，填写一式三份。填写开证申请书（样单 2-1），必须按合同条款的具体规定，写明信用证的各项要求，内容要明确、完整。

#### 3. 缴纳保证金

按照国际贸易的习惯做法，进口商向银行申请开立信用证，应向银行缴付一定比例的保证金，其金额一般为信用证金额的百分之几到百分之几十，一般根据进口商的资信情况而定。

### （二）开证申请书的内容与填制

（1）开证日期（DATE）。在进口申请书右上角填写申请日期。

（2）致：×××银行（TO: BANK OF ×××）。

（3）请开列以下不可撤销信用证（PLEASE ISSUE ON BEHALF AND FOR OUR ACCOUNT THE FOLLOWING IRREVOABLE LETTER OF CREDIT）。

（4）信用证号码（L/C NUMBER）。此栏由银行填写。

（5）申请人（APPLICANT）。填写开证人的全称及详细地址，并注明联系电话等。

（6）受益人（BENEFICIARY）。填写受益人的全称及详细地址，并注明联系电话，电传等号码。

（7）通知行（ADVISING BANK）。由开证行填写。

（8）信用证金额（AMOUNT）。填写合同规定的总值，分别用数字和文字两种形式表示，并且表明币制。如果允许有一定比率的上下浮动，要在信用证中明确表示出来。

（9）到期日期和地点（EXPIRY DATE AND PLACE）。填写信用证的有效期及到期地点。

（10）分批装运是否允许（PARTIAL SHIPMENT）。此处可打√或打×，表示同意与否。

（11）转运是否允许（TRANSSHIPMENT）。此处可打√或打×，表示同意与否。

（12）装运地（港）及目的地（港）的名称，最迟装运日期（LOADING ON BOARD FROM, FOR TRANSPORT TO, LATEST DATE OF SHIPMENT）。如允许有转运地（港），也应列明。

（13）汇票要求主要有三方面的内容。

① 汇票金额。根据合同规定填写信用证项下应支付发票金额的百分之几。如合同规定所有货款都用信用证支付，则应填写信用证项下汇票金额是发票金额的 100%；如合同规定

该笔货款由信用证和托收两种方式各付 50%，则应填写信用证项下汇票金额是全部金额的 50%。

② 支付期限。支付期限主要有即期、远期。如果是远期汇票，必须填写具体的天数，如 30 天或 60 天等。

③ 付款人。付款人一般不是开证申请人，而是开证行或其指定银行。

（14）单据条款。信用证申请书中已印有部分主要单据条款，对上述没有的单据可在其他单据中补充。填制单据时应注意。

# 二、信用证的开立形式

## （一）信开信用证（MAIL CREDIT）

信开信用证是开证行根据开证申请人的要求，将信用证的全部内容用信函方式开出，邮寄到通知行，再通知受益人。开证行与通知行之间应事先建立代理行关系，互换签字样本和密押，以便通知行可凭签字样本核对信开信用证上开证行的签字。这种开证方式时间长，但费用较低。对于装运日期较长或金额较小的信用证通常以信开方式开出。

## （二）电开信用证（CABLE CREDIT）

电开信用证指开证银行使用电传、传真、SWIFT 等各种电信方法将信用证条款传达给通知行。

### 1. 简电本（BRIEF CABLE）

开证银行只通知已经开证，将信用证的主要内容预先告通知行，详细条款将另邮航寄通知行。简电本在法律上是无效的，不能作为交单议付的依据。

### 2. 全电本（FULL CABLE）

开证行根据开证申请人的要求，将信用证的全部内容以加注密押的电信方式通知受益人所在地的银行，请其通知受益人。目前，外汇指定银行大多用 SWIFT 电信方式开证。

### 3. SWIFT信用证

SWIFT 的全称是 SOCIETY FOR WORLDWIDE INTERBANK FINANCIAL TELECOMM-UNICATION，即环球同业银行金融电信协会。它是一个国际银行同业间非营利性的国际合作组织，成立于 1973 年，总部在比利时的布鲁塞尔。SWIFT 专门从事传递各国之间的非公开性的国际金融电信业务，其中包括外汇买卖、证券交易、开立信用证、办理信用证项下的汇票业务及托收等。成本低廉是 SWIFT 通信方式的一大特点。目前，SWIFT 在全世界拥有成员 130 多个，会员银行 4 000 多家，其环球计算机数据通信网在荷兰的阿姆斯特丹和美国的纽约设有运行中心，在各会员国设有地区处理站，为 SWIFT 会员提供安全、可靠、快捷、标准化的通信服务。

SWIFT 用统一的字母和数字来规范电文内容，比如 MT100 代表私人汇款业务，MT400 代表托收业务，MT700、MT701 代表信用证业务。采用 SWIFT 信用证必须遵守 SWIFT 的规定，也必须使用 SWIFT 手册规定的代号（TAG），而且信用证必须遵守《UCP600》各项条款的规定。在 SWIFT 信用证中可省去开证行的承诺条款，但不能免除银行所承担的义务。SWIFT 信用证的特点是快速、准确、简明和可靠。因此，目前信用证的格式主要都是用 SWIFT 电文。

样单 2-1 所示为不可撤销跟单信用证开立申请书。

样单 2-1

# IRREVOCABLE DOCUMENTARY CREDIT APPLICATION

### TO：BANK OF CHINA　　　　　　　　　　　　　　Date:

| Beneficiary (full name and address) | L/C NO.<br>Ex-Card No.<br>Contract No. |
|---|---|
| | Date and place of expiry of the credit |
| **Partial shipments**<br>☐allowed　☐not allowed　**Transshipment**<br>☐allowed　☐not allowed | ☐Issue by airmail　☐With brief advice by teletransmission<br>☐Issue by express delivery |
| Loading on board / dispatch / taking in charge at / from | ☐Issue by teletransmission(which shall be the operative instrument) |
| Not later than<br>for transportation to | Amount (both in figures and words) |
| Description of goods: | Credit available with<br>☐ by sight payment　☐ by acceptance　☐ by negotiation<br>☐ by deferred payment at<br>against the documents detailed herein<br>☐ and beneficiary's draft for　　% of the invoice value<br>At<br>on |
| Packing: | ☐ FOB　　　☐ CFR　　　☐CIF<br>☐ or other terms |

Documents required: (marked with x)

1 .(　) Signed Commercial Invoice in_____copies indicating invoice No., contract No.

2. (　) Full set of clean on board ocean Bills of Lading made out to order and blank endorsed,　marked "freight (　) to collect /
(　) prepaid (　) showing freight amount" notifying.

3. (　) Air Waybills showing "freight (　) to collect / (　) prepaid (　) indicating freight amount" and consigned to_____.

4. (　) Memorandum issued by_____consigned to_____.

5. (　) Insurance Policy / Certificate in____copies for_____% of the invoice value showing claims payable in China in
currency of the draft, blank endorsed, covering (　) Ocean Marine Transportation / (　) Air Transportation / (　) Over Land
Transportation (　) All Risks, War Risks.

6. (　) Packing List / Weight Memo in_____copies indicating quantity / gross and net weights of each package and packing
conditions as called for by the L/C.

7. (　) Certificate of Quantity / Weight in_____copies issued an independent surveyor at the loading port, indicating the actual
surveyed quantity / weight of shipped goods as well as the packing condition.

8. (　) Certificate of Quality in____copies issued by (　) manufacturer / (　) public recognized surveyor / (　).

9. (　) Beneficiary's certified copy of FAX dispatched to the accountee with____days after shipment advising (　) name of
vessel / (　) date, quantity, weight and value of shipment.

10. (　) Beneficiary's Certificate certifying that extra copies of the documents have been dispatched according to the contract terms.

11. (　) Shipping Companys Certificate attesting that the carrying vessel is chartered or booked by accountee or their shipping agents ___.

12. (　) Other documents, if any:

a) Certificate of Origin in_____copies issued by authorized institution.

b) Certificate of Health in_____copies issued by authorized institution.


Additional instructions:

1. (　) All banking charges outside the opening bank are for beneficiary's account.

2. (　) Documents must be presented with in_____days after the date of issuance of the transport documents but within the
validity of this credit.

3. (　) Third party as shipper is not acceptable. Short Form / Blank Back B/L is not acceptable.

4. (　) Both quantity and amount____% more or less are allowed.

5. (　) Prepaid freight drawn in excess of L/C amount is acceptable against presentation of original charges voucher issued by
Shipping Co. / Air line / or it's agent.

6. (　) All documents to be forwarded in one cover, unless otherwise stated above.

7. (　) Other terms, if any:


Advising bank:

| | |
|---|---|
| Account No.:　　with _____(name of bank)<br>Transacted by:　　　(Applicant: name, signature of authorized person)<br>Telephone No.:<br><br>　　　　　　　　　　　　　　　　　　　　　　　　　　　　　(with seal) | |

23

## 开证申请人声明

中国银行：

  我公司已办妥一切进口手续，现请贵行按我公司申请书内容开出不可撤销跟单信用证。我公司声明如下。

  一、我公司同意贵行依照国际商会第 600 号出版物《跟单信用证统一惯例》办理该信用证项下一切事宜，并同意承担由此产生的一切责任。

  二、我公司保证按时向贵行支付该证项下的货款、手续、利息及一切费用所需的外汇和人民币资金。

  三、我公司保证在贵行单到通知书中规定的期限之内通知贵行办理对外付款/承兑，否则贵行可以认为我公司已接受单据，同意付款/承兑。

  四、我公司保证在单证表面相符的条件下办理有关付款/承兑手续。如因单证有不符之处而拒绝付款/承兑，我公司保证在贵行单到通知书规定的日期之前将全套单据如数退还贵行并附书面拒绝理由，由贵行按国际惯例确定能否对外拒付。如贵行确定我公司所提拒付理由不成立，或虽然拒付理由成立，但我公司未能退还全套单据，贵行有权主动办理对外付款/承兑，并从我公司账户中扣款。

  五、该信用证及其项下业务往来中如因邮、电传递发生遗失、延误、错漏，贵行当不负责。

  六、该信用证如需修改，由我公司向贵行提出书面申请，由贵行根据具体情况确定能否办理修改。我公司确认所有修改当由信用证受益人接受时才能生效。

  七、我公司在收到贵行开出的信用证、修改副本后，保证及时与原申请书核对，如有不符之处，保证在接到副本之日起，两个工作日内通知贵行。如未通知，当视为正确无误。

  八、如因申请书字迹不清或词意含混而引起的一切后果由我公司负责。

（签字盖章）

  SWIFT MT 格式和应用范围如表 2-1 所示。

表 2-1         SWIFT MT 格式和应用范围

| 格式种类 | 格式代号 | 使 用 范 围 |
|---|---|---|
| 1 | MT700/701 | 开立信用证 |
| 2 | MT705 | 信用证预先通知 |
| 3 | MT707 | 信用证修改 |
| 4 | MT710/711 | 通知由第三家银行开立信用证 |
| 5 | MT720/721 | 转让跟单信用证 |
| 6 | MT730 | 确认收妥跟单信用证，并证实已通知受益人 |
| 7 | MT732 | 发报行通知收报行有关单据已经被开证申请人接受 |
| 8 | MT734 | 发报行通知收报行单证不符的拒付通知 |
| 9 | MT740 | 发报行授权收报行偿付信用证项下的款项 |
| 10 | MT742 | 发报行向收报行索偿 |
| 11 | MT750 | 发报行通知收报行有关单据不符点，即"电提" |
| 12 | MT752 | 授权收报行在单据没有其他不符点的情况下可付款/承兑/议付 |
| 13 | MT754 | 通知收报行单证相符，已承兑/付款/议付，并已经按批示寄单，即"通知电" |
| 14 | MT756 | 通知收报行，已偿付/付款 |

对已开出的 SWIFT 信用证进行修改，则需要采用 MT707 标准格式，如表 2-2 所示。

表 2-2　　　　　　　　　　　　MT707 格式

| 代号（TAG） | 栏位名称（FIELD NAME） |
|---|---|
| 20 | 送讯银行的编号（SENDER'S REFERENCE） |
| 21 | 收讯银行的编号（RECEIVER'S REFERENCE） |
| 23 | 开证银行的编号（ISSUING BANK'S REFERENCE） |
| 52A | 开证银行（ISSUING BANK） |
| 31C | 开证日期（DATE OF ISSUE） |
| 30 | 修改日期（DATE OF AMENDMENT） |
| 26E | 修改序号（NUMBER OF AMENDMENT） |
| 59 | 受益人（修改以前的）（BENEFICIARY [BEFORE THIS AMENDMENT]） |
| 31E | 新的到期日（NEW DATE OF EXPIRY） |
| 32B | 信用证金额的增加（INCREASE OF DOCUMENTARY CREDIT AMOUNT） |
| 33B | 信用证金额的减少（DECREASE OF DOCUMENTARY CREDIT AMOUNT） |
| 34B | 修改后新的信用证金额（NEW DOCUMENTARY CREDIT AMOUNT AFTER） |
| 39A | 信用证金额加减百分率（PERCENTAGE CREDIT AMOUNT TOLERANCE） |
| 39B | 最高信用证金额（MAXIMUM CREDIT AMOUNT） |
| 39C | 可附加金额（ADDITIONAL AMOUNT COVERED） |
| 44A | 由……装船/发送/接管（LOADING ON BOARD/DISPATCH/TAKING IN CHARGE AT / FROM…） |
| 44B | 装运至……（FOR TRANSPORTATION TO…） |
| 44C | 最后装船日（LATEST DATE OF SHIPMENT） |
| 44D | 装船期间（SHIPMENT PERIOD） |
| 79 | 叙述（NARRATIVE） |
| 72 | 银行间备注（SENDER TO RECEIVER INFORMATION） |

凡依据国际商会所制定的电信信用证格式设计，利用 SWIFT 网络系统设计的特殊格式，通过 SWIFT 网络系统传递的信用证的信息，即通过 SWIFT 开立或通知的信用证称为 SWIFT 信用证，也称为"环球电协信用证"。凡采用 SWIFT 信用证，必须遵守 SWIFT 使用手册的规定，使用 SWIFT 手册规定的代号（TAG），现以 SWIFT 信用证为例介绍其代号。目前开立 SWIFT 信用证的格式代号为 MT700 和 MT701，以下对两种格式做简单介绍，如表 2-3 和表 2-4 所示。

表 2-3　　MT700　ISSUE OF A DOCUMENTARY CREDIT 开立跟单信用证

| M/O | TAG 代号 | FIELD NAME 栏位名称 | CONTENT/OPTIONS 内容 |
|---|---|---|---|
| M | 27 | SEQUENCE OF TOTAL<br>合计次序 | 1N/1N<br>1 个数字/1 个数字 |
| M | 40A | FORM OF DOCUMENTARY CREDIT<br>跟单信用证类别 | 24X<br>24 个字 |
| M | 20 | DOCUMENTARY CREDIT NUMBER<br>信用证号码 | 16X<br>16 个字 |
| O | 23 | REFERENCE TO PRE-ADVICE<br>预通知的编号 | 16X<br>16 个字 |

| M/O | TAG 代号 | FIELD NAME 栏位名称 | CONTENT/OPTIONS 内容 |
|---|---|---|---|
| O | 31C | DATE OF ISSUE<br>开证日期 | 6N<br>6 个数字 |
| M | 31D | DATE AND PLACE OF EXPIRY<br>到期日及地点 | 6N29X<br>6 个数字/29 个字 |
| O | 51a | APPLICANT BANK<br>申请人的银行 | A OR D<br>A 或 D |
| M | 50 | APPLICANT<br>申请人 | 4*35X<br>4 行×35 个字 |
| M | 59 | BENEFICIARY<br>受益人 | [/34X]4*35X<br>[134 个字]<br>4 行×35 个字 |
| M | 32B | CURRENCY CODE, AMOUNT<br>币别代号、金额 | 3A15NUMBER<br>3 个字母，15 个数字 |
| O | 39A | PERCENTAGE CREDIT AMOUNT TOLERANCE<br>信用证金额加减百分比 | 2N/2N<br>2 个数字/2 个数字 |
| O | 39B | MAXIMUM CREDIT AMOUNT<br>最高信用证金额 | 13X<br>13 个字 |
| O | 39C | ADDITIONAL AMOUNTS COVERED<br>可附加金额 | 4*35X<br>4 行×35 个字 |
| M | 41A | AVAILABLE WITH...BY...<br>向……银行押汇，押汇方式为…… | A OR D<br>A 或 D |
| O | 42C | DRAFTS AT...<br>汇票期限 | 3*35X<br>3 行×35 个字 |
| O | 42A | DRAWEE<br>付款人 | A OR D<br>A 或 D |
| O | 42M | MIXED PAYMENT DETAILS<br>混合付款指示 | 4*35X<br>4 行×35 个字 |
| O | 42P | DEFERRED PAYMENT DETAILS<br>延迟付款指示 | 4*35X<br>4 行×35 个字 |
| O | 43P | PARTIAL SHIPMENTS<br>分批装运 | 1*35X<br>1 行×35 个字 |
| O | 43T | TRANSSHIPMENT<br>转运 | 1*35X<br>1 行×35 个字 |
| O | 44A | LOADING ON BOARD/DISPATCH/TAKING IN CHANGE AT/FROM...<br>由……装船/发运/接管地点 | 1*65X<br>1 行×65 个字 |
| O | 44B | FOR TRANSPORTATION TO…<br>装运至…… | 1*65X<br>1 行×65 个字 |
| O | 44C | LATEST DATE OF SHIPMENT<br>最后装运日 | 6N<br>6 个数字 |
| O | 44D | SHIPMENT PERIOD<br>装运期间 | 6*65X<br>6 行×65 个字 |
| O | 45A | DESCRIPTION OF GOODS AND/OR SERVICES<br>货物描述及/或交易条件 | 50*65X<br>50 行×65 个字 |
| O | 46A | DOCUMENTS REQUIRED<br>应具备单据 | 50*65X<br>50 行×65 个字 |

26

续表

| M/O | TAG 代号 | FIELD NAME 栏位名称 | CONTENT/OPTIONS 内容 |
|---|---|---|---|
| O | 47A | ADDITIONAL CONDITIONS<br>附加条件 | 50*65X<br>50 行×65 个字 |
| O | 71B | CHARGES<br>费用 | 6*35X<br>6 行×35 个字 |
| O | 48 | PERIOD FOR PRESENTATION<br>提示期间 | 4*35X<br>4 行×35 个字 |
| M | 49 | CONFIRMATION INSTRUCTIONS<br>保兑指示 | 7X<br>7 个字 |
| O | 53A | REIMBURSEMENT BANK<br>清算银行 | A OR D<br>A 或 D |
| O | 78 | INSTRUCTIONS TO THE PAYING/ACCEPTING/NEGOTIATION BANK<br>对付款/承兑/议付银行之指示 | 12*65X<br>12 行×65 个字 |
| O | 57A | "ADVISE THROUGH" BANK<br>收信银行以外的通知银行 | A, B OR D<br>A, B 或 D |
| O | 72 | SENDER TO RECEIVER INFORMATION<br>银行间的通知 | 6*35X<br>6 行×35 个字 |

表 2-4　MT701　ISSUE OF A DOCUMENTARY CREDIT 开立跟单信用证

| M/O | TAG 代号 | FIELD NAME 栏位名称 | CONTENT/OPTIONS 内容 |
|---|---|---|---|
| M | 27 | SEQUENCE OF TOTAL<br>合计次序 | 1N/1N<br>1 个数字/1 个数字 |
| M | 20 | DOCUMENTARY CREDIT NUMBER<br>信用证编号 | 16X<br>16 个字 |
| O | 45B | DESCRIPTION GOODS AND/OR SERVICES<br>货物及/或劳务描述 | 50*65X<br>50 行×65 个字 |
| O | 46B | DOCUMENTS REQUIRED<br>应具备单据 | 50*65X<br>50 行×65 个字 |
| O | 47B | ADDITIONAL CONDITIONS<br>附加条件 | 50*65X<br>50 行×65 个字 |

注：① M/O 为 MANDATORY 与 OPTIONAL 的缩写，前者是指必要项目，后者为任意项目。

② 合计次序是指本证的页次，共两个数字，前后各一，如"1/2"，其中"2"指本证共 2 页，"1"指本页为第 1 页。

# 任务三　审核和修改信用证

## 一、信用证的审核

许多不符点单据的产生以及提交后被银行退回，大多是对收到的信用证事先检查不够造成的，往往使一些本来可以纠正的错误由于审核不及时没能及时地修改。因此，一般应在收到信用证的当天对照有关的合同认真地按下列各条仔细检查，这样可以及早发现错误采取相应的补救措施。收到信用证后检查和审核的要点如下。

## （一）检查信用证的付款保证是否有效

应注意有下列情况之一的，就不是一项有效的付款保证或该项付款保证是存在问题的。

（1）信用证明确表明是可以撤销的。

此信用证由于毋须通知受益人或未经受益人同意可以随时撤销或变更，应该说对受益人是没有付款保证的，对于此类信用证，一般不予接受。

信用证中如没有表明该信用证是否可以撤销，按照《UCP600》的规定，应理解是不可以撤销的。

（2）应该保兑的信用证未按要求由有关银行进行保兑。

（3）信用证未生效。

（4）有条件生效的信用证，如"待获得进口许可证后才能生效"。

（5）信用证密押不符。

（6）信用证简电或预先通知。

（7）由开证人直接寄送的信用证。

（8）由开证人提供的开立信用证申请书。

## （二）检查信用证的付款时间是否与有关合同规定相一致

应特别注意下列情况。

（1）信用证中规定有关款项须在向银行交单后若干天内或见票后若干天内付款等情况。对此，应检查此类付款时间是否符合合同规定或公司的要求。

（2）信用证在国外到期。规定信用证国外到期，有关单据必须寄送国外，由于我们无法掌握单据到达国外银行所需的时间且容易延误或丢失，有一定的风险。通常我们要求在国内交单/付款。在来不及修改的情况下，应提前一个邮程（邮程的长短应根据地区远近而定），以最快方式寄送。

（3）如信用证中的装期和效期是同一天即通常所称的"双到期"，在实际业务操作中，应将装期提前一定的时间（一般在效期前 10 天），以便有合理的时间来制单结汇。

## （三）检查信用证受益人和开证人的名称和地址是否完整和准确

受益人应特别注意信用证上的受益人名称和地址应与其印好的文件上的名称和地址内容相一致。买方的公司名称和地址写法完全正确。在填写发货票时照抄信用证上写错了的买方公司名号和地址是有可能的，但如果受益人的名称不正确，将会给今后的收汇带来不便。

## （四）检查装期的有关规定是否符合要求

逾信用证规定装期的运输单据将构成不符点，银行有权不付款。检查信用证规定的装期应注意以下几点。

（1）能否在信用证规定的装期内备妥有关货物并按期出运；如来证收到时装期太近，无法按期装运，应及时与客户联系修改。

（2）实际装期与交单期相距时间太短。

（3）信用证中规定了分批出运的时间和数量，应注意能否办到，否则，任何一批未按期出运，以后各期即告失效。

## （五）检查能否在信用证规定的交单期交单

如来证中规定向银行交单的日期不得迟于提单日期后若干天，如果过了限期或单据不齐有错漏，银行有权不付款。交单期通常按下列原则处理。

（1）信用证有规定的，应按信用证规定的交单期向银行交单。

（2）信用证没有规定的，向银行交单的日期不得迟于提单日期后21天。

应充分考虑办理下列事宜对交单期的影响。

（1）生产及包装所需的时间。

（2）内陆运输或集港运输所需时间。

（3）进行必要的检验，如法定商检或客检所需的时间。

（4）申领出口许可证/FA产地证所需的时间（如果需要）。

（5）报关查验所需的时间。

（6）船期安排情况。

（7）到商会和/或领事馆办理认证或出具有关证明所需的时间（如果需要）。

（8）申领检验证明书，如SGS验货报告/OMIC LETTER或其他验货报告，如客检证等所需的时间。

（9）制造、整理、审核信用证规定的文件所需的时间。

（10）单据送交银行所需的时间包括单据送交银行后经审核发现有误退回更正的时间。

## （六）检查信用证内容是否完整

如果信用证以电传或电报拍发给了通知行，即"电信送达"，那么应该核实电文内容是否完整，如果电文无另外注明，并写明是根据《UCP600》，那么，该电文是可以被当作有效信用证执行。

## （七）检查信用证的通知方式是否安全、可靠

信用证一般是通过受益人所在国家或地区的通知/保兑行通知给受益人的。这种方式的信用证通知比较安全，因为根据《UCP600》的有关规定，通知行应对所通知的信用证的真实性负责。如果不是这样寄交的，遇到下列情况应特别注意。

（1）信用证是直接从海外寄给您单位的，那么您单位应该小心查明它的来历。

（2）信用证是从本地某个地址寄出，要求您单位把货运单据寄往海外，而您单位并不了解他们指定的那家银行。对于上述情况，应该首先通过银行调查核实。

## （八）检查信用证的金额、币制是否符合合同规定

主要检查内容如下。

（1）信用证金额是否正确。

（2）信用证的金额应该与事先协商的相一致。

（3）信用证中的单价与总值要准确，大小写并用，内容要一致。

（4）如数量上可以有一定幅度的伸缩，那么，信用证也应相应规定支付金额允许有一定幅度增减。

（5）如果在金额前使用了"大约"一词，其意思是允许金额有10%的伸缩。

29

（6）检查币制是否正确。如合同中规定的币制是"英镑"，而信用证中使用的是"美元"。

## （九）检查信用证的数量是否与合同规定相一致

应注意以下几点。

（1）除非信用证规定数量不得有增减，那么，在付款金额不超过信用证金额的情况下，货物数量可以允许有 5%的增减。

（2）特别注意的是，以上提到的货物数量可以有 5%增减的规定一般适用于大宗货物，对于以包装单位或以个体为计算单位的货物不适用。例如，5 000PCS 100% COTTON SHIRTS（5 000件全棉衬衫），由于数量单位是"件"，实际交货时只能是 5 000 件，而不能有 5%的增减。

## （十）检查价格条款是否符合合同规定

不同的价格条款涉及具体的费用，如运费、保险费由谁分担。

**小案例**

合同中规定，FOB SHANGHAI AT USD50/PC 根据此价格条款，有关的运费和保险费由买方即开证人承担；如果信用证中的价格条款没有按合同的规定做上述表示，而是做了如下规定，CIF NEW YORK AT USD50/PC，对此条款如不及时修改，那么受益人将承担有关的运费和保险费。

## （十一）检查货物是否允许分批出运

除信用证另有规定外，货物是允许分批付运的。

特别注意，如信用证中规定了每一批货物出运的确切时间，则必须按此照办，如不能办到，必须修改。

## （十二）检查货物是否允许转运

除信用证另有规定外，货物是允许转运的。

## （十三）检查有关的费用条款

主要内容如下。

（1）信用证中规定的有关费用，如运费或检验费等应事先协商一致，否则，对于额外的费用原则上不应承担。

（2）银行费用如事先未商定，应以双方共同承担为宜。

## （十四）检查信用证规定的文件能否提供或及时提供

主要检查的内容如下。

（1）一些需要认证的单据特别是使馆认证等能否及时办理和提供。

（2）由其他机构或部门出具的有关文件，如出口许可证、运费收据、检验证明等能否提供或及时提供。

（3）信用证中指定船龄、船籍、船公司或不准在某港口转船等条款能否办到等。

## （十五）检查信用证中有无陷阱条款

应特别注意下列信用证条款是有很大陷阱的条款，具有很大的风险。

（1）1/3 正本提单直接寄送客人的条款。

如果接受此条款，将随时面临货、款两空的危险。

（2）将客户检验证作为议付文件的条款。

接受此条款，受益人正常处理信用证业务的主动权很大程度上掌握在对方手里，影响安全收汇。

## （十六）检查信用证中有无矛盾之处

例如，明明是空运，却要求提供海运提单；明明价格条款是 FOB，保险应由买方办理，而信用证中却要求提供保险单。

## （十七）检查有关信用证是否受 UCP600 的约束

明确信用证受 UCP600 的约束可以使我们在具体处理信用证业务中，对于信用证的有关规定有一个公认的解释和理解，避免因对某一规定的不同理解产生争议。

## （十八）对某一问题有疑问，可以向通知行或付款行查询，得到他们的帮助

在实际工作中，我们应根据买卖合同条款，参照国际商会《跟单信用证统一惯例》（国际商会第 600 号出版物）的最新规定和解释，以及我们在贸易中的一些政策和习惯做法，逐条详细审核，并填写信用证预审表（样单 2-2）。

---

**┃ 小知识 ┃**

催证是通过信件、电报、电传或其他方式，催促对方及时办理开证手续并将信用证送达卖方，以便卖方及时备货或装运货物出口。为保证按时履行合同，提高履约率，卖方有必要在适当的时候，提醒和催促买方依约开立信用证。

买方按约定的时间开证是卖方履行信用证方式付款合同的前提条件。对于大宗交易或按买方要求而特别定制的商品交易，买方及时开立信用证尤其重要，否则卖方无法准时安排生产和组织货源，轻者货物不能及时出货，或者市场行情发生变化造成损失，重者使得货物销售不出去，严重影响企业的持续经营。

在正常情况下，买方信用证最少应在货物装运期前 15 天开到卖方手中。对于资信情况不是很了解的新客户原则上坚持在装运期前 30 天或 45 天甚至更长的期限，并且配合生产加工期限和客户的要求灵活掌握信用证的开证日期。在实际业务中，国外客户在遇到市场行情变化或缺乏资金的情况下，往往拖延开证，因此出口商应及时检查买方的开证情况。

需要催证的情况：

1. 合同内规定的装运期距合同签订的日期较长，或合同规定买方应在装运期前一定时间开出信用证。

2. 卖方提早将货备妥，可以提前装运，可与买方商议提前交货。

3. 国外买方没有在合同规定期限内开出信用证。

4. 买方信誉不佳，故意拖延开证，或因资金等问题无力向开证行交纳押金。

5. 签约日期和履约日期相隔较远应在合同规定开证日之前，去信表示对该笔交易的重视，并提醒对方及时开证。

**样单 2-2　信用证预审单**

| 开证行 | BANK OF NAGOYA LTD. | 开证日期 | | | OCT.6TH, 2003 | | | |
|---|---|---|---|---|---|---|---|---|
| 申请人 | THE GENRRU TRADING CO. LTD. | 受益人 | | | SHANGHAI NEW UNION TEXTILES IMP. & EXP. CORP. PU DONG COMPANY 3409 NEW DENG ROAD SHANGHAI CHINA | | | |
| 信用证金额 | ① USD172,006（应为 USD172,066） | 信用证号 | | | NLC0310598 | | | |
| 汇票付款人 | 开证行 | 汇票期限 | | | ② 见票后 60 天（应为即期） | | | |
| 可否转船 | 可以 | 可否分批装运 | | | 可以 | | | |
| 装运期限 | DEC.15TH, 2003 以前 | 有效期 | DEC.30TH,2003 | | 到期地点 | | ③ KOBE | |
| 唛头 | 未指定 | 交单日 | | | ④ 提单后 3 天 | | | |

| 单据名称 | 提单 | 发票 | 装箱单 | 重量单 | 保险单 | 产地证 | FORMA | 寄单证明 | 寄单邮据 | 寄样证明 | 寄样邮据 | 检验证明 |
|---|---|---|---|---|---|---|---|---|---|---|---|---|
| 银行 | 3/3 | 3 | 3 | | 2 | 2 | | 3 | | | | 3 |

| 提单或承运单据 | 抬头 | TO ORDER | 保险 | 一切险加战争险 | | |
|---|---|---|---|---|---|---|
| | 通知 | APPLICANT | | 加成 10% | 赔款地点 | 目的港 |
| | 注意事项 | 注明运费已付 | | | | |
| 备注： | ⑤ 检验证明须由开证申请人签发 | | | | | |

## 二、信用证的修改

通过对信用证的全面审核，如发现问题，应分别情况及时处理。对于影响安全收汇，难以接受或做到的信用证条款，必须要求国外客人进行修改。

### （一）信用证修改的规则

（1）只有买方（开证人）有权决定是否接受修改信用证。

（2）只有卖方（受益人）有权决定是否接受信用证修改。

### （二）修改信用证应注意的事项

（1）凡是需要修改的内容，应做到一次性向客人提出，避免多次修改信用证的情况。

（2）对于不可撤销信用证中任何条款的修改，都必须取得当事人的同意后才能生效。对信用证修改内容的接受或拒绝有两种表示形式。

① 受益人做出接受或拒绝该信用证修改的通知。

② 受益人以行动按照信用证的内容办事。

（3）收到信用证修改后，应及时检查修改内容是否符合要求，并分情况表示接受或重新提出修改。

（4）对于修改内容要么全部接受，要么全部拒绝。部分接受修改中的内容是无效的。

（5）有关信用证修改必须通过原信用证通知行才真实、有效；通过客人直接寄送的修改申请书或修改书复印件不是有效的修改。

（6）明确修改费用由谁承担。一般按照责任归属来确定修改费用由谁承担。

**┃小知识┃**

### 信用证中不必修改的错误

**一、信用证数量溢短装条款与金额不配套**

信用证根据合同条款对货物数量做了溢短装条款的规定，但对信用证金额却没有做相应规定，允许金额有一定的增减幅度，这就导致信用证项下数量与金额的规定不相匹配。在这种情况下，如果受益人溢装货物，货物溢装部分的收汇没有信用证的保证。按照 UCP500 第三十七条对商业发票的规定："除非信用证另有规定，银行可拒受其金额超过信用证允许金额的商业发票，但如根据信用证被授权付款、承担延期付款责任、承兑汇票或议付信用证的银行接受了该发票，只要其付款、承担延期付款责任、承兑或议付的金额为超过信用证允许的金额，该银行的决定对各方均具有约束力。"这就是说，当出口方的发票金额超过信用证金额时，可能遭到银行的拒绝；即使银行接受了该发票，银行承担的付款责任也仅仅限于信用证规定金额，而不是发票金额。所以说，溢装部分的货款没有信用证收汇的保证。对有溢短装条款，而金额未做相应规定的信用证，出口方在货物装运数量上受到限制。但是，当出口方预计货物数量不会超过信用证规定金额时，就不一定非得要求修改信用证，在发货时，控制好货物数量，不溢装货物就可以了。

**二、小写金额的写法与我们的习惯写法不同**

信用证金额一般同时用大写与小写两种方式来表达。在我们收到的相当一部分信用证中，其小写金额的写法与我们的习惯写法不同。信用证中的小写金额的小数点与数字间的分隔符号正好与我们的习惯相反。比如三万二千一百二十三点四五，我们的小写为"32,123.45"，但按照我们收到的部分信用证的小写写法，则变为"32.123,45"，这可能会让人有些不放心："怎么看起来有点像三十二点几？"。其实，不必为此担心，在实际工作中，我们收到不少信用证，金额的小写的确与我们的习惯不同，但都没有因小写习惯不同而发生金额方面的争执。何况信用证金额还有大写呢，只要大写金额正确、清楚，即使小写金额写法与我们不同，也是完全可以接受的，不必要求进口方修改信用证。

**三、未显示允许分批装运**

如果合同条款规定允许分批装运，而信用证却没有显示"允许分批装运"，但也没有显示"禁止分批装运"，在这种情况下，也不必修改信用证。因为按照《UCP600》第三十一条对分批装运的规定，"允许分批支款或分批装运"。这就是说，只要信用证没有明确表示"禁止分批装运"，就是允许分批装运。因此，当信用证对分批装运没有作出任何表态时，就是"允许分批装运"，不必要求进口方对该条款进行修改。

**四、禁止转运与多式联运**

当信用证在规定"接受多式联运单据"的同时，又规定了"禁止分批装运"，这显然是矛盾的。但是，根据《UCP600》第十九条关于至少包括两种不同运输方式的运输单据中规定："即使信用证规定禁止转运，银行也将接受注明转运将发生或可能发生的运输单据。"按照这个规定，只要信用证表明"接受多式联运单据"，即使信用证明令禁止分批装运，出口方在将货物交付多式联运承运人，取得包括全程运输的多式联运单据后，仍可向银行议付。因此，当信用证出现接受多式联运单据，而又禁止分批装运的矛盾规定时，也是可以不用修改的，只要出口方在发货时注意：一定要取得包括全程运输的多式联运单据才可正常议付。

**五、对信用证双到期的处理**

如果双到期的信用证的到期日是合同装运期后 15 天以上的日期，不必修改信用证。开证行承担信用证项下的付款责任是有期限的，这就是信用证的交单到期日。《UCP600》第六十二条规定："信用证必须规定提示单据的有效期限。规定的用于兑付或者议付的有效期限将被认为是提示单据的有效期限。"为了便于出口方在装运货物后，能有足够的时间办理制单、向银行交单议付的工作，在进出口业务中，通常要求信用证的到期日规定在装运期后 15～

21 天，但有的信用证把最后装运期和信用证到期日规定为同一天，我们称之为"双到期"。有人认为，双到期的信用证，出口方在货物装运后，没有制单、交单议付的时间，双到期信用证需要修改。是不是所有的双到期信用证都需要修改呢？这就要把双到期与合同的装运期相比较：如果双到期的日期仅仅是合同规定的装运期日期，出口方在原拟定时间装运货物后，缺少制单、交单议付的时间，出口方有理由要求进口方修改信用证，按照合同条款展期；如果双到期的日期是合同装运期后的 15 天以后的日期，双到期已经包含了出口方在装运后制单、交单议付的时间了，那么，出口方就没必要再要求进口方修改信用证了。

六、未规定交单期限

交单期限是为了保障信用证申请人的权益而向受益人规定的，它要求受益人在货物装运后一定期限内，向银行交单议付。货物发运装船后，若受益人在交单期内，没有及时交单，银行就解除必须付款的责任。如果信用证上没有规定交单期限，何时交单呢？一定要修改信用证吗？不！按照《UC600》第十四条对到期日的限制的规定："如果单据中包含一份或多份受第 19 条—第 25 条规定的正本运输单据，则须由受益人或代表在不迟于装运日之后的 21 个日历日内交单，但是在任何情况下都不能迟于信用证的截止日"。这就是说，如果信用证没有规定交单的特定期限，我们就可将交单期视为 21 天。对没有规定交单日期的信用证，不必修改该项条款。

七、信用证的字母、单词拼写错误

信用证上难免会出现一些字母、单词的拼写错误。有些有拼写错误的信用证是不用修改的，如果这些拼写错误有下列特点：①出现在无关紧要的位置；②不会影响信用证各有关当事人对货物描述、货物品质、数量、信用证金额等重要信息的正确理解；③信用证各当事人不会因为拼写错误可以对信用证内容做出各自不同的解释。在制作单据时，可以对信用证的拼写错误做一点技术处理，在这些拼写错误的字词旁边加上正确的拼写，并用括号括起来；当然，有时候也可以不理会拼写错误，按信用证原文照搬制作单据，也不失为一种方法。

**┃ 小案例 ┃**

东南亚某国银行给我国 Z 行开立过一份不可撤销自由议付信用证，在 DOCUMENTS REQUIEMENT 中关于提单的 NOTIFY PARTY 有如下条款：NOTIFY PARTY WILL BE ADVISED LATER BY MEANS OF L/C AMENDMENT THROUGH OPENING BANK UPON INSTRUCTIONS FROM THE APPLICANT。但是无论通知行如何催促，开证行迟迟不发信用证修改指定提单的被通知人。

为避免信用证过期，受益人只好在信用证修改之前交单，并将提单的 NOTIFY PARTY 打成 APPLICANT 的全称。

开证行在收到单据后以如下理由拒付：NOTIFY PARTY ON THE BILL OF LADING SHOWN AS APPLICANT WHEREAS L/C AMENDMENT HAD NOT BEEN EFFECTED，即信用证修改尚未发出，提单便显示了被通知人。Z 行多次反驳，但开证行始终坚持不符点成立。

最后开证行来电称申请人要求降价 10%才肯赎单，出口商迫于各方压力不得不接受要求，以损失 4 万美元为代价了结此事。

上述案例的焦点是信用证上关于通知人的"软条款"。

信用证中的"软条款"是指主动权掌握在开证申请人手中，受益人无法控制的条款；或意思含糊不清、模棱两可的条款。因难以满足这种条款，往往会给受益人安全收汇造成相当大的困难和风险。Z 行作为通知行曾就此证中的"软条款"征询过受益人的意见，但因急于发货，受益人称其客人接受不符点而坚持交单议付。没想到出单后进口商变卦，以退货相威胁来压价。

对于这一"软条款"拒付，开证行虽然有些无理，但也有其辩词，不一定能反驳成功。由此案例可见：

  * 对于信用证中的"软条款"能做到的尽快办理，不能做到的应坚持修改，否则不要急于出货。

  * 客户之间的口头的商业信用是靠不住的，只有严格按信用证的要求交单才是按时收汇的最佳保证。

样单 2-3 所示为两个信用证样本。

## 样单 2-3 信用证样本

### 1. 样本一

TO:BANK OF CYPRUS LTD

LETTERS OF CREDIT DEPARTMENT

NTCOSIA COMMERCIAL OPERATIONS CENTER

INTERNATIONAL DIVISION

TEL:******           FAX:******

TELEX: 2451 & 4933 KYPRIA CY

SWIFT: BCYPCY2N

DATE: 23 MARCH 2005

APPLICATION FOR THE ISSUANCE OF A LETTER OF CREDIT

SWIFT MT700 SENT TO:MT700 转送至

STANDARD CHARTERD BANK UNIT 1-8 52/F SHUN NIND SQUARE DI WANG COMMERCIAL CENTRE,5002，SHEN NAN ROAD EAST,SHENZHEN 518008-CHINA

渣打银行深圳分行

深南东路 5002 号

信兴广场地王商业大厦 52 楼 1-8 单元

27: SEQUENCE OF TOTAL 序列号

1/1 指只有一张电文

40A: FORM OF DOCUMENTARY CREDIT 跟单信用证形式

IRREVOCABLE 不可撤销的信用证

20:DOCUMENTARY CREDIT NUMBER 信用证号码

00143-01-0053557

31C: DATE OF ISSUE 开证日

如果这项没有填，则开证日期为电文的发送日期。

31D:DATE AND PLACE OF EXPIRY 信用证有效期及地点

050622 IN CHINA   050622 在中国到期

50: APPLICANT 信用证开证申请人

NICOSIA 注意应同发票上的买方是一致的

59: BENEFICIARY 受益人

CHAOZHOU HUALI CERAMICS FACTORY

FENGYI INDUSTRIAL DISTRICT, GUXIANG TOWN, CHAOZHOU CITY,GUANGDONG

PROVINCE,CHINA.潮州华利陶瓷洁具厂

32B: CURRENCY CODE,AMOUNT 信用证项下的金额

USD7,841.89

41D: AVAILABLE WITH...BY...议付适用银行

STANDARD CHARTERED BANK

CHINA AND/OR AS BELOW BY NEGOTIATION 渣打银行或以下的任何议付行

42C: DRAFTS AT 开汇票

SIGHT 即期

42A: DRAWEE 付款人

BCYPCY2NO10

BANK OF CYPRUS LTD 塞浦路斯的银行名

43P:PARTIAL SHIPMENTS 是否允许分批装运

NOT ALLOWED 不允许

43T:TRANSHIPMENT 转运

ALLOWED 允许

44A: LOADING ON BOARD/DISPATCH/TAKING IN CHARGE AT/FROM...装船港口

SHENZHEN PORT 深圳

44B: FOR TRANSPORTATION TO 目的港

LIMASSOL PORT 利马索尔港

44C: LATEST DATE OF SHIPMENT 最迟装船期

050601

045A:DESCRIPTION OF GOODS AND/OR SERVICES 货物/服务描述

SANITARY WARE 陶瓷洁具

FOB SHENZHEN PORT,INCOTERMS 2000 FOB 深圳港，INCOMTERMS 2000

046A:DOCUMENTS REQUIRED 须提供的单据文件

*FULL SET (AT LEAST THREE) ORIGINAL CLEAN SHIPPED ON BOARD BILLS OF LADING ISSUED TO THE ORDER OF BANK OF CYPRUS PUBLIC COMPANY LTD,CYPRUS,NOTIFY PARTIES APPLICANT AND OURSELVES,SHOWING FREIGHT PAYABLE AT DESTINATION AND BEARING THE NUMBER OF THIS CREDIT.全套清洁已装船提单原件（至少三份），做成以"塞浦路斯股份有限公司"为抬头，通知开证人和我们自己，注明运费在目的港付，注明该信用证号码。

*PACKING LIST IN 3 COPIES. 装箱单一式三份。

*CERTIFICATE ISSUED BY THE SHIPPING COMPANY/CARRIER OR THEIR AGENT STATING THE B/L NO(S) AND THE VESSEL(S) NAME CERTIFYING THAT THE CARRYING VESSEL(S) IS/ARE:

A) HOLDING A VALID SAFETY MANAGEMENT SYSTEM CERTIFICATE AS PER TERMS OF INTERNATIONAL SAFETY MANAGEMENT CODE AND

B) CLASSIFIED AS PER INSTITUTE CLASSIFICATION CLAUSE 01/01/2001 BY AN APPROPRIATE CLASSIFICATION SOCIETY 由船公司或代理出具注明 B/L 号和船名的证明书，证明他们的船是：

A）持有根据国际安全管理条款编码的有效安全管理系统证书；

B）由相关分级协会根据 2001 年 1 月 1 日颁布的 ICC 条款分类的。

*COMMERCIAL INVOICE FOR USD11,205.70　IN 4 COPIES DULY SIGNED BY THE BENEFICIARY/IES, STATING THAT THE GOODS SHIPPED:

A）ARE OF CHINESE ORIGIN.

B）ARE IN ACCORDANCE WITH BENEFICIARIES PROFORMA INVOICE NO. HL050307 DATED 07/03/05.由受益人签署的商业发票一式四份，总额 USD11,205.70，声明所运输货物：

A）原产地为中国；

B）同号码为 HL050307 开立日为 07/03/05 的形式发票内容一致。

047A: ADDITIONAL CONDITIONS 附加条件

* THE NUMBER AND DATE OF THE CREDIT AND THE NAME OF OUR BANK MUST BE QUOTED ON ALL DRAFTS (IF REQUIRED).信用证号及日期和我们的银行名必须体现在所有单据上（如果有要求）。

*TRANSPORT DOCUMENTS TO BE CLAUSED: "VESSEL IS NOT SCHEDULED TO CALL ON ITS CURPENT VOYAGE AT FAMAGUSTA,KYRENTA OR KARAVOSTASSI CYPRUS". 运输单据注明"船舶在其航行途中不在塞浦路斯的 FAMAGUSTA、KYRENTA 或 KARAVOSTASSI 这些港口停泊"。

*INSURANCE WILL BE COVERED BY THE APPLICANTS.保险由申请人办理。

*ALL DOCUMENTS TO BE ISSUED IN ENGLISH LANGUAGE.所有单据由英文缮制。

*NEGOTIATION/PAYMENT:UNDER RESERVE/GUARANTEE STRICTLY.保结押汇或是银行保函。

PROHIBITED. 禁止。

*DISCREPANCY FEES USD80, FOR EACH SET OF DISCREPANT DOCUMENTS PRESENTED UNDER THIS CREDIT,WHETHER ACCEPTED OR NOT PLUS OUR　CHARGES FOR EACH MESSAGE CONCERNING REJECTION AND/OR ACCEPTANCE MUST BE BORNE BY BENEFICIARIES THEMSELVES AND DEDUCTED FROM THE　AMOUNT PAYABLE TO THEM.修改每个单据不符点费用 80 美元，由受益人负担，将从货款总额中扣除。

*IN THE EVENT OF DISCREPANT DOCUMENTS ARE PRESENTED TO US AND REJECTED, WE MAY RELEASE THE DOCUMENTS AND EFFECT SETTLEMENT UPON APPLICANT'S WAIVER OF SUCH DISCREPANCIES,NOT WITHSTANDING ANY COMMUNICATION WITH THE PRESENTER THAT WE ARE HOLDING DOCUMENTS AT ITS DISPOSAL,UNLESS ANY PRIOR INSTRUCTIONS TO THE CONTRARY ARE RECEIVED.如果存在不符点的单据提交我方时被拒绝，我方将放弃这些单据，并让申请人来决定是否接受这些不符点，我方对此完全保持中立，除非我方收到申请人的相反指示。

*TRANSPORT DOCUMENTS BEARING A DATE PRIOR TO THE L/C DATE ARE NOT ACCEPTABLE. 不接受早于开证日期的运输单据。

*DIFFERENCE OF USD3,363.81(30 PERCENT OF INVOICE VALUE) BETWEEN L/C AMOUNT AND INVOICES AMOUNT REPRESENTS AMOUNT PAID BY APPLICANTS DIRECT TO BENEFICIARIES OUTSIDE THE L/C TERMS WITHOUT ANY RESPONSIBILITY ON OURSELVES

AND TO BE SHOWN ON INVOICES AS SUCH. L/C.跟发票上 USD3,363.81 的差额（30%发票额）由申请人直接用 L/C 以外的方式给予受益人。

71B: CHARGES

BANK CHARGES OUTSIDE CYPRUS INCLUDING THOSE OF THE REIMBURSING BANK ARE FOR BEN. A/C. 在塞浦路斯以外银行产生的费用包括偿付行的费用由信用证受益人负担。

48: PERIOD FOR PRESENTATION  单据提交期限

DOCUMENTS MUST BE PRESENTED WITHIN 21 DAYS AFTER B/L DATE,BUT WITHIN THE VALIDITY OF THE CREDIT.在信用证有效期内，最迟装运期后 21 天内，向银行提交单据。

49:CONFIRMATION INSTRUCTIONS 保兑指示

WITHOUT  不保兑

53A: REIMBURSING BANK 偿付行

BCYPGB2L BANK OF CYPRUS UK INTERNATIONAL DEPARTMENT, 87/93 CHASE SIDE, SOUTHGATE N14 5BU LONDON - UNITED KINGDOM.

78: INSTRUCTIONS TO THE PAY/ACCEP/NEG BANK  议付行

NEGO OF DOCS THRU BANK OF CHINA LIMITED CHINA IS ALLOWED.PLEASE.可通过中国银行议付。

DEDUCT RROM YOUR PAYMENT TO BENEFICIARIES THE AMOUNT OF USD15.00 REPRESENTING RECORDING FEES NEGOTIATION BANK TO OBTAIN.于受益人账户中扣去 USD15.00 作为记录费。

REIMBURSEMENT FROM OUR ACCOUNT WITH REIMBURSING BANK 3 BUSINESS DAYS FOLLOWING THEIR AUTHENTICATED TELEX/SWIFT ADVICE TO US, STATING A) OUR CREDIT NUMBER, B)AMOUNT CLAIMED, C) VALUE OF DOCUMENTS D)SHIPMENT/ DISPATCH DATE AND E)THAT DOCS ARE IN STRICT COMPLIANCE WITH CREDIT TERMS. ON EXECUTION FORWARD TO US,BANK OF CYPRUS PUBLIC COMAPNY LTD,NICOSIA COMMERCIAL OPER. CENTER INTERN. DIV., 10 KYRIACOS MATSI AV. 1082 AY. OMOLOYITES, NIGOSIA, CYPRUS,ALL DOCS IN ONE LOT BY COURIER SERVICE AT BENEFICIARIES EXPENSE.所有单据应由偿付行于 3 个工作日内通过快件形式发给我们，费用由受益人承担，注明信用证号、金额、单据价值、发货日期以及单据与信用证条款完全一致。所有单据应该通过邮件一次提交给我方，邮寄费用由受益人负担。

72: SENDER TO RECEIVER INFORMATION 附言 CREDIT IS SUBJECT TO U.C.P. 1993 I.C.C PUBL. NO.500. 本信用证根据跟单信用证统一惯例 UCP500（1993 年版）开出。

2．样本二

ISSUE OF A DOCUMENTARY CREDIT

BKCHCNBJA08E SESSION: 000 ISN: 000000

BANK OF CHINA

LIAONING NO. 5 ZHONGSHAN SQUARE

ZHONGSHAN DISTRICT

DALIAN，CHINA

DESTINATION BANK: KOEXKRSE×××  MESSAGE TYPE: 700

　　　　　　KOREA EXCHANGE BANK

　　　　　　SEOUL

　　　　　　178.2 KA, ULCHI RO, CHUNG-KO

TYPE OF DOCUMENTARY CREDIT 40A IRREVOCABLE

LETTER OF CREDIT NUMBER 20 LC84E0081/99

DATE OF ISSUE 31G 990916

DATE AND PLACE OF EXPIRY 31D 991015 KOREA

APPLICANT BANK 51D BANK OF CHINA LIAONING BRANCH

APPLICANT 50 DALIAN WEIDA TRADING CO., LTD.

BENEFICIARY 59 SANGYONG CORPORATION

　　　　　　CPO BOX 110

　　　　　　SEOUL

　　　　　　KOREA

CURRENCY CODE, AMOUNT 32B USD 1,146,725.04

AVAILABLE WITH...BY... 41D ANY BANK BY NEGOTIATION

DRAFTS AT 42C 45 DAYS AFTER SIGHT

DRAWEE 42D BANK OF CHINA LIAONING BRANCH

PARTIAL SHIPMENTS 43P NOT ALLOWED

TRANSSHIPMENT 43T NOT ALLOWED

SHIPPING ON BOARD/DISPATCH/PACKING IN CHARGE AT/ FROM    44A RUSSIAN SEA

TRANSPORTATION TO 44B DALIAN PORT, P.R.CHINA

LATEST DATE OF SHIPMENT 44C 990913

DESCRIPTION OF GOODS OR SERVICES: 45A

FROZEN YELLOWFIN SOLE WHOLE ROUND (WITH WHITE BELLY) USD770/MT CFR DALIAN.QUANTITY: 200MT ALASKA PLAICE (WITH YELLOW BELLY) USD600/MT CFR DALIAN QUANTITY: 300MT

DOCUMENTS REQUIRED: 46A

1. SIGNED COMMERCIAL INVOICE IN 5 COPIES.

2. FULL SET OF CLEAN ON BOARD OCEAN BILLS OF LADING MADE OUT TO ORDER AND BLANK ENDORSED, MARKED "FREIGHT PREPAID" NOTIFYING LIAONING OCEAN FISHING CO., LTD. TEL:(86)411-3680288.

3. PACKING LIST/WEIGHT MEMO IN 4 COPIES INDICATING QUANTITY/GROSS AND NET WEIGHTS OF EACH PACKAGE AND PACKING CONDITIONSAS CALLED FOR BY THE L/C.

4. CERTIFICATE OF QUALITY IN 3 COPIES ISSUED BY PUBLIC RECOGNIZED SURVEYOR.

5. BENEFICIARY'S CERTIFIED COPY OF FAX DISPATCHED TO THE ACCOUNTEE WITH 3 DAYS AFTER SHIPMENT ADVISING NAME OF VESSEL, DATE, QUANTITY, WEIGHT, VALUE OF SHIPMENT, L/C NUMBER AND CONTRACT NUMBER.

6. CERTIFICATE OF ORIGIN IN 3 COPIES ISSUED BY AUTHORIZED INSTITUTION.

7. CERTIFICATE OF HEALTH IN 3 COPIES ISSUED BY AUTHORIZED INSTITUTION.

ADDITIONAL INSTRUCTIONS: 47A

1. CHARTER PARTY B/L AND THIRD PARTY DOCUMENTS ARE ACCEPTABLE.

2. SHIPMENT PRIOR TO L/C ISSUING DATE IS ACCEPTABLE.

3. BOTH QUANTITY AND AMOUNT 10 PERCENT MORE OR LESS ARE ALLOWED.

CHARGES 71B

ALL BANKING CHARGES OUTSIDE THE OPENNING BANK ARE FOR BENEFICIARY'S ACCOUNT.

PERIOD FOR PRESENTATION 48

DOCUMENTSMUST BE PRESENTED WITHIN 15 DAYS AFTER THE DATE OF ISSUANCE OF THE TRANSPORT DOCUMENTS BUT WITHIN THE VALIDITY OF THE CREDIT.

CONFIRMATION INSTRUCTIONS 49 WITHOUT

INSTRUCTIONS TO THE PAYING/ACCEPTING/NEGOTIATING BANK: 78

1. ALL DOCUMENTS TO BE FORWARDED IN ONE COVER, UNLESS OTHERWISE STATED ABOVE.

2. DISCREPANT DOCUMENT FEE OF USD 50.00 OR EQUAL CURRENCY WILL BE DEDUCTED FROM DRAWING IF DOCUMENTS WITH DISCREPANCIES ARE ACCEPTED.

"ADVISING THROUGH" BANK 57A KOEXKRSEXXX MESSAGE TYPE: 700

KOREA EXCHANGE BANK

SEOUL

178.2 KA, ULCHI RO, CHUNG-KO

********OTHER WORDINGS BETWEEN BANKS ARE OMITTED********

## 项目总结

本项目重点介绍了信用证这种支付方式的含义、操作程序、特点等内容。同学们应掌握信用证业务的性质、主要内容，信用证审核、修改的基本要求，为下一步单证缮制工作做好准备。

## 练习与思考

1. 什么是信用证？其特点和性质如何？

2. 信用证有哪些当事人？每个当事人的任务和功能是什么？

3. 审核信用证有何意义？应该从哪些方面对信用证进行审核？

4. 信用证的修改需要注意哪些问题？

5. 什么是"双到期"信用证？如何处理"双到期"信用证？

6. 什么是信用证的交单期？信用证如未规定交单期，受益人议付时应如何掌握交单期？

7. 信用证中装运期前有"on or about"时，根据《UCP600》应如何理解？

8. 信用证如规定"Goods to be shipped in two lots…"，受益人应如何缮制单据？货物可否配同一条船装运？

9. 信用证在对装运日期进行表述时，如使用"between/until/before/until/to/after/from"等

介词，根据《UCP600》的解释，应如何理解？

10．为什么在有些信用证中会同时要求一般原产地证及普惠制原产地证？

11．SWIFT 信用证的两种格式是什么？

12．信用证中如规定"ALL BANKING CHARGES ARE FOR BENEFICIARY'S ACCOUNT"，此条款需要修改吗？为什么？

## 项目实训

实训一　根据合同审核信用证

销货合同 SALES CONTRACT

卖方：GUANGZHOU LIGHT ELECTRICAL

SELLER: APPLIANCES CO., LTD

CONTRACT NO.: 98SGQ468001

DATE：APR.22,1998

SIGNED AT：GUANGZHOU

ADDRESS：52，DEZHENG ROAD SOUTH，GUANGZHOU，CHINA.　TELEX：0853

FAX：83556688

BUYERS：A.B.C.CORP.

ADDRESS： AKEDSANTERINK AUTO P.O.BOX.9，FINLAND　TELEX：_____

FAX：_____

THIS SALES CONTRACT IS MADE BY AND BETWEEN THE SELLERS AND BUYERS，WHEREBY THE BUYERS AGREE TO BUY THE UNDERMENTIONED GOODS ACCORDING TO THE TERMS AND CONDITIONS STIPULATED BELOW：

| （1）货号、品名及规格<br>NAME OF COMMODITY AND SPECIFI-CATIONS | （2）数量<br>QUANTITY | （3）单位<br>UNIT | （4）单价<br>UNIT PRICE | （5）金额<br>AMOUNT |
|---|---|---|---|---|
| HALOGEN FITTING W500 | 9600PCS | PC | CIF　HELSINKL-USD3.80/PC | USD 3648.00 |
| 10%MORE OR LESS BOTH IN A-MOUNT AND QUANTITY ALLOWED | TOTAL AMOUNT | | | USD3648.00 |

（6）PACKING：CARTON

（7）DELIVERY FROM GUANGZHOU TO HELSINKI

（8）SHIPPING MARKS：N/M

（9）TIME OF SHIPMENT：WITHIN 30 DAYS AFTER RECEIPT OF L/C.ALLOWING TRANSSHIPMENT AND PARTIAL SHIPMENT.

（10）TERMS OF PAYMENT：BY 100%CONFIRMED IRREVOCABLE LETTER OF CREDIT IN FAVOR OF THE SELLERS TO BE AVAILABLE BY SIGHT DRAFT TO BE OPENED AND TO REACH CHINA BEFORE MAY 1，1998 AND TO REMAIN VALID FOR

NEGOTIATION IN CHINA UNTIL THE 15[TH]DAY AFTER THE FORESAID TIME OF SHIPMENT.L/C MUST MENTION THIS CONTRACT NUMBER L/C ADVISED BY BANK OF CHINA GUANGZHOU BRANCH.TLX：444U4K GZBC.CN.ALL BANKING CHARGES OUTSIDE CHINA(THE MAINLAND OF CHINA)ARE ACCOUNT OF THE DRAWEE.

（11）INSURANCE: TO BE EFFECTED BY THE SELLERS FOR 110% OF FULL INVOICE VALUE COVERING F.P.A. UP TO HELSINKI TO BE EFFECT BY THE BUYERS.

（12）ARBITRATION：ALL DISPUTES ARISING FROM THE EXECUTION OF，OR IN CONNECTION WITH THIS CONTRACT SHALL BE SETTLED AMICABLY BY NEGOTIATION.IN CASE NO SETTLEMENT CAN BE REACHED THROUGH NEGOTIATION.THE CASE SHALL THEN BE SUBMITTED TO CHINA INTERNATIONAL ECONOMIC & TRADE ARBITRATION COMMISSION IN SHENZHEN(OR IN BEIJING) FOR ARBITRATION IN ACCORDANCE WITH ITS RULES OF PROCEDURES.THE ARBITRAL AWARD IS FINAL AND BINDING UPON BOTH PARTIES FOR SETTING THE DISPUTE.THE FEE FOR ARBITRATION SHALL BE BORNE BY THE LOSING PARTY UNLESS OTHERWISE AWARDED.

THE SELLER___刘宏___                    THE BUYER：_____

ISSUE OF DOCUMENTARY CREDIT

ISSUING BANK          : METTABANKLTD.，FINLAND
FORM OF DOC.CREDIT    : REVOCABLE
CREDIT NUMBER         : LRT9802457
DATE OF ISSUE         : 980428
EXPIRY                : DATE 980416 PLACE FINLAND
APPLICANT             : A.B.C.CO.AKEDSANTERINK AUTO P.O.BOX 9,FINLAND
BENEFICIARY           : GUANGZHOU LIGHT ELECTRICAL APPLIANCES CO.,
LTD.52，DEZHENG

　　　　　　　　　　　ROAD SOUTH, GUANGZHOU, CHINA
AMOUNT                : USD 3648.00(SAY U.S.DOLLARS THIRTY SIX HUNDRED AND FORTY-EIGHT ONLY)
AVAILABLE WITH/BY     : ANY BANK IN ADVISING COUNTRY BY NEGOTIATION
DRAFT AT...           : DRAFT AT 20 DAYS' SIGHT FOR FULL INVOICE VALUE
PARTIAL SHIPMENTS     : NOT ALLOWED
TRANSSHIPMENT         : ALLOWED
LOADING IN CHARGE     : GUANGZHOU
FOR TRANSPORT TO      : HELSINKI
SHIPMENT PERIOD       : AT THE LATEST MAY 30, 1998
DESCRIP. OF GOODS     : 960PCS OF HALOGEN FITTING W500，USD6.80 PER PC AS PER SALES CONTRACT 98SG468001 DD 22,4,98 CIF HELSINKI

DOCUMENTS REQUIRED : * COMMERCIAL INVOICE 1 SIGNED ORIGINAL AND 5 COPIES

\* PACKING UST IN 2 COPIES.

\* FULL SET OF CLEAN ON BOARD MARINE BILLS OF LADING, MADE OUT TO ORDER, MARKED "FREIGHT PREPAID" AND NOTIFY APPLICANT (AS INDICATE ABOVE).

\* GSP CERTIFIEATE OF ORIGI FORM A, CERTIFYING GOODS OF ORIGIN IN CHINA, ISSUED BY COMPETENT AUTHORITIES.

\* INSURANCE POLICY/CERTIFICATE COVERING ALL RISKS AND WAR RISKS OF PICC INCLUDING WAREHOUSE TO WAREHOUSE CLAUSE UP TO FINAL DESTINATION AT HELSINKI,FOR AT LEAST 120 PCT OF CIF VALUE.

\* SHIPPING ADVICE MUST BE SENT TO APPILICANT WITH 2 DAYS AFTER SHIPMENT ADVISING NUMBER OF PACKAGES,GROSS & NET WEIGHT,VESSEL NAME，BILL OF LADING NO.,AND DATE，CONTRACT NO.,VALUE.

PRESENTATION PERIOD : 6 DAYS AFTER ISSUANCE DATE OF SHIPPING DOCUMENT

CONFIRMATION 　　　 : WITHOUT

INSTRUCTIONS 　　　 : THE NEGOTIATION BANK MUST FORWARD THE DRAFTS AND ALL DOCUMENTS BY REGISTERED AIRMAIL DIRECT TO US IN TWO CONSECUTIVE LOTS，UPON RECEIPT OF THE DRAFTS AND DOCUMENTS IN ORDER, WE WILL REMIT THE PROCEEDS AS INSTRUCTED BY THE NEGOTIATING BANK.

实训二　阅读下述信用证，并回答问题

TO：BANK OF CHINA SHANGHAI BRANCH

FROM：THE HONGKONG AND SHANGHAI BANKING CORPORATION NEW YORK BRANCH

LC NO：1678

APPLICANT： HOME TEXTILES CO. LTD.

220 HILL STREET ,NEW YORK,

NY., U.S.A.

BENEFICIARY:SHANGHAI TEXTILE IMP AND EXP CORPORATION

27 ZHONGSHAN ROAD

SHANGHAI. P. R. CHINA.

DATE OF ISSUE: 30 FEB 2004

EXPIRY DATE AND PLACE: 30 APR 2004 SHANGHAI

AMOUNT: USD 64,500 (SAY U.S. DOLLARS SIXTY FOUR THOUSAND AND FIVE HUNDRED ONLY)

AVAILABLE BY NEGOTIATION WITH BANK OF CHINA

AGAINST BENEFICIARY'S DRAFT AT 30 DAYS SIGHT DRAWN ON US

SHIPMENT FROM SHANGHAI TO NEW YORK

NOT LATER THAN 15 APR 2004

PARTIAL SHIPMENTS ALLOWED

TRANSHIPMENT NOT ALLOWED

DOCUMENTS REQUIRED:

—COMMERCIAL INVOICE IN DUPLICATE

—FULL SET CLEAN ON BOARD BILLS OF LADING MADE OUT TO OUR ORDER MARKED "FREIGHT PREPAID" AND NOTIFY APPLICANT

—INSURANCE POLICY/CERTIFICATE COVERING W. A. AND W. R. AS PER CIC DATED 1/1/1981

COVERING:10,000 METER 100 PCT COTTON PRINT 54/56″ AT USD 6.45 PER METER CIF NEW YORK

SHIPPING MARKS: HMCO

N.Y.

NO.1-100

（注：PACKED IN BALES OF 100 METER EACH）

问题：

（1）本证对分批装运和转运做何规定？

（2）卖方需投保何种险别？投保金额应为多少？

（3）如果受益人于 APR 1，2004 装运货物，则最迟应于何日向银行交单？

（4）本证为公开议付还是限制议付信用证？

**实训三　请根据相关资料填写开证申请书**

合同资料如下。

THE BUYER: ABC GENERAL TRADING CO., LTD

ADDRESS: #112 JALAN STREET, TORONTO, CANADA

THE SELLER: GREATWALL TRADING CO., LTD.

ADDRESS: 29TH FLOOR KINGSTAR MANSION,623JINLIN RD., SHANGHAI, CHINA NAME OF COMMODITY: MEN'S DENIM UTILITY SHORT

SPECIFICATIONS: COLOR: MEDDEST SANDBLAS

FABRIC CONTENT: 100% COTTON

QUANTITY:2000 CARTON

PRICE TERM: FOB NEW YORK

USD 285/ CARTON

TOTAL AMOUNT: USD570,000.00

COUNTRY OF ORIGIN AND MANUFACTURERS: UNITED STATES OF AMERICA, VICTORY FACTORY

PARTIAL SHIPMENT AND TRANSSHIPMENT ARE PROHIBITTED

SHIPPING MARK:ST

NO.1…UP

TIME OF SHIPMENT: BEFORE JULY 15,2004

PLACE AND DATE OF EXPIRY: CHINA, JULY 30,2004

PORT OF SHIPMENT: NEW YORK

PORT OF DESTINATION: XINGANG PORT, TIANJIN OF CHINA

INSURANCE: TO BE COVERED BY BUYER.

PAYMENT: BY IRREVOCABLE FREELY NEGOTIABLE L/C AGAINST SIGHT DRAFTS FOR 100PCT OF INVOICE VALUE AND THE DOCUMENTS DETAILED HEREUNDER.

DOCUMENTS:

1. INVOICES IN TRIPLICATE

2. PACKING LIST IN TRIPLICATE

3. FULL SET OF CLEAN ON BOARD BILL OF LADINGS MADE OUT TO ORDER AND BLANK ENDORSED NOTIFYING THE APPLICANT WITH FULL NAME AND ADDRESS MARKED FREIGHT COLLECT.

4. CERTIFICATE OF ORIGIN IN DUPLICATE

5. BENEFICIARY'S CERTIFIED COPY OF FAX TO THE APPLICANT WITHIN 1 DAY AFTER SHIPMENT ADVISING GOODS NAME OF VESSEL, INVOICE VALUE,DATEF OF SHIPMENT, QUANTITY AND WEIGHT.

OTHER TERMS AND CONDITIONS:

1. L/C TO BE ISSUED BY TELETRANSMISSION.

2. THE BUYER SHALL BEAR ALL BANKING CHARGES INCURRED INSIDE THE ISSUING BANK.

3. ALL DOCUMENTS MUST BE MAILED IN ONE LOT TO THE ISSUING BANK BY COURIER SERVICE.

4. PRESENTATION PERIOD:WITHIN 10 DAYS AFTER THE DATE OF SHIPMENT.

请依据上述合同资料，填制开证申请书。

## IRREVOCABLE DOCUMENTARY CREDIT APPLICATION

TO：BANK OF CHINA                                         Date:

| Beneficiary (full name and address) | | L/C No.<br>Ex-Card No.<br>Contract No.<br>Date and place of expiry of the credit |
|---|---|---|
| Partial shipments<br>☐allowed　☐not allowed | Transshipment<br>☐allowed　☐not allowed | ☐Issue by airmail　☐With brief advice by teletransmission<br>☐Issue by express delivery<br>☐Issue by teletransmission(which shall be the operative instrument) |
| Loading on board / dispatch / taking in charge at / from | | |
| Not later than<br>for transportation to | | Amount (both in figures and words) |
| Description of goods: | | Credit available with<br>☐ by sight payment　☐ by acceptance　☐ by negotiation<br>☐ by deferred payment at<br>against the documents detailed herein<br>☐ and beneficiary's draft for　% of the invoice value<br>At<br>on |
| Packing: | | ☐ FOB　　　☐ CFR　　　☐CIF<br>☐ or other terms |

Documents required: (marked with x)

1 .(　) Signed Commercial Invoice in_____copies indicating invoice No., contract No.

2. (　) Full set of clean on board ocean Bills of Lading made out to order and blank endorsed, marked "freight (　) to collect / (　) prepaid (　) showing freight amount" notifying.

3. (　) Air Waybills showing "freight (　) to collect / (　) prepaid (　) indicating freight amount" and consigned to_____.

4. (　) Memorandum issued by_____consigned to_____.

5. (　) Insurance Policy / Certificate in_____copies for_____% of the invoice value showing claims payable in China in currency of the draft, blank endorsed, covering (　) Ocean Marine Transportation / (　) Air Transportation / (　) Over Land Transportation) All Risks, War Risks.

6. (　) Packing List / Weight Memo in_____copies indicating quantity / gross and net weights of each package and packing conditions as called for by the L/C.

7. (　) Certificate of Quantity / Weight in_____copies issued an independent surveyor at the loading port, indicating the actual surveyed quantity / weight of shipped goods as well as the packing condition.

8. (　) Certificate of Quality in_____copies issued by (　) manufacturer / (　) public recognized surveyor / (　).

9. (　) Beneficiary's certified copy of FAX dispatched to the accountee with_____days after shipment advising (　) name of vessel / (　) date, quantity, weight and value of shipment.

10. (　) Beneficiary's Certificate certifying that extra copies of the documents have been dispatched according to the contract terms.

11. (　) Shipping Companys Certificate attesting that the carrying vessel is chartered or booked by accountee or their shipping agents.

12. (　) Other documents, if any:

a) Certificate of Origin in_____copies issued by authorized institution.

b) Certificate of Health in_____copies issued by authorized institution.

Additional instructions:

1. (　) All banking charges outside the opening bank are for beneficiary's account.

2. (　) Documents must be presented with in_____days after the date of issuance of the transport documents but within the validity of this credit.

3. (　) Third party as shipper is not acceptable. Short Form / Blank Back B/L is not acceptable.

4. (　) Both quantity and amount_____% more or less are allowed.

5. (　) prepaid freight drawn in excess of L/C amount is acceptable against presentation of original charges voucher issued by Shipping Co. / Air line / or it's agent.

6. (　) All documents to be forwarded in one cover, unless otherwise stated above.

7. (　) Other terms, if any:

Advising bank:

| | |
|---|---|
| Account No.: | with _____ (name of bank) |
| Transacted by: | (Applicant: name, signature of authorized person) |
| Telephone No.: | |

(with seal)

## 实训四　根据合同内容审核信用证，指出不符之处并提出修改意见

资料一：合同

SALES CONTRACT

TEL：+86 551 3424091

FAX：+86 551 3424080

THE SELLER：

HEFEI TIAN NAN IMPORT & EXPORT CO., LTD.

ROOM 401-5#, NO. 46 HUANGSHAN ROAD, HEFEI, CHINA

NO.：TN08039

DATE：JAN. 3, 2009

THE BUYER:

GOTCHAL PROMOTIONAL SUPPORT

EHU EUNTZION HANESTER 24189 KOELN GERMANY

WE CONFIRM HAVING SOLD YOU THE FOLLOWING GOODS ON TERMS AND CONDITIONS SPECIFIED AS BELOW:

| MARKS & NO | COMMODITY & SPECIFICATION | QUANTITY(PCS) | UNIT PRICE(USD) | AMOUNT(USD) |
|---|---|---|---|---|
| EHU KOELN NOS.1—266 | SAFETY VEST | | FOB SHANGHAI | |
| | K34290 | 48000 | $0.3000 | $14400.00 |
| | K34292 | 58400 | $0.3500 | $20440.00 |
| TOTAL | | 106400 | | $34840.00 |

5% MORE OR LESS IN QUANTITY AND AMOUNT ARE ALLOWED

PACKING：1 PC/POLYBAG, 400PCS/CTN

TIME OF SHIPMENT：DURING MAR. 2009 BY SEA

PORT OF DESTINATION： KOELN

PARTIAL SHIPMENT AND TRANSSHIPMENT：NOT ALLOWED

INSURANCE：TO BE EFFECTED BY THE BUYER

TERMS OF PAYMENT: 20% OF THE CONTRACT VALUE BY T/T,THE REMAIN BY AN IRREVOCABLE SIGHT LETTER OF CREDIT.TO REACH THE SELLER 30 DAYS BEFORE THE MONTH OF SHIPMENT AND TO REMAIN VALID FOR NEGOTIATION IN CHINA UNTIL THE 15th DAY AFTER THE FORESAID TIME OF SHIPMENT.

资料二：信用证

ISSUE OF DOCUMENTARY CREDIT

27    SEQUENCE OF TOTAL

1/1

40A    FORM OF DOC，CREDIT

IRREVOCABLE

20    DOC.CREDIT NUMBER

103CF107273

31C    DATE OF ISSUE

090215

40E    APPLICABLE RULES

UCP LATEST VERSION

31D    DATE AND PLACE OF EXPIRY

DATE 090405 PLACE IN GERMANY

51D    APPLICANT BANK

COMMERBANK, KOELN GERMANY

28660 BOADILLA DEL KOELN GERMANY

50    APPLICANT

GOTCHAL PROMOTIONAL SUPPORT

EHU ENUTZLON HANESTER 24189 KOELN GERMANY

59     BENEFICIARY

HEFEI TIAN NAN IMPORT & EXPORT CO., LTD.

     ROOM 401-5#, NO. 46 HUANGSHAN ROAD, HEFEI, CHINA

32B     AMOUNT

CURRENCY USD AMOUNT 34840.00

41A     AVAILABLE WITH...BY

ANY BANK 1N GERMANY BY NEGOTIATION

42C     DRAFTS AT

30 DAYS AFTER SIGHT

42A     DRAWEE

GOTCHAL PROMOTIONAL SUPPORT

43P     PARTIAL SHIPMENTS

ALLOWED

43T     TRANSSHIPMENT

ALLOWED

44E     PORT OF LOADING

ANY CHINESE PORT

44F     PORT OF DISCHARGE

KOELN, SPAIN

44C     LATEST DATE OF SHIPMENT

090301

45A     DESCRIPTION OF GOODS

     GOODS AS PER S/C NO.TN08036 DATED ON JAN. 3, 2009

     SAFETY VEST K34290/48000 PCS AT USD0.30/PC FOB HEFEI

     SAFETY VEST K34292/58000PCS AT USD0.35/PC FOB HEFEI

     PACKING：400PCS/CTN

46A     DOCUMENTS REQUIRED

     +SIGNED COMMERCIAL INVOICE IN 3 COPIES IN THE NAME OF BENEFICIARY.

     +CERTIFICATE 0F ORIGIN GSP FORM A ISSUED BY CCPIT

     +PACKING LIST IN 3 COPIES

     +FULL SET CLEAN ON BOARD BILLS OF LADING MADE OUT TO ORDER

MARKED "FREICHT PREPAID" AND NOTIFY APPLICANT

     +INSURANCE POLICY/CERTIFICATE IN DUPLICATE ENDORSED IN BLANK

FOR 110%     INVOICE VALUE COVERINC ALL RISKS AND WAR RISK AS PER CIC.

47A     ADDITIONAL CONDITIONS

     BILL OF LADING ONLY ACCEPTABLE IF ISSUED BY ONE OF THE FOLLOWING

     SHIPPING COMPANIES：KUEHNE—NAGEL(BLUE ANCHOR LINE)

VILTRANS(CHINA)INTL FORWARDING LTD. OR VILTRANS SHIPPING(HK) CO., LTD.

71B     CHARGES

ALL CHARGES ARE TO BE BORN BY BENEFICIARY

PERIOD FOR PRESENTATION

WITHIN 5 DAYS AFTER THE DATE OF SHIPMENT，BUT WITHIN THE VALIDITY OF THIS CREDIT

49　　　CONFIRMATION INSTRUCTION：WITHOUT

### 知识拓展

## 有关信用证的国际惯例

### 1.《UCP500》

自 19 世纪开始，信用证方式逐渐成为国际贸易中常用的一种支付方式。但是，由于对跟单信用证有关当事人的权利、责任、付款的定义和术语在国际上缺乏统一的解释和公认的准则，争议和纠纷经常发生。国际商会为了减少因解释不同而引起的争端，于 1930 年拟订了《商业跟单信用证统一惯例》（UNIFORM CUSTOMS AND PRACTICE FOR COMMERCIAL DOCUMENTARY CREDITS），建议各国银行采用。1951 年、1962 年、1974 年、1983 年又先后对该惯例进行了修订。1993 年国际商会对《统一惯例》再一次进行修订，即《国际商会 500 号出版物》（UCP500），于 1994 年 1 月 1 日开始实施。

《国际商会第 500 号出版物》共 49 条，包括总则与定义、信用证的形式与通知、责任与义务、单据、杂项规定、可转让信用证和款项让渡六部分。《统一惯例》不是国际性的法律，但它已被世界上各国银行普遍接受和使用，并成为一种公认的国际惯例，至今已被 170 多个国家和地区的银行所采用。

### 2.《UCP600》

《UCP600》经国际商会银行委员会通过，并于 2007 年 7 月 1 日正式生效。《UCP600》共有 39 个条款，比《UCP500》减少 10 条，但比《UCP500》更准确、清晰，更易读、易掌握、易操作。它将一个环节涉及的问题归集在一个条款中，将 L/C 业务涉及的关系方及其重要行为进行了定义，如第二条的 14 个定义和第三条对具体行为的解释。《UCP600》纠正了《UCP500》造成的许多误解。

第一，把《UCP500》难懂的词语变为简洁明了的语言，取消了易造成误解的条款，如"合理关注""合理时间"及"在其表面"等短语。有人说这一改变会减少昂贵的庭审，意指法律界人士丧失了为论证或反驳"合理""表面上"等所收取的高额费用。

第二，《UCP600》取消了无实际意义的许多条款。"可撤销信用证""风帆动力批注"，"货运代理提单"及 UCP500 第 5 条"信用证完整明确要求"及第 12 条有关"不完整不清楚指示"的内容也从《UCP600》中消失。

第三，《UCP600》的新概念描述极其清楚准确。如兑付（HONOR）定义了开证行、保兑行、指定行在信用证项下，除议付以外的一切与支付相关的行为；议付（NEGOTIATION），强调是对单据（汇票）的买入行为，明确可以垫付或同意垫付给受益人。按照这个定义，远期议付信用证就是合理的。另外还有"相符交单""申请人""银行日"，等等。

第四，更换了一些定义。如对审单做出单证是否相符决定的天数，由"合理时间"变为"最多为收单翌日起第 5 个工作日"。又如"信用证"《UCP600》仅强调其本质是"开证行一项不可撤销的明确承诺，即兑付相符的交单"。再如开证行和保兑行对于指定行的偿付责任，强调是独立于其对受益人的承诺的。

49

第五，在方便贸易和操作方面，《UCP600》有特别重要的改动。如拒付后的单据处理，增加了"拒付后，如果开证行收到申请人放弃不符点的通知，则可以释放单据"；增加了拒付后单据处理的选择项，包括持单候示、已退单、按预先指示行事。这样便利了受益人和申请人及相关银行操作。又如转让信用证。《UCP600》强调第二受益人的交单必须经转让行。但当第二受益人提交的单据与转让后的信用证一致，而第一受益人换单导致单据与原证出现不符时，又在第一次要求时不能做出修改的，转让行有权直接将第二受益人提交的单据寄开证行。这项规定保护了正当发货制单的第二受益人的利益。再如单据在途中遗失，《UCP600》强调只要单证相符，即只要指定行确定单证相符，并已向开证行或保兑行寄单，不管指定行是兑付还是议付，开证行及保兑行均对丢失的单据负责。这些条款的规定，都大大便利了国际贸易及结算的顺利运作。

《UCP600》中文译文是 ICC 首批给予译文版权的，ICC 中国国家委员会已完成了翻译工作，正准备出版中英文对照的《UCP600》。

### 3.《ISBP》

《关于审核跟单信用证项下单据的国际标准银行实务》（INTERNATIONAL STANDARD BANKING PRACTICE FOR THE EXAMINATION OF DOCUMENTS UNDER DOCUMENTARY CREDITS，以下简称 ISBP）是国际商会继《UCP500》之后在信用证领域编纂的最新的国际惯例。ISBP 不仅是各国银行、进出口公司信用证业务单据处理人员在工作中的必备工具，也是法院、仲裁机构、律师在处理信用证纠纷案件时的重要依据，它的生效在各国的金融界、企业界、法律界产生重大影响。

ISBP 提供了一套审核适用《UCP600》的信用证项下的单据的国际惯例，它对于各国正确理解和使用《UCP600》、统一和规范各国信用证审单实务、减少拒付争议的发生具有重要的意义。

ISBP 的制定背景：信用证业务的全部内容就是处理单据，正确审核信用证项下的单据是信用证业务顺利进行的关键。目前信用证业务最主要的依据——《UCP600》在第 13 条规定，银行应依据"国际标准银行实务"审核单据。但是《UCP600》并没有明确指出何为"国际标准银行实务"。由于没有统一的国际标准和各国对 UCP500 的理解的不统一，信用证在第一次交单时被认为存在不符点而遭到拒付的比例近年来已达到 60%～70%，不仅引发大量争议，也严重影响了国际贸易的正常发展。有鉴于此，国际商会银行委员会于 2000 年 5 月成立了一个专门工作组对世界主要国家审单惯例加以统一编纂和解释。专门工作组以美国国际金融服务协会制订的惯例为基础，收集了世界上有代表性的 50 多个国家的银行审单标准，结合国际商会汇编出版的近 300 份意见，并邀请了 13 个国家的贸易融资业务专家和法律专家于 2002 年 4 月完成了 ISBP 的初稿并向全世界的银行征询意见。2003 年 1 月，ISBP 作为国际商会第 645 号出版物正式出版。

ISBP 的主要内容。ISBP 包括引言及 200 个条文，它不仅规定了信用证单据制作和审核所应该遵循的一般原则，而且对目前跟单信用证的常见条款和单据都做出了具体的规定。ISBP 引言主要对 ISBP 的产生、作用、范围等问题做了说明。ISBP 的 200 个条文共分为 11 个部分，包括先期问题、一般原则、汇票与到期日的计算、发票、海洋/海运提单（港到港运输）、租船合约提单、多式联运单据、空运单据、公路、铁路或内河运输单据、保险单据和原产地证明。ISBP 较《UCP500》增加了许多新的内容，例如，原产地证明、缩略语、未定义的用语、语言、数学计算、拼写错误及/或打印错误、多页单据的附件或附文、唛头等。

ISBP 与《UCP500》的关系及其适用。前文已经述及，ISBP 就是《UCP500》第 13 条所指的国际标准银行实务，它的大部分内容是《UCP500》没有直接规定的。它是对《UCP500》的补充、细化和解释，而非对《UCP500》的修订。正如 ISBP 引言所说："本出版物中体现的国际标准银行实务做法与《UCP500》本身及国际商会银行委员会已经做出过的意见和决定相一致。本出版物没有修订《UCP500》，而是解释单据处理人员应如何应用 UCP 中所反映的实务做法。"ISBP 之于《UCP500》，就像血肉之于骨骼，二者是一个不可分割的整体。

ISBP 也是国际商会有关信用证咨询意见的反映和集中。ISBP 抽象了国际商会自 1994 年以来做出的咨询意见中所代表的审单惯例和这些惯例所体现出来的标准，反映了《UCP500》自 1994 年正式施行以来国际商会对它的理解和认识。ISBP 可以说是这些意见和各国普遍做法的条文化、规范化。

当事人在信用证上注明适用《UCP500》或开立 SWIFT 信用证时，《UCP500》即对当事人具有法律效力。但是就 ISBP 而言，国际商会并不建议在信用证中直接予以援引。这是因为《UCP500》第 13 条要求信用证业务应当遵守国际标准银行实务，而 ISBP 即为该条所指"国际标准银行实务"，ISBP 本身又是对《UCP500》的补充，因此，当事人选择适用 UCP500 就意味着选择适用了 ISBP，而无须再做特别约定。

继 2006 年 10 月 25 月通过跟单信用证统一惯例 2007 年修订本，即《UCP600》以后，为配合其实施，国际商会又于 2007 年 4 月 26 日在新加坡召开的银行技术与惯例委员会上，通过了《审核跟单信用证项下单据的国际标准银行实务》最新修订版，即《ISBP681》，从而进一步明确了 2007 年 7 月 1 日以后单据审核的新规则。

作为判定单证是否符合 UCP 的必备配套规则，新版的 ISBP 中体现的国际标准银行实务与 UCP600、国际商会银行委员会的意见和决定协调一致。它没有修改《UCP600》，而是为从业者清晰准确地应用《UCP600》提供解释说明。因此，要求把《ISBP681》和《UCP600》作为一个有机整体而不是各自孤立的规则来适用。

# 项目三

# 发票和包装单据

## 知识目标

通过本项目的学习，让学生了解商业发票的基本作用，了解海关发票、形式发票、领事发票和厂商发票等其他类型发票的作用及特点，掌握商业发票、加拿大海关发票的内容及制作方法，了解包装单据的种类和作用。

## 职业能力目标

能独立制作商业发票，能根据合同和信用证制作满足交单要求的装箱单。

## 情境引入

小张是辰星公司（SHANGHAI MORNING STAR CORPORATION,375 DONG DA MING ROAD）的一名单证员，公司收到德国商人购买 P75506、P75507 两款皮制票夹的信用证，现在需要小张根据信用证内容制单。有关的货物明细情况如下表。

| 货号 | 数量 | 单价（每只） | 包装 | 毛重 | 净重 | 件数 | 尺码（每箱） |
|------|------|-------------|------|------|------|------|------------|
| P75506 | 9000PCS | USD4.00 | CARTON | 38KGS | 35KGS | 50 箱 | 65×40×36 |
| P75507 | 9000PCS | USD4.50 | CARTON | 38KGS | 35KGS | 50 箱 | 65×40×36 |

装运：By s.s."HUABIAO"V.75 JAN.10,1992 FROM SHANGHAI TO HAMBURG

包装方式：10 只票夹装 1 个纸盒，18 盒装 1 个出口纸箱

运输标志：H.R/91AP3210/HAMBURG/NO.1-

发票号码：92WT88234
提单号码：4 01
提单日期：JAN.10,1992
合同号码：NO.91AP3210
信用证如下。
WESTDEUTSCHE LANDESBANK
CABLE ADDRESS:LANDESBANK TELEX NUMBER:932790 OCTOBER 29,1991

| IRREVOCABLE DOCUMENTARY CREDET | CREDIT NUMBER 3-10505 |
| --- | --- |
| ADVISING BANK<br>BANK OF CHINA SHANGHAI BRANCH<br>E.1 ZHONGSHAN ROAD SHANGHAI CHINA | APPLICANT<br>MESSERS.H.RIEKE & CO.LEDERWA<br>RENFABRIK<br>D-4905 SPENGE/WESTF. |
| BENEFICIARY<br>SHANGHAI MORNING STAR CORP.375<br>DONG DA MING ROAD SHANGHAI CHINA | AMOUNT<br>USD76500.00(UNITED STATES DOLLAS SEVENTY SIX THOUSAND AND FIVE HUNDRED ONLY) |
| EXPIRY DATE: JANUARY 29, 1992.　AT THE COUNTRY OF :ADVISING BANK | |

WE HEREBY ISSUE IN YOUR FAVOUR THIS IRREVOCABLE DOCUMENTARY CREDIT WHICH IS AVAILABLE BY NEGOTIATION OF BENEFICIARY'S DRAFT(S)AT 30 DAYS' SIGHT DRAWN ON US TOGETHER WITH THE FOLLOWING DOCUMENTS IN TRIPLICATE (UNLESS OTHERWISE SPECIFIED):

——COMMERCIAL INVOICE DULY SIGNED IN 4 COPIES

——FULL SET CLEAN ON BOARD OCEAN BILLS OF LADING, ISSUED TO ORDER AND ENDORSED IN BLANK, MARKED 'FREIGHT PREPAID' NOTIFY APPLICANT

——PACKING LIST

COVERING 18 000PCS. GOAT AND BOXCALF LEATHER WALLETS IN BLACK COLOR, ART NO.P75506/P75507 AS PER S/C NO.91AP3210 DATED OCTOBER 20, 1991.

TERMS: CFR5% HAMBURG

| DESPATCH / SHIPMENT FROM<br>CHINESE PORT<br>TO HAMBURG,LATEST:JAN.15,1992 | PARTIAL SHIPMENTS<br>NOT PERMITTED | TRANSSHIPMENT<br>NOT PERMITTED |
| --- | --- | --- |

SPECIAL CONDITIONS:

DOCUMENTS MUST BE PRESENTED WITHIN 14 DAYS AFTER THE DATE OF ISSUANCE OF THE BILLS OF LADING OR OTHER SHIPPING DOCUMENTS.

ALL DRAFTS MUST INDICATE THIS CREDIT NUMBER AND NAME OF THE ISSUING BANK.

WE HEREBY ENGAGE THAT PAYMENT WILL BE DULY MADE AGAINST DOCUMENTS PRESENTED IN CONFORMITY WITH THE TERMS OF THIS CREDIT.

SUBJECTS TO UNIFORM CUSTOMS AND PRACTICE FOR DOCUMENTARY
CREDITS (1994 REVISION), INTERNATIONAL CHAMBER OF COMMERCE.

# 任务一　缮制商业发票

商业发票（样单 3-1）是整套单据的核心，其他单据均是以商业发票为核心来缮制的。在外贸制单工作程序中，一般也先缮制好商业发票，然后才制作其他单据。

**样单 3-1　商业发票**

| ISSUER | | | |
|---|---|---|---|
| ××××××  CO.,LTD.<br>ROOM 2901, HUARONG MANSION, GUANJIAQIAO 85#, SHANGHAI 200005,<br>P.R.CHINA<br>TEL:021-4711363 FAX:021-4691619 | 商业发票<br><br>COMMERCIAL INVOICE | | |
| **TO**<br>SAMAN AL-ABDUL KARIM AND PARTNERS CO.<br>POB 13552, RIYADH 44166, KSA<br>TEL:4577301/4577312/4577313 FAX:4577461 | **NO.** DS2001INV205 | | **DATE** MAY 22, 2001 |
| **TRANSPORT DETAILS**<br>SHIPMENT FROM TIANJIN PORT TO DAMMAM PORT BY SEA | **S/C NO.** DS2001SC205 | | **L/C NO.** LC010986 |
| | **TERMS OF PAYMENT**<br>L/C AT SIGHT | | |

| MARKS AND NUMBERS | NUMBER AND KIND OF PACKAGE DESCRIPTION OF GOODS | QUANTITY | UNIT PRICE USD | AMOUNT |
|---|---|---|---|---|
| | **CFR DAMMAM PORT, SAUDI ARABIA** | | | |
| N/M | CANNED APPLE JAM<br>24 TINS X 340 GMS | 2200CARTONS | USD6.80 | USD14960.00 |
| | CANNED STRAWBERRY JAM<br>24 TINS X 340 GMS | 2200CARTONS | USD6.80 | USD14960.00 |

TOTAL: 4400CARTONS　　　　USD29920.00

SAY TOTAL: U.S.DOLLAR TWENTY NINE THOUSAND NINE HUNDRED AND TWENTY ONLY.

**XXXXXX CO., LTD.**
*Luxiaoling*

# 一、商业发票的概念和作用

商业发票（COMMERCIAL INVOICE），简称为发票（INVOICE），是卖方向买方开立的，对所交货物的总说明，是一张发货价目清单。进口商凭发票核对货物及了解货物的品质、规格、价值等情况。它是进出口商记账与核算的依据。在没有汇票时，出口商可凭发票向进口商收款。发票还是报关纳税的基本依据，也是实施其他管理的基础依据。需说明的是，发票在作为结汇单据前，即货物出运时，还有以下作用。

（1）作为国际商务单据中的基础单据，商业发票是缮制报关单、产地证、报检单、投保单等其他单据的依据。

（2）商业发票是报关、报检单据的组成部分。出运过程中，报检报关单都需要附上发票才能起到相应的作用。

而在作为结汇单据之后，发票还有核销外汇的作用，收到外汇后，办理核销时需提供发票。

# 二、商业发票的内容及缮制方法

商业发票是出口企业自行拟制的，没有统一格式，但其基本栏目内容大致相同，在结构上分为首文、本文、结尾三部分。首文部分包括发票名称、号码、出口商的名称和地址、信用证和合同号码、发票抬头人、运输工具等；本文部分包括唛头、货物描述、单价和总值等；结尾部分包括有关货物产地等声明、发票制作人签章等。缮制发票是一项复杂而细致的工作，缮制时要求符合规范，保证质量，做到正确无误、排列合理、缮制清楚、整洁美观。

## （一）发票抬头（MESSRS/ TO）

除信用证有其他要求之外，发票抬头一般缮制为开证申请人（APPLICANT）或托收的委托人。信用证中一般表示为"FOR ACCOUNT OF×××"，或"TO THE ORDER OF ×××"，其中的"×××"部分就是发票抬头。当采用托收或其他方式支付货款时，填写合同买方的名称和地址。填写时需注意的是，公司名称和地址要分两行填写，而且必须填写名称和地址的全称。名称一般一行内写完，不能换行，地址则可合理分行。例如，抬头可写成 FOR ACCOUNT OF×××、TO THE ORDER OF ×××、TO MESSERS、TO ×××等。

> ┤ 小案例 ├
>
> 　　APPLICANT: MIDDLEMAN COMPANY,HONGKONG
> 　　BENEFICIARY:ABC COMPANY, NANJING
> 　　DOCUMENTS REQUIRED: FULL SET OF CLEAN ON BOARD OCEAN B/L MADE OUT TO ORDER AND BLANK ENDORSED MARKED FREIGHT PREPAID NOTIFYING XYZ COMPANY, NEW YORK, USA
> 　　COMMERCIAL INVOICE IN 6 COPIES MADE OUT TO ABOVE NOTFY PARTY.
> 　　发票的抬头人应为：XYZ COMPANY, NEW YORK, USA

## （二）发票出票人的名称和地址（EXPORTER）

该项目填写出口商名称及地址，有时包括电传、电话号码等。该项目必须同货物买卖合同的签约人及信用证对受益人的描述一致。信用证项下即为受益人，一般表示为

55

"BENEFICIARY：×××"。通常出口商名称及地址都已事先印好。

---

**┃ 小案例 ┃**

信用证条款如下：
APPLICANT：XYZ COMPANY，ANYTOWN
BENEFICIARY：ABC COMPANY NANJING
DOCUMENTS REQUIRED：COMMERCIAL INVOICE IN 6 COPIES
发票的出具人应为：ABC COMPANY NANJING

---

### （三）装运工具及起讫地点（MEANS OF TRANSPORT AND ROUTE）

在装运工具及起讫地点填写时应一并填写货物的实际起运港（地）、目的港（地）以及运输方式，如果货物需经转运，应把转运港的名称打上。如：SHIPMENT FROM SHANGHAI TO HAMBURG WITH TRANSSHIPMENT AT HONGKONG BY VESSEL（装运自上海到汉堡，在中国香港转运）；FROM GUANGZHOU TO FRANKFURT W/T HONGKONG（从广州经中国香港转船至德国的法兰克福）。

### （四）单据名称

商业发票上应明确标明"INVOICE"（发票）或"COMMERCIAL INVOICE"（商业发票）字样。在信用证项下，为防止单、证不符，发票名称应与信用证一致。另外，还需注意，发票名称中不应有联合发票（COMBINED INVOICE）、宣誓发票（SWORN INVOICE）等字样。

### （五）发票号码和日期（INVOICE NUMBER AND DATE）

商业发票是所有单据中的中心单据，所以商业发票编号可以代表整套单据。开证行拒付货款指出单据中的问题，也是指××号（即商业发票号）单据项下存在单证不符。发票号码和日期（INVOICE NUMBER AND DATE）由出口公司根据实际情况自行编制，一般在编制时，在发票号码的顺序数字中能看出这一票业务是哪个部门及谁做的，以及具体的年份，以便于日后查找。国际商会《跟单信用证统一惯例》第 600 号出版物规定，银行可以接受签发日期早于开证日期的发票。一般而言在全套单据中，发票是签发日期最早的单据，尤其要注意，不应使发票签发日期迟于提单的签发日期，也不应晚于信用证规定的交单到期日。

### （六）信用证号码（L/C NUMBER）

当采用信用证结算方式时，应填写信用证号码（L/C NO）。如果信用证没有要求在发票上标明信用证号码，此项可以不填，当采用其他支付方式时，此项也可不填。

### （七）合同号码（S/C NUMBER）

合同号码应与信用证上所列的相一致，如果一笔交易牵涉到几个合同时，应在发票上全部表示出来。发票的出具都有买卖合同作为依据，但买卖合同不都以"CONTRACT"为名称。有时出现"S/C""ORDER""P.O."等。因此，当合同的名称不是"CONTRACT"时，应将本栏目的名称修改后，再填写该合同的号码。

## （八）支付方式（TERMS OF PAYMENT）

填写交易合同所采用的支付方式，如信用证、汇付、托收等。

## （九）唛头及件数编号（MARKS AND NUMBERS）

唛头包括客户名称缩写、合同号、目的港、件数号等部分，如货物还要转运到内陆目的地，可打上"IN TRANSIT TO 某地"等字样，一般由卖方自行设计。若信用证或合同中有规定，必须按规定填写，并与提单、托运单等单据严格一致。如果无唛头或者裸装货、散装货等，则应填写"NO MARK"（缩写 N/M）。

## （十）货物描述（DESCRIPTION OF GOODS）

货物描述包括货物的品名、规格、等级、尺寸、颜色等，一般用列表的方式将同类项并列集中填写。如果货物有不同规格，或者规格价格不同，则各种规格的数量、重量应分别列出，货物以包装单位计价时，要表示货物包装单位的数量或件数。

商业发票的内容必须与信用证规定的货物描述（DESCRIPTION OF GOODS）完全一致，必要时要照信用证原样打印，不得随意减少内容，否则有可能被银行视为不符点。但有时信用证货物描述表述非常简单，此时按信用证打印完毕后，再按合同要求列明货物具体内容。若信用证对此部分有开错的，应将错就错，或用括号将正确的描述注明。国际商会《跟单信用证统一惯例》第 600 号出版物规定："商业发票中对货物的描述必须符合信用证中的描述。而在所有其他单据中，货物的描述可使用统称，但不得与信用证中货物的描述有抵触。"

信用证中此栏所用的词汇或词组一般有：

DESCRIPTION OF GOODS；
COVERING SHIPMENT OF；
DESCRIPTION OF MERCHANDISE；
SHIPMENT COVERING FOLLOWING GOODS；
SHIPMENT OF GOODS AS FOLLOWING；
COVERING VALUE OF；
COVERING；
COVERING THE FOLLOWING GOODS BY.

> **小知识**
>
> 在实务中货物的描述通常有以下几种情况。
>
> （1）信用证只规定了货物的总称，发票应照样显示外，还可加列详细的货名，但不得与总称矛盾。例如，信用证规定"BLUE COTTON WEARS"，而发票却显示"COLORED COTTON WEARS"，这就不允许。
>
> （2）如所列商品较多，信用证上标有统称时，发票上可在具体品名上方按来证显示统称。
>
> （3）信用证未规定货物的总称，但列举的货名很详细，则发票应按照信用证规定列明。
>
> （4）信用证规定的货名并非英文文字，这时发票也应照原文显示出来（可同时用英文表述）。
>
> （5）信用证规定了多种货名，应根据实际发货情况注明其中的一种或几种，不可盲目照抄。除了信用证规定的货物外，发票不能再显示其他货物或免费样品等。

## （十一）商品数量（QUANTITY）

商品数量的描述受到信用证和提单的两项约束，不能有出入，因此在信用证无相反规定时，货物的实际出运量允许有 5%或 10%的增减。若货物品种规格较多，则每种货物应写明小计数量，最后再进行合计，如 QUANTITY 200DOZ。

## （十二）单价和总值（UNIT PRICE /AMOUNT）

单价（UNIT PRICE）须显示计价货币、计量单位、单位金额和贸易术语四部分内容。发票的总值（AMOUNT）不能超过信用证规定的最高金额。但是信用证总值前有"约""大概""大约"或类似词语的，允许有 10%的增减幅度。单价和总金额是发票的主要项目，必须准确计算，正确缮制，并认真复核，特别要注意小数点的位置是否正确，金额和数量的横乘、竖加是否有矛盾。凡"大约""大概""大约"或类似的词语，用于信用证金额、单价时，应理解为有关金额或单价有不超过 10%的增减幅度。如来证规定的数量已装完，而发票金额还有一些多余，在议付行表示接受的情况下，可采取"扣除""放弃"的办法处理，即在总额下面减除差额零头，减除后的发票总金额不超过信用证所允许的金额。

如果信用证中有佣金或折扣的规定，应按信用证规定填制。"COMMISSION"和"DISCOUNT"两个词不能互用，因进口国海关对"COMMISSION"要征税，而对"DISCOUNT"则可免税。如信用证规定发票金额要扣除相应佣金的，例如，信用证条款规定"5% COMMISSION TO BE DEDUCTED FROM INVOICE VALUE"或有其他类似的条款规定的话，商业发票总金额应按规定表示扣除佣金，同时在扣除后计算净额。另外，有的信用证并没有明确规定这样的扣佣条款，但信用证总金额中已经扣除了佣金，则商业发票仍要计算扣除佣金。

有些国家的来证要求在商业发票上分别表示运费、保险费和 FOB 值，我们应照办，并且运费、保险费和 FOB 值三者相加总和应等于商业发票上的 CIF 值。

> **小案例**
>
> 一信用证显示 USD21/DOZ CIFC5 KOBE（神户），单价包含佣金，数量 500DOZ，信用证总金额是 USD9975.00，制作发票时，应写成：
> USD10500.00
> LESS COMMISSION 525.00
> USD9975.00
> 如果信用证总金额是 USD10500.00，制作发票时，总金额应写成 USD10500.00，不需要减佣，待该笔业务收汇后，再另外将佣金付给买方。
> 如果买卖双方达成交易的合同金额为 USD20000.00，约定 80%为信用证结算，20%为前 T/T,那么买方开立的信用证金额将是 USD16000.00，货物全部发运后，制作发票时，总金额应写成 USD20000.00，同时在发票的自由表达区注明" 20% amount i.e USD4000.00 had been paid by T/T in advance.

## （十三）其他（OTHER CONTENTS）

位于信用证下方的空白处，可填写信用证的规定或特别需要在发票上注明的内容，声明文句是根据不同国家（地区）及不同信用证的要求缮制的，要求确切、通顺、简洁。某些国家的信用证经常要求在商业发票上注明"进口许可证号"（IMPORT LICENSE NO.）、"关税号"（CUSTOMS TARIFF NO.）、"外汇核准号"（FOREIGN EXCHANGE PERMIT NO.）等均应照办。

有些地区、国家开来的信用证，经常要求在商业发票上加注某些声明，如，证明货物系中国产、价格是真实正确的等，也均应照办。如：

（1）WE CERTIFY THAT THE GOODS NAMED ABOVE HAVE BEEN SUPPLIED IN CONFORMITY WITH ORDER NO.12345.（兹证明本发票所列货物与合同号 12345 相符。）

（2）THIS IS TO CERTIFY THAT THE GOODS NAMED HEREIN ARE OF CHINESE ORIGIN.（兹证明所列商品系中国产。）

（3）WE HEREBY CERTIFY THAT THE ABOVE MENTIONED GOODS ARE OF CHINESE ORIGIN.（兹证明上述产品在中国制造。）

（4）WE HEREBR CERTIFY THAT WE ARE THE ACTUALLY MANUFACTURER OF THE GOODS INVOICED.（兹证明发票所列产品确为本厂制造。）

（5）WE HEREBY CERTIFY THAT THE ABOVE MENTIONED PARTICULARS AND FIGURES ARE TRUE AND CORRECT.（我们谨此证明发票所述详细内容真实无误。）

当采用了上述条款证明本发票内容真实、正确时，必须将发票末端所印就的"E. & O. E"划掉。"E. & O. E"是"ERRORS AND OMISSIONS EXCEPTED"的缩写，即"有错当查"，指发票签发人事先声明，一旦发票有误，可以更正。

（6）THIS IS TO CERTIFY THAT TWO COPIES OF INVOICE、PACKING LIST AND BILL OF LADING HAVE BEEN AIRMAILED DIRECT TO APPLICANT IMMEDIATELY AFTER SHIPMENT EFFECTED.（兹证明发票、箱单和提单各两份副本，已于装运后立即直接航空快邮寄开证人。）

（7）IT IS HEREBY CERTIFIED THAT THIS INVOICE SHOWS THE ACTUAL PRICE OF THE GOODS DESCRIBED, THAT NO OTHER INVOICE HAS BEEN OR WILL BE ISSUED AND THAT ALL PARTICULARS ARE TRUE AND CORRECT.（兹证明本发票的价格系所述商品的真实价格，并未签发其他发票。）

## （十四）出票人签章

根据《UCP600》的规定，商业发票无须签署，但如果信用证要求提交签署的发票"SIGNED COMMERCIAL INVOICE..."或手签的发票"MANUALLY SIGNED..."，则发票必须签署，且后者还必须由发票授权签字人手签。我国出口企业一般手签或手签并盖章。

**小案例**

信用证条款：
FM: HANG SENG BANK, HONGKONG
TO: BANK OF CHINA, NANJING
DD: 040206
L/C NO.1234
L/C AMT: USD10, 000.00
APPLICANT: XYZ COMPANY, HONGKONG
BENEFICIARY: ABC COMPANY, NANJING
DESCRIPTION OF GOODS AND/OR SERVICES: MEN'S SLACKS

> PRICE TERMS: CIF HONGKONG
> DOCUMETNS REQUIRED: COMMERCIAL INVOICE IN 6 COPIES CERTIFYING THE COUNTRY OF ORIGIN IS CHINA
> 信用证未对发票做任何其他规定。
> 受益人的有权签字人为王刚。
> 发票签署栏应该做成：
> ABC COMPANY, NANJING
> 王刚

## 三、缮制商业发票应注意的问题

（1）由于商业发票是一笔交易项下的整套单证的核心单据，所以发票内容必须明确具体。制作发票时，要按信用证条款或合同（托收项下）规定，逐笔列举，既不能有任何遗漏、含糊不清的词语，也不能将与商品无关的内容填上，要与信用证相符。如来证未注明货物的详细规格，则规格一般不宜写得过细，以免画蛇添足。如需加注商品的规格，则以商品本身通常的规格为限。

（2）一份商业发票上，必须有"发票"（INVOICE）字样。发票的缮制者，必须是信用证上的受益人。如信用证上的受益人是 A 公司，而货物实际在 B 公司，在缮制商业发票时，必须使用 A 公司的商业发票（可以不修改信用证）。

（3）商业发票上的制作日期，一般应该早于汇票日期，但不宜过早，以免两种单据的日期相距过远。

（4）按照国际惯例规定，商业发票上的抬头人（即付款人）"除非信用证另有规定，商业发票必须做成信用证申请人抬头"，但在可转让信用证项下，发票抬头有时做成信用证原受益人，而不是信用证原申请人。

（5）关于货物数量、重量的填写。来证规定要列明"运出重量（NET SHIPPING WEIGHT）"时，则应在商业发票或重量单上表现出来。来证规定要有净净重（NET NET WEIGHT）时，例如，国外买方要求注明罐头牛肉中的牛肉（不含汁）的重量，商业发票上除了注明净重（NET WEIGHT）外，还应另外加列"NET NET WEIGHT"字样。

大批散装货物，如有部分用袋包装，按习惯系"以毛作净"价。为此，来证必须注明系"以毛作净"（GROSS FOR NET）。在商业发票上也应该注明部分有包装的货物系"以毛作净"。如来证规定需要表示某种出口货物的法定重量（LEGAL WEIGHT）者，所谓法定重量是指货物本身的重量，再加上直接包装的重量，例如，罐头食品内所装食品实重加上罐头皮的重量，就是法定重量。

如商业发票所列的实际出运货物的重量单位与来证所规定的重量单位不相符，例如，来证规定为"磅"，而实际出运货物的单位为"千克"，则应折算相等，并应注明原证所规定的重量单位。

如来证规定某批货物总重量若干，分散于固定重量的若干袋内，则在填制商业发票时，须核对两者是否一致。如分散后余下部分不足一袋时，只要总重量与来证相符即可。如总重量 2 000 千克，每袋 55 千克装 36 袋，另一小袋装 20 千克，共 37 袋。

（6）关于货物包装的填写。对于货物的包装，在商业发票上必须按照信用证的规定来加以描述。如来证规定"适于海运的包装"（SEAWORTHY PACKING）或"适于长途运输的包装"（PACKING SUITABLE FOR LONG DISTANT TRANSPORTATION），则应照此加注。来证规定包装为"习惯包装"（USUAL PACKING）时，商业发票上只要按照货物的实际包装加以描述即可。但我方应该尽量避免这种含糊不清的情况。

如来证规定货物要用"新麻袋"（NEW GUNNY BAGS）或"单层新麻袋"（SINGLE NEW GUNNY BAGS）包装字样，说明是好的或正常的包装，这种单据送交银行时，银行可以接受。但如加注"旧"（SECOND HAND/USED）、"修补过的"（REPAIRED）等字样，则因"旧"的或"修补过的"程度，是否能够保障货物不渗漏，很难做出估计，因此，当来证没有明确表示可以接受这种包装时，商业发票上不能加注这类字样。

另外，不得随意省略来证包装条款的内容。例如，信用证规定"坚固木箱装"，发票只打"木箱装"，从而造成单证不符。

（7）关于价格条件、单价和佣金的填写。商业发票上的价格条件，必须符合信用证规定。某些特别的提法，也必须在描述上和来证相一致，一字不漏。例如，FOB STOWED/UNSTOWED 中的 STOWED（包括理舱费）和 UNSTOWED（不包括理舱费），FOB TRIMMED 中的 TRIMMED（平舱费），CIF PACKING CHARGES INCLUDED 中的 PACKING CHARGES INCLUDED（包装费用）等。

来证对货物的单价并不一定明列出来。如来证无单价，则填写商业发票时，应按合同内的单价计算，并将单价在发票上列明。

来证规定要"佣金"（COMMISSION）或"折扣"（DISCOUNT）的，在发票上应照样列出。注意这两个词不能互相串用，因为进口国海关对佣金要征收关税，而折扣则可免税。如果彼此串用，就会损害进口商利益，亦会有进口商拒付货款的危险。

来证如规定发票上要列明"现金折扣"（CASH DISCOUNT）者，则应全名列出，不能只写"折扣"或"营业折扣"字样，因有些地区海关规定，对发票中列有"现金折扣"的，不征收进口税。

（8）关于发票上的金额。UCP600 规定："除非信用证另有规定，银行可拒收金额超过信用证允许的金额的商业发票"。因此，在填制发票时，应该掌握金额是否超过信用证内所规定的金额。

当来证规定超额运费、选港费或保险费由"买方负担"（FOR BUYER'S ACCOUNT）时，可与原货款一并支取。如来证金额不足时，目前有两种做法。

① 将超出部分与原货款一并向银行支取，但有的银行对一并支出有异议，认为"FOR BUYER'S ACCOUNT"是指买方的事，银行不负担付款责任。因此，制单时要与议付行加强联系。

② 将超过部分按证外托收处理，另外填制发票和汇票，以开证人作为付款人随单据托收。

如信用证规定，额外费用如运费、保险费、选港费、港口拥挤费等可以在证下或超证支取（EXTRA CHARGES E. G. FREIGHT SURCHARGES, INSURANCE PREMIUM, OPTION CHARGES, CONGESTION SURCHARGES IF ANY BE DRAWN UNDER THIS CREDIT OR IN EXCESS OF CREDIT VALUE），则受益人应将这些费用与货款加在一起并在发票上表示出来（但通常信用证还同时要求受益人提交运费收据、保险费收据及其他证明文件等）。如信用证金额不足，填制发票时应注明超额运费、保险费和选港费各为若干，以防止付款行误认为超过信用证金额而拒付。

（9）来证如果要求商业发票须由贸促会或其他单位予以认证时，则此项认证决不能遗漏。

（10）来证要求在商业发票上加注或增加某些证明词句。如来证要求提供"收妥发票"（亦称钱货两讫发票）（RECEIPTED INVOICE 或 COMMERCIAL INVOICE DULY RECEIVED），意为要求出口公司在发票上明确表示货款已经收到。在填制此种发票时，应在发票上注明"RECEIPTED INVOICE"或证明"PAYMENT RECEIVED AGAINST××BANK L/C NO.×××DATED××"字样。

如来证规定要提供"详细发票"（DETAILED INVOICE），除了应在原发票上部印好的"发票"（INVOICE）前面加上"详细"（DETAILED）字样外，在发票内，还应详细列出货物名称、规格、数量、单价、价格条件、总金额等内容。

如来证规定要提供"厂商发票"（MANUFACTURER'S INVOICE），除了应在发票上加注"厂商发票"字样外，并应加注以下文句："兹证明我们是发票所述货物的实际制造商。"（WE HEREBY CERTIFY THAT WE ARE ACTUAL MANUFACTURER OF THE GOODS INVOICED.）同时，要用人民币表示国内市场价格，此价格应低于出口 FOB 价。

---

**┃ 小知识 ┃**

### 个别国家对发票的特殊规定

（1）智利：发票内要注明运费、保险费和 FOB 值。

（2）墨西哥：发票要手签，一般发票要求领事签证，可由贸促会代签，并注明"THERE IS NO MEXICAN CONSULATE HERE"。在北京由墨西哥驻华使者签证。

（3）澳大利亚：发票内应注明发展中国家声明，可享受优惠关税待遇。

（4）伊拉克：要求领事签证，由贸促会代替也可。

（5）黎巴嫩：发票应加注正式、真实性的语句。

"WE HEREBY CERTIFY THAT THIS INVOICE IS AUTHENTIC ,THAT IT IS THE ONLY ONE ISSUED BY US FOR THE GOODS HEREIN ,THAT THE VALUE AND PRICE OF THE GOODS ARE CORRECT WITHOUT ANY DEDUCTION OF PAYMENT IN ADVANCE AND ITS ORIGIN IS EXCLUSIVELY CHINA."

（6）科威特：发票内要注明制造厂商名称和船名，注明毛净重并以千克表示。

（7）巴林：发票内应注明货物原产地，并且应该手签。

（8）秘鲁：如用信用证要求领事签证，可由贸促会代替，发票货名应该以西班牙文表示，同时要注明 FOB 价值、运费和保险费。

（9）斯里兰卡：发票要手签。

（10）委内瑞拉：发票货名应该以西班牙文表示。

（11）伊朗：发票内应注明关税号。

（12）阿拉伯地区：一般都要求注明货物原产地并由贸促会签证，或者由贸促会出具原产地证明。

（13）尼泊尔、印度：发票手签。

（14）土耳其：产地证不能联合在发票内。

---

## 四、《UCP600》对商业发票的要求

（1）发票必须由信用证中指定的受益人出具（可转让信用证除外）。

（2）发票必须以开证申请人为抬头人（可转让信用证或信用证另有规定的除外）。

（3）发票无须签字（除非信用证另有规定），但是如果信用证要求的证明文句是在未要求签字的发票上表示的，则该证明文句应签字且加注日期。

（4）除非信用证另有规定，银行拒绝接受金额超过信用证金额的商业发票。

（5）商业发票对货物的描述，必须与信用证一致。

## 五、信用证中有关商业发票的条款举例

（1）SIGNED COMMERCIAL INVOICE IN DUPLICATE SHOWING A DEDUCTION OF USD200.00 BEING COMMISSION.

签字商业发票一式二份，显示扣除 200 美元作为佣金。

（2）SIGNED COMMERCIAL INVOICE, ONE ORIGINAL AND TWO COPIES.

签字商业发票，一正二副。

（3）MANUALLY SIGNED INVOICE IN FIVE FOLDS CERTIFYING THAT GOODS ARE AS PER INDENT NO.ABC567 OF 03.10, 2009 QUOTING L/C NO.

手签发票一式五份，并在发票上显示根据 2009 年 3 月 10 日合同号 ABC567 订立，注明信用证号码。

（4）SIGNED COMMERCIAL INVOICE COMBINED WITH CERTIFICATE OF ORIGIN AND VALUE IN TRIPLICATE AS REQUIRED FOR IMPORTS INTO NIGERIA.

已签署商业发票一式三份，发票须连同产地证明和货物价值声明为输入尼日利亚所需。

（5）SIGNED COMMERCIAL INVOICE IN FIVE FOLD CERTIFYING THAT GOODS ARE AS PER CONTRACT NO.12345 OF 03.11,2009 QUOTING L/C NUMBER BTN/IIS NO. AND SHOWING ORIGINAL INVOICE AND A COPY TO ACCOMPANY ORIGINAL SET OF DOCUMENTS.

签署发票一式五份，证明货物是根据 2009 年 3 月 11 日号码为 12345 的合同，并注明信用证号码和布鲁赛尔税则分类号码，显示正本发票和一份副本随附原套单证。

（6）COMMERCIAL INVOICE IN TRIPLICATE SHOWING SEPARATELY F.O.B VALUE, FREIGHT CHARGES, INSURANCE PREMIUM, CIF VALUE AND COUNTRY OF ORIGIN.

商业发票一式三份，分别显示 FOB 价值、运费、保险费，CIF 总值和原产地国。

# 任务二　缮制海关发票

## 一、海关发票（CUSTOMS INVOICE）的定义

海关发票是某些地区（如非洲、美洲、大洋洲）国家的海关制定的一种固定格式的发票，由出口商填制以供进口商作为进口货物报关使用。各国和地区使用海关发票的情况如表 3-1 所示。

表 3-1　　　　　　　　　各国和地区海关发票使用情况

| 国家或地区 | 使用的海关发票名称 |
| --- | --- |
| 美国 | SPECIAL CUSTOM INVOICE<br>FORM 5519 用于纺织品（INVOICE DETAILS FOR COTTON FABRICS AND LINENS）<br>FORM 5523 用于鞋类（INVOICE DETAILS FOR FOOTWEAR）<br>FORM 5520 用于钢材（SPECIAL SUMMARY STEEL INVOICE-SSSI） |
| 加拿大 | CANADA CUSTOMS INVOICE (1985/1/1) |
| 新西兰 | CERTIFICATE OF ORIGIN FOR EXPORTS TO NEW ZEALAND FORM 59A |

续表

| 国家或地区 | 使用的海关发票名称 |
| --- | --- |
| 西非 | COMBINED CERTIFICATE OF VALUE AND INVOICE OF GOODS FOR EXPORTATION TO WEST AFRICA FORM C |
| 尼日利亚 | COMBINED CERTIFICATE OF VALUE AND INVOICE OF GOODS FOR EXPORTATION TO FEDERATION OF NIGERIA |
| 加纳 | COMBINED CERTIFICATE OF INVOICE IN RESPECT OF GOODS FOR IMPORTATION INTO GHANA FORM C61 |
| 赞比亚 | INVOICE AND CERTIFICATE OF VALUE FOR EXPORT TO ZAMBIA |
| 肯尼亚<br>乌干达<br>坦桑尼亚 | COMBINED CERTIFICATE OF VALUE AND INVOICE IN RESPECT OF GOODS FOR IMPORTATION INTO KENYA , UGANDA AND TANZANIA |
| 加勒比海共同体 | CARICOM (CARIBBEAN COMMON MARKET) |
| 牙买加 | INVOICE AND DECLARATION OF VALUE REQUIRED FOR SHIPMENTS TO JAMAICA C23 |
| 部分西印度群岛，中南美洲及太平洋岛屿国家 | COMBINED CERTIFICATE OF VALUE AND ORIGIN AND GOODS FORM B |
| 马耳他，毛里求斯等 | 无指定格式 |

　　进口国海关根据海关发票查核进口商品的价值和产地，来确定该商品是否可以进口、是否可以享受优惠税率；查核货物在出口国市场的销售价格，以确定出口国是否以低价倾销而征收反倾销税，并据以计算进口商应纳的进口税款。因此，对进口商来说，海关发票是一种很重要的单据。各国的海关发票格式有许多不同，请具体操作时留意。

## 二、海关发票的作用

　　（1）进口商凭以报关，进口国家的海关凭以估价完税的凭证。
　　（2）进口国海关核定货物原产地，征收差别待遇关税，查核进口商品价格，决定是否征收反倾销关税的依据。
　　（3）作为进口国海关编制统计资料之用。

## 三、海关发票的缮制要求

　　（1）与商业发票的相应项目必须完全一致。
　　（2）必须列明国内市场价或成本价时，应注意其低于销售的离岸价。
　　（3）经过准确核算的运费、保险费及包装费。
　　（4）海关发票应以收货人或提单的被通知人为抬头人。
　　（5）签署海关发票的人可由出口单位负责办事人员签字，证明人必须另由其他人员签字，不能是同一人。

## 四、加拿大海关发票的缮制

　　加拿大海关发票（CANADA CUSTOMS INVOICE）是指销往加拿大的出口货物（食品除外）所使用的海关发票。其栏目用英文、法文两种文字对照，内容繁多，要求每个栏目都要填写，不得留空，若不适用或无该项内容，则必须在该栏目内填写"N/A"（NOT APPLICABLE）。

　　加拿大海关发票的主要栏目及缮制方法如下。

## （一）卖方的名称与地址 VENDOR（NAME AND ADDRESS）

填写出口商的名称及地址,包括城市和国家名称。信用证支付条件下此栏填写受益人名址。

## （二）直接运往加拿大的装运日期（DATE OF DIRECT SHIPMENT TO CANADA）

即填写直接运往加拿大的装运日期，此日期应与提单日期相一致。如单据送银行预审，也可请银行按正本提单日期代为加注。

## （三）其他参考事项，包括买方订单（OTHER REFERENCE INCLUDE PURCHASER'S ORDER NUMBER）

填写有关合同、订单或商业发票号码。

## （四）收货人名称及地址（CONSIGNEE，NAME AND ADDRESS）

填写加拿大收货人的名称与详细地址。信用证项下一般为信用证的开证人。

## （五）买方（PURCHASER'S NAME AND ADDRESS）

填写实际购货人的名称及地址。如与第 4 栏的收货人相同，则此栏可打上"SAME AS CONSIGNEE"。

## （六）转运国家或地区（COUNTRY OR REGION OF TRANSHIPMENT）

应填写转船地点的名称。如在香港地区转船，可填写:
"FROM SHANGHAI TO VANCOUVER WITH TRANSHIPMENT AT HONGKONG BY VESSEL"，或者"W/T AT HONG KONG"。如不转船，可填 N/A（即 NOT APPLICABLE）。

## （七）生产国别（COUNTRY OF ORIGIN OF GOODS）

填写 CHINA。若非单一的国产货物，则应在 12 栏中详细逐项列明各自的原产地国名。

## （八）运输方式及直接运往加拿大的起运地点（TRANSPORTATION GIVE MODE AND PLACE OF DIRECT SHIPMENT TO CANADA）

只要货物不在国外加工，不论是否转船，均填写起运地和目的地名称以及所用运载工具，如，FROM SHANGHAI TO MONTREAL BY VESSEL。

## （九）价格条件及支付方式，如销售、委托发运、租赁商品等（CONDITION OF SALES AND TERMS OF PAYMENT I.E.SALE,CONSIGNMENT, SHIPMENT,LEASED GOODS,ETC）

按商业发票的价格术语及支付方式填写。
如 CIF VANCOUVER D/P AT SIGHT 或 C AND F MONTREAL BY L/C AT SIGHT。

65

## （十）货币名称（CURRENCY OF SETTLEMENT）

卖方要求买方支付货币的名称，须与商业发票使用的货币相一致，如 CAD。

## （十一）件数（NUMBER OF PACKAGE）

填写该批商品的总包装件数，如 600 CARTONS。

## （十二）商品详细描述（SPECIFICATION OF COMMODITIES，KIND OF PACKAGES，MARKS AND NUMBERS，GENERAL DESCRIPTION AND CHARACTERISTICS，I.E.GRADE, QUALITY）

应按商业发票同项目描述填写，并将包装情况及唛头填写此栏（包括种类、唛头、品名和特性，即等级、品质）。

## （十三）数量（QUANTITY，STATE UNIT）

应填写商品的具体数量，而不是包装的件数。

## （十四）单价（UNIT PRICE）

应按商业发票记载的每项单价填写，使用的货币应与信用证和商业发票一致。

## （十五）总值（TOTAL）

应按商业发票的总金额填写。

## （十六）净重及毛重的总数（TOTAL WEIGHT）

填写总毛重和总净重，应与其他单据的总毛重和总净重相一致。

## （十七）发票总金额（TOTAL INVOICE VALUE）

按商业发票的总金额填写。

## （十八）如果 1～17 栏的任何栏的内容均已包括在所随附的商业发票内

（IF ANY OF FIELDS 1 TO 17 ARE INCLUDED ON AN ATTACHED COMMERCIAL INVOICE，CHECK THIS BOX□）

如果 1～17 栏的任何栏的内容均已包括在所随附的商业发票内，则在方框内填一个"√"记号，并将有关商业发票号填写在横线上。

## （十九）出口商名称及地址，如并非卖方（EXPORTERS NAME AND ADDRESS IF OTHER THAN VENDOR）

如出口商与第 1 栏的卖方不是同一名称，则列入实际出口商名称；而若出口商与第 1 栏卖方为同一者，则在本栏打上"THE SAME AS VENDOR"。

## （二十）负责人的姓名及地址（ORIGINATOR，NAME AND ADDRESS）

此栏仍填写出口公司名称、地址、负责人名称。

## （二十一）主管当局现行管理条例，如适用者（DEPARTMENTAL RULING，IF ANY）

指加方海关和税务机关对该货物进口的有关规定。如有，则要求填写，如无，则填"N/A"（即 NOT APPLICABLE）。

## （二十二）如果 23～25 三个栏目均不适用（IF FIELDS 23 TO 25 ARE NOT APPLICABLE CHECK THIS BOX□）

如 23～25 栏不适用，可在方框内打"√"记号。

## （二十三）如果以下金额已包括在第 17 栏目内（IF INCLUDED IN FIELD 17 INDICATE AMOUNT）

（1）TRANSPORTATION CHARGES，EXPENSE AND INSURANCE FROM THE PLACE OF DIRECT SHIPMENT TO CANADA

自起运地至加拿大的运费和保险费：可填运费和保险费的总和，允许以支付的原币填写。若不适用则填"N/A"。

（2）COSTS FOR　CONSTRUCTION，ERECTION AND ASSEMBLY INCURRED AFTER IMPORTATION INTO CANADA

货物进口到加拿大后进行建造、安装及组装而发生的成本费用，按实际情况填列；若不适用，可打上 N/A。

（3）出口包装费用（EXPORT PACKING）

可按实际情况将包装费用金额打上，如无，则填"N/A"。

## （二十四）如果以下金额不包括在第 17 栏目内（IF NOT INCLUDED IN FIELD 17 INDICATE AMOUNT）

若 17 栏不包括，则注明金额：Ⅰ、Ⅱ、Ⅲ三项，一般填"N/A"。如果在 FOB 等价格条件下，卖方又替买方租船订舱，其运费于货到时支付，则Ⅰ栏可填实际运费额。

## （二十五）CHECK（IF APPLICABLE）

若适用，在方格内打"√"记号。本栏系补偿贸易、来件、来料加工、装配等贸易方式专用；一般贸易不适用，可在方格内填"N/A"。

# 五、缮制海关发票应注意的问题

（1）因为海关发票的格式是由进口国海关制定的，各国格式不同，出口商在使用时，不能搞错格式，应使用相应国家海关的格式。

（2）由于海关发票中相关金额是进口国海关征税的一个依据，为避免被征收反倾销税，必须做到以本币表示的国内生产价格小于出口价格。

（3）海关发票上与其他单据的相同项目必须相互一致。如运费与提单一致，品名和金额与发票一致。

（4）有的海关发票必须有一证明人签字，也应用手签，证明人与单据签名者不能为同一人，也不能是其他货运单据上的签字人。若中间有更改，不能用盖校正章方法，应用钢笔在更改处小签。

（5）证明句子部分必须是以个人名义叙述，不能盖公司印章。

样单 3-2 所示为加拿大海关发票。

样单 3-2

## 加拿大海关发票

| Revenue Canada<br>Customs and Excise | Revenue Canada<br>Douanes et Accise | **CANADA CUSTOMS INVOICE** | Page    of<br>de |
|---|---|---|---|

| 1. Vendor (Name and Address) *Vendeur (Nom et adresse)*<br>××××××  CO.,LTD.<br>Room 2901, HuaRong Mansion, GuanJiaQiao 85#, Shanghai 200005, P.R.China<br>TEL:021-4711363 FAX:021-4691619 | 2. Date of Direct Shipment to Canada/*Date d' expedition directe vers ie Canade*<br>AS PER B/L DATE<br>3. Other References (include Purchaserys Order No.)<br>*Autres reterences(inclure ie n de commande de Í acheteur)* |
|---|---|
| 4. Consignee (Name and Address) *Destinataire (Nom et adresse)*<br>SAMAN AL-ABDUL KARIM AND PARTNERS CO.<br>POB 13552, RIYADH 44166, KSA<br>TEL:4577301/4577312/4577313 FAX:4577461 | 5. Purchaser's Name and Address(if other than Consignee)<br>*Nom et adresse de Í acheteur(S'll differe du destinataire)*<br>SAME AS CONSIGNEE |
| | 6. Country of Transhipment/*Pays de transbordement* |
| | 7. Country of Origin of Goods  \|  IF SHIPMENT INCLUDES GOODS OF DIFFERENT ORIGINS ENTER ORIGINS AGAINST ITEMA IN12<br>*pays d' origine des marchandises*  \|  *SIL' EXPEDON COMPREND DES MARCHANDISES D' ORIGINES*<br>CHINA |
| 8. Transportation Give Mode and Place of Direct Shipment to Canada *Transport Preciser mode et point d' expedition directe vercte vers ie canada*<br>SHIPMENT FROM TIANJIN PORT TO DAMMAM PORT BY SEA | 9. Conditions of Sale and Terms of Payment<br>(i.e Saie. Consignment Shipment, Leased Goods, etd.)<br>*Conditions de vente et modaitites de paiement*<br>*(P.ex vente, expedition en consignation, location, de marchandises, etc)*<br>CFR DAMMAM PORT, SAUDI ARABIA<br>L/C AT SIGHT |
| | 10. Currency of Settlement/*Devises du paiement*<br>USD |

| 11. No of Pkgs<br>*Nore de colis* | 12. Pecification of Commodities (Kind of Packages, Marks,and Numbers,General Description and Characteristics, ie Grade, Quality)<br>*Designation des articles (Nature des colis, marques et numeros, description ger erale et caracteristiques, P ex classe, qualite)* | | 13. Quantity (State Unit)<br>*Quantite (Preciser Í unite)* | Selling Price/*Prix de vente* | |
|---|---|---|---|---|---|
| | | | | 14.Unit Price<br>Prix unitaire | 15. Total |
| 1 | N/M | CANNED APPLE JAM<br>24 TINS × 340 GMS | 2200CARTONS | USD6.80 | USD14960.00 |
| 2 | | CANNED STRAWBERRY JAM<br>24 TINS × 340 GMS | 2200CARTONS | USD6.80 | USD14960.00 |
| | | TOTAL: 4400CARTONS | | | USD29920.00 |

PACKED IN: FOUR THOUSAND FOUR HUNDRED CARTONS ONLY.

| 18. if any Of fields 1 to 17 are included on an attached commercial invoice, check this box　　　　　　　　□<br><br>*si tout renseignement relatlvement aux zones 1 e 17 ligure sur une ou des tactures commerciaies ci-attachees cocher cette case*<br>*commercial invoice No. 1 N de la factre commerciaie*　DS2001INV205 | 16.　Total　Weight/*Poids Total*<br><br>Net　　　　Gross/*Brut*<br>35904.00KGS　39494.00KGS | 17. Invoice Total<br><br>USD29920.00 |
|---|---|---|
| 19. Exporter's Name and Address(if other than Vendor)<br>*Nom et adresse de Í exportateur(s'll differe du vendeur)*<br>SAME AS VENDER | 20. Originator (Name and Address)/*Expediteur d' origine(Nom et adresse)*<br>××××××　CO.,LTD.<br>Room 2901, HuaRong Mansion, GuanJiaQiao 85#, Shanghai 200005, P.R.China<br>TEL:021-4711363 FAX:021-4691619 | |
| 21.　Departmental　Ruling(if　applicable)/*Decision du Ministere(S' lly a lieu)*<br>N/A | 22. If fields 23 to 25 are not applicable, check this box　　□N/A<br>*Si ies zones 23 e 25 sont sans objet, cocher cette case* | |

| 23. if included in field 7 indicate amount<br>*Si compris dans ie total a ia zone 17, preciser*<br>(Ⅰ) Transportation charges, expenese and insurance from the place of direct shipment to Canada *Les frais de transport, depenses et assurances a partir du point of expedition directe vers is Canada.*<br>　　　　　USD2800.00<br>(Ⅱ) Costs for construction, erection and assembly incurred atter importation into Canada<br>*Les couts de construction, d' erection et d' assemblage, pres imporaation au.canada*<br>　　　　N/A<br>(Ⅲ) Export packing<br>*Le cout de Í emballage d' exportation*<br>　　　　N/A | 24. If not included in field 17 indicate amount<br>*Si non compris dans le total a ie zone 17, Dreciser*<br>(Ⅰ) Transportation charges, expense and insurance to the place of direct shipment to Canada *Les frais de transport, depenses et assurances Iusqu' au point d' of expedition directd vers ie Canada*<br>N/A<br>(Ⅱ) Amounts for commissions other than buying commissions<br>*Les commissions autres que celles versees Pour Í achat*<br>N/A<br>(Ⅲ) Export packing<br>*Le cout de Í emballage d' exportation*<br>N/A | 25. Check (if applicable)<br>*Cochet (s'lly a liso)*<br>(Ⅱ) Royalty payments or subsequent proceede are paid or payable by the purchaser<br>*Des redevances ou produits ont ete ou seront Verses par Í acheteur*<br>　　　□　N/A<br>(Ⅱ) The purchaser has supplied goods or services for use in the production of these goods<br>*L'acheteur a fouml des merchandises ou des Services pour ia production des merchandises*<br>　　　□　N/A |
|---|---|---|

# 任务三　其他发票的缮制

## 一、形式发票

　　在实际业务中，进口商有时会要求出口商提供一份有关出售货物的名称、规格、单价等内容的非正式的参考性发票，以此向本国贸易管理当局申请进口用汇或进口许可证。这种发票被称为形式发票（PROFORMA INVOICE）（样单3-3）。

　　形式发票一般是在业务成交之前开具的，它不是一种正式的发票，不能用于托收或议付，其所列的单价等内容，只是对出口商品基本情况的一种估计，对买卖双方无最终约束力。正因如此，在买卖成交后，还需制作正式发票，作为议付的凭证。

样单 3-3　形式发票

# XXXXXX 有限公司
## XXXXXX CO.,LTD.
### ROOM 2901, HUARONG MANSION, GUANJIAQIAO 85#,
### SHANGHAI 200005, P.R.CHINA
### TEL:021-4711363 FAX:021-4691619

### PROFORMA INVOICE

| TO: | SAMAN AL-ABDUL KARIM AND PARTNERS CO.<br>POB 13552, RIYADH 44166, KSA<br>TEL:4577301/4577312/4577313 FAX:4577461 | INVOICE NO.: | DS2001INV205 |
|---|---|---|---|
| | | INVOICE DATE: | SEP. 09, 2001 |
| | | S/C NO.: | DS2001SC205 |
| | | S/C DATE: | MAR. 23, 2001 |

| TERM OF PAYMENT: | BY IRREVOCABLE LETTER OF CREDIT TO BE OPENED BY FULL AMOUNT OF S/C, PAYMENT AT SIGHT DOCUMENT TO PRESENTED WITHIN 21 DAYS AFTER DATE OF B/L AT BENEFICIARY'S ACCOUNT. |
|---|---|
| PORT TO LOADING: | SHANGHAI PORT, P.R.CHINA |
| PORT OF DESTINATION: | DAMMAM PORT, SAUDI ARABIA |
| TIME OF DELIVERY: | BEFORE JUN. 05, 2001 |
| INSURANCE: | TO BE COVERED BY THE BUYER. |
| VALIDITY: | |

| MARKS AND NUMBERS | NUMBER AND KIND OF PACKAGE DESCRIPTION OF GOODS | QUANTITY | UNIT PRICE | AMOUNT |
|---|---|---|---|---|
| | | | | USD |
| | | | CFR DAMMAM PORT, SAUDI ARABIA | |
| N/M | CANNED APPLE JAM<br>24 TINS × 340 GMS | 2200CARTONS | USD6.80 | USD14960.00 |
| | CANNED STRAWBERRY JAM<br>24 TINS × 340 GMS | 2200CARTONS | USD6.80 | USD14960.00 |
| | TOTAL AMOUNT: | 4400CARTONS | | USD29920.00 |

| SAY TOTAL: | U.S.DOLLAR TWENTY NINE THOUSAND NINE HUNDRED AND TWENTY ONLY. |
|---|---|
| BENEFICIARY: | ×××××× CO., LTD.<br>ROOM 2901, HUARONG MANSION, GUANJIAQIAO 85#, SHANGHAI 200005, P.R.CHINA<br>TEL:021-4711363 FAX:021-4691619 |
| ADVISING BANK: | BANK OF CHINA SHANGHAI BRANCH |
| NEGOTIATING BANK: | BANK OF CHINA SHANGHAI BRANCH |

形式发票与商业发票关系非常密切，而且在内容和格式上也非常相近。有时信用证在货物内容后出现"按某年某月某日之形式发票"的条款，此时，出口商在制作商业发票时应参照形式发票。如果信用证明确订有"MERCHANDISE AS PER PROFORMA INVOICE NO.：×××× DATED ×××"的条款，出口商在缮制商业发票时，应将此条款打上同时列出形式发票上有关货物的所有内容。

## 二、领事发票

领事发票（CONSULAR INVOICE）又称签证发票，是按某些国家法令规定，出口商对其国家输入货物时必须取得进口国在出口国或其邻近地区的领事签证的、作为装运单据一部分或货物进口报关的前提条件之一的特殊发票。

有些国家法令规定，进口货物必须要领取进口国在出口国领事签证的发票，作为有关货物征收进口关税的前提条件之一。

领事发票的作用如下。

（1）作为进口国海关收取进口关税的依据。

（2）证明出口商提供的商品数量、价格的真实性。

（3）增加领事馆收入。

领事发票和商业发票是平行的单据，领事发票是一份官方的单证，有些国家规定了领事发票的固定格式，这种格式可以从领事馆获得。在实际工作中，比较多的情况是有些国家来证规定由其领事在商业发票上认证，认证的目的是证实商品的确实产地，收取认证费。对此，在计算出口价格时，应将这笔费用考虑进去。

目前，已很少用领事发票，主要是拉美（阿根廷等）、中东的国家使用。

## 三、厂商发票

厂商发票（MANUFACTURER'S INVOICE）是厂方出具给出口商的销售货物的凭证。来证要求提供厂商发票，其目的是检查是否有削价倾销行为，以便确定应否征收"反倾销税"。

厂商发票的基本制作要求如下。

（1）在单据上部要印有醒目粗体字"厂商发票"（MANUFACTURER INVOICE）字样。

（2）抬头人打出口商。

（3）出票日期应早于商业发票日期。

（4）货物名称、规格、数量、件数必须与商业发票一致。

（5）货币应打出口国币制，价格的填制可按发票货价适当打个折扣，例如，按 FOB 价打九折或八五折。

（6）货物出厂时，一般无出口装运标记，厂商发票不必缮打唛头，如来证有明确规定，则厂商发票也应打上唛头。

（7）厂方作为出单人，由厂方负责人签字盖章。

# 任务四　缮制包装单据

包装单据是记载或描述商品包装情况的单据，是商业发票的补充，也是货运单据中一项重要单据。除散装货外，包装单据一般为不可缺少的文件。

粮食、矿石等——不需包装，属于散装货（IN BULK）；

钢材、木材等——简单捆扎，属于裸装货（IN NUDE）；

其他绝大多数——包装保护、美化，属于包装货（IN PACKAGE）。

包装单据（PACKING DOCUMENTS）是指一切记载或描述商品包装情况的单据，是商业发票内容的补充——"商业发票的附属/补充单据"。

海关、商检机构、进口商为了了解包装情况和核验货物，或为便于对货物进行分拨转售，往往要求包装单据。

# 一、包装单据的种类

包装单据是指一切记载或描述货物包装情况的单据，是商业发票的附属单据，也是货运单据中一种重要单据，其主要作用是弥补商业发票的不足。包装单据的种类很多，主要有以下几种。

## （一）装箱单（PACKING LIST 或 PACKING SLIP）

装箱单表明装箱货物的名称、规格、数量、箱号、件数和重量，以及包装情况，如系定量装箱，每件都是统一的重量，则只需说明总件数多少，每箱多少重量、合计多少重量。装箱单也是发票的辅助单据。

## （二）重量单/磅码单（WEIGHT MEMO/LIST/NOTE）

一般以重量计价的商品，收货人对商品的重量比较重视，或当商品的重量对其质量能有一定的反映时，一般会要求重量单。

## （三）尺码单（MEASUREMENT LIST）

尺码单偏重于说明所装运货物的体积，即每件商品的包装尺码以及总尺码。

## （四）详细装箱单（DETAILED PACKING LIST）

## （五）包装声明（PACKING DECLARATION）

有些国家对进口货物的包装有一些特殊规定，如新西兰、澳大利亚等国规定，凡进口货物使用木材为包装材料，木材必须无虫、无菌、经过熏蒸处理才准许入境。对美国、加拿大出口，木质包装货物均需进行杀虫处理，按《国际植物保护公约》，对木质包装进行热处理时，一般要求温度达到56℃，并持续30分钟以上，还建议对有些木质包装采取烘干或化学处理，熏蒸时要采用甲基溴化处理。凡是向以上这些国家出口时，就需要采用包装声明。

## （六）规格单（SPECIFICATION LIST）

规格单从内容上来讲，与PACKING LIST基本一致，只是从名称的要求上要与规定相符，并重点说明包装的规格，例如，每箱装24打，每两打装一小盒，每打用塑料袋包装等细节。

## （七）花色搭配单（ASSORTMENT LIST）

花色搭配单是说明商品花色搭配情况的单据。之所以有这样一些形式起因于进口商对所购商品的某一或某几方面比较关注，希望出口方重点提供该方面的单据；这类单据由受益人用英文制作，格式自定义，内容繁简应以满足合同或信用证规定、符合银行惯例和适应客户需要为准。

《UCP600》规定："只要包装单据内容符合信用证的要求，能反映所规定的单据功能，不要求名称与信用证一字不差。"

如信用证或合同规定要出 NEUTRAL PACKING LIST，即中性（包装）装箱单的话，单据上不可以显示出口制单方的名称、地址（即上无信头部分且下无公司印章），同时不可显示产地。

## 二、装箱单的内容与缮制方法

装箱单也叫包装单，并无固定的格式和内容，只能由出口商根据货物的种类和进口商的要求依照商业发票的大体格式来制作。出口商制作的包装单格式不尽相同，但基本栏目内容相似，主要包括单据名称、编号、出单日期、货物名称、唛头、规格、件数、毛重与净重、签章等，有时还涉及包装材料、包装方式、包装规格等。

### （一）买方（TO MESSRS.）（BUYER'S NAME AND ADDRESS）

买方即抬头人，要求与信用证开证申请人或合同的买方（收货人）一致，要写明具体的名称和地址，应与商业发票相一致。

### （二）号码（NO.）

填写商业发票号码。包装单可以有自己的编号，但是因为商业发票是核心单据，所以一般都用商业发票的编号作为包装单的编号，所以在有的包装单上会直接出现商业发票的编号栏。

### （三）日期（DATE）

出单日期可按发票日期填写。包装单的制作一般在发票之后，所以也可比发票日期晚，但不要晚于提单日期。

### （四）信用证号码（L/C NO.）和合同号码（S/C NO.）

如实填写，应与商业发票上的相一致。

### （五）唛头（MARKS）

与发票和提单的唛头相一致，如果唛头内容太多，也可填"AS PER INVOICE NO.××
×"（按×××号发票）。

### （六）包装方式及数量（NOS.& KINDS OF PACKAGES）

填写每种货物的包装件数，如"10 BAGS（10 袋）"、"20 DRUMS（20 桶）"等，同时要注明合计总件数，如上述两种货物数量相加：30 PACKAGES（30 件）。

### （七）货名（ITEMS）（DESCRIPTION）

货名应与发票和信用证内容相一致，如有总称，先注明总称，再逐项列明详细货名。

### （八）毛重（G.W.）

如果有几种规格，每种规格的毛重不同，则应填写每种货物的毛重，同时要注明合计总毛重。

### （九）净重（N.W.）

填写每种货物的净重，同时要注明合计总净重。

### （十）尺码（MEAS.）

填写每种货物的尺码，同时要注明合计总尺码。

### （十一）出单人签章

由出具本单据的单位和负责人签字盖章，与商业发票一致。

## 三、其他包装单据的制作

包装单据的内容及缮制要点因公司不同、产品不同、合同/信用证中的要求不同，会略有区别。如上所述，装箱单的主要内容有单据名称、号码，收货人，箱号/包装件号，装卸港，包装件数的大小写，货物描述，货物的数量、毛重、净重、体积、包装情况，出单人及其签字盖章等；重量单的内容则在装箱单的基础上进一步明确每件货物的毛重、净重、体积、皮重情况；尺码单则侧重说明货物的体积，即每件商品的包装尺码及总尺码，如果不是统一尺码，则应逐一列明，注意尺码要用公制表示，用托盘装运时，除了说明货物装上托盘后的总尺码外，还需说明托盘本身的尺码。还有其他一些包装单据根据具体要求不同可以有不同的侧重点。

## 四、制作包装单据应注意的事项

（1）采用信用证收汇时，包装单据名称应与信用证内规定的名称一致。

（2）毛重、净重方面，应列明每件的毛重和净重，小计数及合计数必须与发票和运输单据、产地证、出口许可证的数字相符，对于计价的重量，数字更须注意。

（3）如果信用证规定要列明内包装情况（INNER PACKING），必须在单据中充分表示出来。例如，信用证规定每件装一胶袋，每打装一盒，每20打装一纸箱，则须注明"PACKING: EACH PIECE IN A POLY BAG, ONE DOZEN IN A CARDBOARD BOX AND THEN 20 DOZEN IN A CARTON"。

（4）信用证项下，银行不检查单据中的数学计算细节，而只负责将总量与信用证及/或其他单据相核对。

（5）重量单冠以CERTIFICATE OF WEIGHT（重量证明），以加注"WE CERTIFY THAT THE WEIGHTS ARE TRUE AND CORRECT"的证明句为好。

（6）装箱单据一般不应显示货物的单、总价，因为进口商把商品转售给第三者时只要交付包装单和货物，不愿泄露其购买成本。

（7）为了符合信用证不接受联合单据的要求，可以利用装箱单分别冠以重量单、尺码单等不同名称的方法，一次缮制，按照信用证规定的份数分别提供给银行。

（8）必须与全套其他单据相关联，如显示发票号码、合同号码等。

（9）货物描述，可以与信用证中的货物描述一致，也可以使用货物统称，但不得与信用证规定的货物描述相抵触。

（10）如果信用证没有特别规定，装箱单、重量单可以不签署。但当包装单据冠以"……证明"或含有证明文句时，则应该签署。

## 五、信用证中有关装箱单据的条款举例

（1）PACKING LIST IN TRIPLICATE.

装箱单一式三份。

（2）SIGNED PACKING LIST，ONE ORIGINAL AND ONE COPY.

签字装箱单，一正一副。

（3）DETAILED WEIGHT AND MEASUREMENT LIST SHOWING THE DETAIL OF COLORS，SIZES AND QUANTITIES IN EACH CARTON AND ALSO NET WEIGHT AND GROSS WEIGHT.

重量单/尺码单明细单，详注每箱货物的颜色、尺寸和数量以及毛重和净重。

（4）MANUALLY SIGNED PACKING LIST IN TRIPLICATE DETAILING THE COMPLETE INNER PACKING SPECIFICATIONS AND CONTENTS OF EACH PACKAGE.

手签装箱单一式三份，详注每件货物内部包装的规格和内容。

（5）DETAILED PACKING LIST IN QUADRUPLICATE SHOWING GROSS WEIGHT、NET WEIGHT、NET NET WEIGHT、MEASUREMENT、COLOR、SIZE AND QUANTITY BREAKDOWN FOR EACH PACKAGE，IF ANY APLLICABLE.

详细装箱单一式四份，如适用，请标明每个包装的毛重、净重、净净重、尺码、颜色、尺寸及数量。

（6）PACKING LIST IN TRIPLICATE ISSUED BY BENEFICIARY INDICATING QUANTITY，GROSS AND NET WEIGHT OF EACH PACKAGE/CONTAINER.

受益人出具的装箱单一式三份，指出每一容器或集装箱的毛重、净重及数量。

单据份数的英文表示方法如表 3-2 所示。

表 3-2　　　　　　　　　　　单据份数的英文表示方法

| IN DUPLICATE | 或 2-FOLD | 一式二份 |
| --- | --- | --- |
| IN TRIPLICATE | 3-FOLD | 一式三份 |
| IN QUADRUPLICATE | 4-FOLD | 一式四份 |
| IN QUINTUPLICATE | 5-FOLD | 一式五份 |
| IN SEXTUPLICATE | 6-FOLD | 一式六份 |
| IN SEPTUPLICATE | 7-FOLD | 一式七份 |
| IN OCTUPLICATE | 8-FOLD | 一式八份 |
| IN NONUPLICATE | 9-FOLD | 一式九份 |
| IN DECUPLICATE | 10-FOLD | 一式十份 |

样单 3-4 所示为装箱单。

样单 3-4　装箱单

| ISSUER | | | | | |
|---|---|---|---|---|---|
| XXXXXX CO.,LTD.<br>ROOM 2901, HUARONG MANSION, GUANJIAQIAO 85#, SHANGHAI 200005, P.R.CHINA<br>TEL:021-4711363 FAX:021-4691619 | | **装箱单** | | | |
| **TO** | | | | | |
| SAMAN AL-ABDUL KARIM AND PARTNERS CO.<br>POB 13552, RIYADH 44166, KSA<br>TEL:4577301/4577312/4577313<br>FAX:4577461 | | **PACKING LIST** | | | |
| | | INVOICE NO. | | DATE | |
| | | DS2001INV205 | | MAY 22, 2001 | |
| MARKS AND NUMBERS | NUMBER AND KIND OF PACKAGE | PACKAGE | G.W | N.W | MEAS. |
| | DESCRIPTION OF GOODS | | | KG | CBM |
| N/M | CANNED APPLE JAM<br>24 TINS × 340 GMS | 2200CARTONS | 19747.00 | 17952.00 | 22.80 |
| | CANNED STRAWBERRY JAM<br>24 TINS × 340 GMS | 2200CARTONS | 19747.00 | 17952.00 | 22.80 |
| | TOTAL: | 4400CARTONS | 39494.00KGS | 35904.00KGS | 45.60CBM |
| SAY TOTAL: | | FOUR THOUSAND FOUR HUNDRED CARTONS ONLY. | | | |

**项目总结**

本项目着重介绍了商业发票和装箱单的内容及缮制方法。商业发票（COMMERCIAL INVOICE）是卖方向买方签发的凭以向买方收款的发货清单，是对商品的详细总说明，是买卖双方凭此发货、收货、记账、报关、纳税的依据和凭证。有时发票还是可替代汇票作为付款的依据，比如有即期付款和延期付款信用证，是出口人必须提供的主要单据之一。除商业发票外，本项目还介绍了海关发票、形式发票、领事发票、厂商发票的有关知识，重点讲述了加拿大海关发票的填制。PACKING LIST 是记载货物包装情况的单据，是发票的补充单据，其内容必须与发票其他单据一致。了解货物的包装情况，便于收货人清点核对货物，也便于海关查验货物、检验检疫局检验货物、保险公司核对受损货物数量。

**练习与思考**

1．简述商业发票的作用。

2．根据《UCP600》缮制商业发票需要注意哪些问题？

3．佣金的支付方式有哪些？在有关发票上如何处理不同方式的佣金支付？

4．出口成件包装货物，如信用证未规定 SHIPPING MARK，受益人能否按实际印制的唛头填入发票的相关栏目内？

5．商业发票中货物描述能否按惯例使用货物的统称？

6．缮制商业发票时，应如何满足信用证中"SIGNED COMMERCIAL INVOICE..."或"MANUALLY SIGNED COMMERCIAL INVOICE..."条款？

7．信用证中有关于发票的声明文句条款，缮制发票时应如何满足该条款？

8．商业发票中货物描述栏能否填写货物的统称？

9．商业发票中单价包括哪四部分内容？

10．什么是海关发票？其作用是什么？

11．列举包装单据的种类及作用。

12．缮制装箱单需要注意哪些问题？

**项目实训**

**实训一　根据情境引入案例，缮制下列单据**

| ISSUER | 上海辰星公司 SHANGHAI MORNING STAR CORPORATION 375 DONG DA MING ROAD，SHANGHAI 商业发票 COMMERCIAL INVOICE | | | |
|---|---|---|---|---|
| | NO. | | DATE | |
| TO | | | | |
| TRANSPORT DETAILS | S/C NO. | | L/C NO. | |
| | TERMS OF PAYMENT | | | |
| MARKS AND NUMBERS | NUMBER AND KIND OF PACKAGE DESCRIPTION OF GOODS | QUANTITY | UNIT PRICE | AMOUNT |
| | | | | |
| | | | | |
| | | | | |
| SAY TOTAL: | | TOTAL: | | USD |
| | | | | |

77

# 上海辰星公司
## SHANGHAI MORNING STAR CORPORATION
### 375 DONG DA MING ROAD，SHANGHAI
装箱单
## PACKING  LIST

| INVOICE NO. | | DATE: | |
|---|---|---|---|

| 标志及箱号 | 品名及规格 | 数量 | 件数 | 毛重 | 净重 | 尺码 |
|---|---|---|---|---|---|---|
|  |  |  |  |  |  |  |
| TOTAL |  |  |  |  |  |  |
|  |  |  |  |  |  |  |

实训二　请根据下列资料完成商业发票的填制

1. 信用证资料。

FROM: NATIONAL COMMERCIAL BANK, JEDDAH

TO: BANK OF CHINA, JIANGSU BR.

DATE: JAN. 3, 2005

L/C NO. 6688

L/C AMOUT: USD 28820.00

APPLICANT: XYZ COMPANY, JEDDAH

BENEFICIARY: ABC COMPANY, NANJING

DRAFTS TO BE DRAWN ON US AT SIGHT FOR 90PCT OF INVOICE VALUE

PARTIAL SHIPMENTS: NOT ALLOWED

MERCHANDISE: ABT 48000 CANS OF MEILING BRAND CANNED ORANGE JAM,

250 GRAM/CAN, 12 CANS IN A CARTON.

UNIT PRICE: USD6.55/CTN CIF JEDDAH

COUNTRY OF ORIGIN: P.R. CHINA

DOCUMENTS REQUIRED: COMMERCIAL INVOICE IN 3 COPIES DATED THE SAME DATE AS THAT OF L/C ISSUANCE DATE INDICATING COUNTRY OF ORIGIN OF THE GOODS AND CERTIFIED TO BE TRUE AND CORRECT, INDICATING CONTRACT NO. SUM356/05 AND L/C NO.

ADDITIONAL CONDITIONS: ALL DOCUMENTS MUST INDICATE SHIPPING MARKS AS JAM IN DIAMOND JEDDAH

2．附加信息。发票号码：ABC123/2005；受益人的有权签字人为张兵；实际出运货物：52800 CANS OF MEILING BRAND CANNED ORANGE JAM；提单显示货物从南京运往吉达

船名：LINDA V.123

| ISSUER | | 商业发票 | | |
|---|---|---|---|---|
| TO | | **COMMERCIAL INVOICE** | | |
| | | NO. | | DATE |
| TRANSPORT DETAILS | | S/C NO. | | L/C NO. |
| | | TERMS OF PAYMENT | | |
| MARKS AND NUMBERS | NUMBER AND KIND OF PACKAGE DESCRIPTION OF GOODS | QUANTITY | UNIT PRICE | AMOUNT |
| | | | | |
| SAY TOTAL: | TOTAL: | | | |

# 项目四

# 缮制运输单据

## 知识目标

通过本项目的学习，使学生了解出口货物托运的工作流程，了解运输单据的种类及在使用过程中的区别，掌握托运单的内容及制作要求，掌握海运提单的种类、内容和制作方法。

## 职业能力目标

能缮制海运出口托运单。能根据合同和信用证审核运输单据。

## 情境引入

陈民是厦门某进出口公司的单证员。某天，公司收到国外开来信用证一份。相关内容如下。

ISSUING BANK: FIRST ALABAMA BANK

106 ST. FRANCIS STREET MOBILE ALABAMA 36602 USA

BENEFICIARY: XIAMEN YINCHENG ENTERPRISE GENERAL CORP.

176 LUJIANG ROAD XIAMEN, CHINA（厦门银城企业总公司）

TELEX: 93052 IECTA CN ，TEL: 86-592-2046841

FAX: 86-592-2020396

APPLICANT: BAMA SEA PRODUCTS. INC.

1499 BEACH DRIVE S. E. ST PELERSBURG. FL 33701,USA

ADVISING BANK: THE BANK OF EAST ASIA LIMITED XIAMEN BRANCH
 G/F & 1/F HUICHENG BUILDING 837 XIAHE ROAD, XIAMEN, CHINA
 TELEX: 93132 BEAXM CN FAX: 86-592-5064980

DATE: AUGUST 1, 2004

FORM OF DC: IRREVOCABLE L/C AT SIGHT

AMOUNT: USD 170,450.00

PARTIAL SHIPMENT: PERMITTED

TRANSSHIPMENT: PERMITTED ONLY FROM XIAMEN CHINA FOR TRANSPORTATION
 TO LONG BEACH, CA. USA. WITH FINAL PORT OF DESTINATION
 TAMPA, FL,USA.

SHIPMENT CONSISTS OF: 34000KGS CHINESE SAND SHRIMP OR BIG HARD
 SHELL SHRIMP.BLOCK FROZEN SHRIMP (PTO),
 PACKED 6X2KGS/CTN.（RAW, PEELED, TAIL ON）

CONSISTING OF:

| KGS. | SIZE（MM） | UNIT PRICE(/KGS) | TOTAL |
|---|---|---|---|
| 3000 | 71/90 | USD6.60 | USD19800.00 |
| 5000 | 91/110 | USD6.35 | USD31750.00 |
| 6000 | 111/130 | USD5.45 | USD32700.00 |
| 8000 | 131/150 | USD4.55 | USD36400.00 |
| 12000 | 151/200 | USD4.15 | USD49800.00 |

TOTAL AMOUNT OF USD170450.00 CFR TAMPA FL. U.S.A.

THE LATEST SHIPMENT DATE IS AUGUST 31. 2004

DOCUMENTARY REQUIREMENTS:

（1）FULL SET（3/3）CLEAN ON BOARD COMBINED TRANSPORT BILLS OF LADING CONSIGNED TO THE ORDER OF BAMA SEA PRODUCTS INC.,1499 BEACH DRIVE S.E., ST, PELERSBURG,FL.33701 MARKED "FREIGHT PREPAID" NOTIFYING WILLIAMS CLARKE, INC., 603 NORTH FRIES AVENUE, WILMINGTON, CA 90744,USA. AND MUST INDICATE CONTAINER(S) NUMBER AND STATE THAT CONTAINER(S) HAVE BEEN MAINTAINED AT ZERO DEGREES FAHRENHEIT OR BELOW. IF COMBINED TRANSPORT BILL OF LADING IS PRESENTED, MUST BE INDICATE VESSEL NAME.

（2）BILLS OF LADING MUST ALL FREIGHT CHARGES PREPAID, INCLUDING FUEL ADJUSTMENT FEES (FAF)

 ……

假设该信用证项下货物的交接方式为 CY—CY，整批货被装在两个 20 尺，编号分别为 EASU982341、EART520142 的集装箱内，由 YINHU A3032 号船于 8 月 30 日装运出海。该批货物的合同号为 BEIT0112，体积为 66.4CBM，每个纸箱重为 0.15KGS，唛头自行设计。请根据信用证有关内容，填制"集装箱货物托运单"一份。

81

# 任务一 办理海运货物出口托运流程

出口货物托运是指出口公司通过外运公司或其他有权受理对外货物运输业务的单位办理海、陆、空等出口货物的运输事宜。

## 一、海运货物出口流程

海运出口运输工作，在以 CIF 或 CFR 条件成交，由卖方安排运输时，其工作程序如下。

（1）审核信用证中的装运条款。为使出运工作顺利进行，在收到信用证后，必须审核证中有关的装运条款，如装运期、结汇期、装运港、目的港是否能转运或分批装运以及是否指定船公司、船名、船籍和船级等。有的来证要求提供各种证明，如航线证明书、船籍证等，对这些条款和规定，应根据我国政策、国际惯例、要求是否合理或是否能办到等，来考虑接受或提出修改要求。

（2）备货报验。就是根据出口成交合同及信用证中有关货物的品种、规格、数量、包装等的规定，按时、按质、按量地准备好应交的出口货物，并做好申请报验和领证工作。冷藏货要做好降温工作，以保证装船时符合规定温度要求。在我国，凡列入商检机构规定的"种类表"中的商品以及根据信用证、贸易合同规定由商检机构出具证书的商品，均须在出口报关前，填写"出口检验申请书"申请商检。有的出口商品须鉴定重量，有的须进行动植物检疫或卫生、安全检验，这些都要事先办妥，取得合格的检验证书。做好出运前的准备工作，货证都已齐全，即可办理托运工作。

（3）托运订舱。编制出口托运单，即可向货运代理办理委托订舱手续。货运代理根据货主的具体要求按航线分类整理后，及时向船公司或其代理订舱。货主也可直接向船公司或其代理订舱。当船公司或其代理签出装货单，订舱工作即告完成，就意味着托运人和承运人之间的运输合同已经缔结。

（4）保险。货物订妥舱位后，属卖方保险的，即可办理货物运输险的投保手续。保险金额通常是以发票的 CIF 价加成投保（加成数根据买卖双方约定，如未约定，则一般加10%投保）。

（5）货物集中港区。当船舶到港装货计划确定后，按照港区进货通知并在规定的期限内，由托运人办妥集运手续，将出口货物及时运至港区集中，等待装船，做到批次清、件数清、标志清。要特别注意与港区、船公司以及有关的运输公司或铁路等单位保持密切联系，按时完成进货，防止工作脱节而影响装船进度。

（6）报关工作。货物集中港区后，把编制好的出口货物报关单连同装货单、发票、装箱单、商检证、外销合同、外汇核销单等有关单证向海关申报出口，经海关人员查验合格放行后方可装船。

（7）装船工作。在装船前，理货员代表船方，收集经海关放行货物的装货单和收货单，经过整理后，按照积载图和舱单，分批接货装船。装船过程中，托运人委托的货运代理应有人在现场监装，随时掌握装船进度并处理临时发生的问题。装货完毕，理货组长要与船方大副共同签署收货单，交与托运人。理货员如发现某批有缺陷或包装不良，即在收货单上批注，并由大副签署，以确定船货双方的责任。但作为托运人，应尽量争取不在收货单上批注以取得清洁提单。

（8）装船完毕。托运人除向收货人发出装船通知外，即可凭收货单向船公司或其代理换取已装船提单，这时运输工作即告一段落。

（9）制单结汇。将合同或信用证规定的结汇单证备齐后，在合同或信用证规定的议付有效期限内，向银行交单，办理结汇手续。

## 二、集装箱运输出口流程

（1）订舱。发货人根据贸易合同或信用证条款的规定，在货物托运前一定时间内填好集装箱货物托运单（CONTAINER BOOKING NOTE），委托其代理或直接向船公司申请订舱。

（2）接受托运申请。船公司或代理公司根据自己的运力、航线等具体情况考虑发货人的要求，决定接受与否。若接受申请就着手编制订舱清单，然后分送集装箱堆场（CY）、集装箱货运站（CFS），据以安排空箱及办理货运交接。

（3）发放空箱。通常整箱货货运的空箱由发货人到集装箱码头堆场领取，有的货主有自备箱；拼箱货货运的空箱由集装箱货运站负责领取。

（4）拼箱货装箱。发货人将不足一整箱的货物交至货运站，由货运站根据订舱清单和场站收据负责装箱，然后由装箱人编制集装箱装箱单（CONTAINER LOAD PLAN）。

（5）整箱货交接。由发货人自行负责装箱，并将已加海关封志的整箱货运到 CY。CY 根据订舱清单，核对场站收据（DOCK RECEIPT D/R）及装箱单验收货物。

（6）集装箱的交接签证。CY 或 CFS 在验收货物和/或箱子否，即在场站收据上签字，并将签署后的 D/R 交还给发货人。

（7）换取提单。发货人凭据 D/R 向集装箱运输经营人或其代理换取提单（COMBINED TRANSPORT BILL OF LADING），然后去银行办理结汇。

（8）装船。集装箱装卸区根据装货情况，制订装船计划，并将出运的箱子调整到集装箱码头前方堆场，待船靠岸后，即可装船出运。

# 任务二　缮制订舱委托书

订舱委托书（或出口货物明细单）是出口企业和货运代理之间委托代理关系的证明文件，也是用以结汇的提单出具的依据之一。出口企业填制该单据时，必须根据合同及信用证的有关规定，并结合实际货物情况向货运代理做详细说明。订舱委托书无统一格式，填制时应注意以下事项。

（1）发货人（托运人）——填写出口公司（信用证受益人）。

（2）收货人——填写信用证规定的提单收货人。

（3）通知人——填写信用证规定的提单通知人。

一般在订舱委托书上会注明托运人、收货人、通知人，这三栏为提单 B/L 项目要求。即将来船公司签发的提单上相应栏目的填写也会参照订舱委托书的写法。因此，这三栏的填写应该按照信用证提单条款的相应规定填写（具体可以参见提单条款的填制方法）。

（4）信用证号码——填写相关交易的信用证号码。

（5）开证银行——填写相关交易的信用证开证银行的名称。

（6）合同号码——填写相关交易的合同号码。

（7）成交金额——填写相关交易的合同总金额。

（8）装运口岸——填写信用证规定的起运地。如信用证未规定具体的起运港口，则填写实际装港名称。

（9）目的港——填写信用证规定的目的地。如信用证未规定目的港口，则填写实际卸货港名称。

（10）转船运输——根据信用证条款，如允许转船，则填"YES"，反之，则填"NO"。

（11）分批装运——根据信用证条款，如允许分批，则填"YES"，反之，则填"NO"。如信用证未对转船和分批做具体的规定，则应该按照合同的有关内容填写。

（12）信用证效期——填写信用证的有效期。

（13）装运期限——填写信用证规定的装运期限。

（14）运费——根据信用证提单条款的规定填写"FREIGHT PREPAID"（运费预付）或"FREIGHT TO COLLECT"运费到付。

（15）成交条件——填写成交的贸易术语，如"FOB"、"CIF"、"CFR"等。

（16）特别要求——如托运人对所订舱有特殊要求的话，可以填在这一栏中。

（17）标记唛码——填写货物的装运标志，即通常所说的"唛头"。

（18）货号规格——填写货物描述。

（19）、（20）、（21）、（22）、（23）总件数、总毛重、总净重、总尺码、总金额——按货物的实际情况填写。

（24）备注——如有其他事项可填入"备注"栏中。

样单 4-1 所示为海运货物订舱委托书。

样单 4-1　海运货物订舱委托书

| 公司编号： | | 日期： | |
|---|---|---|---|
| 发货人： | 信用证号码： | | |
| | 开证银行： | | |
| | 合同号码： | 成交金额： | |
| | 装运口岸： | 目的港： | |
| 收货人： | 转船运输： | 分批装运： | |
| | 信用证有效期： | 装船期限： | |
| | 运费： | 成交条件： | |
| | 公司联系人： | 电话/传真： | |
| 通知人： | 公司开户行： | 银行账号： | |
| | 特别要求： | | |

| 标记 | 货号规格 | 包装件数 | 毛重 | 数量 | 单价 | 总价 |
|---|---|---|---|---|---|---|
| | | | | | | |
| | | | | | | |

| 备注 |
|---|
| |

# 任务三　缮制出口货物托运单

托运单（BOOKING NOTE）是指由托运人根据买卖合同和信用证的有关内容向承运人或其代理人办理货物运输的书面凭证，经承运人或其代理人对该单据签认，表示其已接受托运，即承运人和托运人运输合同关系即告建立。虽然不是出口结汇的正式单据，但由于它是日后制作提单的主要资料，因此比较重要。

出口货物明细单、托运单是办理托运的凭证，是缮制提单的主要背景资料，是船公司制作提单的依据，尽管它不直接影响收汇，但若缮制错漏、延误等，就会影响其他结汇单据的正确缮制和快速流转，从而影响安全收汇。

货代在接受出口企业的订舱委托后，随即缮制货物托运单，这是货代机构向船公司订舱配载的依据。托运单一式多份，分别有货主留底、船代留底、运费通知、装货单、交纳出口货物港务费申请书、场站收据、货代留底、配舱回单和场站收据副本（大副联）等。

根据运输方式的不同，托运单分为海运托运单（散装运输托运单和集装箱货物托运单）、空运托运单、陆运托运单。

**85**

---

▌**小知识**▐

## 散装海运托运单

散装海运托运单是散装货物在托运所需的装货单（S/O）和收货单（M/R）的基础上发展而成的一种综合单据。

一套完整的散装海运托运单共有12联。

第一联，外轮代理公司留存；

第二、三联，船代理收取运费用联和船代理留底联；

第四联，装货单（S/O）；

第五联，收货单即大副收据（M/R）；

第六联，货运代理留底；

第七、八联，用于货运代理配船留存和货运代理配船后退给货主；

第九联，货主留底；

第十联，港务部留存，用于收取港务费；

第十一、十二联，备用联（为空白）。

其中S/O和M/R是最重要的两联。

散装海运托运流程如图4-1所示。

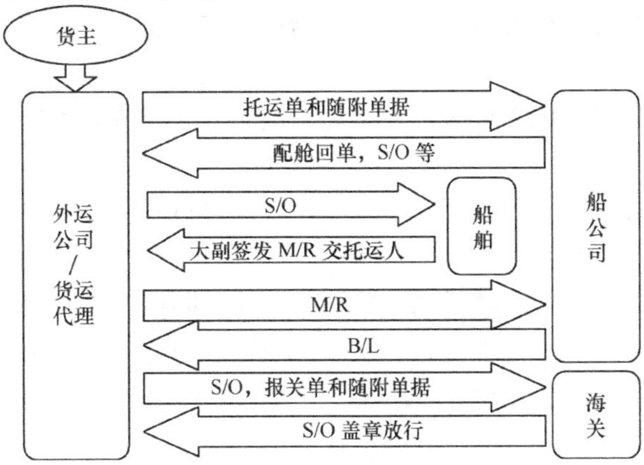

图4-1　散装海运托运流程

## 一、海运出口托运单的缮制

（1）托运人，即 SHIPPER。一般情况下，填写出口公司的名称和地址。

（2）收货人，即 CONSIGNEE。在信用证支付的条件下，对收货人的规定常有两种表示方法：A．记名收货人；B．指示收货人。

① 记名收货人是直接将收货人的名称、地址完整地表示出来。这时，收货人即是合同买方。但是记名收货人的单据不能直接转让，这给单据的买卖流通设下了障碍。故记名收货人的表示方法不常使用。

② 指示收货人是将收货人以广义的形式表示出来。常用空白指示和记名指示两种表达法。指示收货人掩饰了具体的收货人的名称和地址，使单据可以转让。在空白指示（不记名指示、空白指示）的情况下，单据的持有人可以自由转让单据。在记名指示情况下，记名人有权控制和转让单据。指示收货人的方法补充了记名收货人方法的缺陷，但也给船方通知货方提货带来了麻烦。对此被通知人栏目做出补充。

（3）被通知人（NOTIFY PARTY），此栏填写信用证中规定的被通知人。被通知人的职责是及时接受船方发出的到货通知并将该通知转告真实收货人，被通知人无权提货。

（4）托运单编号（NUMBER），一般填写商业发票的号码。

（5）目的地（PLACE OF DELIVERY），此栏目按信用证的目的港填写。填写时注意重名港口的现象，一般将目的港所在国家名称填写在这一栏目中。如果目的地是一个内陆城市，这一栏目填写卸下最后一艘海轮时的港口名称。在计算运费时，是根据托运单的本项内容计算航程的。

（6）运输标志（SHIPPING MARKS），此栏填写信用证或合同都规定的唛头，买卖合同或信用证中没有规定唛头，可填写 N/M。

（7）数量（QUANTITY），托运单中的数量是指最大包装的件数。

（8）货物说明（DESCRIPTION OF GOODS），对这一栏的内容允许只写大类名称或统称。

（9）重量（GOSS WEIGHT / NET WEIGHT），重量应分别计算毛重和净重。

（10）尺码（MEASUREMENT），该栏目填写一批货的尺码总数，一般单位为立方米。

（11）装运日（TIME OF SHIPMENT）。

（12）期满日（EXPIRY DATE），该栏目的填写一般按信用证的规定填写。

（13）存货地，内容用中文填写。

（14）转船（TRANSSHIPMENT），要求与分批一致，只能在"允许"或"不允许"两者取一。

（15）分批（PARTIAL SHIPMENT），按照合同或信用证条款填写。只能限在"允许"或"不允许"两者取一。

（16）运费（FREIGHT），一般不显示具体运费，只填写"运费待付"或"运费预付/已付"。

（17）托运单日期填写的内容与发票的日期一样，即开立发票的日期。

（18）提单正本份数，一般一式三份，三份正本提单同时有效（THREE ORIGINAL BILL OF LADING 或者 ORIGINAL BILL OF LADING IN THREE、FULL SET OF BILL OF LADING），指全套正本提单。按照习惯，一般是指两份以上正本提单。

（19）提单副本的份数，一般是指出口企业留底份数+寄单所需份数+信用证对正本提单要求的份数。

（20）特别条款，根据信用证要求或合同要求中有关运输方面的特殊条款。

（21）签字，经办人签字，出口企业盖章。其他项目如船名、提单号码等由船方或其代理人填写。

样单 4-2 所示为海运出口货物托运单。

样单 4-2

## 海运出口货物托运单

| 出口货物明细单 | | | | 银行编号 | | 外运编号 | | |
|---|---|---|---|---|---|---|---|---|
| | | | | 核销单号 | | 许可证号 | | |
| 经营单位<br>(装船人) | | | | 合同号 | | | | |
| | | | | 信用证号 | | | | |
| | | | | 开证日期 | | 收到日期 | | |
| 提单或承运收据 | 抬头人 | | | 金额 | | 收汇方式 | | |
| | | | | 货物性质 | | 贸易国别 | | |
| | 通知人 | | | 出口口岸 | | 目的港 | | |
| | | | | 可否转运 | | 可否分批 | | |
| | 运费 | | | 装运期限 | | 有效期限 | | |
| 标记唛头 | 货名规格及货号 | | 件数 | | 毛重 | 净重 | 价格（成交条件） | |
| | | | | | | | 单价 | 总价 |
| | | | | | | | | |
| 本公司注意事项 | | | | 总体积 | | | | |
| | | | | 保险单 | 险别 | | | |
| | | | | | 保额 | | | |
| | | | | | 赔款地点 | | | |
| 外运外轮注意事项 | | | | 船名 | | | | |
| | | | | 海关编号 | | | | |
| | | | | 放行日期 | | | | |
| | | | | 制单员 | | | | |

样单 4-3 所示为海运订舱委托书（散货）。

样单 4-3

# 海运订舱委托书（散货）

托运人
Shipper_____

编号　　　　　　　　　　　船名
No. _____　S/S _____
目的港
For _____

| 标记及号码<br>Marks & No. | 件数<br>Quantity | 货名<br>Description of Goods | 重量千克<br>Weight kilos | |
|---|---|---|---|---|
| 共计件数（大写）<br>Total Number of Packages in Writing | | | 净重<br>Net | 毛重<br>Gross |
| | | | | |
| | | | 运费付费方式 | |
| | | | | |
| 运费<br>计算 | | 尺码<br>Measurement | | |
| 备注 | | | | |
| 通知 | | 可否转船 | 可否分批 | |
| 收货人 | | 装期 | 有效期 | |
| | | 金额 | 提单张数 | |
| 配货要求 | | 银行编号 | 信用证号 | |

样单 4-4 所示为集装箱货物托运单。

样单 4-4

## 集装箱货物托运单

| Shipper（发货人） | | | | D/R No.（编号） | |
|---|---|---|---|---|---|
| Consignee（收货人） | | | | **集装箱货物托运单** | |
| Notify Party（通知人） | | | | | |
| Pre-carriage by（前程运输）　　Place of Receipt（收货地点） | | | | | |
| Ocean Vessel（船名）　Voy No.（航次）　Port of Loading（装货港） | | | | | |
| Port of Discharge（卸货港）　　Place of Delivery（交货地点）　　Final Destination（目的地） | | | | | |
| Container No（集装箱号） | Seal No.（封志号）Marks & No.（标记与号码） | No. of containers Or P'kgs（箱数或件数） | Kind of Packages; Description of Goods（包装种类与货名） | Gross Weight（毛重/千克） | Measurement（尺码/立方米） |
| Total Number of containers or Packages（IN WORDS）集装箱数或件数合计（大写） | | | | | |

| Freight & Charges（运费与附加费） | | Revenue Tons（运费吨） | Rate（运费率） | Per（每） | Prepaid（运费预付） | Collect（到付） |
|---|---|---|---|---|---|---|

| Ex Tate（兑换率） | Prepaid at（预付地点） | | Payable at（到付地点） | | Place of Issue（签发地点） |
|---|---|---|---|---|---|
| | Total Prepaid（预付总额） | | No. of Original B(S)/L（正本提单份数） | | |

| Service Type on Receiving □—CY　□—CFS □—DOOR | Service Type on Delivery □—CY　□—CFS □—DOOR | Reefer-Temperature Required（冷藏温度） | F | ℃ |
|---|---|---|---|---|
| Type of Goods（种类） | □ Ordinary, □ Reefer, □ Dangerous □ Auto.（普通）（冷藏）（危险品）（裸装车辆）□ Liquid, □ Live Animal, □ Bulk □_____（液体）（活动物）（散货） | 危险品 | Class: Property: IMDG Code Page: UN No. | |

| 可否转船 | 可否分批 |
|---|---|
| 装　期 | 有 效 期 |
| 金　额 | |
| 制单日期 | |

## 二、装货单联

　　装货单（SHIPPING ORDER，S/O），又称关单、下货纸，是船公司或其代理签发给货运托运人的一种通知船方装货的凭证，船公司收到托运单后根据船舶配载规则，结合货物和具体航线、港口的情况，安排船只和舱位，然后签发 S/O 表示船公司接受这批货物的承运。S/O 一经签发，承运托运双方即受其约束。

另外，托运人凭船公司签章的 S/O 要求船长将货物装船之前，还须先到海关办理货物装船出口的报关手续，经海关查验后，在 S/O 上加盖海关放行章，表示该票货物已允许装船出口，才能要求船长装货，这就是装货单又称关单的由来。

目前，我国各港口使用的装货联单的组成不尽相同，但是主要是由装货单（SHIPPING ORDER，S/O）、收货单（MATE'S RECEIPT，M/R）、留底（COUNTERFOIL）三联组成。

装货单是托运人凭以要求船公司装船的依据。收货单又称大副收据，是船公司装完货，经大副签字表示收妥货物的凭据，也是船公司签发提单的最重要凭证。留底是船公司留存的单据。当出口公司收到船公司签好的托运单后，填好装货单、收货单和留底，并以此连同货物一起办理装运，装运之后，托运人取得了经大副签字的收货单后，即可凭以向船公司或其代理人换取已装船清洁提单。

### （一）托运人

一般填写出口公司的名称。但出现托运单或提单的这一栏目是第三方时，本栏目也应与托运单或提单保持一致。

### （二）号码

通常这一栏填写的是提单号码。虽然提单还未签发，但将要签发的提单已由出口公司填写好大部分的栏目，仅留下提单签发日期和船长或其代理人的签字等少数栏目，而提单号码早在船方或其代理人接受托运单时就已告知托运人了。这一栏填写提单号码，为所有与装运有关的单据便于查寻、对照带来了方便。

### （三）船名

根据船代理签发的托运单中的船名来填写。

### （四）运往地点

这一栏只需填写目的港名称。

### （五）唛头

大部分的交易在合同中就订立了唛头，在这种情况下，填写与合同规定完全一样的唛头。但在少数交易中，合同中并没订立唛头，这时取决于装运的要求和卖方的需要。当卖方决定使用唛头时，要在所有需要填写唛头的栏目中填写自己订立的唛头。

### （六）数量

填最大的包装数量。

### （七）货名

与托运单相同栏目填写一致的内容。

## （八）重量/尺码

填写毛重和净重。可参考托运单相同的栏目。

样单 4-5 所示为场站收据。

样单 4-5

| SHIPPER （发货人） 2 | | | | D/R NO. （编号） 1 | |
|---|---|---|---|---|---|
| CONSIGNEE（收货人） TEL: 3 | | | | 场站收据 DOCK RECEIPT | |
| NOTIFY PARTY（通知人） TEL: 4 | | | | RECEIVED BY THE CARRIER THE TOTAL NUMBER OF CONTAINERS OR OTHER PACKAGES OR UNITS STATED BELOW TO BE TRANSPORTED SUBJECT TO THE TERMS AND CONDITIONS OF THE CARRIER'S REGULAR FORM OF BILL OF LADING （FOR COMBINED TRANSPORT OR PORT TO PORT SHIPMENT） WHICH SHALL BE DEEMED TO BE INCORPORATED HEREIN | |
| PRE-CARRIAGE BY（前程运输） PLACE OF RECEIPT（收货地点） 20 21 | | | | | |
| OCEAN VESSEL（船名） VOY. NO.（航次） PORT OF LOADING（装货港） DATE （日期） 38 22 23 | | | | 场站章 | |
| PORT OF DISCHARGE（卸货港） PLACE OF DELIVERY （交货地点） FINAL DESTINATION FOR THE MERCHANT'S REFERENCE（目的地） 24 25 26 | | | | | |
| CONTAINER NO. （集装箱号） 5 | SEAL NO.（封志号） MARKS & NOS. （标志与号码） 6 | NO. OF CONTAIN-NER'S OF P'KGS （箱数与件数） 7 | KIND OF PACKAGES; DESCRIPTION OF GOODS （包装种类与货名） 8 | GROSS WEIGHT 毛重（千克） 9 | MEASUREMENT 尺码（立方米） 10 |
| TOTAL NUMBER OF CONTAINERS OF PACKAGES （IN WORDS） 集装箱数或件数合计（大写） | | | 11 | | |
| CONTAINER NO.（箱号） SEAL NO.（封志号） PKGS.（件数） CONTAINER NO. （箱号） SEAL NO.（封志号） PKGS（件数） 12 | | RECEIVED（实收） 13 | BY TERMINAL CLERK/TALLY CLERK （场站员/理货员签字） 14 | | |
| FREIGHT & CHARGES | PREPAID AT（预付地点） | PAYABLE AT （到付地点） 15 | PLACE OF ISSUE（签发地点） BOOKING（订舱确认） 16 APPROVED BY | | |
| | TOTAL PREPAID（预付总额） | NO. OF ORIGINAL B（S）/L（正本提单份数） | 货值金额 | | |
| SERVICE TYPE ON RECEIVING 17 □—CY, □—CFS, □—DOOR | | SERVICE TYPE ON DELIVERY 18 □—CY, □—CFS, □—DOOR | REEFER TEMPERATURE REQUIRED（冷藏温度） | F | ℃ |
| TYPE OF GOODS （种类） 19 | □ ORDINARY, □ REEFER, □ DANGEROUS, □ AUTO （普通） （冷藏） （危险品） （裸装车辆） □ LIQUID, □ LIVE ANIMAL, □ BULK, _____ （液体） （活动物） （散货） | | 危险品 | CLASS: PROPERTY IMDG CODE PAGE: UN NO. | |
| 发货人或代理地址： 27 | | | | 联系人： 28 | 电话： 29 |
| 可否转船 30 | 可否分批 31 | 装期： 32 | | 备 注 36 | 装箱场站名称 37 |
| 有效期： 33 | | 制单日期： 34 | | | |
| 海运费由 支付 如预付运费托收承付，请填写银行账号 35 | | | | | |

样单 4-6 所示为海运提单。

样单 4-6　海运提单

| Shipper | BILL OF LADING | B/L No.: |
|---|---|---|
| Consignee | | |
| Notify Party | **COSCO** 中国远洋运输公司 CHINA OCEAN SHIPPING COMPANY | |

| *Pre carriage by | *Place of Receipt | |
|---|---|---|
| Ocean Vessel Voy. No. | Port of Loading | ORIGINAL |

| Port of discharge | *Final destination | Freight payable at | Number original Bs/L |
|---|---|---|---|

| Marks and Numbers | Number and kind of packages;Description | Gross weight | Measurement m$^3$ |
|---|---|---|---|

TOTAL PACKAGES(IN WORDS)

| Freight and charges | Place and date of issue |
|---|---|
| | Signed for the Carrier |

*Applicable only when document used as a Through Bill of Loading

在实际货物尺码基础上,加上合理的件与件之间空隙的尺码。填写整批货物的尺码总数。以上四栏均要求与提单相同栏目填写一样的内容。

## （九）合计

合计是指数量一栏中若有两个或两个以上不同货名的数量之和。例如,A 商品有 5 箱,B 商品有 100 捆,这一栏中应填写 105 件。

## （十）日期

这一栏目应填写制作装、收货单的日期,但也可以空白不填。

另外,像装入何舱、实收、理货员签名、代理人与大副的签名栏目都留给船公司或其代理人填写。

# 三、集装箱货物托运单

## （一）集装箱运输特点

（1）集装箱运输是先装箱,后装船的。

集装箱装运,有的是在集装箱货运站（CONTAINER FREIGHT STATION）进行,有的是在发货人的仓库或工厂进行。装箱时必须由装箱人填制集装箱的装箱单（CONTAINER LOAD PLAN）,该单据是记载每一个集装箱内所装货物详情的唯一单据,它的作用一般有 4 个方面:

① 装货地点作为向海关申报的代用单据;

② 作为货运站（CONTAINER FREIGHT STATION）与集装箱堆场（CONTAINER YARD）之间的货物交接凭证;

③ 作为承运人提供所装货物的明细清单;

④ 在卸货地作为办理集装箱保税转运手续的依据。

（2）集装箱的海关验放手续在装箱时进行,装箱人须事先联系海关,并请海关派人员到场监装,装毕后在箱门加封印及号码（SEAL NUMBER）,然后将集装箱装上运输工具。

集装箱运输在国际上的做法是用"场站收据"（DOCK RECEIPT）代替大副收据,货物装箱后送入场站堆场,取得场站收据,即可向船公司或其代理换取"收据待海运提单"（RECEIPT FOR SHIPMENT B/L）,其时集装箱尚未装船。如果信用证规定须提供"已装船海运提单",则可在集装箱装上船后在"收货待运海运提单"上另加"装船批注"（ON BOARD NOTATION）,即注明"装船"字样和装船日期,经船公司或其代理人签字,这样就构成合法的"已装船海运提单"。集装箱海运提单正规做法应在海运提单上写明集装箱号码、封印号码及每箱所装货物。

## （二）集装箱托运单简介

现代海上班轮货物运输件中杂货所占的比重越来越小,而集装箱货物运输所占的比重越来越高。集装箱运输是以场站收据（DOCK RECEIPT）作为集装箱货物的托运单,该单由发货人或其代理人缮制,送交船公司或其代理人订舱,因此,托运单也就相当于订舱单。集装箱货物托运单通常是由发货人的代理人填写,纸质托运单一式 10 联,现将各联分别介绍如下。

第一联,集装箱货物托运单（货主留底）（B/N）（现在已不用）;

第二联，集装箱货物托运单（船代留底）（现在已不用）；

第三联，运费通知（1）（现在已不用）；

第四联，运费通知（2）（现在已不用）；

第五联，场站收据（装货单）（S/O）；

第五联附页联，缴纳出口货物港务费申请书（由港区核算应收的港务费用）；

第六联，（浅红色）大副联（场站收据副本）；

第七联，（黄色）场站收据 D/R；

第八联，货代留底；

第九联，配舱回单（1）；

第十联，配舱回单（2）。

其中，第五联、第六联、第七联为集装箱托运单的核心单据。第五联是装货单，盖有船公司或其代理人的图章，是船公司发给船上负责人员和集装箱装卸作业区接受装货的指令，报关时海关查核后在此联盖放行章，船方（集装箱装卸作业区）凭以收货装船。第六联供港区在货物装船前交外轮理货公司，当货物装船时与船大副交接。第七联场站收据俗称"黄联"，在货物装上船后由船大副签字（通常由集装箱码头堆场签章），退回船公司或其代理人，据以签发提单。

### （三）集装箱托运单的内容和制作

集装箱货物托运单的填制方法有以下几项。

（1）编号（D/R NO）。这一栏填写将要签发的集装箱提单号码。

（2）发货人（SHIPPER）。即托运人，指委托运输人，一般为出口方，填写卖方的名称，须与提单一致。

（3）收货人（CONSIGNEE）。具体填写方法见海运出口托运单。常采用指示收货人（TO ORDER 或 TO ORDER OF...）的填写方法。不标明具体收货人的名址，以方便单据的转让。

（4）通知人（NOTIFY PARTY）。填制方法同散装运输托运单。在信用证支付方式下，按来证规定的通知人缮制。如来证不要求在提单上注明通知人，可提供目的港收货人的名称和地址，并注明仅缮制在副本提单上，以便船公司通知客户提货清关。

（5）集装箱号（CONTAINER NO.）。

（6）铅封号、标记与号码（SEAL NO MARKS & NOS.）。第五、第六栏的内容可以连在一起写。如果托运时已装好箱，即整箱货（FCL），则填集装箱号码及海关查验后作为封箱的铅封关封号。如果为拼箱货（LCL），可先填入货物具体唛头，在场站装箱完毕后，填写集装箱号码。但如 L/C 有规定，则必须严格与信用证规定一致。在集装箱号和铅封号之后，还应加注货物的具体交接方式，如（FCL/FCL）、（CY/CY）、（LCL/LCL）、（CFS/CFS）、（CY/CFS）、（CFS/CY）等。

（7）箱数或件数（NO. OF CONTAINER OR P'KGS）。如为托运人装箱的整箱货，可只注集装箱数量，如"3 CONTAINER"，只要海关已对集装箱封箱，承运人对箱内的内容和数量不负责任。如须注明箱内小件数量，数量前应加"SAID TO CONTAINER..."；如果是拼箱货，该栏的填制可参照散装运输托运单相同栏目的填制方法，填写货物最大包装件数。

（8）包装种类与货名（KIND OF PACKAGES; DESCRIPTION OF GOODS）。① 填写包装材料及形式，必须与合同及 L/C 要求一致；② 货名可只填写统称，如同时出口两种及两种以上货物，需分别填写，不允许只填写其中一种数量较多或金额较大的商品。

（9）毛重（GROSS WEIGHT）。填写货物毛重，以千克计。

（10）尺码（MEASUREMENTS）。此处为货物尺码总数，它不仅包括各种货物之和，还应包括件与件之间堆放时的空隙所占的体积。

（11）集装箱数或件数合计（TOTAL NUMBER OF CONTAINERS OR PACKAGES）。用大写表示集装箱数（整箱托运时）或本托运单项下的商品总件数（拼箱托运时）。

（12）、（13）、（14）由场站员或理货员（TERMINAL CLERK/TALLY CLERK）于理货整箱后填写。

（15）FREIGHT 由船方或其代理填写。正本提单份数（NO. OF ORIGINAL B/L）按证中规定填写，若证中只规定"FULL SET""COMPLETE SET"等，未规定具体份数，可掌握两到三份。提单份数通常用大写英文数字注明，有的在大写字母之后用括号或斜线隔开，注阿拉伯数字，如"TWO/2"。

（16）签单地点（PLACE OF ISSUE）。通常为承运人接收货物或装船地址，但有时也不一致，按实际情况填写即可。

（17）、（18）货物交接方式，一般有以下九种。

| | | |
|---|---|---|
| CY—CY | CY—DOOR | DOOR—CY |
| DOOR—DOOR | CY—CFS | CFS—CY |
| CFS—CFS | CFS—DOOR | DOOR—CFS |

（19）种类（TYPE OF GOODS）。选择确认托运种类，打"√"。冷藏货物需填冷藏温度。危险品必须提供下列内容：危险品的化学成分、国际海运危险品法规号码、包装标志和使用鉴定、港监签证，外包装上注明危险品标志。

步骤（20）～（24）分货物不需转运（A）和需要转运（B）两种情况讲解。

（20）前程运输（PRE…CARRIAGE BY）。

（A）空白。

（B）填第一程船的船名或联合运输过程中在装货港装船前的运输工具。例如，从沈阳用火车将集装箱及货物运到大连新港，再运至目的港，此栏可填"WAGON NO. ××××"。

（21）收货地点（PLACE OF RECEIPT）。

（A）空白或场站。

（B）指前段运输的收货地点，按上例情形，此栏应填沈阳（SHENYANG）。

（22）船名、航次（OCEAN VESSEL VOY. NO.）。（A）船名；（B）第二程船名。

（23）装货港（PORT OF LOADING）。（A）装货港名称；（B）中转港名称。

应按 L/C 规定填写。若证中只笼统规定装货港名称，如"CHINESE MAIN PORT"，制单时应根据实际情况填写具体港口名称，并加注"CHINA"；如有重名的，须加注地区名以资区别，如 XINGANG/DALIAN/CHINA 或 XINGANG/TIANJIN/CHINA；若证中同时列明几个启运港，如"XINGANG/ QINHUANGDAO/ TANGSHAN"，制单时只填写实际装运港的名称。

（24）卸货港（PORT OF DISCHARGE）。（A）卸货港（目的港）名称；（B）二程卸货港（目的港）名称。

（25）交货地点（PLACE OF DELIVERY）。如为港至港运输，此栏填写目的港，如为联合运输，此栏填最终将货物交与收货人的地点（城市）名称。除 FOB 术语外，目的港不能打笼统名称。如信用证规定目的港为"NEGOYA/KOBE/YOKOHAMA"，表示由卖方选港，制单时根据实际只打一个即可；但若来证规定"OPTION NEGOYA/KOBE/YOKOHAMA"，则表示由买方选港，制单时应按次序全部照打。

（26）目的地（FINAL DESTINATION FOR THE MERCHANT'S REFERENCE）。填货物实际到达的目的地，供货主参考。

（27）～（36）均用中文填写。

（27）、（28）、（29）分别为发货人或代理人地址、联系人、电话。

（30）可否转船。填 N/Y 或可/否，注意前后一致。

（31）可否分批。填 N/Y 或可/否，如为"Y"，则在备注栏内加以具体说明。

（32）装运期限（TIME OF SHIPMENT）。

装运期限严格按照信用证或合同规定填写，最好用英文书写成"NOT LATER THAN JULY 8，2005"（不迟于 2005 年 7 月 8 日）。

装运期可表示为一段时间，例如，"MONTH OF SHIPMENT: MAY，1995"；也可表示为不早于××日，不迟于××日，例如，"SHIPMENT NOT EARLIER THAN… AND NOT LATER THAN…LATEST SHIPMENT BE…"。

（33）有效期（EXPIRY DATE）。

在信用证支付条件下，有效期与运期有着较密切的关系。一般规定信用证至运输单据签发日后 21 天内有效。这一栏填写要参照信用证规定。如果装运期空白不填的话，这一栏也可空白。

（34）制单日期。它必须早于最迟装运期和有效期，可以是开立发票的日期，也可以早于发票日期。

（35）海运费由哪一方支付，如预付费用托收支付，填写银行账号。

（36）装箱场站名称。

（37）备注。特别说明处。

（38）场站签章、日期。在货物入站 CY 或 CFS 后，由场站签收。

### （四）集装箱货物托运单的流转程序

（1）托运人填写托运单，留下货主留存联。

（2）外轮代理公司加注编号和所配船名。

（3）海关审核认可后，加盖海关放行章。

（4）货代理安排将集装箱号/封箱号/件数填入托运单，在集装箱进入指定的港区、场站完毕后，在 24 小时内交场站签收。

（5）场站的业务员在集装箱进场后，加批实际收箱数并签收。

（6）场站业务员在装船前 24 小时分批送外轮理货员，理货员于装船时交大副。然后第一联收据由场站业务员交还托运人，作为向外轮代理公司换取收货待运提单的凭证，或装船后换取装船提单。

# 任务四　缮制海运提单

海运提单（OCEAN BILL OF LADING）是由船长或承运人的代理人签发的证明海上运输合同和货物由承运人接管或装船，以及承运人据以保证交付货物的单据。单据中关于货物应交付指定收货人或按指示交付，或交付提单持有人的规定，即构成这一保证。海运提单是海运中使用最多的单据。

# 一、海运提单的作用

## （一）从法律规定角度看

（1）提单是承运人或其代理人出具的货物收据，证明已按提单的记载收到托运人的货物。

（2）提单是代表货物所有权的凭证。

（3）提单是承运人和托运人双方订立的运输契约的证明。

## （二）从外贸业务角度看

（1）提单是承运人有条件地为托运人运输货物的书面确认。

（2）提单是银行结汇文件中最重要的文件。

（3）提单是货主和货代之间，货代和承运人之间支付和收取运费、互相制约的有效文件。

# 二、海运提单的种类

按不同的分类标准，提单可以划分为许多种类。

## （一）根据货物是否已经装船进行分类

（1）已装船提单：指船公司已经将货物装上指定船舶后才签发的提单，其特点是提单上必须以文字表明货物已经装某某船上，并载有装船日期，同时还应由船长或者其代理人签字。

（2）备运提单：又称为收货待运提单，是指船公司已收到托运货物，在等待装运期间所签发的提单。

## （二）根据提单上有无对货物外表状况的不良批注进行分类

（1）清洁提单：指承运人对货物表面状况未加"货物残缺或包装破损"等不良批注的提单，在货物装船时，"表面状况良好"。如果信用证没有特别规定，所提交的提单必须是清洁的。

（2）不清洁提单：指轮船公司在提单上对货物表面状况有包装不良或存在缺陷等批注的提单。

## （三）根据提单收货人抬头的不同进行分类

（1）记名提单：指在提单上的收货人栏内填明特定收货人名称的提单。

（2）不记名提单：指在提单上的收货人栏没有指明任何收货人的提单。

（3）指示提单：指在提单的收货人栏填写"凭指定"TO ORDER 或"凭某某人指定"TO ORDER OF 字样的提单。这种提单经过背书可以转让。

（4）空白抬头提单：指在收货人栏内只填写"凭指定"TO ORDER。

## （四）按提单签发时间不同进行分类

（1）预借提单：因信用证装运日期和交单期都已到期，而货物因故尚未装船或已开始装船尚未完毕。在这种情况下，托运人为了交单结汇向承运人或承运人代理人提出预先签发已装船提单，这种行为称为预借，借得的提单称为预借提单。

（2）过期提单：指出口商取得提单后未能及时提交银行、过了银行规定的结汇期限而形成过期提单。按照规定，凡超过装运日期 21 天后提交的单据即为过期提单，一般银行不予以接受。

（3）倒签提单：指在货物装船完毕后，承运人或其代理人应托运人的要求，由承运人或其代理人签发提单，但提单上的签发日期早于该批货物实际装船完毕的日期，以符合信用证装运期的规定。这种倒填日期签发的提单为倒签提单。

### （五）按运输方式的不同进行分类

（1）直达提单：指轮船中途不经过换船而直接驶往目的港卸货所签发的提单，凡信用证规定不准转船者，必须使用这种提单。

（2）转船提单：指从装运港装货的轮船，不直接驶往目的港，而需要在中途换装另外船舶所签发的提单。

（3）联运提单：指经过海运和其他运输方式组成联合运输时由第一程承运人所签发的包括全程运输的提单。联运提单虽包括全程运输，但签发联运提单的承运人一般只承担他负责运输的一段航程内的责任。

### （六）电放提单

（1）定义。在货物装船完毕，承运人或其代理人已经签发了提单并已经交给了托运人或还没有交给托运人，应托运人的要求，承运人或其代理人收回正本提单，而以电传、传真、电子文件、电报的形式通知其在卸货港代理将货物交给提单收货人或托运人指定收货人。这种操作叫"电放"，这种提单为"电放提单"。

（2）形式。

① 承运人或其代理人在每张提单上加盖"电放"（SURRENDERED 或 TELEX RELEASE ORIGINAL B/L）字样图章，将盖章后的提单发送给卸货港代理凭以放货。

② 承运人或其代理人收回正本提单后出具并发送专门的"电放电文"给其卸货港代理凭以放货。

（3）适用性。

① 对于不记名提单或收货人名称地址不详细的提单，承运人或其代理人一般不接受电放。

② 对于运费未结清的提单，一般承运人也不接受电放。

③ 如果提单份数不齐全，承运人也不接受电放。

## 三、海运提单的内容和缮制

目前，各船公司所制定的提单虽然格式不完全相同，但其内容大同小异，都有正反两面。提单背面的条款，作为承托双方权利义务的依据，一般由船公司自行印制好，多则三十余条，少则也有二十几条，这些条款一般分为强制性条款和任意性条款两类。强制性条款的内容不能违反有关国家的法律和国际公约、港口惯例的规定。除强制性条款外，提单背面还有任意性条款，即上述法规、国际公约没有明确规定的，允许承运人自行拟定的条款，和承运人以另条印刷、刻制印章或打字、手写的形式在提单背面加列的条款。这些条款适用于某些特定港口或特种货物，或托运人要求加列的条款。所有这些条款都是表明承运人与托运人、收货人或提单持有人之间承运货物的权利、义务、责任与免责的条款，是解决他们之间争议的依据。

提单正面内容需要由船公司根据实际情况填制，我国目前的外贸实践中，一般由出口公司填制好，船公司只需审核即可。

## （一）提单正面内容及其填制方法

### 1. 托运人（SHIPPER/CONSIGNOR）

托运人是委托运输的人，即发货人，一般即为出口企业，也就是信用证中的受益人。如果开证人为了贸易上的需要，要求做第三者提单（THIRD PARTY B/L）也可照办，"UCP600"允许银行接受第三者提单。托收项下托运人为合同卖方。

> **小知识**
>
> 所谓"第三者提单"（THIRD PARTY B/L）是指以出口人或信用证受益人以外的第三者作为托运人的提单。第三者名义即中性名义，因此第三者提单有时也叫中性提单。
> 根据《UCP600》的规定，除非信用证另有规定，银行将接受表明以信用证受益人以外的一方为托运人的运输单据。但是如果信用证中规定"THIRD PARTY TRANSPORT DOCUMENTS NOT ACCEPTABLE"，则提单的托运人只能是受益人。

### 2. 收货人（CONSIGNEE）

收货人即提单的抬头，是提单中的重要栏目。托收方式下，一般填 TO ORDER 或空白不填。信用证方式下，一般信用证提单条款都会予以规定，应按规定填写，收货人的写法一般有以下三种。

（1）记名式。直接写明收货人（一般是合同的买方）名称，例如 TO ×××。它的特点是收货人已经确定，不得转让，必须由收货人栏内指定的人提货。

（2）不记名式。此种情况下，收货人栏内可留空不填，也可填写"TO BEARER"。承运人应把货交给提单的持有人，只要持有提单就能提货。

（3）指示式。即在收货人栏内有指示（ORDER）字样的，意即承运人凭指示付货，它可以通过指示人的背书而进行转让。

指示提单又可分为记名指示和不记名指示两种。记名指示就是指定该提单的指示人是谁。常见的如：由托运人指示，TO ORDER OF SHIPPER；由开证人指示，TO ORDER OF APPLICANT；由开证行指示，TO ORDER OF ISSUING BANK。这三种做法，提单转让时分别由托运人、开证人和开证行背书。

不记名指示提单在栏内只打 TO ORDER 即可，转让时必须由托运人背书。

### 3. 被通知人（NOTIFY PARTY）

信用证规定填写，须注明被通知人的详细名称和地址。信用证方式下，应按信用证规定填写。如来证规定"FULL SET OF B/L…NOTIFY APPLICANT"，应在本栏目中将开证申请人的全称及地址填上。信用证无规定时，正本提单可留空，但随船的副本提单须填列开证申请人的详细名称和地址。

注意不可以直接在 NOTIFY PARTY 栏目中填写为 APPLICANT，否则货物到达目的港后船公司无法通知。

### 4. 前程运输（PRE-CARRIAGE BY）

若货物需要转运，填写第一程船名，如果货物不需要转运，则此栏留空。

### 5. 收货地（PLACE OF RECEIPT）

若货物需要转运，填写收货的港口名称或地点，若货物不需要转运，则此栏留空。

### 6. 船名、航次（OCEAN VESSEL VOYAGE NO.）

若货物需要转运，填写货物所装第二程船舶的船名和航次，若货物不需要转运，填写第一程船的船名。

### 7. 装货港（PORT OF LOADING）

货运港即启运港，应按信用证规定填写。如信用证只是笼统规定"CHINA MAIN PORTS"，则应填写实际装运港口的名称，如"QINGDAO"。如来证同时列明几个装货港，如"XINGANG/QINHUANGDAO/TANGSHAN/"，提单只能填写其中一个实际装运的港口名称。

根据《UCP600》规定，如果提单没有表明信用证规定的装货港为装货港，则需以已装船批注表明信用证规定的装运港、发运日期以及实际船名。

### 8. 卸货港（PORT OF DISCHARGE）

应填写货物实际卸下的港口名称。如是同名港口须加注国名。如属选卸港提单，如伦敦/鹿特丹选卸，则在卸货港栏中填上"OPTION LONDON/ROTTERDAM"，收货人必须在船舶到达第一卸货港船公司规定时间内通知船方卸货港，否则，船方可任意选择其中任何港口卸货。选择港最多不得超过三个，且应在同一航线上。如果货物转运，可在目的港（PORT OF DISCHARGE）之后加注"WITH TRANSSHIPMENT AT …"。例如，从上海港到汉堡，在香港转运。那么就打上 FROM SHANGHAI TO HAMBURG WITH TRANSSHIPMENT AT HONGKONG。

如果货运目的港装运到内陆某地，或利用邻国港口过境，则须在目的港后加注"IN TRANSIT TO 某地"字样，如"DUBAI IN TRANSIT TO SAUDI ARABIA"（目的港迪拜转运沙特阿拉伯）。

### 9. 交货地点（PLACE OF DELIVERY）

填写最终目的地名称，即船公司或承运人的交货地。若最终目的地就是卸货港，此栏留空。

### 10. 唛头集装箱号和封号（MARKS AND NO S.，CONTAINER SEAL NO.）

若信用证规定有唛头则应按信用证上的规定填写，提单上的唛头必须与发票等其他单据上的相一致，如无唛头时注明"NO MARKS（N/M）"或"IN BULK"字样。集装箱号和封号按实际情况填写。

### 11. 货物包装及件数（NOS.& KINDS OF PKGS.）

按货物装船的实际情况填写最大包装数量和包装单位，并在大写合计栏内要填上英文的大写文字总件数，若一张提单的货物有几种不同包装也应分别列明，在总数及大写部分则可以使用 PACKAGES。若是散装货物，该栏只需填"IN BULK"。在大写合计栏内要填上英文的大写文字总件数。

### 12. 货物描述（DESCRIPTION OF GOODS）

按信用证规定填写，并要与其他单据保持一致。此栏目填写件数和包装种类、货物名称。必须与发票、装箱单等单据一致，提单上的货物名称的描述可以只写总的名称，而不必如发票上描述得那么细致。

此栏目填写的注意事项如下。

（1）信用证如没有特别规定，在国际贸易中，商品描述应全部使用英文。

（2）如来证要求加注中文或法文等，则应遵守信用证的规定，加注中文或法文等。

（3）对于提单中的包装货物，则应注意数量和单位。提单下面应加大写数量的表示，大、小写数量应相一致。

（4）如是裸装货物，应加件数，如一辆客车、一台机器等。

（5）如散装货物，如煤、矿石、原油等，此栏加"IN BULK"，数量可以不用大写。

（6）如果是集装箱运输，由托运人装箱的整箱货可只注集装箱数量，如"TWO CONTAINERS

ONLY"等。如果海关已对集装箱封箱，承运人对箱内的内容和数量不负责任，提单内应加注"SHIPPER'S LOAD &COUNT"（托运人装货并计数）。如须注明集装箱内小件数量，数量前应加"SAID TO CONTAIN..."。

（7）如是托盘装运，此栏应填写托盘数量，同时用括号加注货物的包装件数，如"2 PALLETS 20 CARTONS"。提单内还应加注"SHIPPER'S LOAD AND COUNT"。

（8）如是两种或多种包装，此栏应填写"FIVE CARTONS、FIVE BALES、SIX CASES"等，件数栏内要逐项列明，同时下面应注合计数量，如上述包装数量可合计为"16 PACKAGES"，在提单大写数栏内加大写合计数量。

（9）如在件数栏内注明"20 CARTONS"，但同时提单又批注有"SHUT OUT 2 CARTONS"或"SHORT LOADED 2 CARTONS"等字样，表示少装两箱，发票和其他单据应注"18 CARTONS"。

（10）提单上不能加注关于包装状况的描述，例如，"新袋"（NEW BAG）、"旧箱"（OLD CARTONS）等词语。

### 13. 货物毛重（GROSS WEIGHT）

同装箱单上货物的总毛重要一致。除信用证另有规定者外，一般以吨为重量单位，如果是裸装货，应在净重前加注 N.W.。

### 14. 尺码（MEASUREMENT）

填写货物总尺码，除非信用证另有规定，以立方米为体积单位，小数要保留三位。托盘货要分别注明盘的重量，尺码和货物本身的重量、尺码，对超长、超重、超高货物，应提供每一件货物的详细的体积（长、宽、高）以及每一件的重量，以便货运公司计算货物积载因素，安排特殊的装货设备。

### 15. 提单要按信用证规定加注运费条款

一般有运费预付（FREIGHT PREPAID）和运费到付（FREIGHT COLLECT），并且注意与所用贸易术语的一致性。有的转运货物，一程运输费预付，二程运费到付，要分别注明。

### 16. 货物总包装件数的大写（TOTAL NUMBER OF CONTAINERS OR PACKAGES [IN WORDS]）

此栏的内容要与第 12 栏一致。

### 17. 正本提单份数（NO. OF ORIGINAL B[S]/L）

托收支付方式下的正本提单的份数一般一至三份都可以。信用证支付方式项下的提单正本份数必须依据信用证规定。例如，信用证规定"3/3 ORIGINAL ON BOARD OCEAN BILLS OF LADING.."，则须出具三份正本。如果信用证规定为全套，则做成一份、二份或三份都可以，并用大写"ONE""TWO"或"THREE"表示。为了简化提单工作与减少重复提单在社会上造成的麻烦，《跟单信用证统一惯例》规定，提单可以是一套单独一份的正本单据。正本提单不论有多少份，其法律效率是一样的，其中任何一份正本提单提货后，其他各份正本提单即告失效。

正本提单须有"ORIGINAL"字样。

### 18. 装船批注的日期和签署（DATE，BY）

根据《UCP600》规定，如果提单上没有预先印就"已装船"（SHIPPED ON BOARD）字样，则必须在提单上加注装船批注（ON BOARD NOTATION），装船批注中所显示的日期即视为货物的装运日期。

### 19. 提单的签发地点和签发日期（PLACE AND DATE OF ISSUE）

除备运提单外均为装货完毕日期，装货日期不得迟于信用证规定的装运期，提单的签发地点应按装运地点填列。如实际船期晚于规定的装运期，要求船方同意以保函换取较早日期的提单，这就是倒签提单（ANTEDATED B/L）；货未装上船就要求船方给出已装船提单，这就是预借提单（ADVANCED B/L），这些都是应该避免的，因为其后果可能会造成巨大经济损失。

20. 提单签署（SIGNED FOR OR ON BEHALF OR THE CARRIER）

根据《UCP600》规定，提单必须由四类人员签署证实，即承运人或承运人的具名代理人或船长或船长的具名代理人。签署可以用手写、印签、打孔、盖章、符号，或如不违反提单签发国的法律，用任何机械或电子的方式。需要特别加以注意的是，印度、斯里兰卡、黎巴嫩、巴林岛及阿根廷等港口虽然信用证未规定提单必须手签，但由于当地海关规定，因此仍须手签。关于提单签字的式样，有以下几种参考格式。

（1）由承运人签发的提单：

ABC SHIPPING CO.

AS CARRIER

（签署）

（2）由承运人的具名代理人签发的提单：

XYZ SIPPING CO.

AS AGENT FOR（OR "ON BEHALF OF"）

ABC SHIPPING CO. CARRIER

（签署）

（3）由船长签发的提单：

SMITH（船长名）

MASTER OF

ABC SHIPPING CO.（承运人公司名）

（签署）

（4）由船长的具名代理人签发的提单：

MXN CO（代理人公司名称）

（签署）

AS AGENT FOR（OR "ON BEHALF OF）SMITH（船长名）

MASTER OF

ABC SHIPPING CO.（承运人公司名）

（签署）

21. 提单号码（B/L NO.）

一般列在提单右上角。这个号码与装货单、大副收据或场站收据的号码是一致的。

除了海运提单以外，海洋货物运输单据还有海运单、联运提单、多式联运单据等，由于海运提单是使用最多的，这里我们就只介绍海运提单的制作方法。

22. 契约文字

契约文字即提单正面条款，一般包括以下四个方面。

（1）已装船条款：SHIPPED ON BOARD THE VESSEL NAMED ABOVE IN APPARENT GOOD ORDER AND CONDITION（UNLESS OTHERWISE INDICATED）THE GOODS OR PACKAGES SPECIFIED HEREIN AND TO THE DISCHARGED AT THE ABOVE MENTIONED PORT OF DISCHARGE OR AS NEAR HERETO AS THE VESSEL MAY SAFELY GET AND BE ALWAYS AFLOAT.

上述外观状况良好之货物或包装（除另有说明者外），已装上述指定船只，并应在上述卸货港或船只所能安全到达并保持浮泊的附近地点卸货。

（2）内容不知悉条款：THE WEIGHT、MEASURE MENTS、MARKS、NUMBERS、QUALITY、CONTENTS AND VALUE，BEING PARTICULARS FURNISHED BY THE SHIPPER，ARE NOT CHECKED BY THE CARRIER ON LOADING。

由发货人所提供的重量、尺码、标记、号码、品质、内容及价值各项目，承运人于装船时并未核对。

（3）承认接受条款：THE SHIPPER，CONSIGNEE AND THE HOLDER OF THIS BILL OF LADING HEREBY EXPRESSLY ACCEPT AND AGREE TO ALL PRINTED，WRITTEN OR STAMPED PROVISIONS，EXCEPTIONS AND CONDITIONS OF THIS BILL OF LADING，INCLUDING THOSE ON THE BACK HEEREOF。

发货人、收货人及本提单持有人明确表示接受并同意本提单，包括背面所印刷、书写或盖章的一切条款、免责事项和条件。

（4）签署条款：IN WITNESS WHEREOF，THE CARRIER OR HIS AGENTS HAS SIGNED BILL OF LADING ALL OF THIS TENOR AND DATE，ONE OF WHICH BEING ACCOMPLISHED，THE OTHERS TO STAND AVOID。SHIPPERS ARE REQUESTED TO NOTE PARTICULARLY THE EXCEPTIONS AND CONDITIONS OF THIS BILL OF LADING WITH REFERENCE TO THE VALIDITY OF THE INSURANCE UPON THEIR GOODS.

为证明以上各项承运人或其代理人已签署各份内容和日期一样的本提单，其中一份一经完成提货手续，则其余各份均告失效。要求发货人特别注意本提单中关于该批货物保险效力的免责事项和条件。

### （二）海运提单背面印就内容

#### 1. 定义条款（DEFINITION）

定义条款是指对提单中所印就的关键词语，如"承运人""托运人"的含义和范围做出明确定义的条款。

#### 2. 首要条款（PARAMOUNT CLAUSE）

首要条款是承运人按照自己的意志，印刷于提单条款的上方，列为提单条款第一条，用以明确本提单受某一国际公约制约，或适用某国法律的条款。

#### 3. 管辖权条款（JURISDICTION CLAUSE）

提单的管辖权条款是规定双方发生争议时，由何国行使管辖权，即由何国法院审理，有时还规定法院解决争议适用的法律。

#### 4. 舱面货条款（DECK CARGO CLAUSE）

由于《海牙规则》将舱面货和活动物不视为海上运输的货物，因而提单上一般订明：关于这些货物的收受、装载、运输、保管和卸载，均由货方承担风险，承运人对货物灭失或损坏不负赔偿责任。

船舶装载集装箱，有相当数量的集装箱必须装载于甲板面上，因此，集装箱提单中规定了一条"舱面货条款"。

#### 5. 承运人责任条款（CARRIER'S RESPONSIBILITY）

一些提单订有承运人责任条款，规定承运人在货物运送中应负的责任和免责事项，一般概括地规定为按什么法律或什么公约为依据。

**6. 承运人的责任期间条款（PERIOD OF RESPONSIBILITY）**

提单条款中都列有关于承运人对货物运输承担责任的起止时间条款。

**7. 包装和标志条款（PACKAGE AND MARKS CLAUSE）**

一般提单均规定，在装船前，托运人应将货物妥善包装，标志应正确、清晰，用 5CM 或不小于 5CM 的字体标明货物的目的港，并必须保证字迹在交付货物时仍须清晰可辨。

**8. 留置权条款（LIEN CLAUSE）**

一般提单规定承运人对应收未收的运费、空舱费、滞期费以及其他费用，均可对货物或任何单证行使留置权，并有权出售或处理货物，以抵偿应收款项。

**9. 共同海损条款（GENERAL AVERAGE CLAUSE）**

共同海损条款规定发生共同海损时，将在什么地点、按照什么规则理算共同海损。

**10. 装货、卸货和交货条款（LOADING，DISCHARGING AND DELIVERY）**

**11. 运费和其他费用（FREIGHT AND OTHER CHARGES）条款**

**12. 自由转船条款（TRANSSHIPMENT CLAUSE）**

通常规定，如有需要，承运人为了完成货物运输，可以采取一切合理措施，任意改变航线，改变港口或将货物交由承运人自有的或属于他人的船舶，或经铁路或以其他运输工具，直接或间接地运往目的港，或运到目的港以转运、转船、收运、卸岸、在岸上或水面上储存，以及重新装船运送，以上费用均由承运人负担，但风险则由货方承担。

**13. 选港条款（OPTIONAL PORT CLAUSE）**

该条款通常规定，只有当承运人与托运人在货物装船前有约定，并在提单上注明时，收货人方可选择卸货港。

**14. 赔偿责任限额条款（LIMIT OF LIABILITY CLAUSE）**

承运人的赔偿责任限额，是指承运人对货物的灭失和损失负有赔偿责任时应支付的赔偿金额和承运人对每件或每单位货物支付的最高赔偿金额。提单应按适用的国内法或国际公约，规定承运人对货物的灭失或损坏的赔偿责任限额。

## 四、租船提单

租船提单，又称租船合同提单，是承运人根据租船合同（CHARTERED PARTY）签发的提单。该提单通常使用简式提单格式，提单正面仅列明船名、装卸港口、货物名称、数量等项目，而不列详细条款，提单上一般还注明"OTHER TERMS AND CONDITIONS AS PER CHARTERED PARTY"（其他条款和条件按租船合同处理）。运费条款有时也填为"FREIGHT PAYABLE AS PER CHARTERED PARTY"（运费按租船合同支付）。租船提单并非一个完整而独立的文件，要受租船合同的约束。在信用证要求或允许提交租船提单的前提下，银行一般要求出口商在提交提单时，连同租船合同副本一并附在提单之后，以供有关方面参阅。根据《UCP600》第22条规定，"即使信用证要求提交与租船提单有关的租船合同，银行对该租船合同不予审核"。

## 五、多式联运提单

多式联运提单（MULTIMODAL TRANSPORT B/L）主要用于成组化的货物，特别是集装箱运输，它把海、陆、空、公路、河流等单一运输方式有机结合起来，以全程提单来完成一笔跨国进出口货物的运输。多式联运经营人须具备以下三个条件。

（1）承担全程运输责任；

（2）使用全程联合运输提单；

（3）实行全程的单一运费率。

在缮制或审核多式联运提单时一般应注意以下问题。

（1）表面上应由多式联运经营人或承运人或船长或他们的代理人所签署；

（2）表明货物已发运，接受监管或装船并有装运日期；

（3）提交的单据是全套的；

（4）有货物的接受监管地和最后目的地并与信用证规定相符；

（5）在所有方面均符合信用证规定，并可参照海运提单缮制或审核。

# 六、信用证中有关提单的条款举例

（1）FULL SET CLEAN ON BOARD OCEAN BILL OF LADING ISSUED TO ORDER，BLANK ENDORSED MARKED FREIGHT PAYABLE AT DESTINATION NOTIFY AS ABC COMPANY AND SHOWING INVOICE VALUE，UNIT PRICE，TRADE TERMS，CONTRACT NUMBER AND L/C NUMBER UNACCEPTABLE.

整套清洁已装船提单，空白抬头，并注明 ABC 公司作为通知人，运费到付。不能将发票、单价、价格术语、合同号码和信用证号打在提单上。

（2）FULL SET OF CLEAN ON BOARD B/L ISSUED TO OUR ORDER，MARKED NOTIFYING APPLICANT AND FREIGHT PREPAID AND SHOWING FULL NAME AND ADDRESS OF THE RELATIVE SHIPPING AGENT IN EGYPT.

全套清洁已装船提单，做成以开证行指示为抬头，注明通知开证人和"运费预付"，并显示相关在埃及船代的全称和详细地址。

（3）FULL SET CLEAN ON BOARD PORT TO PORT BILL OF LADING，MADE TO THE ORDER AND BLANK ENDORSED TO OUR ORDER，MARKED FREIGHT PREPAID DATED NOT LATER THAN THE LATEST DATE OF SHIPMENT NOR PRIOR TO THE DATE OF THIS CREDIT. PLUS THREE NON-NEGOTIABLE COPIES.

全套港至港清洁已装船提单，空白抬头并背书给开证行，注明运费预付，日期不迟于最迟装运日期，也不得早于信用证的开证日期，加上三份不议付的副本。

（4）FULL SET OF CLEAN ON BOARD MARINE BILLS OF LADING，MADE OUT TO ORDER OF ABC COMPANY，ROTTERDAM，NETHERLANDS，MARKED FREIGHT PREPAID NOTIFY APPLICANT.

整套已装船海运提单，做成以荷兰 ABC 公司指示的抬头，注明运费预付，通知开证人。

（5）FULL SET OF NOT LESS THAN TWO CLEAN ON BOARD MARINE BILLS OF LADING MARKED FREIGHT PREPAID AND MADE OUT TO ORDER AND ENDORSED TO OUR ORDER SHOWING BLUE BIRD TRADING COMPANY AS NOTIFYING PARTY.SHORT FORM BILLS OF LADING ARE NOT ACCEPTABLE.BILL OF LADING TO STATE SHIPMENT HAS BEEN EFFECTED IN CONTAINERS AND CONTAINER NUMBERS.

全套不少于两份的已装船海运提单，注明运费预付，空白抬头，背书给开证行，并以蓝鸟贸易公司作为通知人。简式提单不接受，提单注明集装箱装运及集装箱号码。

（6）FULL SET CLEAN ON BOARD OCEAN BILL OF LADING，MADE OUT TO THE

ORDER AND BLANK ENDORSED，EVIDENCING SHIPMENT FROM SHANGHAI TO NEW YORK PORT NOT LATER THAN APRIL 05 2004，MARKED FREIGHT PREPAID AND NOTIFY TO THE APPLICANT.

整套清洁海运提单，空白抬头并空白背书，从上海港装运到纽约港，不迟于 2004 年 4 月 5 日，标明运费预付，并通知开证人。

（7）2/3 SET OF CLEAN ON BOARD OCEAN BILLS OF LADING MADE OUT TO ORDER OF SHIPPER AND BLANK ENDORSED AND MARKED FREIGHT PREPAID AND NOTIFY SUMITOMO CORPORATION OSAKA.

2/3 已装船清洁海运提单，做成承运人指示抬头，空白背书，标明运费预付，通知 SUMITOMO CORPORATION OSAKA。

（8）FULL SET OF CLEAN ON BOARD MARINE BILL OF LADING MADE OUT TO ORDER OF OVERSEAS UNION BANK LTD NOTIFY APPLICANT AND MARKED FREIGHT PREPAID.

整套已装船清洁海运提单，做成 OVERSEAS UNION BANK LTD 指示的抬头，通知开证人并注明运费预付。

（9）FULL SET OF CLEAN ON BOARD MARINE BILLS OF LADING CONSIGNED TO ORDER BLANK EDNORSED MARKED FREIGHT PREPAID AND CLAUSED NOTIFY APPLICANT.

整套已装船海运提单，收货人空白抬头，注明运费已预付，并通知开证人。

（10）FULL SET OF CLEAN ON BOARD OCEAN BILLS OF LADING TO ORDER OF ABC BANK MARKED FREIGHT PREPAID PLUS TWO NON-NEGOTIABLE COPIED NOTIFY APPLICANT.

整套已装船清洁海运提单，做成 ABC 银行抬头，注明运费预付，加上两份不议付提单副本，通知开证人。

（11）FULL SET OF CLEAN SHIPPED ON BOARD MARINE BILL OF LADING，MADE OUT TO OUR ORDER，MARKED FREIGHT PREPAID，NOTIFY OPENER，INDICDATING LC NO.AND S/C NO. RECEIVED FOR SHIPMENT B/L NOT ACCEPTABLE.

全套清洁已装船海运提单，做成以开证行指示的抬头，注明运费预付，通知开证人，并注明信用证号码和合同号码，不接受备运提单。

# 任务五　缮制航空运单

航空运单（AIRWAY BILL，AWB）是航空运输公司及其代理人（即承运人）签发给发货人表示已收妥货物并接受托运的货物收据。航空运单也是承运人与托运人之间的运输合同，但它不是物权凭证，既不能背书转让（运单右上方即有"NOT NEGOTIABLE"字样），也不能凭以提货。

## 一、航空运单的作用

### （一）航空运单是发货人与航空承运人之间的运输合同

与海运提单不同，航空运单（样单 4-7）不仅证明航空运输合同的存在，而且航空运单本身就是发货人与航空运输承运人之间缔结的货物运输合同，在双方共同签署后产生效力，并在货物到达目的地交付给运单上所记载的收货人后失效。

样单 4-7　航空运单

| 999 | SHIPPER'S NAME AND ADDRESS | SHIPPER'S ACCOUNT NUMBER |
|---|---|---|

999 –

Not Negotiable
**Air Waybill**
Issued by

中国国际航空公司
AIR CHINA
BEIJING CHINA

COPIES 1, 2 AND 3 OF THIS AIR WAYBILL ARE ORIGINALS AND HAVE THE SAME VALIDITY.

| CONSIGNEE'S NAME AND ADDRESS | CONSIGNEE'S ACCOUNT NUMBER |
|---|---|

IT IS AGREED THAT THE GOODS DESCRIBED HEREIN ARE ACCEPTED FOR CARRIAGE IN APPARENT GOOD ORDER AND CONDITION (EXCEPT AS NOTED) AND SUBJECT TO THE CONDITIONS OF CONTRACT ON THE REVERSE HEREOF. ALL GOODS MAY BE CARRIED BY AND OTHER MEANS INCLUDING ROAD OR ANY OTHER CARRIER UNLESS SPECIFIC CONTRARY INSTRUCTIONS ARE GIVEN HEREON BY THE SHIPPER. THE SHIPPER'S ATTENTION IS DRAWN TO THE NOTICE CONCERNING CARRIER'S LIMITATION OF LIABILITY. SHIPPER MAY INCREASE SUCH LIMITATION OF LIABILITY BY DECLARING A HIGHER VALUE FOR CARRIAGE AND PAYING A SUPPLEMENTAL CHARGE IF REQUIRED.

ISSUING CARRIER'S AGENT NAME AND CITY

ACCOUNTING INFORMATION

| AGENT'S IATA CODE | ACCOUNT NO. |
|---|---|

AIRPORT OF DEPARTURE (ADD. OF FIRST CARRIER) AND REQUESTED ROUTING

| TO | BY FIRST CARRIER ROUTING AND DESTINATION | TO | BY | TO | BY | CURRENCY | CHGS CODE | WT/VAL | | OTHER | | DECLARED VALUE FOR CARRIAGE | DECLARED VALUE FOR CUSTOMS |
|---|---|---|---|---|---|---|---|---|---|---|---|---|---|
| | | | | | | | | PPD | COLL | PPD | COLL | | |

| AIRPORT OF DESTINATION | FLIGHT/DATE FOR CARRIER USE ONLY | FLIGHT/DATE | AMOUNT OF INSURANCE | INSURANCE - IF CARRIER OFFERS INSURANCE, AND SUCH INSURANCE IS REQUESTED IN ACCORDANCE WITH THE CONDITIONS THEREOF, INDICATE AMOUNT TO BE INSURED IN FIGURES IN BOX MARKED "AMOUNT OF INSURANCE." |
|---|---|---|---|---|

HANDING INFORMATION

续表

| NO OF PIECES RCP | GROSS WEIGHT | KG LB | RATE CLASS / COMMODITY ITEM NO. | CHARGEABLE WEIGHT | RATE CHARGE | TOTAL | NATURE AND QUANTITY OF GOODS (INCL. DIMENSIONS OR VOLUME) |
|---|---|---|---|---|---|---|---|
| | | | | | | | |

(FOR USA ONLY) THESE COMMODITIES LICENSED BY U.S. FOR ULTIMATE DESTINATION..............DIVERSION CONTRARY TO U.S. LAW IS PROHIBITED

| PREPAID | WEIGHT CHARGE | COLLECT | OTHER CHARGES |
|---|---|---|---|
| | VALUATION CHARGE | | |
| | TAX | | |
| | TOTAL OTHER CHARGES DUE AGENT | | |
| | TOTAL OTHER CHARGES DUE CARRIER | | |

SHIPPER CERTIFIES THAT THE PARTICULARS ON THE FACE HEREOF ARE CORRECT AND THAT INSOFAR AS ANY PART OF THE CONSIGNMENT CONTAINS DANGEROUS GOODS, SUCH PART IS PROPERLY DESCRIBED BY NAME AND IS IN PROPER CONDITION FOR CARRIAGE BY AIR ACCORDING TO THE APPLICABLE DANGEROUS GOODS REGULATIONS.

.........................................................
SIGNATURE OF SHIPPER OR HIS AGENT

| TOTAL PREPAID | TOTAL COLLECT |
|---|---|
| CURRENCY CONVERSION RATES | CC CHARGES IN DEST. CURRENCY |
| FOR CARRIER'S USE ONLY AT DESTINATION | CHARGES AT DESTINATION |

EXECUTED ON (DATE) ...................... AT (PLACE) ......................

TOTAL COLLECT CHARGES

.........................................................
SIGNATURE OF ISSUING CARRIER OR ITS AGENT

999 –

ORIGINAL 3 (FOR SHIPPER)

## （二）航空运单是承运人据以核收运费的账单

航空运单分别记载着属于收货人负担的费用，属于应支付给承运人的费用和应支付给代理人的费用，并详细列明费用的种类、金额，因此可作为运费账单和发票。承运人往往也将其中的承运人联作为记账凭证。

## （三）航空运单是承运人签发的已接收货物的证明

航空运单也是货物收据。在发货人将货物发运后，承运人或其代理人就会将其中一份交给发货人（即发货人联），作为已经接收货物的证明。除非另外注明，它是承运人收到货物并在良好条件下装运的证明。

## （四）航空运单同时可作为保险证书

如果承运人承办保险或发货人要求承运人代办保险，则航空运单也可用来作为保险证书。

## （五）航空运单是报关单证之一

出口时航空运单是报关单证之一，在货物到达目的地机场进行进口报关时，航空运单通常是海关查验放行的基本单证。

## （六）航空运单是承运人内部业务的依据

航空运单随货同行，证明货物的身份。运单上载有有关该票货物发送、转运、交付的事项，承运人会据此对货物的运输做出相应安排。航空运单的正本一式三份，每份都印有背面条款。其中一份交发货人，是承运人或其代理人接收货物的依据；第二份由承运人留存，作为记账凭证；最后一份随货同行，在货物到达目的地，交付给收货人时作为核收货物的依据。

# 二、航空运单的分类

航空运单主要分为两大类。

## （一）航空主运单（MAWB，MASTER AIR WAYBILL）

凡由航空运输公司签发的航空运单就称为主运单。它是航空运输公司据以办理货物运输和交付的依据，是航空公司和托运人订立的运输合同，每一批航空运输的货物都有自己相对应的航空主运单。

## （二）航空分运单（HAWB，HOUSE AIR WAYBILL）

集中托运人在办理集中托运业务时签发的航空运单被称作航空分运单。在集中托运的情况下，除了航空运输公司签发主运单外，集中托运人还要签发航空分运单。

# 三、航空运单的内容和缮制

航空运单与海运提单类似也有正面、背面条款之分，不同的航空公司也会有自己独特的航空运单格式。所不同的是，航运公司的海运提单可能千差万别，但各航空公司所使用的航空运单则大多借鉴 IATA（INTERNATIONAL AIR TRANSPORT ASSOCIATION 国际航空运输协会）所推荐的标准格式，差别并不大。所以这里只介绍这种标准格式，也称中性运单。

### 1. 航空运单编号（AIRWAY BILL NUMBER）

航空运单右上方和右下角的编号，由航空公司填写。编号由 11 位数字组成，前 3 位一般是各国航空公司的代号，如中国民航的代号为 999，日本航空公司的代号为 131 等。

### 2. 承运人（CARRIER）

航空公司的名称。一般由航空公司自行印好航空公司的全称和简称，同时还印有"NOT NEGOTIABLE"的字样。

### 3. 发货人名称及地址（SHIPPER'S NAME AND ADDRESS）

发货人名称及地址，信用证结算方式一般填写受益人名称，托收结算方式一般填写合同卖方的名称地址。如信用证另有规定则按信用证要求填写。

### 4. 发货人账号（SHIPPER'S ACCOUNT NUMBER）

一般可以不填。

### 5. 收货人名称及地址（CONSIGNEE'S NAME AND ADDRESS）

即航空运单的抬头。此栏根据信用证的规定填写，有的是以买方为收货人，有的以开证行为收货人。如果信用证没有特殊规定，空运单必须做成记名抬头，不能做成指示式抬头。托收结算中一般填写合同中的买方。

### 6. 收货人账号（CONSIGNEE'S ACCOUNT NUMBER）

一般可以不填。

### 7. 签发运单的承运人的代理人名称及城市（ISSUING CARRIER'S AGENT NAME AND CITY）

如果运单直接由承运人本人签发，此栏则可空白不填。若运单由承运人的代理人签发，可填写实际代理人名称及城市名。

### 8. 代理人国际航空运输协会代号（AGENT'S IATA CODE）

本栏由承运人填写代理人的国际航空运输协会代号，规范填写方式为"代理人代码/城市代码"。如 JHJ/SHA 表示由上海锦海捷亚货运代理公司填开货运单。但若信用证无特殊规定，一般可不填。

### 9. 代理人账号（ACCOOUNT NUMBER）

可填写代理人账号，供承运人结算时使用，一般不填。

### 10. 起飞机场（AIRPORT OF DEPARTURE）

一般仅填写起航机场名称即可。

### 11. 转运机场/首程飞机/路线及目的地（TO/BY FIRST CARRIER/ROUTING AND DESTINATION）

货物运输途中需转运时按实际情况填写。

### 12. 货币及费用代码（CURRENCY AND CHGS CODE）

货币及费用代码即支付费用使用的货币国际标准电码，如 USD、HKD 等，费用代码可以不填。

### 13. 运费及声明价值费（WT/VAL，WEIGHT CHARGE/VALUATION CHARGE）

此处可以有两种情况：预付（PPD，PREPAID）或到付（COLL COLLECT）。如预付在"PPD"中填入"×"，否则填在"COLL"中。需要注意的是，航空货物运输中运费与声明价值费支付的方式必须一致，不能分别支付。

### 14. 目的地机场（AIRPORT OF DESTINATION）

填写货物运输的最终目的地机场。

15. 航班/日期（FLIGHT/DATE）

即飞机航班号及其实际起飞日期。但本栏所填内容只能供承运人使用，因而该起飞日期不能视为货物的装运日期（一般以航空运单的签发日期作为装运日期）。《UCP600》第 23 条规定，"空运单据显示的其他任何与航班号和起飞日期有关的信息不能被视为装运日期"。

16. 会计事项（ACCOUNTING INFORMATION）

指与费用结算的有关事项。如运费预付、到付或发货人结算使用信用卡号、账号以及其他必要的情况。

17. 运费申报价值（DECLARED VALUE FOR CARRIAGE）

填写托运货物总价值，一般可按发票额填列，如不愿宣布货物价值，则填"NVD"（NO VALUE DECLARED），即无申报价值。

18. 海关申报价值（DECLARED VALUE FOR CUSTOMS）

此栏所填价值是提供给海关的征税依据。当以出口货物报关单或商业发票作为征税依据时，本栏可空白不填或填"AS PER INVOICE"。如果货物系样品等，数量少且无商业价值，可填"NCV"（NO COMMERCIAL VALUE）。

19. 保险金额（AMOUNT OF INSURANCE）

只有在航空公司提供代办保险业务而客户也有此需要时才需填写。

20. 处理情况（HANDLING INFORMATION）

可利用本栏填所需要注明的内容，如标记、件号、包装方法、随机文件，发货人对本批货物运输问题的特别指示、承运人对货物处理的有关注意事项，如"SHIPPER'S CERTIFICATION FOR LIVE ANIMALS"（托运人提供活动物证明）等。

21. 货物件数和运价组成点（No. Of Pieces，RCP OR RATE COMBINATION POINT）

填入货物包装件数，如 20 包即填"20"。当需要组成比例运价或分段相加运价时，在此栏填入运价组成点机场的 IATA 代码。

22. 毛重（GROSS WEIGHT）

填入货物总毛重，重量单位可选择千克（KG）或磅（LB）。

23. 运价等级（RATE CLASS）

针对不同的航空运价共有六种代码，它们分别是：

M（MINIMUM CHARGE，起码运费）；

N（NORMAL，45 千克以下货物适用的普通货物运价）；

Q（QUANTITY，45 千克以上货物适用的普通货物运价）；

C（SPECIFIC COMMODITY RATES，特种运价）；

R（REDUCED，低于普通货物运价的等级货物运价）；

S（SURCHARGE，高于普通货物运价的等级货物运价）。

24. 商品代码（COMMODITY ITEM NO.）

在使用特种运价时需要在此栏填写商品代码，通常情况下可以不填。

25. 计费重量（CHARGEABLE WEIGHT）

此栏填入航空公司据以计算运费的计费重量，一般按毛重计费，如果按体积计算的重量大于实际毛重，则将体积重量填入。如按起码运价计收运费，则本栏可以不填。

26. 运价（RATE/CHARGE）

填入该货物按千克计算的费率。

27. **运费总额（TOTAL）**

$$运费总额 = 计费重量×费率。$$

28. **货物的品名、数量，含尺码或体积（NATURE AND QUANTITY OF GOODS INCL. DIMENSIONS OR VOLUME）**

填写商品名称、唛头、数量和尺码，包括体积和容积。其中，货物的尺码应以厘米或英寸为单位，尺寸分别以货物最长、最宽、最高边为基础。体积则是上述三边的乘积，单位为立方厘米或立方英寸。

29. **预付运费金额（PREPAID）**

填写预付的运费总额。

30. **其他费用（OTHER CHARGES）**

指除运费和声明价值附加费以外的其他费用。根据 IATA 规则各项费用分别用三个英文字母表示。其中前两个字母是某项费用的代码，如运单费就表示为 AW（AIR WAYBILL FEE）。第三个字母是 C 或 A，分别表示费用应支付给承运人（CARRIER）或货运代理人（AGENT）。

31. **预付手续费金额（TOTAL OTHER CHARGES DUE CARRIER）**

填写属于承运人的需要而产生的费用总额。

32. **预付运费总额及其他预付手续费金额（TOTAL PREPAID）**

预付费总额加预付手续费金额。

33. **托运人关于所装货物非危险品的保证（SHIPPER'S CERTIFICATE）**

因为危险品不许空运，托运人对此应签字做出保证，签名后以示保证所托运的货物并非危险品。

34. **签单时间（日期）、地点、承运人或其代理人的签字**

签单以后正本航空运单方能生效。本栏所表示的日期为签发日期，也就是本批货物的装运日期。如果信用证规定运单必须注明实际起飞日期，则以该所注的实际起飞日期作为装运日期。本栏的日期不得晚于信用证规定的装运日期。

35. **发货人或其代理人签名（SIGNATURE OF SHIPPER ON HIS AGENT）**

以代理人身份签章时，如同提单一样，需在签章处加注"AS AGENTS"；承运人签章则加注"AS CARRIER"。注意，以上所有内容不一定要全部填入空运单，IATA 也并未反对在运单中写入其他所需的内容。

# 任务六 其他运输单据的内容与缮制

## 一、铁路运输单据

铁路运输单据（RAILWAY BILL）简称铁路运单，是铁路运输当局向托运人签发的承运货物的收据。我国对外贸易铁路运输按营运方式分为国际铁路联运和国内铁路承运，其铁路运单分别采用国际货协运单和承运货物收据。

### （一）国际铁路货物联运运单

国际铁路货物联运运单是参加国际货协各成员国之间办理铁路联运时所使用的运输单

据。它是承运人向托运人出具的货物收据，具有合同性质。

运单上载明的栏目一般包括经由路线及到达站、收货人及发货人名称地址、发货的特别声明、货物名称、数量、唛头、包装、价格、运费、海关记载、车辆记载等。按《国际铁路货物联运协定》(简称《国际货协》)规定，国际货协运单以发送国家的文字和俄文或德文印制。在我国则以中、俄两种文字缮制运单。国际货协运单分快运(EXPRESS)和慢运(ORDINARY)两种，均为白纸印制，采用普通白纸印制的为慢运运单，加红边线者为快运运单。

国际货协运单一式五联。第一联系收货正本，随货送交收货人；第二联为运行报单，由铁路发站分送有关到达铁路站；第三联为运单副本，由铁路发站送交发货人，作为发货人向银行议付的运输单据；第四联为货物交付单，由铁路发站交有关到达铁路站；第五联为货物到达通知，由铁路发站转交收货人。

### (二)承运货物收据

我国由境内铁路运输经深圳运往港澳地区的货物，都委托中国对外贸易运输公司办理。该公司将各出口企业委托发运的货物装上火车后，即签发一份"承运货物收据"(CARGO RECEIPT)给托运人，供托运人办理收汇。承运货物收据既是承运人的货物收据，也是承运人与托运人之间的运输合同。由于这种货物收据是由中国对外贸易运输公司以运输行身份签发的运输单据，只有在信用证条款允许时，银行才愿接受。

## 二、邮包收据

邮包收据(PARCEL POST RECEIPT)是邮包运输的主要单据，它既是邮局收到寄件人的邮包后所签发的凭证，也是收件人凭以提取邮件的凭证，当邮包发生损坏或丢失时，它还可以作为索赔和理赔的依据。但邮包收据不是物权凭证。

## 三、电传副本

电传副本(TELEX COPY OR CABLE COPY)亦称电抄，是卖方应买方要求向其发出电传的副本。在出口业务中，尤其是在FOB、CFR条件下，境外进口商往往来证要求卖方在货物装船后，立即将装船细节电传买方，以便买方及时办理投保或准备接货。卖方则必须在议付时提供电传副本，以资证明卖方已按规定发送电传。

电传副本常见的有装运通知和投保通知两类。前者主要是便于买方报关接货或筹措资金，此时应将装船细节尽可能电告买方，其内容一般包括合同号、信用号、船名、装船日期、装货港、货物名称、规格、件数、重量、金额、唛头等；后者主要是通知买方投保，此类电传副本上应包括办理保险的相关内容，如货物名称、规格、件数、金额、唛头、开航日期、船名、装货港、目的港等。电传副本的日期应与信用证规定日期相符。

主要的班轮公司名称及代码如表4-1所示。

表4-1 　　　　　　　　　　　　　主要的班轮公司名称及代码

| 班 轮 公 司 | 代 码 | 班 轮 公 司 | 代 码 |
|---|---|---|---|
| 中国远洋运输集团公司 | COSCO | 中国海运集团公司 | CHINA SHIPPING |
| 中国对外贸易运输公司 | SINOTRANS | 马士基—海陆公司 | MAERSK-SEALAND |
| 地中海航运公司 | MSC | 日本邮船 | NYK |
| 铁行渣华 | P&O | 东方海外 | OOCL |

113

| 班 轮 公 司 | 代 码 | 班 轮 公 司 | 代 码 |
|---|---|---|---|
| 韩进海运 | HANJIN | 商船三井 | M.O.S.K. |
| 海皇/总统轮船 | NOL/APL | 长荣 | EVERGREEN |
| 法国达飞 | CMA | 德国胜利航运 | SENATOR LINES |

以下为常用的航空货运代码。表4-2～表4-5分别列示了部分国家（城市）名称代码、国内航空公司代码、国际航空公司代码，及国际机场中英文名称对照和三字代码。

常用的航空货运代码

表4-2 国家（城市）名称代码

| 国　家 | 代　码 | 城　市 | 代　码 |
|---|---|---|---|
| 中国 | CN | 伦敦 | LON |
| 美国 | US | 悉尼 | SYD |
| 英国 | GB | 东京 | TYO |
| 德国 | GE | 大阪 | OSA |
| 法国 | FR | 上海 | SHA |
| 日本 | JP | 纽约 | NYC |
| 韩国 | KR | 巴黎 | PAR |
| 新加坡 | SG | 芝加哥 | CHI |
| 加拿大 | CA | 首尔 | SEL |

表4-3 国内航空公司代码

| 航空公司名称 | 代码 | | 航空公司名称 | 代码 | |
|---|---|---|---|---|---|
| | 三字 | 二字 | | 三字 | 二字 |
| 中国国际航空公司 | CCA | CA | 中国东方航空公司 | CES | MU |
| 中国新华航空公司 | CXH | X2 | 厦门航空有限公司 | CXA | MF |
| 中国西北航空公司 | CNW | WH | 新疆航空公司 | CXJ | XO |
| 中国南方航空公司 | CSN | CZ | 云南航空公司 | CYH | 3Q |
| 中国西南航空公司 | CXN | SZ | 四川航空公司 | CSC | 3U |
| 中国北方航空公司 | CBJ | CJ | 上海航空公司 | CSH | FM |
| 浙江航空公司 | CAG | F6 | 长城航空公司 | CGW | G8 |
| 海南航空公司 | CHH | H4 | 贵州航空公司 | CGH | G4 |
| 山东航空公司 | CDG | SC | 深圳航空公司 | CSZ | 4G |
| 南京航空公司 | CNJ | 3W | 福建航空公司 | CFJ | IV |

表4-4 国际航空公司代码

| 航空公司名称 | 代码 | | 航空公司名称 | 代码 | |
|---|---|---|---|---|---|
| | 二字 | 三字 | | 二字 | 三字 |
| 美国西北航空公司 | NW | 012 | 美国联合航空公司 | UA | 016 |
| 美国联邦航空公司 | FX | 023 | 汉莎航空公司 | LH | 020 |
| 加拿大航空公司 | CP | 018 | 加拿大航空公司 | AC | 014 |
| 瑞士航空公司 | SR | 085 | 北欧航空公司 | SK | 117 |

续表

| 航空公司名称 | 代码 | | 航空公司名称 | 代码 | |
|---|---|---|---|---|---|
| | 二字 | 三字 | | 二字 | 三字 |
| 意大利航空公司 | AZ | 055 | 英国航空公司 | BA | 125 |
| 法国航空公司 | AF | 057 | 卢森堡国际航空公司 | CV | 172 |
| 荷兰皇家航空公司 | KL | 074 | 奥地利航空公司 | OS | 257 |
| 俄罗斯航空公司 | SU | 555 | 伏尔加航空公司 | VD | 412 |
| 澳洲航空公司 | QF | 081 | 澳洲安捷航空公司 | AN | 090 |
| 泰国航空公司 | TG | 217 | 大韩航空公司 | KE | 180 |
| 日本航空公司 | JL | 131 | 全日空航空公司 | NH | 205 |
| 日本货物航空 | KZ | 933 | 港龙航空公司 | KA | 043 |
| 马来西亚航空公司 | MH | 232 | 澳门航空公司 | NX | 675 |
| 新加坡航空公司 | SQ | 618 | | | |

表 4-5 部分国际机场中英文名称对照及三字代码表

| 三字代码 | 机场中文名称 | 城市中文名称 | 城市英文名称 | 国家（地区）名 |
|---|---|---|---|---|
| PEK | 首都国际机场 | 北京 | BEIJING | 中国 |
| SHA | 上海虹桥国际机场 | 上海 | SHANGHAI | 中国 |
| PVG | 上海浦东国际机场 | 上海 | SHANGHAI | 中国 |
| SZX | 深圳宝安国际机场 | 深圳 | SHENZHEN | 中国 |
| CAN | 广州白云国际机场 | 广州 | GUANGZHOU | 中国 |
| NRT | 成田国际机场 | 东京 | TOKYO | 日本 |
| SEL | 首尔仁川国际机场 | 首尔 | SEOUL | 韩国 |
| TPE | 台北国际机场 | 台北 | HONGKONG | 中国 |
| HKG | 香港国际机场 | 香港 | VANCOUVER | 加拿大 |
| YVR | 温哥华国际机场 | 温哥华 | FRANKFURT | 德国 |
| FAR | 法兰克福国际机场 | 法兰克福 | LOS ANGELES | 美国 |
| LAX | 洛杉矶国际机场 | 洛杉矶 | LANDON | 英国 |
| LCY | 伦敦城市机场 | 伦敦 | ROTTERDAM | 荷兰 |
| RTM | 鹿特丹国际机场 | 鹿特丹 | MILAN | 意大利 |
| MXP | 米兰国际机场 | 米兰 | | |

## 项目总结

出口商备齐成交货物，在信用证支付方式下经审证确认无误后，即可办理货物出运手续。无论是通过海洋运输方式、空运方式还是陆路运输方式出运货物，都必须按照货物托运程序首先填写托运单，办理托运手续。不同的运输方式、不同的运输公司使用的托运单样式各不相同，要求各异，因此需要区别对待，认真缮制。本项目着重介绍了不同运输方式下的运输单据的内容、作用及缮制方法。

## 练习与思考

1. 提单的定义和作用是什么？

2. 提单的抬头有几种写法？

3. 预借提单和倒签提单有什么区别？

4. 如信用证未做明确规定，银行能否拒绝以受益人以外的第三者为发货人的提单？

5. 缮制提单时，如果信用证未规定提单的被通知人，提单 NOTIFY 栏应如何填制？

6. 提单背书的形式与方法有哪些？

7. 信用证若要求多份提单时，根据《UCP600》的解释，受益人是否可以只提交一份正本，其余为副本？

8. 根据《UCP600》的规定，提单应如何签署？

9. 什么是不清洁提单？构成不清洁提单的批注有哪些？

10. 海运提单是货物所有权的凭证吗？为什么？

11. 签发日期早于信用证开证日期的提单能否被银行接受？

12. 航空运单的作用是什么？

13. 铁路运单、邮包收据是不是物权凭证？为什么？

### 项目实训

实训一　根据情境引入案例，缮制集装箱货物托运单

| SHIPPER（发货人） | | D/R NO.（编号） | 上海中货 |
| --- | --- | --- | --- |
| CONSIGNEE（收货人） | | 集装箱货物托运单<br>船代留底　　第二联 | |
| NOTIFY PARTY（通知人） | | | |
| PRE-CARRIAGE BY（前程运输）　PLACE OF RECEIPT（收货地点） | | | |
| OCEAN VESSEL（船名）VOY NO（航次）　PORT OF LOADING（装货港） | | | |
| PORT OF DISCHARGE（卸货港） | PLACE OF DELIVERY（交货地点） | FINAL DESTINATION FOR THE MERCHANT'S REFERENCE（目的地） | |
| Container No.（集装箱号） | Seal No. 封志号：<br>Marks &No.s 唛头 | No. of Containers or Packages 箱数或件数 | Kind of packages Description of Goods 包装种类与货名 | Gross Weight 毛重（千克） | Measurement 尺码（立方米） |
| | | | | | |

| TOTAL NUMBER OF CONTAINERS OR PACKAGES(IN WORDS) 集装箱数或件数合计（大写） | | | | |
|---|---|---|---|---|

| Freight &Charges （运费与附加费） （运费到付） | Revenue Tons （运费吨） | Rate(运费率) | Per（每） | Prepaid （运费预付） | Collect （运费到付） |
|---|---|---|---|---|---|

| Ex. Rate:（兑换率） | Prepaid at（预付地点） | Payable at（到付地点） | | Place of Issue（签发地点） |
|---|---|---|---|---|
| | Total Prepaid（预付总额） | No.s of Original B(s)/L（正本提单份数） | | |
| | | | | |

| Service Type on Receiving □-CY □-CFS □-DOOR | Service Type on Delivery □-CY □-CFS □-DOOR | Reefer-Temperature required （冷藏温度） | ˚F | ˚C |
|---|---|---|---|---|

| TYPE OF GOODS （种类） | □Ordinary 普通　□ reefer 冷藏　□dangerous 危险品　□ Auto 裸装车辆　　□Liquid 液体　□ Live Animal 活动物　□Bulk 散货　□_____ | 危险品 | Class: Property: IMDG Code Page: UN No. |
|---|---|---|---|

| 可否转船： | | 可否分批： |
|---|---|---|
| 装期： | | 效期： |
| 金额： | | |
| 制单日期： | | |

## 实训二　按照下列信用证资料制作订舱委托书

CANNED MUSHROOMS PIECES & STEMS（碎片蘑菇罐头）的海关编码为 2003.1011

### （一）销售合同

**销售合同**
**SALES CONTRACT**

| 卖方 SELLER: | KKK TRADING CO., LTD. HUARONG MANSION RM2901 NO.85 GUANJIAQIAO, NANJING 210005, CHINA TEL: 0086-25-4715004　FAX: 0086-25-4711363 | 编号 NO.: | NEO20060116 |
|---|---|---|---|
| | | 日期 DATE: | Nov. 8, 2006 |
| | | 地点 SIGNED IN: | NANJING, CHINA |
| 买方 BUYER: | NEO GENERAL TRADING CO. P.O. BOX 99552, RIYADH 22766, KSA TEL: 00966-1-4659220　FAX: 00966-1-4659213 | | |

买卖双方同意以下条款达成交易：

This contract is made by and agreed between the BUYER and SELLER, in accordance with the terms and conditions stipulated below.

| 1. 品名及规格 Commodity & Specification | 2. 数量 Quantity | 3. 单价及价格条款 Unit Price & Trade Terms | 4. 金额 Amount |
|---|---|---|---|
| | | **CFR DAMMAM PORT, SAUDI ARABIA** | |

| ABOUT 1700 CARTONS CANNED MUSHROOMS PIECES & STEMS 24 TINS × 227 GRAMS NET WEIGHT (G.W. 425GRAMS) AT USD7.80 PER CARTON. ROSE BRAND. | 1700CARTONS | USD7.80 | USD13260.00 |
|---|---|---|---|
| **Total:** | **1700CARTONS** | | **USD13260.00** |

| 允许<br>With | 溢短装，由卖方决定<br>More or less of shipment allowed at the sellers' option |
|---|---|
| **5. 总值**<br>**Total Value** | USD THIRTEEN THOUSAND TWO HUNDRED AND SIXTY ONLY. |
| **6. 包装**<br>**Packing** | EXPORTED BROWN CARTON |
| **7. 唛头**<br>**Shipping Marks** | ROSE BRAND<br>178/2006<br>RIYADH |
| **8. 装运期及运输方式**<br>**Time of Shipment & means of Transportation** | Not Later Than JAN.15, 2007 BY VESSEL |
| **9. 装运港及目的地**<br>**Port of Loading & Destination** | From : SHANGHAI PORT, CHINA<br>To : DAMMAM PORT, SAUDI ARABIA |
| **10. 保险**<br>**Insurance** | TO BE COVERED BY THE BUYER. |
| **11. 付款方式**<br>**Terms of Payment** | The Buyer shall open through a bank acceptable to the Seller an Irrevocable Letter of Credit payable at sight of reach the seller 30 days before the month of shipment, valid for negotiation in China until the 15th day after the date of shipment. |
| **12. 备注**<br>**Remarks** | |

| The Buyer | The Seller |
|---|---|
| NEO GENERAL TRADING CO. | KKK TRADING CO., LTD. |
| (signature) | (signature) |

## （二）信用证

| MT S700 | ISSUE OF A DOCUMENTARY CREDIT | | PAGE | 00001 |
|---|---|---|---|---|

```
APPLICATION HEADER              RJHISARIAXXX
                                *ALRAJHI BANKING AND INVESTMENT
                                *CORPORATION
                                *RIYADH
                                *(HEAD OFFICE)

SEQUENCE OF TOTAL    *    27     1 / 1
FORM OF DOC. CREDIT  *    40 A   IRREVOCABLE
DOC. CREDIT NUMBER   *    20     0011LC123756
DATE OF ISSUE             31 C   061202
APPLICABLE RULES          40 E   UCP LATEST VERSION
DATE/PLACE EXP.      *    31 D   DATE 070130 PLACE CHINA
APPLICANT            *    50     NEO GENERAL TRADING CO.
                                 P.O. BOX 99552, RIYADH 22766, KSA
                                 TEL: 00966-1-4659220   FAX: 00966-1-4659213
```

| BENEFICIARY | * | 59 | KKK TRADING CO., LTD.<br>HUARONG MANSION RM2901 NO.85 GUANJIAQIAO, NANJING 210005, CHINA<br>TEL: 0086-25-4715004　FAX: 0086-25-4711363 |
| --- | --- | --- | --- |
| AMOUNT | * | 32 B | CURRENCY USD AMOUNT 13260, |
| PERCENTAGE CREDIT AMOUNT TOLERANCE | | 39 A | 10/10 |
| AVAILABLE WITH/BY | * | 41 D | ANY BANK IN CHINA,<br>BY NEGOTIATION |
| DRAFTS AT ... | | 42 C | SIGHT |
| DRAWEE | | 42 A | RJHISARI<br>*ALRAJHI BANKING AND INVESTMENT<br>*CORPORATION<br>*RIYADH<br>*(HEAD OFFICE) |
| PARTIAL SHIPMENTS | | 43 P | NOT ALLOWED |
| TRANSSHIPMENT | | 43 T | NOT ALLOWED |
| PORT OF LOADING | | 44 E | CHINESE MAIN PORT, CHINA |
| PORT OF DISCHARGE | | 44 F | DAMMAM PORT, SAUDI ARABIA |
| LATEST SHIPMENT | | 44 C | 070115 |
| GOODS DESCRIPT. | | 45 A | ISSUE OF A DOCUMENTA BY CREDIT<br>ABOUT 1700 CARTONS CANNED MUSHROOMS PIECES & STEMS 24 TINS × 227 GRAMS NET WEIGHT (G.W. 425 GRAMS) AT USD7.80 PER CARTON. ROSE BRAND. |
| DOCUMENTS REQUIRED: | | 46 A | |

+ SIGNED COMMERCIAL INVOICE IN TRIPLICATE ORIGINAL AND MUST SHOW BREAK DOWN OF THE AMOUNT AS FOLLOWS: FOB VALUE, FREIGHT CHARGES AND TOTAL AMOUNT C AND F.

+ FULL SET CLEAN ON BOARD BILL OF LADING MADE OUT TO THE ORDER OF ALRAJHI BANKING AND INVESTMENT CORP, MARKED FREIGHT PREPAID AND NOTIFY APPLICANT, INDICATING THE FULL NAME, ADDRESS AND TEL NO. OF THE CARRYING VESSEL'S AGENT AT THE PORT OF DISCHARGE.

+ PACKING LIST IN ONE ORIGINAL PLUS 5 COPIES, ALL OF WHICH MUST
BE MANUALLY SIGNED.

+ INSPECTION (HEALTH) CERTIFICATE FROM C.I.Q. (ENTRY-EXIT INSPECTION AND QUARANTINE OF THE PEOOPLES REP. OF CHINA) STATING
GOODS ARE FIT FOR HUMAN BEING.

+ CERTIFICATE OF ORIGIN
DULY CERTIFIED BY C.C.P.I.T.
STATING THE NAME OF THE MANUFACTURERS OF PRODUCERS AND THAT GOODS EXPORTED ARE WHOLLY OF CHINESE ORIGIN.

| | | | |
|---|---|---|---|
| | | | + THE PRODUCTION DATE OF THE GOODS NOT TO BE EARLIER THAN HALF MONTH AT TIME OF SHIPMENT. BENEFICIARY MUST CERTIFY THE SAME. |
| | | | + SHIPMENT TO BE EFFECTED BY CONTAINER AND BY REGULAR LINE. SHIPMENT COMPANY'S CERTIFICATE TO THIS EFFECT SHOULD ACCOMPANY THE DOCUMENTS. |
| ADDITIONAL CONDITION | | 47 A | |
| | | | A DISCREPANCY FEE OF USD50.00 WILL BE IMPOSED ON EACH SET OF |
| | | | DOCUMENTS PRESENTED FOR NEGOTIATION UNDER THIS L/C WITH |
| | | | DISCREPANCY. THE FEE WILL BE DEDUCTED FROM THE BILL AMOUNT. |
| | | | PAYMENT UNDER THE GOODS WAS APPROVED BY SAUDI GOVERNMENT LAB. |
| CHARGES | | 71 B | ALL CHARGES AND COMMISSIONS OUTSIDE |
| | | | KSA ON BENEFICIARIES' ACCOUNT INCLUDING REIMBURSING, BANK COMMISSION, DISCREPANCY FEE (IF ANY) AND COURIER CHARGES. |
| CONFIRMAT INSTR | * | 49 | WITHOUT |
| REIMBURS. BANK | | 53 D | ALRAJHI BANKING AND INVESTMENT CORP RIYADH (HEAD OFFICE) |
| INS PAYING BANK | | 78 | |
| | | | DOCUMENTS TO BE DESPATCHED IN ONE LOT BY COURIER. |
| | | | ALL CORRESPONDENCE TO BE SENT TO ALRAJHI BANKING AND INVESTMENT |
| | | | COPRORATION RIYADH (HEAD OFFICE) |
| SEND REC INFO | | 72 | REIMBURSEMENT IS SUBJECT TO ICC URR 525 |

（三）实际货物装运信息

（1）PACKING: 1750CTNS

（2）SIZE OF CARTON：20CM×25CM×30CM

（3）INVOICE NO: 2006SDT001    INVOICE DATE: DEC. 13, 2006

（4）SHIPPING MARKS:

ROSE BRAND

178/2005

RIYADH

（5）FREIGHT 运费为 USD1000.00

（6）SHIPPED IN 1×20'FCL

（7）DATE OF SHIPMENT: DEC. 26, 2006

（四）商业发票

# KKK TRADING CO., LTD.
HUARONG MANSION RM2901 NO.85 GUANJIAQIAO, NANJING 210005, CHINA
TEL: 0086-25-4715004    FAX: 0086-25-4711363

## COMMERCIAL INVOICE

| To: | NEO GENERAL TRADING CO.<br>P.O. BOX 99552, RIYADH 22766, KSA | Invoice No.: | 2006SDT001 |
|---|---|---|---|
| | | Invoice Date: | DEC. 13, 2006 |
| | | S/C No.: | NEO20060116 |
| | | S/C Date: | NOV. 8, 2006 |

| From: | SHANGHAI PORT, CHINA | To: | DAMMAM PORT, SAUDI ARABIA |
|---|---|---|---|

| Letter of Credit No.: | 0011LC123756 | Issued By: | ALRAJHI BANKING AND INVESTMENT CORP. |
|---|---|---|---|

| Marks and Numbers | Number and kind of package<br>Description of goods | Quantity | Unit Price | Amount |
|---|---|---|---|---|
| ROSE BRAND 178/2006 RIYADH C/NO.:1-1750 | CFR DAMMAM PORT, SAUDI ARABIA<br><br>CANNED MUSHROOMS PIECES & STEMS 24 TINS × 227 GRAMS NET WEIGHT (G.W. 425 GRAMS) ROSE BRAND<br><br>PACKED IN 1750CTNS, SHIPPED IN 1×20'FCL.<br><br>FOB:USD12650.00<br><br>FREIGHT CHARGE: USD1000.00. | 1750CTNS | USD7.80/CTN | USD13650.00 |
| TOTAL: | | 1750CTNS | | USD13650.00 |
| SAY TOTAL: | U.S.DOLLARS THIRTEEN THOUSAND SIX HUNDRED FIFTY ONLY. | | | |

KKK TRADING CO., LTD.
+++++++

121

（五）装箱单

## KKK TRADING CO., LTD.

HUARONG MANSION RM2901 NO.85 GUANJIAQIAO, NANJING 210005, CHINA

TEL: 0086-25-4715004    FAX: 0086-25-4711363

## PACKING LIST

| To: | NEO GENERAL TRADING CO.<br>P.O. BOX 99552, RIYADH 22766, KSA | | Invoice No.: | 2006SDT001 |
|---|---|---|---|---|
| | | | Invoice Date: | DEC. 13, 2006 |
| | | | S/C No.: | NEO2006026 |
| | | | S/C Date: | NOV. 8, 2006 |

| From: | SHANGHAI PORT, CHINA | To: | DAMMAM PORT, SAUDI ARABIA |
|---|---|---|---|
| Letter of Credit No.: | 0011LC123756 | Date of Shipment: | DEC. 26, 2006 |

| Marks and Numbers | Number and kind of package Description of goods | Quantity | Package | G.W | N.W | Meas. |
|---|---|---|---|---|---|---|
| ROSE BRAND 178/2006 RIYADH C/NO.1-1750 | CANNED MUSHROOMS<br><br>SHIPPED IN 1×20'FCL. | 1750CTNS | 1750CTNS | 17850KGS | 9534KGS | 26.25M$^3$ |
| **TOTAL:** | | 1750CTNS | 1750CTNS | 17850KGS | 9534KGS | 26.25M$^3$ |

| SAY TOTAL: | ONE THOUSAND SEVEN HUNDRED FIFTY CARTONS ONLY. |
|---|---|

KKK TRADING CO., LTD.

++++++

(MANUALLY SIGNED)

122

### 实训三　按照下列条款正确填制提单一份

1．信用证有关条款

（1）L/C No. LMB33/66 dated Sep.4, 2015 issued by Bank of Starextend.

（2）A full set clean shipped "on board" Ocean Bill of Lading, dated not later than Oct.15, 2015, Marked "freight paid", made out and endorsed to the order of Bank of Starextend, 96 cornerhill, Felixstowe ,UK, notifying Express Shipping Services, 336 Ajose Adeogun Road.

（3）Shipment date: Oct.10, 2015.

（4）Expiry date: Oct.30, 2015.

（5）Short form Bill of lading are not acceptable.

（6）Evidencing the current shipment from The People's Republic of China Port to Felixstowe for the undermentioned goods.

（7）Beneficiary: China Comforland I/E Corp. Guang Jing Branch.

（8）1000 cartons of Coral Blanket @ USD12.00per pc under Contract No.CF77980 CIF Felixstowe.

2．有关资料

（1）Marks: W.N Felixtowe No.1-1000CTN

（2）B/L No. WX7789673

（3）Gross Weight: 15000KGS

（4）Measurement: 55.533M$^3$

（5）Ocean Vessel: GUANGRONG. V.47.

# 缮制保险单据

通过本项目的学习，使学生了解保险单据的种类及在使用过程中的区别，掌握投保单、承保回执、保险单的内容及制作要求。

**职业能力目标**

能根据合同和信用证制作投保单并审核保险单。

**情境引入**

上海市纺织品进出口公司（Shanghai Textiles Import & Export Corporation）与美国 CRYSTAL KOBE LTD.洽谈含 55%纤维 45%棉的女士短衫（LADIES'55% ACRYLIC 45% COTTON KNITTED BLOUSE）。签订编号为 21SSG-017 的合同，约定成交数量为 500 打 120 纸箱的女士短衫，单价为 USD 48.5 PER DOZ，CIFC3% NEW YORK，投保一切险和战争险，运输标志为

CRYSTAL

NEWYORK

L-02-I-034376

C/NO. 1-120

MADE IN CHINA

该批货物于 2004 年 11 月 20 日在上海装 ZHE LU V. 031118E 运往美国纽约港

INVOICE NO. STP015088

L/C NO. L-02-I-034376

INSURANCE POLICY NO. SH01/0456980
现需要公司单证员小王缮制相关投保单据。

# 任务一　货物运输险投保流程

## 一、选择投保险别

海运货物保险是国际贸易正常进行的必要保障，只有选择了适当的险别，才能得到充分的经济补偿。由于不同的险别保险人承保的责任不同，被保险人受保障的程度不同，保险费率也不同。为了使被保险货物得到充分的保障，又要减少不必要的保费支出，所以在选择险别时要慎重，其受以下几个因素影响。

### （一）标的物的自然属性和特点

由于不同货物有着不同的属性，其在运输途中所遇到的风险不同，从而遭受的损失也不尽相同。比如，茶叶容易吸潮、串味；谷粮容易遭虫、鼠咬食；油脂容易粘在舱壁等。因此，根据此类商品的特性，在投保水渍险的基础上加保受潮受热险、串味险、玷污险、短量险等，也可投保一切险。

### （二）标的物的包装

货物在运输途中，往往由于包装破损而造成不必要的损失，因此，在选择险别时，货物的包装因素必须考虑在内。但是属于装运前发货人的责任，包装不良或不当造成货物损失时，保险人不负赔偿责任。

### （三）运输路线及港口情况

货物在运输途中所遇的风险大小与其选择的运输路线以及所停泊的港口的安全情况有很大的关系。比如，海洋运输的风险比陆上运输的风险大。在政局不稳，已经发生战争的海域内航行，遭受意外损失的可能性自然增大。

### （四）运输季节

不同的运输季节，给运输货物带来的风险和损失也不同。例如，夏季转运粮食、果品，极易出现发霉、腐烂或者生虫的现象。因此，在选择险别时，应注意季节的影响。

125

▌小知识▐

在国际货物买卖业务中，保险是一个不可缺少的条件和环节。其中业务量最大，涉及面最广的是海洋运输货物保险。中国人民保险公司（PICC）于1981年1月1日修订的海洋运输保险条款，是参照国际保险市场的一般习惯并结合我国保险工作制订的，简称为"中国保险条款"（CIC）。它规定的保险险别主要有基本险、一般附加险和特殊附加险。

基本险分为平安险（FREE FROM PARTICULAR AVERAGE，简称FPA）、水渍险（WITH PARTICULAR AVERAGE，简称WA或WPA）和一切险（ALL RISK）三种。其中，一切险的承保范围最大，平安险的承保范围最小。

附加险是对基本险的补充和扩大，投保人只能在投保一种基本险的基础上才可以加保一种或几种附加险。附加险有一般附加险、特别附加险和特殊附加险三类。一般附加险有十一种，如果投保了一切险，这些附加险就包括在里面了。一般附加险包括偷窃、提货不着险（THEFT PILFERAGE AND

NON-DELIVERY，T.P.N.D），淡水雨淋险（FRESH WATER &/OR RAIN DAMAGE，F.W.R.D），短量险（RISK OF SHORTAGE），渗漏险（RISK OF LEAKAGE），混杂、玷污险（RISK OF INTERMIXTURE AND CONTAMINATION），碰损、破碎险（RISK OF CLASH AND BREAKAGE），串味险（RISK OF ODOR），受潮受热险（DAMAGE CAUSED BY SWEATING & HEATING），锈损险（RISK OF RUST），钩损险（HOOK DAMAGE），包装破裂险（BREAKAGE OF PARKING）。

特别附加险包括战争险（WAR RISK），罢工险（STRIKES RISK），交货不到险（FAILURE TO DELIVER），进口关税险（IMPORT DUTY RISK），舱面险（ON DECK RISK），拒收险（REJECTION RISK），黄曲霉素险（AFLATOXIN），出口货物到我国香港、九龙或澳门存仓扩展条款（FIRE RISK EXTENSION CLAUSE FOR STORAGE OF CARGO AT DESTINATION OF HONG KONG，INCLUDING KOWLOON OR MACAO，FREC）。

英国伦敦保险人协会的"协会货物条款"，即 ICC（Institute Cargo Clauses），最早制订于 1912 年，最近的一次修改完成于 1982 年，并于 1982 年 1 月 1 日开始在伦敦保险市场使用。现行的 ICC 条款主要有协会货物条款（A）Institute Cargo Clauses（A）——ICC（A）、协会货物条款（B）Institute Cargo Clauses（B）——ICC（B）、协会货物条款（C）Institute Cargo Clauses（C）——ICC（C）、协会战争险条款（货物）Institute War Clauses（Cargo）和协会罢工险条款（货物）Institute Strikes Clauses（Cargo）。其中，ICC（A）、ICC（B）和 ICC（C）均为主险，ICC（A）的承保责任最大，ICC（B）次之，ICC（C）的承保责任最小。战争和罢工均为附加险。

CIC 和 ICC 两种条款承保责任有差别，不能完全等同。ICC（A）接近于一切险（ALL RISKS），ICC（B）接近于水渍险（WPA），ICC（C）接近于平安险（FPA）。

## 二、确定保险金额

保险金额是被保险人对保险标的实际投保金额，它是保险人承担保险责任和损失赔偿的最高限额。那么，保险金额是如何确定的呢？以下从进出口两方面进行分析。

### （一）出口货物保险金额的确定

在 CIF 条件成交情况下，由出口方投保货运险。在我国出口业务中，保险金额一般按 CIF 加成 10% 计算，这样既弥补了被保险人货物的损失，又可以使运费和保险费的损失得到补偿。如果国外商人要求将加成率提高到 20% 或 30%，其差额部分应由国外买方负担。

保险金额的计算公式是

保险金额 = CIF 货价 ×（1 + 加成率）

如果出口按 CFR 成交，保险金额的计算公式是

保险金额 = CFR ×（1 + 加成率）/[1−（1 + 加成率）× 保险费率]

### （二）进口货物保险金额的确定

我国进口货物的保险金额以估算的 CIF 价格为标准，不另加成。如投保人要求在 CIF 价基础上加成投保，保险公司也可接受。

如果按照 CFR 或 FOB 价格成交，则按照预约保险合同适用的特约保险费率和平均运费率直接计算保险金额。

按 CFR 进口时，保险金额 = CFR 货价 ×（1 + 特约保险费率）

按 FOB 进口时，保险金额 = FOB 货价 ×（1 + 平均运费率+特约保费率）

## 三、计算保险费

投保人向保险人交付保险费，换取保险人承担相应的赔偿责任。保险费是用于支付保险

赔款的主要来源，它以保险金额为基础，按一定保费率计算出来，其计算公式如下：

$$保险费 = 保险金额 \times 保险费率$$

如按 CIF 加成投保，则公式为

$$保险费 = CIF（1+加成率）\times 保险费率$$

## （一）出口货物保险费率

保险费率是保险人根据保险标的危险性大小、损失率高低、经营费用多少等因素，按照不同商品、不同目的地以及不同的投保险别加以规定的。目前，中国人民保险公司出口货物保险费率分为一般货物费率和指明货物费率两大类。

### 1. 一般货物费率

一般货物费率适用于所有海运出口的货物，凡投保基本险别的均需依照"一般货物费率表"所列标准核收保险费。

### 2. 指明货物加费费率

由于某些货物在运输途中因外来风险引起短少、破碎和腐烂等损失率极高，因此，针对这些已损失货物加收一种附加费率，将它们单独列出，并称之为"指明货物"。

## （二）进口货物保险费率

我国进口货物保险也有两种费率表，即"特约费率表"和"进口货物费率表"。

"特约费率表"仅适用于同保险公司签订有预约保险合同的各投保人。"进口货物费率表"适用于未与保险公司订有预约保险合同的逐笔投保的客户，分为一般货物费率和特加费率两项。

投保流程如图 5-1 所示。

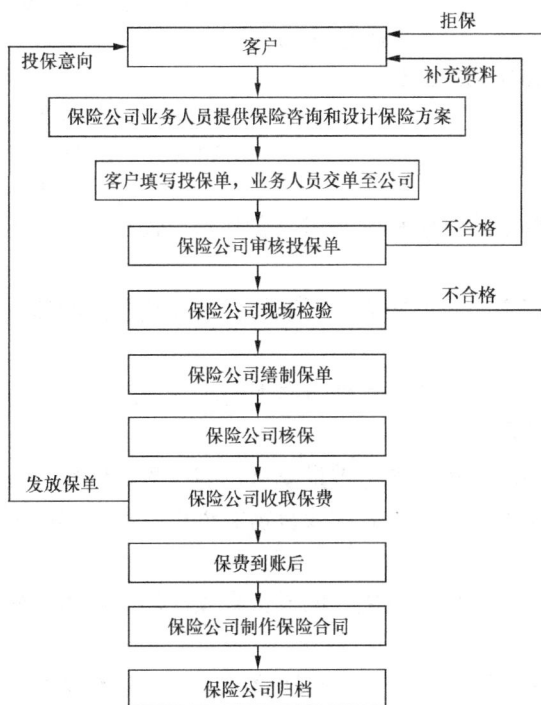

图 5-1　货物运输险投保流程

# 任务二　缮制投保单和保险单

## 一、填写投保单

投保单（样单 5-1）是发货人或被保险人在货物发运前，确定装运工具并缮制发票以后，向保险公司（保险人）办理投保手续所填制和提交的单据。投保单由出口公司在投保时填写，其内容应按合同或信用证要求仔细、认真填写，不能有错。保险公司根据投保单的内容，填写承保回执（样单 5-2），并缮制和签发保险单。

### 样单 5-1　投保单

#### 海运出口货物投保单

（1）保险人

THE PEOPLE'S INSURANCE COMPANY OF CHINA SHANGHAI BRANCH

（2）被保险人

HENGLONG TRADING CO., LTD

| （3）标记 | （4）包装及数量 | （5）保险货物项目 | （6）保险货物金额 |
|---|---|---|---|
| As per Invoice No.: 98WYHD-0042 | 930 CTNS | PLUSH TOYS | US $ 100169.00 |

（7）总保险金额：（大写）

SAY U.S.DOLLARS ONE HUNDRED THOUSAND ONE HUNDRED AND SIXTY NINE ONLY

（8）运输工具：　　　　　（船名）　　　　　（航次）

　　　　　　　　　　PU HE　　　　　　0011W

（9）装运港：SHANGHAI　　　　　　（10）目的港：AMSTERDAM

（11）投保险别：

COVERING INSTITUTE CARGO CLAUSES（A）

AND WAR CLAUSES OF INSTITUTE CARGO

（12）货物起运日期：06-May-98

（13）投保日期：

30-Apr-98

（14）投保人签字：

HENGLONG TRADING CO., LTD

王小兰

各保险公司的投保单格式不尽相同，但内容基本一致，内容如下。

#### 1. 保险人

除非信用证有特别规定，一般应为信用证的受益人或合同的卖方，即发货人。

#### 2. 唛头

要求按信用证规定，或与发票等其他单据上的唛头一致。

#### 3. 数量和保险物资项目

数量，即出口货物的总数量，如总重量或总包装件数；保险物资项目，即货物的品名或规格，一般按提单的填法，填写大类名称或货物的统称，不必详细列明各种规格等细节。

#### 4. 保险金额

填写计算投保加成后的总保险金额，或成交金额，但需标明成交价格条件。

#### 5. 装运路线

即装于何种运输工具；开航日期，即为提单签发日期；运输路线，即货物装运地和目的地。

#### 6. 提单、通知单或邮局收据号次

根据不同的运输方式，填写运单号，如提单号、航空运单号或其他运输单据号。

## 7. 保费给付地点及赔款地点

一般在 CIF 条件下，卖方支付保险费，地点为卖方所在地，赔款偿付地点一般为买方所在地。

## 8. 保险险别

按合同规定或信用证条款。

## 9. 加成

按规定，保险公司一般能接受的最高加成是 30%，超过此，保险公司一般不予承保。

## 10. 包装情况

集装箱或散货运输。

## 11. 保单号次和费率

由保险公司负责填写。

## 12. 投保人签章

上述内容填完后投保人须签字盖章才能生效。

除上述的投保单外，有时，出口企业也可用出口货物明细单或发票副本来代替投保单，但必须加注有关的保险项目，如运输工具、开航日期、承保险别、投保金额或投保加成、赔款地、保单份数等要求。

样单 5-2 所示为承保回执。

### 样单 5-2 承保回执

# 海运出口货物承保回执

（1）保险人　　　　　　　　　　　（2）被保险人

THE PEOPLE'S INSURANCE COMPANY　　HENGLONG TRADING CO.，LTD

OF CHINA SHANGHAI BRANCH

（3）保单号次　　PICCSH988784　　　　　（4）保单日期 30-Apr-98

| （5）标记 | （6）包装及数量 | （7）保险货物项目 | （8）保险货物金额 |
|---|---|---|---|
| As per Invoice No. 98WYHHD-0042 | 930 CTNS | PLUSH TOYS | US$100169.00 |

（9）总保险金额：（大写）
SAY U.S.DOLLARS ONE HUNDRED THOUSAND ONE HUNDRED AND SIXTY NINE ONLY

（10）运输工具：（船名）（航次）　　　（11）装运港：　　（12）目的港：

　　　　　PU HE　　0011W　　　　　SHANGHAI　　　　AMSTERDAM

（13）投保险别：　　　　　　　　　　（14）保险代理：

COVERING INSTITUTE CARGO CLAUSES（A）　　THE PEOPLE'S INSURANCE

AND WAR CLAUSES OF INSTITUTE CARGO　　COMPANY OF CHINA，

　　　　　　　　　　　　　　　　AMSTERDAM BRANCH 530#

　　　　　　　　　　　　　　　　ARIL ST. AMSTERDAM，

　　　　　　　　　　　　　　　　THE NETHERLANDS

中国人民保险公司上海分公司
PEOPLE'S INSURANCE COMPANY OF CHINA
SHANGHAI BRANCH

周平

（15）偿付地点：　　AMSTERDAM

（16）应缴保费：　　US$851.44

# 二、填制保险单

## （一）保险单据的种类

### 1. 保险单（INSURANCE POLICY）

保险单俗称大保单，是一种正规的保险合同，是完整独立的保险文件，保单背面印有货物运输保险条款（一般表明承保的基本险别条款内容），还列有保险人的责任范围及保险人与被保险人各自的权利、义务等方面的条款（样单 5-3）。

样单 5-3　保险单

| | | | |
|---|---|---|---|
| 中　国　人　民　保　险　公　司 | | | |
| THE PEOPLE'S INSURANCE COMPANY OF CHINA | | | |
| 总公司设于北京　　　　一九四九年创立 | | | |
| Head office: BEIJING　　　　Established 1949 | | | |
| 保　险　单　　　　　　　保险单号次 | | | |
| INSURANCE POLICY　　　　POLICY NO. PICCSH 988784 | | | |

中　国　人　民　保　险　公　司（以　下　简　称　本　公　司）
THIS POLICY OF INSURANCE WITNESSES THAT THE PEOPLE'S INSURANCE COMPANY OF CHINA （HEREINAFTER CALLED "THE COMPANY"）
根　据
AT THE REQUEST OF HENGLONG TRADING CO.,, LTD
（以　下　简　称　被　保　险　人）的　要　求,由　被　保　险　人　向　本　公　司　缴　付　约
（HEREINAFTER　CALLED " THE INSURED "）AND　IN　CONSIDERATION　OF　THE AGREED　PREMIUM　PAID　TO　THE　COMPANY BY THE
定　的　保　险,按　照　本　保　险　单　承　保　险　别　和　背　面　所　载　条　款　下　列
INSURED UNDERTAKES TO INSURE THE UNDERMENTIONED GOODS IN TRANSPORTATION SUBJECT TO THE CONDITIONS　OF　THIS　POLICY
特　款　承　保　下　述　货　物　运　输　保　险,特　立　本　保　险　单
AS　PER　THE　CLAUSES　PRINTED　OVERLEAF　AND　OTHER　SPECIAL　CLAUSES　ATTACHED　HEREON

| 标记<br>MARKS & NOS | 包装及数量<br>QUANTITY | 保险货物项目<br>DESCRIPTION OF GOODS | 保险金额<br>AMOUNT INSURED |
|---|---|---|---|
| As per Invoice No.: 98WYHD-0042 | 930 CTNS | PLUSH TOYS | US $ 100169.00 |

总 保 险 金 额:
TOTAL AMOUNT INSURED: SAY USDOLLARS ONE HUNDRED THOUSAND ONE HUNDRED AND SIXTY NINE ONLY

保费　　　　　　　　费率　　　　　　　　装载运输工具
PREMIUM AS ARRANGED　　　RATE AS ARRANGED　　　PER CONVEYANCE S.S.　PUHE　0011W

开航日期　　　　　　　　自　　　　　　　　至
SLG. ON OR ABT. AS PER BILL OF LADING　　FROM　SHANGHAI　TO　AMSTERDAM

承　保　险　别:
CONDITIONS
COVERING INSTITUTE CARGO CLAUSES （A） AND WAR CLAUSED OF INSTITUTE CARGO CLAUSES.
所 保 货 物, 如 遇 出 险, 本 公 司 凭 本 保 险 单 及 其 他 有 关 证 件 给 付 赔 款。
CLAIMS, IF ANY, PAYABLE ON SURRENDER OF THIS POLICY TOGETHER WITH OTHER RELEVANT DOCUMENTS
所 保 货 物, 如 发 生 本 保 险 单 项 下 负 责 赔 偿 的 损 失 或 事 故,
IN THE EVENT OF ACCIDENT WHEREBY LOSS OR DAMAGE MAY RESULT IN A CLAIM UNDER THIS POLICY IMMEDIATE NOTICE
应 立 即 通 知 本 公 司 下 述 代 理 人 查 勘。
APPLYING FOR SURVEY MUST BE GIVEN TO THE COMPANY'S AGENT AS MENTIONED HEREUNDER:
中国人民保险公司阿姆斯特丹分公司

THE PEOPLE'S INSURANCE CO. OF CHINA

AMSTERDAM BRANCH

续表

530# ARIL ST.
AMSTERDAM, THE NETHERLANDS
赔 款 偿 付 地 点
CLAIM PAYABLE AT/IN AMSTERDAM IN USD
日　期　　　　　　　　上　海
DATE　　30-Apr-1998　　　　SHANGHAI
地址：中国上海中山东一路 23 号　TEL：3234305
3217466-44 Telex：33128 PICCS CN.
Address: 23 Zhongshan Dong Yi Lu Shanghai, China.
Cable: 42001 Shanghai

Endorsement:　　HENGLONG TRADING CO., LTD
　　　　　　　　王小兰
　　　　　　　30-Apr-98

中国人民保险公司上海分公司
**THE PEOPLE'S INSURANCE COMPANY OF**
**CHINA SHANGHAI　　BRANCH**

何　静　芝

General Manager

## 2.　保险凭证（INSURANCE CERTIFICATE）

保险凭证俗称"小保单"，中国人民保险公司发出的保险凭证是表示保险公司已经接受保险的一种证明文件，它不印刷保险条款，只印刷承保责任界限，以保险公司的保险条款为准。这是一种比较简化的保险单据，但与保险单有同等的法律效力。

## 3.　联合凭证（COMBINED CERTIFICATE）

联合凭证又称承保证明（Risk Note），是我国保险公司特别使用的，比保险凭证更简化的保险单据。保险公司仅将承保险别、保险金额及保险编号加注在我国进出口公司开具的出口货物发票上，并正式签章即作为已经保险的证据。这是一种最简单的保险单据。

## 4.　预约保险单（OPEN POLICY）

预约保险单是保险公司对被保险人将要装运的属于约定范围内的一切货物自动承保的总合同。在货物运输保险中，一些有大量运输业务的单位逐笔业务进行保险，不仅烦琐，而且容易发生漏保等差错，为了简化投保手续，可以与保险公司签订预约保险合同。

预约保险合同一般要求投保单位所有的运输业务都要投保，双方约定保险标的、保险险别、保险费率、适用保险条款、保险费和赔款的支付方法等。在承保范围内的被保险货物一经启运，保险公司即自动承保。订立这种合同既可以简化保险手续，又可使货物一经装运即可取得保障。

## 5.　保险声明（INSURANCE DECLARATION）

预约保险单项下的货物一经确定装船，要求被保险人立即以保险声明书的形式，将该批货物的名称、数量、保险金额、船名、起讫港口、航次、开航日期等通知保险人，银行可将保险声明书当作一项单据予以接受。

## 6.　批单（INSURANCE ENDORSEMENT）

批单亦称"背书"，是变更保险合同内容的一种补充文件；经过签章后附贴在保险单上的批单与保险单具有同样的法律效力。

批单通常在两种情况下适合使用：一是对已印制好的标准保险单所做的部分修正，这种修正并不改变保险单的基本保险条件，或者缩小保险责任范围，或者扩大保险责任范围；二是在保险合同订立后的有效期对某些保险项目进行更改和调整。批单可在原保险单或保险凭证上批注，也可另外订立一张变更合同内容的附贴便条。凡经批改过的内容，以批单为准，多次批改，应以最后批改为准。

## 7.　暂保单（COVER NOTE）

暂保单又称"临时保险书"，是保险单或保险凭证签发之前，保险人发出的临时单证。

暂保单的内容较为简单，仅表明投保人已经办理了保险手续，并等待保险人出立正式保险单。暂保单不是订立保险合同的必经程序，除非信用证特别要求，银行不接受暂保单。使用暂保单一般有以下三种情况。

（1）保险代理人在争取到业务时，还未向保险人办妥保险单手续之前，给被保险人的一种证明。

（2）保险公司的分支机构，在接受投保后，还未获得总公司的批准之前，先出立的保障证明。

（3）在制订或续订合同时，订约双方还有一些条件需商讨，在没有完全谈妥之前，先由保险人出具给被保险人的一种保障证明。

暂保单具有和正式保险单同等的法律效力，但一般暂保单的有效期不长，通常不超过 30 天，当正式保险单出立后，暂保单就自动生效。如果保险人最后考虑不出立保险单，也可以终止暂保单的效力，但必须提前通知投保人。

### （二）保险单的内容

#### 1. 被保险人（INSURED）

被保险人一般为信用证的受益人。在 CIF 术语下，卖方是为了买方的利益保险的，保险单的背书转让十分重要，应视信用证的要求进行背书。

#### 2. 唛头（MARK &NOS.）

应与发票、提单上的唛头一致。如信用证无要求，可简单填"AS PER INVOICE NO..."。

#### 3. 包装及数量（PACKING AND QUANTITY）

应与商业发票一致。以包装件数计价的，可只填件数；以净重计价的，可填件数及净重；以毛作净的，可填件数及毛重；散装货物，可填"IN BULK"，然后再填重量。

#### 4. 保险货物项目（DESCRIPTION OF GOODS）

若名称繁多，可用统称，但应与提单、产地证书等单据一致，并不得与信用证相抵触。

#### 5. 保险金额（AMOUNT INSURED）

除非信用证另有规定，保险单据必须使用与信用证相同的货币。

#### 6. 总保险金额（TOTAL AMOUNT INSURED）

即保险金额的大写，其数额和币种应与小写的保险金额和币种保持一致。

#### 7. 保费和费率（PREMIUM AND RATE）

一般填"AS ARRANGED"。但如果信用证要求具体列出保费和费率，应明确填上。

#### 8. 装载运输工具（PER CONVEYANCE S.S）

如为海运，且为直达船，则在栏内直接填上船名、航次；如为中途转船，则应在填上第一程船名后，再加填第二程船名；如为其他运输方式，则填"BY RAILWAY"或"BY TRAIN, WAGON NO...."（陆运）等。

#### 9. 开航时间（SLG.ON OR ABT.）

按运输单据的日期填制，海运且运输单据为提单时可填"AS PER B/L"。

#### 10. 运输起讫地（FROM...TO...）

按运输单据填制。如中途转船，需填上"WITH TRANSSHIPMENT..."。

#### 11. 保险险别（CONDITIONS）

按照信用证的规定办理，通常包括险别及所依据的保险条款。

#### 12. 赔款偿付地点（CLAIM PAYABLE AT）

按信用证的规定填制。如信用证未规定，则填目的港名称。有的信用证要求注明偿付货币名称，应照办，如"AT  LONDON  IN USD"。

### 13. 保险勘查办理人（INSURANCE  SURVEY  AGENT）

由保险公司选定，地址必须详细。

### 14. 签发地点和日期（PLACE  AND  DATE  OF  ISSUE）

签发地点应为受益人所在地，一般在保险单上已印制好。签发日期应早于或等于运输单据的签发日期。除非信用证另有规定，银行对签发日期迟于运输单据注明的装船或发运或接受监管日期的保险单据将不予以接受。

### 15. 签署（AUTHORIZED  SIGNATURE）

保险单从表面上看，必须经保险公司（INSURANCE  CO.）或承保人（UNDERWRITERS）或由他们的代理人签署才有效。除非信用证特别授权，银行将不接受由保险经纪人（BROKER）签发的暂保单（COVER  NOTES）。

## 三、信用证中有关保险单据的条款举例

（1）INSURANCE POLICIES OR CERTIFICATE IN TWO FOLD PAYABLE TO THE  ORDER OF COMMERCIAL BANK OF LONDON LTD.COVERING MARINE INSTITUTE CARGO CLAUSES A(1.1.1982),INSTITUTE  STRIKE  CLAUSES  CARGO(1.1.1982),INSTITUTE WAR  CLAUSES  CARGO(1.1.1982)FOR  INVOICE  VALUE  PLUS  10%  INCLUDING WAREHOUSE  TO  WAREHOUSE  UP  TO  THE  FINAL  DESTINATIN  AT  SWISSLAND, MARKED PREMIUM PAID, SHOWING CLAIMS IF ANY,PAYABLE IN SWISS，NAMING SETTLING   AGENT IN SWISS.

保险单或保险凭证一式二份,由伦敦商业银行做记名指示背书,按伦敦保险协会条款（1982年1月1日版）投保 ICC（A）、协会罢工险条款（货物）（1982年1月1日版）和协会战争险条款（货物）（1982年1月1日版）投保，按发票金额加10%投保，包括仓至仓条款到达最后目的地 SWISSLAND，标明保费已付，在瑞士赔付，同时标明在瑞士理赔代理人的名称。

（2）INSURANCE POLICY/CERTIFICATE.ISSUED TO THE APPLICANT(AS INDICATED ABOVE), COVERING RISKS AS PER INSTITUTE CARGO CLAUSES(A),AND INSTITUTE WAR  CLAUSES(CARGO)INCLUDING  WAREHOUSE  TO  WAREHOUSE  CLAUSE  UP  TO FINAL DESTINATION AT SCHONDORF,FOR AT LEAST 110PCT OF CIF VALUE,MARKED PREMIUM  PAID  SHOWING  CLAIMS  IF  ANY  PAYABLE  IN  GERMANY,SHOWING SETTLING AGENT IN GERMANY.

此保单或保险凭证签发给如上所述的开证申请人，按伦敦保险协会条款投保 ICC(A)和协会战争险，包括仓至仓条款到达最后目的地 SCHONDORF，至少按 CIF 价发票金额110%投保，标明保费已付，注明在德国赔付，同时表明在德国理赔代理人的名称。

（3）MARINE INSURANCE POLICY OF CERTIFICATE IN DUPLICATE, INDORSED IN BLANK,FOR FULL INVOICE VALUE PLUS 10 PERCENT STATING CLAIM PAYABLE IN THAILAND COVERING FPA AS PER OCEAN MARINE CARGO CLAUSE OF THE PEOPLE'S INSURANCE COMPANY OF CHINA DATED 1/1/1981,INCLUDING T.P.N.D. LOSS AND /OR DAMAGE CAUSED BY HEAT,SHIP'S SWEAT AND ODOR,HOOP-RUST, BREAKAGE OF PACKING.

保险单或保险凭证一式二份，空白背书，按发票金额加10%投保，声明在泰国赔付，根

据中国人民保险公司 1981 年 1 月 1 日的海洋运输货物保险条款投保平安险，包括偷窃提货不着、受热船舱发汗、串味、铁箍锈损、包装破裂所导致的损失。

（4）INSURANCE PLOICIES OR CERTIFICATE IN DUPLICATE ENDORSED IN BLANK OF 110% OF INVOICE VALUE COVERING ALL RISKS AND WAR RISKS AS PER　CIC WITH CLAIMS PAYABLE AT SINGAPORE IN THE CURRENCY OF DRAFT(IRRESPECTIVE OF PERCENTAGE), INCLUDING 60 DAYS AFTER DISCHARGES OF THE GOODS AT PORT OF DESTINATION(OF AT STATION OF DESTINATION)SUBJECT TO CIC.

将保单或保险凭证做成空白背书，按发票金额的 110% 投保中国保险条款的一切险和战争险，按汇票所使用的货币在新加坡赔付（无免赔率），并根据中国保险条款，保险期限在目的港卸船（或在目的地车站卸车）后 60 天为止。

## 项目总结

出口商在备齐成交货物准备出运之前，往往需要通过投保出口货物运输保险来降低货物在运输途中的风险。因此出口商需要按照出口货物运输保险的投保流程，选择适当的险别，按照保险单据的填制要求以及信用证的要求填制投保单、保险单等一系列保险单据向保险公司投保出口货物运输险，并缴纳相应的保险费，从而为货物运输提供安全保障。本项目着重介绍了投保单及保险单的内容及缮制方法。

## 练习与思考

1. 中国保险条款中国际货物海洋运输险有哪些险别？
2. 货物运输险的投保流程是什么？
3. 保险单据有哪些种类？
4. 投保单与保险单的区别是什么？
5. 信用证中关于保险险别的条款应如何处理？
6. 信用证中关于保险金额、保险单份数的规定应如何理解？
7. 保险单的签发日期填写时应注意什么？
8. 保险单中"DESCRIPTION OF GOODS"栏能否填写货物的统称？

## 项目实训

**实训　根据情境引入案例提供的资料填制下列保险单**

| PICC | 中国人民保险公司上海市分公司<br>The People's Insurance Company of China Shanghai Branch<br>总公司设于北京　　　一九四九年创立<br>Head Office Beijing　　Established in 1949 | | |
|---|---|---|---|
| | **货物运输保险单**<br>CARGO TRANSPORTATION INSURANCE POLICY | | |
| 发票号（INVOICE NO.） | | 保单号次<br>POLICY NO. | |
| 合同号（CONTRACT NO.） | | | |
| 信用证号（L/C NO.） | | | |
| 被保险人：<br>Insured: | | | |

中国人民保险公司（以下简称本公司）根据被保险人的要求，由被保险人向本公司缴付约定的保险费，按照本保险单承保险别和背面所载条款与下列特

款承保下述货物运输保险，特立本保险单。

THIS POLICY OF INSURANCE WITNESSES THAT THE PEOPLE'S INSURANCE COMPANY OF CHINA（HEREINAFTER CALLED "THE COMPANY"）

AT THE REQUEST OF THE INSURED AND IN CONSIDERATION OF THE AGREED PREMIUM PAID TO THE COMPANY BY THE INSURED,UNDERTAKES TO INSURE THE UNDERMENTIONED GOODS IN TRANSPORTATION SUBJECT TO THE CONDITIONS OF THIS POLICY AS PER THE CLAUSES PRINTED OVERLEAF AND OTHER SPECIL CLAUSES ATTACHED HEREON.

| 标　记<br>MARKS&NOS | 包装及数量<br>QUANTITY | 保险货物项目<br>DESCRIPTION OF GOODS | 保险金额<br>AMOUNT<br>INSURED |
|---|---|---|---|
| | | | |

| 总保险金额<br>TOTAL AMOUNT INSURED: | | | |
|---|---|---|---|
| 保费：<br>PERMIUM： | AS ARRANGED | 启运日期<br>DATE OF COMMENCEMENT： | | 装载运输工具：<br>PER CONVEYANCE： | |
| 自<br>FROM： | | 经<br>VIA | | 至<br>TO | |

承保险别：

CONDITIONS：

所保货物，如发生保险单项下可能引起索赔的损失或损坏，应立即通知本公司下述代理人查勘。如有索赔，应向本公司提交保单正本（本保险单共有　□　份正本）及有关文件。如一份正本已用于索赔，其余正本自动失效。

IN THE EVENT OF LOSS OR DAMAGE WITCH MAY RESULT IN A CLAIM UNDER THIS POLICY, IMMEDIATE NOTICE MUST BE GIVEN TO THE COMPANY'S AGENT AS MENTIONED HEREUNDER. CLAIMS,IF ANY,ONE OF THE ORIGINAL □ ORIGINAL（S） POLICY WHICH HAS BEEN ISSUED IN

TOGETHER WITH THE RELEVENT DOCUMENTS SHALL BE SURRENDERED TO THE COMPANY .　IF ONE OF THE ORIGINAL POLICY HAS BEEN ACCOMPLISHED THE OTHERS TO BE VOID.

| 赔款偿付地点<br>CLAIM PAYABLE AT | | 中国人民保险公司上海市分公司<br>The People's Insurance Company of China<br>Shanghai Branch |
|---|---|---|
| 出单日期<br>ISSUING DATE | | Authorized Signature　　王　红 |

| 地址（ADD）：中国上海黄河路 112 号 | 电话（TEL）：（021）86521049 |
|---|---|
| 邮编（POST CODE）：116631 | 传真（FAX）：（021）84404593 |

135

# 项目六

# 缮制商品检验检疫证书

## 知识目标

通过本项目的学习，使学生了解检验证书的概念和基本作用，了解检验证书的种类，掌握出境货物报检单的内容及制作方法。

## 职业能力目标

能根据合同和信用证制作报检单及审核检验证书。

## 情境引入

李明是杭州某进出口公司的一名单证员。2006 年 8 月，公司收到一封信用证，相关内容如下。

L/C NO.: 704-3000401

DATE OF ISSUE: AUGUST 26, 2006

EXPIRY DATE: OCTOBER 15, 2006

APPLICANT: MOKADI TRASING CO., LTD 12-1 THIMOSONE SHINMACHI, KOKURAMINAMI-KU, KITAKYUSHUCITY, JAPAN

BENEFICIARY: HANGZHOU DAHUA MEDICINES AND HEALTH PRODUCTS I/E CORPORATION, 25 HUSHU ROAD , HANGZHOU CHINA

DOCUMENTS REQUIRED: +INSPECTION CERTIFICATE OF QUALITY ISSUED BY MANUFACTURER

COVERING SHIPMENT OF NET 6.12 MT OF CHLOROPHYLL PASTE LOT NO.9327

（CHLOROPHYLLIN CONTENTS: 13% MIN. EXTINCTION RATIO: 3.7% MAX.）AT USD3,600.00 PER MT S/C NO.93002-P008 PRODUCED BY LINQU FACTORY , 35 QIANQING ROAD SHAOXING CHINA

PACKING IN IRON DRUM OF 170KGS

SHIPPING MARKS:　M.T./YOKOHAMA/ NO.1-UP

INVOICE NO: MH200610

INVOICE DATE: SEPTEMBER 12, 2006

货物于 2006 年 9 月 20 日装运完毕。

请根据信用证要求提供商检证书。

# 任务一　商品报检流程

关于出口商品的检验程序如下。

## 一、商检机构受理报验

首先由报验人填写"出口检验申请书"（注：如出口人委托厂商办理检验，则出口公司需要填写出口检验委托书（样单 6-1），委托厂商在当地商检机构进行检验，检验机构将商检的数据传递至口岸商检机构和出口单位），并提供有关的单证和资料，如外贸合同、信用证、厂检结果单正本等；商检机构在审查上述单证符合要求后，受理该批商品的报验；如发现有不合要求者，可要求申请人补充或修改有关条款。

### 样单 6-1　报检委托书

＿＿＿＿＿＿＿＿＿＿＿＿＿＿出入境检验检疫局：

本委托人郑重声明，保证遵守出入境检验检疫法律、法规的规定。如有违法行为，自愿接受检验检疫机构的处罚并负法律责任。

本委托人委托受委托人向检验检疫机构提交"报检申请单"和各种随附单据。具体委托情况如下：

本单位将于＿＿＿＿年＿＿＿＿月间进口/出口如下货物：

| 品名 | | HS 编码 | |
|---|---|---|---|
| 数（重）量 | | 合同号 | |
| 信用证号 | | 审批文号 | |
| 其他特殊要求 | | | |

特委托＿＿＿＿＿＿＿＿＿＿＿＿＿＿＿＿＿＿＿＿＿＿＿＿＿＿＿＿＿＿＿＿＿（单位/注册登记号），代表本公司办理下列出入境检验检疫事宜。

1．办理代理报检手续；

2．代缴检验检疫费；

3．负责与检验检疫机构联系和验货；

4．领取检验检疫证单；

5．其他与报检有关的相关事宜。

请贵局按有关法律法规规定予以办理。

委托人（公章）　　　　　　　　　　　　　　受委托人（公章）

年　　月　　日　　　　　　　　　　　　　年　　月　　日

本委托书有效期至＿＿＿＿＿年＿＿＿＿＿月＿＿＿＿＿日。

## 二、抽样

由商检机构派员主持进行，根据不同的货物形态，采取随机取样方式抽取样品。报验人应提供存货地点情况，并配合商检人员做好抽样工作。

## 三、检验

检验部门可以使用从感官到化学分析、仪器分析等各种技术手段，对出口商品进行检验。检验的形式有商检自验、共同检验、驻厂检验和产地检验。

## 四、签发证书

商检机构对检验合格的商品签发检验证书，或在"出口货物报关单"上加盖放行章。出口企业在取得检验证书或放行通知单后，在规定的有效期内报运出口。根据进口商品登记规定，进口商品的检验分两大类。

一类是列入《种类表》和合同规定由我国商检机构检验出证的进口商品。进口商品到货后，由收货、用货或其代理接运部门立即向口岸商检机构报验，填写进口货物检验申请书，并提供合同、发票、提单、装箱单等有关资料和单证，检验机构接到报验后，对该批货物进行检验，合格后，在进口货物报关单上加盖印章，海关据此放行。

另一类是不属上一类的进口商品，由收货、用货或代理接运部门向所在地区的商检机构申报进口商品检验，自行检验或由商检机构检验。自行检验须在索赔期内将检验结果报送商检机构，若检验不合格，应及时向商检机构申请复验并出证，以便向外商提出索赔。

中国进出口商品检验总公司（CCIC）是 CISSX 业务在国内的总代理。由于实行"全面进口监管计划"不是针对某一个国家而特殊制定的，因此我国外贸出口也不例外地受到 CISS 业务有关规定的限制。为了使我国出口商品顺利进入实行 CISS 的国家，配合对这些国家的出口，中国进出口商品检验总公司分别与 COTECNA、OMIC、BV、ITS 等检验机构签署了委托代理协议，对我国输往有关实行 CISS 国家的货物实行装船前检验和价格比较，并出具清洁报告书。

CISS 业务的主要内容有，品质检验、数量/重量检验、包装检验、监视装载、价格比较、核定、海关税则分类。

办理 CISS 业务的手续如下。

（1）进口商凭形式发票向进口地当局申请办理进口手续。

（2）进口地有关当局批准并签发进口许可证。

（3）进口商将进口许可证连同形式发票交有关公证行驻进口地联络处办理检验手续。

（4）联络处审核进口许可证并进行登记，同时将其中的一套作为检验委托寄交出口地有关的检验机构。

（5）检验机构接到检验委托进行审核并登记，然后向出口商寄交检验通知书，要求出口商提供商务单据。

（6）出口方在货物备妥后，即填妥检验通知书回折联并连同信用证、合同、商业发票、装箱单、厂检报告/厂检测试报告、出口货物明细单等有关单据及时向所在地的检验机构申报检验，预约检验时间与地点。

（7）有关检验机构派出检验人员按预约时间赴约定地点执行检验。

（8）检验合格后，出口方办理出运手续并在提单签发后立即向有关检验机构补交正本提单复印件、最终商业发票等。

（9）有关检验机构对所有商业单据的各项内容进行全面审核并做价格比较、核定。

（10）有关检验机构向出口方签发清洁报告书，或其他相应的证书，如在检验和审核单据过程中发现问题，检验机构将可能签发不可议付报告书。

# 任务二 填制出入境货物报检单

## 一、出境货物报检单的内容和填制

出境货物报检单（样单 6-2）所列各栏必须填写完整、准确、清晰，栏目内容确实无法填写的以"***"表示，不得留空。

样单 6-2 出境商品检验申请单

### 中华人民共和国出入境检验检疫
### 出境货物报检单

报检单位（加盖公章）：　　　　　　　　　　　　　　　　*编　　号_____

报检单位登记号：　　　联系人：　　　电话：　　　报检日期：　年　月　日

| 发货人 | （中文） | |
|---|---|---|
| | （外文） | |
| 收货人 | （中文） | |
| | （外文） | |

| 货物名称（中/外文） | H.S.编码 | 产地 | 数/重量 | 货物总值 | 包装种类及数量 |
|---|---|---|---|---|---|
| | | | | | |

| 运输工具名称号码 | | 贸易方式 | | 货物存放地点 | |
|---|---|---|---|---|---|
| 合同号 | | 信用证号 | | 用途 | |
| 发货日期 | | 输往国家（地区） | | 许可证/审批号 | |
| 启运地 | | 到达口岸 | | 生产单位注册号 | |
| 集装箱规格、数量及号码 | | | | | |

| 合同、信用证订立的检验检疫条款或特殊要求 | 标 记 及 号 码 | 随附单据（划"✓"或补填） | |
|---|---|---|---|
| | | □合同 | □包装性能结果单 |
| | | □信用证 | □许可/审批文件 |
| | | □发票 | □许可/审批 |
| | | □换证凭单 | □许可/审批 |
| | | □装箱单 | □许可/审批 |
| | | □厂检单 | □许可/审批 |

| 需要证单名称（划"✓"或补填） | *检验检疫费 |
|---|---|
| | |

续表

| □品质证书 | ＿正＿副 | □植物检疫证书 | ＿正＿副 | 总金额 | |
|---|---|---|---|---|---|
| □重量证书 | ＿正＿副 | □熏蒸/消毒证书 | ＿正＿副 | （人民币元） | |
| □数量证书 | ＿正＿副 | □出境货物换证凭单 | ＿正＿副 | 计费人 | |
| □兽医卫生证书 | ＿正＿副 | □ | | | |
| □健康证书 | ＿正＿副 | □ | | 收费人 | |
| □卫生证书 | ＿正＿副 | □ | | | |
| □动物卫生证书 | ＿正＿副 | □ | | | |

| 报检人郑重声明： | 领 取 证 单 | |
|---|---|---|
| 1. 本人被授权报检。<br>2. 上列填写内容正确属实，货物无伪造或冒用他人的厂名、标志、认证标志，并承担货物质量责任。<br><br>　　　　　　　　　　　签名：＿＿＿＿＿＿＿＿ | 日期 | |
| | 签名 | |

注：有"*"的栏由出入境检验检疫机关填写　　　　　　　　◆国家出入境检验检疫局制

[1-2（2000.1.1）]

报检单位应加盖公章，并准确填写本单位在检验检疫机构登记的代码。所列各项必须完整、准确、清晰，不得涂改。

（1）联系人：报检人员姓名。

（2）电话：报检人员的联系电话。

（3）报检日期：报检当天的日期。

（4）发货人：按合同、信用证中所列卖方名称填写，并录入其在检验检疫机构的注册代码。

（5）收货人：按合同、信用证中所列买方名称填写。

（6）货物名称：按合同、信用证上所列名称及规格填写。

（7）H.S 编码：按《协调商品名称及编码制度》中所列编码填写。以当年海关公布的商品税则编码分类为准，目前为 10 位。

（8）产地：填写省、市、县名。

（9）数/重量：按实际申请检验检疫数/重量填写。

（10）货物总值：按合同或发票所列货物总值填写，需注明币种。

（11）包装种类及数量：包装材料的种类和包装数量。

（12）运输工具名称号码：运输工具的名称和号码。

（13）合同号、信用证号：根据对外贸易合同填写，或填订单、形式发票的号码。

（14）贸易方式：该批货物进口的贸易方式。

（15）货物存放地点：注明具体地点、厂库。

（16）发货日期：实际发货日期。

（17）输往国家和地区：出口货物的最终销售国。

（18）许可证/审批号：须办理出境许可证或审批的货物应填写有关许可证号或审批号。

（19）生产单位注册号：出入境检验检疫机构签发的卫生注册证书号或加工厂库注册号码等。

（20）启运地：货物最后离境的口岸及所在地（申报换证凭条的应录入出境的具体口岸名称）。

（21）到达口岸：货物的入境口岸。

（22）集装箱规格、数量及号码：货物若以集装箱运输应填写集装箱的规格、数量及号码。

（23）合同订立的特殊条款以及其他要求：在合同中订立的有关检验检疫的特殊条款及其他要求应填入此栏。

（24）标记及号码：货物的标记号码，应与合同、发票等有关外贸单据保持一致。若没有标记号码则填"N/M"。

（25）用途：从以下九个选项中选择。

①种用或繁殖；②食用；③奶用；④观赏或演艺；⑤伴侣动物；⑥试验；⑦药用；⑧饲用；⑨其他。

（26）随附单据：报检时随附的单据种类划"√"或补填。

（27）签名：由持有《报检员证》的报检人员手签。

（28）检验检疫费：由检验检疫机构计费人员核定费用后填写。

（29）领取证单：报检人在领取证单时填写领证日期及领证人姓名。

注：①企业发送电子信息后，若无任何信息返回，应与软件供应商联系，若返回的是预报检号，请与检务部门联系。

注：②实施快速核放的企业必须录入生产企业在检验检疫机构的注册代码。

## 二、入境货物报检单的内容和填制

申请人在填单时应按要求详实填写，所列项目应填写完整、准确、清晰，不得涂改。个别项目确实填不上，经允许可填"***"。

（1）报检单位（加盖公章）：可以用"报检专用章"。

（2）报检单位登记号：报检单位在检验检疫机构的登记号和注册号（指代理报检单位）。

（3）联系人：报检员或代理报检员。

（4）电话：报检员或代理报检员电话。

（5）报检日期：为检验检疫机构实际受理报检的日期。

（6）发货人：指外贸合同中的卖方。

（7）收货人：指外贸合同中的买方。

（8）企业性质：按实际性质填写。根据收货人的企业性质，在对应的窗口打"√"（外商投资财产鉴定报检时填写）。

（9）货物名称：按进口合同、发票填写，如为废旧货物应注明。

（10）HS编码：按海关商品分类目录填写。

（11）原产国（地区）：按进口合同填写，指货物生产/加工的国家或地区。

（12）数/重量：按进口发票、提单填写。重量须注明毛重、净重。

（13）货物总值：按本批货物合同或发票上所列的总值填写（以美元计），如同一报检单报检多批货物，需列明每批货物的总值（注：如申报货物总值与国内、国际市场价格有较大差异，检验检疫机构保留核价权力）。

（14）包装种类及数量：按实际包装类别和数量填写，指本批货物运输包装的件数及种类，应注明材质，如木质包装。

（15）运输工具名称号码：填具体的船名、车号、航班号码，不可只填写运输工具类别。

（16）合同号：按进口合同填写。

（17）贸易方式：填写货物实际贸易方式。A．一般贸易；B．三来一补；C．边境贸易；D．进料加工；E．其他贸易。

（18）贸易国别（地区）：按合同填写，指本批货物贸易的国家和地区。

（19）提单/运单号：按实际提单/运单号填写，有二程提单的，应同时填写。

（20）到货日期：指货物到达口岸的日期。

（21）起运国家（地区）：指装载本批货物的运输工具开始出发的国家（地区）。

（22）许可证/审批号：对实施许可制度/审批制度管理的货物，须填写安全质量许可证编号或审批单编号。

（23）卸毕日期：按货物实际的卸毕日期填写。在还未卸毕前报检的，可暂时不填写，待货物卸毕后再补填。

（24）启运口岸：指装运本批货物的运输工具的启运口岸名称。

（25）入境口岸：指装运本批货物的运输工具进境时首次停泊的口岸名称。

（26）索赔有限期：按合同规定的索赔期限填写，应特别注明截止日期。

（27）经停口岸：指本批货物在启运后，到达目的地前中途停泊的口岸名称。

（28）目的地：指本批货物预定最终抵达的交货地。

（29）集装箱规格、数量和号码：填写装载本批货物的集装箱规格及分别对应的数量和集装箱号码全称。若集装箱较多，可另加附页。

（30）合同订立的特殊条款以及其他要求：按合同要求填写，指贸易合同中双方对本批货物特别约定而订立的质量、卫生等条款和报检单位对本批货物检验检疫的特别要求。

（31）货物存放地点：指实际存放地点。

（32）用途：指本批货物的实际用途填写，如种用、食用、奶用、观赏或演艺、伴侣、实验、药用、饲用、其他等。

（33）外商投资财产：是外商投资财产的打"√"。

（34）随附单据：按实际向检验检疫机构提供的单据，在对应的"□"上打"√"，未列出的，在空白处填加。

（35）标记及号码：按进口合同、发票所列唛头填写。

（36）报检人郑重声明：必须由报检员或代理报检员手签。

（37）领取证单：由领证人填写实际领证日期并签名。

（38）编号：由检验检疫机构人员填写。

# 三、检验证书的内容和填制

检验证书（INSPECTION CERTIFICATE）是各种进出口商品检验证书、鉴定证书和其他证明书的统称，是对外贸易有关各方履行契约义务、处理索赔争议和仲裁、诉讼举证，具有法律依据的有效证件，也是海关验放、征收关税和优惠减免关税的必要证明。

我国办理进出口商检的官方机构是中国出入境检验检疫局（即 CIQ），而出入境检验检疫公司（CCIC）则作为民间机构办理商品的出入境检验检疫。

## （一）出入境检验检疫的范围

（1）国家法律法规规定必须由出入境检验检疫机构检验检疫的。具体包括：列入《出入境检验检疫机构实施检验检疫的进出境商品目录》内的货物；入境废物、进口旧机电产品；

出口危险货物包装容器的性能检验和使用鉴定；进出境集装箱等。

（2）输入国家或地区规定必须凭检验检疫机构出具的证书方准入境的。

（3）有关国际条约规定须经检验检疫的。

（4）对外贸易合同约定须凭检验检疫机构签发的证书进行交接、结算的。

（5）申请签发一般原产地证明书、普惠制原产地证明书等原产地证明书的。

## （二）检验证书的种类

检验证书按照不同的标准，可以划分为不同的种类，这里我们介绍按照作用所划分的种类。

### 1. 品质检验证书

品质检验证书是出口商品交货结汇和进口商品结算索赔的有效凭证，法定检验商品的证书，是进出口商品报关、输出输入的合法凭证。商检机构签发的放行单和在报关单上加盖的放行章有与商检证书同等通关效力，签发的检验情况通知单同为商检证书性质。

### 2. 重量或数量检验证书

重量或数量检验证书是出口商品交货结汇、签发提单和进口商品结算索赔的有效凭证，是出口商品的重量证书，也是国外报关征税和计算运费、装卸费用的证件。

### 3. 卫生/健康证书

卫生/健康证书是证明可供人类食用的出口动物产品、食品等经过卫生检验或检疫合格的证件，适用于肠衣、罐头、冻鱼、冻虾、食品、蛋品、乳制品、蜂蜜等，是对外交货、银行结汇和通关验放的有效证件。

### 4. 兽医检验证书

兽医检验证书是证明出口动物产品或食品经过检疫合格的证件，适用于冻畜肉、冻禽、禽畜罐头、冻兔、皮张、毛类、绒类、猪鬃、肠衣等出口商品，是对外交货、银行结汇和进口国通关输入的重要证件。

### 5. 货载衡量检验证书

货载衡量检验证书是证明进出口商品的重量、体积吨位的证件，可作为计算运费和制订配载计划的依据。

### 6. 熏蒸证书

熏蒸证书是用于证明出口粮谷、油籽、豆类、皮张等商品，以及包装用木材与植物性填充物等，已经过熏蒸灭虫的证书。

### 7. 残损检验证书

残损检验证书是证明进口商品残损情况的证件，适用于进口商品发生残、短、渍、毁等情况，可作为收货人向发货人或承运人或保险人等有关责任方索赔的有效证件。

### 8. 积载鉴定证书

积载鉴定证书是证明船方和集装箱装货部门正确配载积载货物，作为证明履行运输契约义务的证件，可供货物交接或发生货损时处理争议之用。

### 9. 集装箱租箱交货检验证书、租船交船剩水/油重量鉴定证书

此类证书可作为契约双方明确履约责任和处理费用清算的凭证。

### 10. 船舱检验证书

船舱检验证书证明承运出口商品的船舱清洁、密固、冷藏效能及其他技术条件是否符合保护承载商品的质量和数量完整与安全的要求，可作为承运人履行租船契约适载义务，对外

贸易关系方进行货物交接和处理货损事故的依据。

### 11. 生丝品级及公量检验证书

生丝品级及公量检验证书是出口生丝的专用证书。其作用相当于品质检验证书和重量/数量检验证书。

### 12. 消毒检验证书

消毒检验证书是证明出口动物产品经过消毒处理，保证安全卫生的证件。该证书适用于猪鬃、马尾、皮张、山羊毛、羽毛、人发等商品，是对外交货、银行结汇和国外通关验放的有效凭证。

### 13. 舱口检视证书、监视装/卸载证书、舱口封识证书、油温空距证书、集装箱监装/拆证书

作为证明承运人履行契约义务，明确责任界限，便于处理货损货差责任事故的证明。

### 14. 价值证明书

价值证明书是进口国管理外汇和征收关税的凭证。在发票上签盖商检机构的价值证明章与价值证明书具有同等效力。

### 15. 财产价值鉴定证书

财产价值鉴定证书是作为对外贸易关系人和司法、仲裁、验资等有关部门索赔、理赔、评估或裁判的重要依据。

## （三）检验证书的作用

（1）对出口商品的品质规格、物理和技术指标、交货数量及重量提供科学的依据；

（2）作为议付货款的一种单据；

（3）作为出口商品的品质、重量、数量、包装以及卫生条件等是否符合合同或信用证规定的依据；

（4）作为进口当局和海关申报及清关的必要文件；

（5）作为某些商品的论质或计价依据；

（6）作为有效防止人类、牲畜病毒或传染疾病扩大传播的一道屏障；

（7）如果交货品质、重量、数量或包装以及卫生等与规定不符，检验证书是买卖双方拒收、索赔或理赔的依据。

## （四）检验证书的内容

检验证书（样单 6-3）因其本身所需证明的内容不同以及各国标准不一而有所区别。然而各种检验证书一般都有以下内容。

（1）证书的名称、出证机关、地点。检验证书的名称应与合同或信用证规定相符。如果信用证并未规定出具的机关，则由出口商决定，如果信用证规定了"有权机构"（COMPETENT AUTHORITY）出证，有权机构是指有公证资格或经政府授权的机构，则应根据具体情况由有关的商检机构出具。检验证书的出证地点应为货物装船口岸，除非信用证另有规定，一般这些内容事先都已在证书上印制好。

（2）发货人名称及地址。一般都填写出口商名称和地址，信用证方式下受益人。该栏内容应符合合同或信用证的规定，并与其他单据保持一致。

样单 6-3

# 中华人民共和国出入境检验检疫
# ENTRY-EXIT INSPECTION AND QUARANTINE
# OF THE PEOPLE'S REPUBLIC OF CHINA

正 本
ORIGINAL

## 检验证书——装运前检验
## CERTIFICATE FOR PRE-SHIPMENT INSPECTION

编号No.: 470200207014755

| 申报价值: | |
|---|---|
| Declared value | -USD3949.44- |
| 出口商名称及地址: | FOSHAN HCC BUILDING MATERLAL CO.,LTD. |
| Name and Address of the exporter: | 7/F NO.72 FENJIANG NAN RD.,CHANGCHEN DIST., FOSHAN,GUANGDONG,CHINA |
| 进口商名称及地址: | GRASEL TRADING PLC |
| Name and Address of the importer: | TEL 251-91-1208920 |
| | ADDIS ABABA, ETHIOPIA |
| 检验地点: | |
| Site of uispcction: | GUANGZHOU,GUANG DONG |

| 产品标准 | Q/(GZ)YT 2—2006 | 检测标准 | Q/(GZ)YT 2—2006 |
|---|---|---|---|
| Product standart | Q/(GZ)YT 2—2006 | Inspection Method Standard: | Q/(GZ)YT 2—2006 |
| 检验结果: | 合格 | 价格核实结果: | -3949.44-美元 |
| Results of inspection | QUALIFIED | Result of Price Verification: | -USD3949.44- |

数量及包装检验情况
Findines on quantity and package inspection:
包装纸板箱
PACKING : 960 CARTON
数量：-30720-千克
Quantity:-30720-KGS

品质检验情况
Findings on quality inspection
上述货物经检验，质量符合Q/(GZ)YT 2—2006标准的规定：
UPON INSPECTION, THE QUALITY OF THE AVOVE GOODS ARE IN CONFORMITY
51TH THE REQUIREMENTS OF STANDARD Q/(GZ)YT 2—2006

| 所附单证: *** | 备注：集装箱号：PCIU3911124、PCIU3192859　封号：J636208、J636206 |
|---|---|
| Deconteneutioned *** | Remarks:Container NO.PCIU3911124、PCIU3192859、Seal No. J636208、J636206 |

| 检验局章 | 检验员签名 | 签证日期：2008年04月08日 |
|---|---|---|
| | Signature of the inspector. | Date of issue: 08,APR.2008 |

### 附件
### Attachment

| 序列号 Senal Number | 商品名称 Description Of products | HS编码 HS Code | 原产地 Place of Origin | 数量 Quantity | 单位 Unit | 包装方式和件数 Type and number Of packages | 单价 Unit Price | 估价结果 Results of Price vetification |
|---|---|---|---|---|---|---|---|---|
| 1. | 水泥制品 ART STONE | 68109990 | CHINA | 27216 | KGS | 864CARTONS | 0.11 | USD 3058.56 |
| 2. | 水泥制品 ART STONE | 68109990 | CHINA | 3024 | KGS | 96CARTONS | 0.34 | USD 890.88 |
| 合计数量 Total in Quantity: | -30240-千克 -30240-KGS | | | | 合计估价结果 Total amount of price verification: | | -3949.44-美元 -USD3949.44- | |

[ce-1(2002.1.1)]

A 2224882

145

（3）收货人名称及地址。一般为进口商的名称和地址，收货人应与合同或信用证及其他单据保持一致。

（4）品名、数量/重量、包装种类及数量、唛头、起运地、目的地、运输工具等。应与商业发票及提单上所描述的内容完全一致，货物名称可以用统称。

（5）检验结果。在此栏中记载报验货物经检验的现状。货物现状是衡量货物是否符合合同或信用证规定的凭证，也是交接货物或索赔、理赔的证明文件。此栏是检验证中最重要的一项。

（6）签证日期。检验证明书的出具日期应不迟于提单日期，但也不得过早于提单日期，最好在提单日的前一两天或至少与提单日期相同。

（7）签字盖章。一般而言，盖章与签字一样有效。但是有的国家要求出具的检验证书一定要手签，在这种情况下，只有盖章而无签字的检验证明书则被视作无效。

# 四、信用证中有关检验证明书的条款举例

（1）CERTIFICATE OF WEIGHT AND QUANTITY IN TRIPLICATE.重量数量证明书一式三份。

（2）CERTIFICATE OF ANALYSIS IN FIVE COPIES.分析证明书五份（指一式五份，一正四副）。

（3）INSPECTION CERTIFICATE ISSUED BY APPLICANT AND SIGNED BY MR.BROWN（PHOTOCOPY IS ACCEPTABLE）.开证人开具的检验证书，由布朗先生签字（影印件也可接受）。

（4）INSPECTION CERTIFICATE OF QUALITY AND QUANTITY IN DUPLICATE ISSUED BY CHINA COMMODITY INSPECTION BUREAU. 由中国商检出具的质量数量检验证书一式二份。

## 项目总结

法定检验检疫的出境货物应当在规定的地点和期限向出入境检验检疫机构报检，报检时持填制合格的报检单及随附单证。检验合格后由检验检疫机构签发通关单和检验检疫证书，凭以报关。出口货物的发货人在货物抵达海关监管区后，在装货的 24 小时前向出境地海关进行申报，交验相关的单证，配合海关查验，办理出境手续。本项目着重介绍了报检的流程、报检单的缮制和各种检验证书的内容及作用。

## 练习与思考

1．进出口报检的程序是什么？
2．检验证书有哪些种类？
3．检验证书的作用是什么？缮制时应注意哪些事项？

## 项目实训

实训一　根据情境引入案例制作检验证书

实训二　根据下述提供资料，制作报检委托书和出境货物报检单，要求格式清楚、内容完整。

1．KKK 贸易公司委托徐州盛通食品厂报检，有关资料如下所列。

（1）KKK 贸易公司资料如下。

地址：南京市管家桥 85 号华荣大厦 2901 室

邮编：210005

法人代表：张亮

业务联系人：胡爱玲

联系电话：025-4715004

企业性质：私营有限责任公司

（2）徐州盛通食品厂资料如下。

地址：徐州市和平路 15 号

邮编：221009

法人代表：李军

业务联系人：孙敏健

联系电话：0516-3402323

企业性质：私营有限责任公司

2．KKK 贸易公司规定报检委托书只在当月有效。

CANNED MUSHROOMS PIECES & STEMS 蘑菇罐头的海关编码为 2006.1011。

3．信用证内容如下。

| 2006MAR22 09:18:11 |  | | ISSUE OF A DOCUMENTARY CREDIT | LOGICAL TERMINAL E102 |
|---|---|---|---|---|
| MT S700 |  | | | PAGE 00001 |
|  |  | | | FUN MSG700 |
|  |  | | | UMR06881051 |
| MSGACK　DWS765I AUTH OK, KEY B198081689580FC5, BKCHCNBJ RJHISARI RECORO | | | | |
| BASIC HEADER | | F　01　BKCHCNBJA940 0588 550628 | | |
| APPLICATION HEADER | | 0　700　1057 010320 RJHISARIAXXX 7277 977367 020213 1557 N<br>\*ALRAJHI BANKING AND INVESTMENT<br>\*CORPORATION<br>\*RIYADH<br>\*（HEAD OFFICE） | | |
| USER HEADER | | SERVICE CODE　　103:<br>BANK. PRIORITY　113:<br>MSG USER REF.　108:<br>INFO. FROM CI　115: | | （银行盖信用证通知专用章） |
| SEQUENCE OF TOTAL | \* | 27 | 1 / 1 | |
| FORM OF DOC. CREDIT | \* | 40 A | IRREVOCABLE | |
| DOC. CREDIT NUMBER | \* | 20 | 0011LC123756 | |
| DATE OF ISSUE | | 31 C | 060320 | |
| DATE/PLACE EXP. | \* | 31 D | DATE 060505 PLACE CHINA | |
| APPLICANT | \* | 50 | NEO GENERAL TRADING CO.<br>P.O. BOX 99552, RIYADH 22766, KSA<br>TEL: 00966-1-4659220　FAX: 00966-1-4659213 | |
| BENEFICIARY | \* | 59 | KKK TRADING CO., LTD.<br>HUARONG MANSION RM2901 NO.85 GUANJIAQIAO, NANJING 210005, CHINA<br>TEL: 0086-25-4715004　FAX: 0086-25-4711363 | |
| AMOUNT | \* | 32 B | CURRENCY USD AMOUNT 13260, | |
| AVAILABLE WITH/BY | \* | 41 D | ANY BANK IN CHINA,<br>BY NEGOTIATION | |

续表

| DRAFTS AT ... | 42 C | SIGHT |
|---|---|---|
| DRAWEE | 42 A | RJHISARI |
| | | *ALRAJHI BANKING AND INVESTMENT<br>*CORPORATION<br>*RIYADH<br>*（HEAD OFFICE） |
| PARTIAL SHIPMENTS | 43 P | NOT ALLOWED |
| TRANSSHIPMENT | 43 T | NOT ALLOWED |
| LOADING ON BRD | 44 A | |
| | | CHINA MAIN PORT, CHINA |
| | 44 B | |
| | | DAMMAM PORT, SAUDI ARABIA |
| LATEST SHIPMENT | 44 C | 060430 |
| GOODS DESCRIPT. | 45 A | |
| | | ABOUT 1700 CARTONS CANNED MUSHROOM PIECES & STEMS 24 TINS × 227 GRAMS NET WEIGHT（G.W. 425 GRAMS）AT USD7.80 PER CARTON. CFR DAMMAM PORT, SAUDI ARABIA. ROSE BRAND. |
| DOCS REQUIRED | 46 A | |
| | | DOCUMENTS REQUIRED: |
| | | + SIGNED COMMERCIAL INVOICE IN TRIPLICATE ORIGINAL AND MUST SHOW BREAK DOWN OF THE AMOUNT AS FOLLOWS: FOB VALUE, FREIGHT CHARGES AND TOTAL AMOUNT C AND F. |
| | | + FULL SET CLEAN ON BOARD BILL OF LADING MADE OUT TO THE ORDER OF ALRAJHI BANKING AND INVESTMENT CORP, MARKED FREIGHT PREPAID AND NOTIFY APPLICANT, INDICATING THE FULL NAME, ADDRESS AND TEL NO. OF THE CARRYING VESSEL'S AGENT AT THE PORT OF DISCHARGE. |
| | | + PACKING LIST IN ONE ORIGINAL PLUS 5 COPIES, ALL OF WHICH MUST BE MANUALLY SIGNED. |
| | | + INSPECTION（HEALTH）CERTIFICATE FROM C.I.Q.（ENTRY-EXIT INSPECTION AND QUARANTINE OF THE PEOPLES REP. OF CHINA）STATING GOODS ARE FIT FOR HUMAN BEING. |
| | | + CERTIFICATE OF ORIGIN<br>DULY CERTIFIED BY C.C.P.I.T.<br>STATING THE NAME OF THE MANUFACTURERS OF PRODUCERS<br>AND THAT GOODS EXPORTED ARE WHOLLY OF CHINESE ORIGIN. |
| | | + THE PRODUCTION DATE OF THE GOODS NOT TO BE EARLIER THAN HALF MONTH AT TIME OF SHIPMENT. BENEFICIARY MUST CERTIFY THE SAME. |
| | | + SHIPMENT TO BE EFFECTED BY CONTAINER AND BY REGULAR LINE. SHIPMENT COMPANY'S CERTIFICATE TO THIS EFFECT SHOULD ACCOMPANY THE DOCUMENTS. |
| DD. CONDITIONS | 47 A | |
| | | ADDITIONAL CONDITION: |
| | | +A DISCREPANCY FEE OF USD50.00 WILL BE IMPOSED ON EACH SET OF DOCUMENTS PRESENTED FOR NEGOTIATION UNDER THIS L/C WITH DISCREPANCY. THE FEE WILL BE DEDUCTED FROM THE BILL AMOUNT. PAYMENT UNDER THE GOODS WERE APPROVED BY SAUDI GOVERNMENT LAB. |
| 2006MAR22 09:18:11<br>MS S700 | ISSUE OF A DOCUMENTAPY CREDIT | LOGICAL TERMINAL E102<br>PAGE 00001<br>FUN MSG700<br>UMRO6881051 |
| MSGACK DWS765I AUTH OK, KEY B198081689580FC5, BKCHCNBJ RJHISARI RECORO | | |
| | + MORE OR LESS 10 PCT OF CREDIT AMOUNT IS ALLOWED. | |

148

续表

| CHARGES | 71 B | ALL CHARGES AND COMMISSIONS OUTSIDE KSA ON BENEFICIARIES' ACCOUNT INCLUDING REIMBURSING, BANK COMMISSION, DISCREPANCY FEE( IF ANY )AND COURIER CHARGES. |
| --- | --- | --- |
| CONFIRMAT INSTR | * 49 | WITHOUT |
| REIMBURS. BANK | 53 D | // |
| | | ALRAJHI BANKING AND INVESTMENT CORP RIYADH（HEAD OFFICE） |
| INS PAYING BANK | 78 | |
| | | DOCUMENTS TO BE DESPATCHED IN ONE LOT BY COURIER. ALL CORRESPONDENCE TO BE SENT TO ALRAJHI BANKING AND INVESTMENT COPRORATION RIYADH（HEAD OFFICE） |
| SEND REC INFO | 72 | REIMBURSEMENT IS SUBJECT TO ICC URR 525 |
| TRAILER | | ORDER IS \<MAC:\> \<PAC:\> \<ENC:\> \<CHK:\> \<TNG:\> \<PDE:\> MAC:E55927A4 CHK:7B505952829A HOB: |

# 报检委托书

_____ 出入境检验检疫局：

本委托人郑重声明，保证遵守出入境检验检疫法律、法规的规定。如有违法行为，自愿接受检验检疫机构的处罚并负法律责任。

本委托人委托受委托人向检验检疫机构提交"报检申请单"和各种随附单据。具体委托情况如下：

本单位将于_____年_____月间进口/出口如下货物：

| 品名 | | HS 编码 | |
| --- | --- | --- | --- |
| 数（重）量 | | 合同号 | |
| 信用证号 | | 审批文号 | |
| 其他特殊要求 | | | |

特委托_____（单位/注册登记号），代表本公司办理下列出入境检验检疫事宜：

1. 办理代理报检手续；
2. 代缴检验检疫费；
3. 负责与检验检疫机构联系和验货；
4. 领取检验检疫证单；
5. 其他与报检有关的相关事宜。

请贵局按有关法律法规规定予以办理。

委托人（公章）　　　　　　　　　　　　　　　受委托人（公章）

年　　月　　日　　　　　　　　　　　　　　　年　　月　　日

本委托书有效期至_____年_____月_____日。

# 中华人民共和国出入境检验检疫
## 出境货物报检单

报检单位（加盖公章）：　　　　　　　　　　　　　　　　　　　*编　　号 _____

报检单位登记号：　　　　联系人：　　　电话：　　　　报检日期：　年 月 日

| 发货人 | （中文） | | | | |
| | （外文） | | | | |
| 收货人 | （中文） | | | | |
| | （外文） | | | | |
| 货物名称（中/外文） | H.S.编码 | 产地 | 数/重量 | 货物总值 | 包装种类及数量 |
| | | | | | |

| 运输工具名称号码 | | 贸易方式 | | 货物存放地点 | |
| 合同号 | | 信用证号 | | 用途 | |
| 发货日期 | | 输往国家（地区） | | 许可证/审批号 | |
| 启运地 | | 到达口岸 | | 生产单位注册号 | |
| 集装箱规格、数量及号码 | | | | | |

| 合同、信用证订立的检验检疫条款或特殊要求 | 标记及号码 | 随附单据（划"√"或补填） | |
| --- | --- | --- | --- |
| | | □ 合同 | □ 包装性能结果单 |
| | | □ 信用证 | □ 许可/审批文件 |
| | | □ 发票 | □ |
| | | □ 换证凭单 | □ |
| | | □ 装箱单 | □ |
| | | □ 厂检单 | □ |

| 需要证单名称（划"√"或补填） | | *检验检疫费 | |
| --- | --- | --- | --- |
| □ 品质证书 ＿正＿副 | □ 植物检疫证书 ＿正＿副 | 总金额 | |
| □ 重量证书 ＿正＿副 | □ 熏蒸/消毒证书 ＿正＿副 | （人民币元） | |
| □ 数量证书 ＿正＿副 | □ 出境货物换证凭单 | 计费人 | |
| □ 兽医卫生证书 ＿正＿副 | □ 出境货物通关单 | | |
| □ 健康证书 ＿正＿副 | | 收费人 | |
| □ 卫生证书 ＿正＿副 | | | |
| □ 动物卫生证书 ＿正＿副 | | | |

| 报检人郑重声明： | 领取证单 | |
| --- | --- | --- |
| 1. 本人被授权报检。 | 日期 | |
| 2. 上列填写内容正确属实，货物无伪造或冒用他人的厂名、标志、认证标志，并承担货物质量责任。 | 签名 | |
| 签名：_____ | | |

注：有"*"的栏由出入境检验检疫机关填写　　　　　　　　　◆国家出入境检验检疫局制

[1-1（2000.1.1）]

# 项目七

# 缮制原产地证书

**知识目标**

通过本项目的学习，使学生了解原产地证明书的作用和种类，以及区域性经济集团互惠原产地证书的种类和用途，掌握一般原产地证明书、普惠制原产地证明书格式 A 的内容。

**职业能力目标**

能根据合同和信用证审核相关原产地证书。

**情境引入**

宁波摩士轴承厂欲销往葡萄牙 LEIXOES 一批由本厂生产的轴承，总价 5666.87 美元，重 800KGS，纸箱包装，由宁波始发，交货条件 CIF LEIXOES，PORTUGAL。由于葡萄牙是中国的给惠国，且该产品列为给惠范围之内，因此该公司为获得普惠制待遇于出口装运前需申领原产地证明。以下为有关货物的信息。

SOME MSG FROM L/C

L/C No.:CPP0000E

EXPIRY: 2006 12 27 CHINA

AMOUNT:USD5666.87

APPLICANT: FERNANDO DE BESSA MOREIRA, LDAVIA SA CARNEIRO-Z IND, MAIA I-SEC IX LOTE 29-GUARDA-MOREIRA-4470 MALA

BENEFICIARY: NINGBO MOSS BEARING CO.LTD.,NINGBO,CHINA

……

PORT OF SHIPMENT: NINGBO ,CHINA

PORT OF DISCHARGE: LEIXOES, PORTUGAL

SHIPMENT DATE:　　　LATEST BY DEC. 1, 2006

…

COVERING:

　　　　　ROLAMENTOS（BEARINGS）,800KGS

　　　　　ASPER　S/C NO. BB3887 NOV.01.2000

SHIPPING MARK :　　　JOSEPHINE

LEIXOES

PORTUGAL

…

REQUIRED DOCUMENTS:

+ORIGINAL CERTIFICATE CONFIRMING THE COVERING GOODS PRODUCED IN CHINA, IN TRIPLICATE.

现需要公司员工小黄去办理产地证。试问该产地证明书需要到哪个部门申领？提供几份？

# 任务一　原产地证明书认知

## 一、原产地证书的概念和作用

原产地证明书是出口商应进口商要求而提供的、由公证机构或政府或出口商出具的证明货物原产地或制造地的一种证明文件。原产地证明书的作用表现在以下几个方面：

（1）用于确定货物"国籍"的一种特定格式的有效证明文件；

（2）出口国享受配额待遇，体现货物享有关税和非关税待遇的国别政策的凭证；

（3）进口国通关验收、征收关税的有效凭证；

（4）海关统计的主要依据之一；

（5）贸易关系人交接货物、结算货款、索赔理赔的主要依据之一。

## 二、原产地证书的类型

按照不同的标准，原产地证书可以划分为不同的种类。

### （一）根据签发者不同划分

（1）商检机构出具的原产地证书。

中华人民共和国国家质量监督检验检疫总局（AQSIQ: General Administration of Quality Supervision, Inspection and Quarantine of the People's Republic of China）出具的普惠制产地证格式 A（GSP FORM A）；一般原产地证书（CERTIFICATE OF ORIGIN）。

（2）商会出具的产地证书。

中国国际贸易促进委员会（CCPIT: China Council for the Promotion of International Trade）出具的一般原产地证书，简称贸促会产地证书（CCPIT CEERTIFICATE OF ORIGIN）。

（3）制造商或出口商出具的产地证书。当信用证要求受益人提供产地证，或只要求提供产地证而未指定签发人时，可出具受益人产地证。有时要求该证由贸促会认证（样单 7-1）。

样单 7-1　受益人产地证

## CERTIFICATE OF ORIGIN

Invoice No.　　　　　　　　　　　　　　　Date:

Consignee:_____

Means of transportation:_____

Time of export:_____

Destination:_____

| Marks & No. | Commodity | Quantity |
|---|---|---|
|  |  |  |
|  |  |  |

WE HERE CERTIFY THAT THE ABOVE MENTIONED COMMODITIES WERE MANUFACTURED IN THE PEOPLE'S REPUBLIC OF CHINA.

ABC　CORP.

（Signed）

--------------------------------

Authorized Signature

上述三种原产地证书，以第一种和第二种最具权威性。在国际贸易实践中，应该提供哪种产地证明书，主要依据合同或信用证的要求。一般对于实行普惠制国家出口货物，都要求出具普惠制产地证明书。如果信用证并未明确规定产地证书的出具者，那么银行应该接受任何一种产地证明书。

### （二）根据性质不同划分

（1）非优惠原产地证书，又称一般原产地证书或简称 C.O 证书。

（2）普遍优惠制原产地证明书主要有三种形式：普遍优惠制原产地证明书格式 A、普遍优惠制原产地证明书格式 APR、普遍优惠制原产地证明书格式 59A。

（3）地区经济集团协定产地证书，比如《中国-东盟自由贸易区》优惠原产地证明书、《曼谷协定》优惠原产地证明书等。

### （三）根据用途不同划分

（1）普通产地证。

普通产地证用以证明货物的生产国别，进口国海关凭以核定征收的税率。在我国，普通产地证可由出口商自行签发，或由进出口商品检验局签发，或由中国国际贸易促进委员会签发。实际业务中，应根据买卖合同或信用证的规定，提交相应的产地证。在缮制产地证时，应按《中华人民共和国原产地规则》及其他规定办理。

（2）普惠制产地证（GSP Certificate of origin）。

目前给予我国普惠制待遇的有澳大利亚、新西兰、日本、加拿大、挪威、瑞士、俄罗斯及欧盟 15 国，以及部分东欧国家。凡是向给惠国出口受惠商品，均需提供普惠制产地证，才能受关税减免的优惠，所以不管来证是否要求提供这种产地证，我出口商均应主动提交。在我国，普惠制产地证由进出口商品检验局签发。

# 任务二  申领与缮制一般原产地证明书

一般原产地证书是证明货物原产于某一特定国家或地区，享受进口国正常关税（最惠国）待遇的证明文件。它的适用范围是征收关税、贸易统计、保障措施、歧视性数量限制、反倾销和反补贴、原产地标记、政府采购等方面。

## 一、一般原产地证书的申领

一般原产地证是证明我国出口货物生产和制造在中国的证明文件，是出口产品进入国际贸易领域的"经济国籍"和"护照"。

### （一）原产地证的办理方法

办理原产地证的机构为中国贸易促进委员会（CCPIT），凡在中国贸易促进委员会办理注册的企业，都可以申请办理中国原产地证，该证也可以通 www.co.ccpit.org 申请办理。

### （二）原产地证的办理程序

企业最迟于货物报关出运前三天向签证机构申请办理原产地证，并严格按签证机构要求，真实、完整、正确地填写以下材料：

（1）《中华人民共和国出口货物原产地证明书/加工装配证明书申请书》一份（样单 7-3）；

（2）《中华人民共和国出口货物原产地证明书》一式四份；

（3）出口货物商业发票；

（4）签证机构认为必要的其他证明文件。

如果通过网上申请原产地证则可不必提供以上文件。

### （三）注意事项

（1）签证机构通常不接受货物出运后才递交的原产地证申请。但如属特殊情况（例如，并非申请单位过失），签证机构可接受迟交的申请书，并酌情办理补证。在此情况下，申请单位递交原产地证和申请书时，必须提交下列证明文件：

① 解释迟交申请书原因的函件。

② 商业发票及提单/报关单。货物出运后申请产地证，证书第 11 栏和第 12 栏应为实际申请日期和签发日期。签证机构并在证书第 5 栏加注英文"ISSUED RETROSPECTIVELY"印章。

（2）申请单位要求更改已签发的证书内容时，必须按规定填写《中华人民共和国出口货物原产地证明书更改/重发申请书》，并同时退回原已签发的证书正本给签证机构注销。如证书已交银行，必须提供申请单位证明，解释原因及保证退回证书的具体时间的保证函等文件。

## 二、一般原产地证书的缮制

### （一）一般原产地证

一般原产地证书（样单 7-2）的填制要求如下。

（1）证号栏。应在证书右上角填上证书编号，不得重号。

（2）第 1 栏（出口方）。填写出口方的名称、详细地址及国家（地区），此栏不得留空。出口方名称是指出口申报方名称，一般填写有效合同的卖方或发票出票人。若经其他国家或地区转口需填写转口商名称，可在出口商后面加填英文 VIA，然后再填写转口商名称、地址和国家。示例：

SINOCHEM INTERNATIONAL ENGINEERING & TRADING CORP.

No.40，FUCHENG ROAD，BEIJING，CHINA

VIA HONGKONG DAMING CO.LTD

NO.656，GUANGDONG ROAD，HONGKONG

（3）第 2 栏（收货方）。应填写最终收货方的名称、详细地址及国家（地区），通常是外贸合同中的买方或信用证上规定的提单通知人。但由于贸易的需要，信用证规定所有单证收货人一栏留空。在这种情况下，此栏应加注"TO WHOM IT MAY CONCERN"或"TO ORDER"，但不得留空。若需填写转口商名称，可在收货人后面加填英文 VIA，然后再填写转口商名称、地址、国家（地区）。

（4）第 3 栏（运输方式和路线）。应填写从装货港到目的港的详细运输路线。如经转运，应填转运地。示例：FROM SHANGHAI TO HONGKONG ON APR.1，1999，THENCE TRANSHIPPED TO ROTTERDAM BY VESSEL 或 FROM SHANGHAI TO ROTTERDAM BY VESSEL VIA HONGKONG。

（5）第 4 栏（目的地国家/地区）。应填写货物最终运抵港，一般与最终收货人或最终目的港国别（地区）一致，不得填写中间商国别。

（6）第 5 栏（签证机构用栏）。此栏为签证机构在签发后发证书、重发证书或加注其他声明时使用。证书申领单位应将此栏留空。

（7）第 6 栏（运输标志）。应按照出口发票上所列唛头填写完整图案、文字标记及包装号码，不可简单地填写"AS PER INVOICE NO...."（按照发票）或者"AS PER B/L NO...."（按照提单）。包装无唛头，应填写"N/M"或者"NO MARK"。此栏不得留空。如唛头较多本栏填写不下，可填写在第 7、第 8、第 9 栏的空白处或用附页填写。

（8）第 7 栏（商品名称、包装数量及种类）。应填写具体商品名称，例如"TENNIS RACKET"（网球拍）；不得用概括性表述，例如"SPORTING GOODS"（运动用品）。包装数量及种类要按具体单位填写，例如，100 箱彩电，填写为"ONE HUNDRED（100）CARTONS ONLY OF COLOUR TV SETS"，在英文表述后注明阿拉伯数字。如货物系散装，在商品名称后加注"IN BULK"（散装）。如需要加注合同号、信用证号码等，可加在此栏。如证书有一页以上须注明"TO BE CONTINUED"（待续）；本栏的内容结束处要打上表示结束的截止线（＊＊＊＊），以防加添内容。

（9）第 8 栏（商品编码）。此栏要求填写商品 H.S.品目号。若同一份证书包含有几种商品，则应将相应的商品 H.S.品目号全部填写。此栏不得留空。

（10）第 9 栏（量值）。填写出口货物的量值并与商品的计量单位联用。如果填重量的，应该以 KGS 为单位，同时应该注明 N.W.或 G.W.。

（11）第 10 栏（发票号码及日期）。应按照申请出口货物的商业发票填写。该栏日期应

155

早于或同于实际出口日期。此栏不得留空。

（12）第 11 栏（出口方声明）。该栏由申领单位已在签证机构注册的申领员签字并加盖单位中英文印章，填写申领地点和日期。该栏日期不得早于发票日期。

（13）第 12 栏（签证机构证明）。由签证机构签字、盖章，并填写签证地点、日期。签发日期不得早于发票日期（第10栏）和申请日期（第11栏）。

（14）有关一般原产地证的其他注意事项有，中国原产地证明书一律用打字机缮制，证面要保持整齐、清洁。缮制证书一般使用英文，如信用证有特殊要求必须使用其他文种的，也可接受。为避免对月份、日期的误解，月份一律用文字表述，例如，"APR.10，1999"，不得表述为"4.10.1999"。

---

**┃ 小知识 ┃**

有些进口国的外贸法规对单证有特殊要求，并大多在信用证中加以规定。例如，墨西哥要求所有单据均需手签，西班牙不允许发票、产地证书和装箱单以联合形式出具。如果制单时忽略了这些特殊要求，同样会遭到银行的拒付。如出口到中东地区的货物单据往往需要手签，而我国的外贸公司基本习惯于用橡皮印章代替手签，这会被银行视为不符点而拒付货款。曾有某公司出口一批日用品到巴基斯坦，货值为 30 000 美元，开证行收到全套单据后拒付，理由是"certificate of origin bearing stamp but not duly signed presented（所提交的产地证书盖有印章，但未经手签）"。经反复磋商，最终我方只好同意减价 5%，客户才付款赎单。

样单 7-2

# 一般原产地证明书/加工装配证明书
# 申请书

企业名称：                                      证书号：No

注册号：

申请人郑重声明：

本人被正式授权代表本企业办理和签署本申请书。本申请书及《中华人民共和国出口货物原产地证明书/加工装配证明书》所列内容正确无误，如发现弄虚作假，冒充证书所列货物，擅改证书，本人愿按《中华人民共和国出口货物原产地规则》有关规定接受处罚并承担法律责任。现将有关情况申报如下。

| 商品名称（中英文） | | | | H. S. 编码 | |
|---|---|---|---|---|---|
| 商品 FOB 总值（以美元计） | | | 最终目的国/地区 | | |
| 拟出运日期 | | 发票号 | | 转口贸易/地区 | |
| 贸易方式和企业性质（请在适用处画"√"） | | | | | |
| 一般贸易 | | 灵活贸易 | | 其他贸易 | |
| 中资企业 | 外资企业 | 中资企业 | 外资企业 | 中资企业 | 外资企业 |
| | | | | | |
| 数量或重量： | | 是否含有进口成分： | 是 （　　） | 否 （　　） | |
| 证书种类（画"√"） | | | 一般原产地 | | 加工装配证 |
| 该批货物实际生产企业 | | | | | |
| 现提交中国出口货物商业发票副本一份，《中华人民共和国出口货物原产地证明书/加工装配证明书》一正三副及其他附件　　份，请予审核签证。 | | | | | |

申请单位盖章：

                                    申请人（签名）：

                                    电话：

                                    日期：　　年　　月　　日

注：1. 灵活贸易包括来料加工、补偿贸易、进料加工贸易。

    2. 外资企业指所有含有外资的企业。

    3. 其他贸易指一般贸易和灵活贸易以外的贸易，如展卖、易货、租赁等贸易方式。

## （二）加工装配证书（样单 7-2）的填制要求

（1）证书右上角应填上证书编号，不得重号。

（2）第 1 栏至第 10 栏的内容和填制要求见一般原产地证的第 1 到第 10 栏填制要求。

（3）第 11 栏（制造国家或地区）。应填写所加工装配货物的材料或零部件的原制造国家或地区。

（4）第 12 栏（在中国所进行的具体加工、装配工序及申请地点、日期，签字和盖章）。应填写在中国具体加工、装配工序的名称，例如，某批录音机只在中国进行了加工装配工序，此栏应填写"ASSEMBLY"（装配）。由申领单位已在签证机构注册的申领员签字并加盖单位中英文印章，签字和盖章不得重合。申请日期不得早于发票日期。

（5）第 13 栏（签证机构证明）。填写签证地点和日期，由签证机构签字、盖章，签字和盖章不得重合。签发日期不得早于发票日期（第 10 栏）和申请日期（第 12 栏）。

样单 7-3　中华人民共和国出口货物原产地证书/加工装配证明申请书

## ORIGINAL

| 1. Exporter | Certificate No. |
|---|---|
| 2. Consignee | CERTIFICATE OF ORIGIN<br>OF<br>THE PEOPLE'S REPUBLIC OF CHINA |
| 3. Means of transport and route | 5. For certifying authority use only |
| 4. Country / region of destination | |

| 6. Marks and numbers | 7. Number and kind of packages; description of goods | 8. H.S.Code | 9. Quantity | 10. Number and date of invoices |
|---|---|---|---|---|
| | | | | |

| 11.Declaration by the exporter | 12.Certification |
|---|---|
| The undersigned hereby declares that the above details and statements are correct, that all the goods were produced in China and that they comply with the Rules of Origin of the People's Republic of China. | It is hereby certified that the declaration by the exporter is correct. |
| ------------------------------------------------<br>Place and date, signature and stamp of authorized signatory | ------------------------------------------------<br>Place and date, signature and stamp of certifying authority |

# 任务三 申领与缮制普惠制原产地证明书（FORM A）

## 一、普惠制产地证书的管理

普惠制产地证书格式 A（GENERALIZED SYSTEM OF PREFERENCE FORM A），又称为 G.S.P.FORM A，是发展中国家向发达国家出口货物，按照联合国贸发会议规定的统一格式而填制的一种证明货物原产地的文件，是出口商的声明和官方机构的证明合二为一的联合证明，又是给惠国（进口国）给予优惠关税待遇或免税的凭证。凡享受普惠制规定的关税减免者，必须提供普惠制产地证明书。普惠制产地证书可由受惠国的商检机构或权威机构签发。自 1978 年 10 月我国接受普惠制待遇后，我国政府授权国家进出口商品检验检疫局全面负责普惠制的签证管理工作，由设在各地的商检机构具体负责普惠制产地证书的签发和统计工作。

### （一）实施普惠制必须遵循的三个原则

#### 1. 非歧视性原则

把原来称作落后国家、不发达国家或新兴国家统称为"发展中国家"（DEVELOPING COUNTRIES），亦称"受惠国"（BENEFICIARY COUNTRIES）；而把过去称作先进国家或工业化国家一律称为"发达国家"（ADVANCED COUNTRIES）或"给惠国"（PREFERENTIAL GIVING COUNTRIES）。

#### 2. 普遍优惠原则

对发展中国家出口到发达国家的初级产品、半成品及商品给予普遍的、无例外的、不厚此薄彼的、一视同仁的优惠待遇。

#### 3. 非互惠原则（NON-RECIPROCITY）

发达国家给予发展中国家或地区普遍优惠，而不要求发展中国家给予发达国家提供反向优惠。

### （二）实施普惠制应该符合以下三项要求

#### 1. 产地原则

享受优惠的产品必须由受惠国制造，而且规定必须完全自产。若有进口原料和零配件，不能超过成品价值的 40%，并给予实质性加工，变成另一种性质不同的产品。但所谓经实质的加工，各给惠国的规定各不相同。

#### 2. 直接运输原则

受惠国出口商品必须直接运至给惠国，不得进入第三国市场，但允许在第三国分类、包装。若商品的运输工具不能直达给惠国而必须转船时，则须经转船地的海关封关，以防在运往给惠国途中伪装，以次充好。

#### 3. 普惠制原产地证明书（格式A）原则

享受普惠制待遇的受惠国商品必须提供受惠国权威机构签发的普惠制原产地证明书（格式 A）。

### （三）给予我国普惠制待遇的国家

目前给予我国普惠制待遇的国家共 39 个（截至 2016 年 7 月）。

欧盟 27 国（比利时、丹麦、德国、法国、爱尔兰、意大利、卢森堡、荷兰、希腊、葡萄牙、西班牙、奥地利、芬兰、瑞典、波兰、捷克、斯洛伐克、拉脱维亚、爱沙尼亚、立陶宛、匈牙利、马耳他、塞浦路斯、斯洛文尼亚、保加利亚、罗马尼亚）。

非欧盟的欧洲国家：挪威、瑞士、土尔其、列支敦士登。

其他国家：澳大利亚、新西兰、日本、加拿大。

前苏联加盟共和国：俄罗斯、白俄罗斯、乌克兰、哈萨克斯坦、乌兹别克斯坦、格鲁吉亚、亚美尼亚、阿塞拜疆、土库曼斯坦。

前南斯拉夫地区已分裂成 5 个独立的国家，目前出口该地区的产品暂不签发普惠制证书。

### （四）申请单位领证时需要提交的资料

（1）《原产地证明书申请书》一份；

（2）《普惠制原产地证明书（FORM A）》一套；

（3）正式出口商业发票正本一份，如发票内容不全，另附装箱单（盖章，不得涂改）；

（4）含有进口成分的产品，必须提交《产品成本明细单》；

（5）出口日本的来料加工产品或进料加工产品需提交《从日本进口原料证明书》；

（6）签证机构需要的其他单证（如信用证、合同、报关单等）。

在申办时，要如实解答商检机构提出的有关问题。对首次申请签证的单位，商检机构将派员到生产现场做例行调查。对非首次申请签证的单位，商检机构对申报内容有疑问，或认为有必要时，也可派员对产品的生产企业进行抽查。做上述调查后，商检机构将填写《出口企业（或生产厂）普惠制签证调查记录》，以此作为是否同意签证的依据。被调查或抽查的单位有义务积极协助商检人员进行查核，提供必要的资料、证件和工作条件。

### （五）签发证书

商检机构在调查或抽查的基础上，逐一审核申请单位提交的有关单证，无误后签发《普惠制原产地证书》，交申请单位。注意，产品所用的原料或零部件全部或部分是从加拿大、澳大利亚、新西兰、日本进口，并已在上述四国交纳了出口关税，产品销往该四国，并按规定能够享受普惠制优惠待遇时，申请单位还需提供该四国公司或商社签发的有关原料、零部件的出口商业发票。

## 二、普惠制产地证书申请书的填制

普惠制申请书（样单 7-4）是申请单位向检验检疫机构办理普惠制原产地证明书时需填写的专用申请表，申请单位应如实、准确填写《申请书》中的各项内容，并核实所填内容是否真实、完整、正确。

（1）"申请单位（盖章）"栏：加盖申请单位公章。

（2）"注册号"栏：填写申请单位在检验检疫局产地证签证部门注册的注册号，如 B35 ××××。

（3）"证书号"栏：企业应根据检验检疫局的编号规则，按顺序编号，不得重号或跳号。编号规则是，G×/申请单位注册号/0001，×代表年份，后四位代表流水号。

（4）"电话"栏：填写申请单位的联系电话。

（5）"申报日期"栏：填写申报日期。

（6）"生产单位/联系人电话"栏：填写该批出口货物的生产企业全称及联系人的电话。

159

（7）"商品名称"栏：填写商品品名的中英文，并且与发票证书的商品名称一致。

（8）"H.S. 税目号"栏：填写商品 H.S. 税目号（6位数）。

样单 7-4

## 普惠制产地证明书申请书

申请人单位（盖章）：                                              证书号：＿＿＿＿＿

申请人郑重声明：                                                  注册号：＿＿＿＿＿

本人是被正式授权代表出口单位办理和签署本申请书的。

本申请书及普惠制产地证格式 A 所列内容正确无误，如发现弄虚作假，冒充格式 A 所列货物，擅改证书，自愿接受签证机关的处罚及负法律责任。现将有关情况申报如下：

| 生产单位 | | 生产单位联系人电话 | | | |
|---|---|---|---|---|---|
| 商品名称<br>（中英文） | | H.S.税目号<br>（以六位数码计） | | | |
| 商品（FOB）总值（以美元计） | | | 发票号 | | |
| 最终销售国 | | 证书种类画 "√" | 加急证书 | | 普通证书 |
| 货物拟出运日期 | | | | | |

贸易方式和企业性质（请在适用处画 "√"）

| 正常贸易<br>C | 来进 | 料加工<br>L | 补偿贸易<br>B | 中外合资<br>H | 中外合作<br>Z | 外商独资<br>D | 零售<br>Y | 展卖<br>M |
|---|---|---|---|---|---|---|---|---|
| | | | | | | | | |

包装数量或毛重或其他数量

原产地标准：

本项商品系在中国生产，完全符合该给惠国给惠方案规定，其原产地情况符合以下第　条：

（1）"P"（完全国产，未使用任何进口原材料）；

（2）"W" 其 H.S 税目号为……………………（含进口成分）；

（3）"F"（对加拿大出口产品，其进口成分不超过产品出厂价值的40%）。

本批产品系：　1. 直接运输从……………到……………；

　　　　　　　2. 转口运输从……………中转国（地区）……………到…………；

| 申请人说明 | 领证人（签名）<br>电话：<br>日期　　　年　月　日 |
|---|---|

现提交中国出口商业发票副本一份，普惠制产地证明书格式 A（FORM　A）一正二副，以及其他附件　份，请予审核签证。

注：凡含有进口成分的商品，必须按要求提交《含进口成分受惠商品成本明细单》。

| 商 检 局 联 系 记 录 |
|---|
| |

（9）"包装数量，毛重或其他数量"栏：填写该批出口货物的箱数、毛重或个数等。

（10）"商品 FOB 总值"栏：根据申报的出口货物出口发票上所列的金额，以 FOB 价格填写（以美元计）。如出口货物不是以 FOB 价格成交的，应换算成 FOB 价格。

（11）"发票号"栏：应填上所附的出口发票的发票号。

（12）"货物出运日期"栏：如实准确填写货物离开起运口岸的当天日期（年、月、日）。

（13）"最终销售国"栏：即货物即将运抵的最终销售国。

（14）"贸易方式和企业性质"栏：根据实际情况选择画"√"。

（15）"原产地标准"栏：根据提示及货物实际情况选择 1～4 项如实填写。

（16）"本批商品系"栏：根据货物运输线的起运港、中转港及目的港填写本批商品运输路线。

（17）"提交单据"栏：申请单位依据所提供单证画"√"，如有提供其他相关单据，一并补填。

（18）"申领员"栏：由已在检验检疫局产地证部门注册备案的申领员签署姓名。

# 三、普惠制产地证书的填制

格式 A 证书（样单 7-5、样单 7-6）相当于一种有价证券，因而联合国贸发会议优惠特委会对原产地证明书格式 A 的印刷格式、填制方法都有严格明确的规定，对所需纸张的质量、重量、大小尺寸，使用文件做了规定，并规定仅证书的正本有效，其规格为 297mm × 210mm，与国际通用规格 A4 的文件相同。还要求正本加印绿色检索图案，以便于识别任何机械或化学方法进行的涂改或伪造。因此，填制必须十分细心，本证书一般使用英文填制，也可使用法文，特殊情况下，第 2 栏可以使用给惠国的文种，证明书背面注释可以使用受惠国本国文字印刷。唛头标记不受文种限制，可据实填写。本证书一律不得涂改，不得加盖校正章。根据联合国贸发会议《原产地规则概要》和各给惠国方案的有关规定，具体填制细则如下。

样单 7-5　格式 A 证书

## ORIGINAL

| Goods consigned from（Exporter's business name, address, country） | Reference No: |
|---|---|
| | **GENERALIZED SYSTEM OF PREFERENCES** |
| | **CERTIFICATE OF ORIGIN** |
| | **（Combined declaration and certificate）** |
| Goods consigned to（Consignee's name, address, country） | **FORM A** |
| | **Issued in　THE PEOPLE'S REPUBLIC OF CHINA** |
| | （country） |
| | See Notes, overleaf |
| Means of transport and route（as far as known） | For official use |

| Item number | Marks and numbers of packages | Number and kind of packages; description of goods | Origin criterion （see Notes overleaf） | Gross weight or other quantity | Number and date of invoices |
|---|---|---|---|---|---|
| | | | | | |

| Certification | Declaration by the exporter |
|---|---|
| It is hereby certified, on the basis of control carried out, that the declaration by the exporter is correct. | The undersigned hereby declares that the above details and statements are correct; that all the goods were produced in **CHINA**<br>（country）<br>and that they comply with the origin requirements specified for those goods in the Generalized System of Preferences for goods exported to<br>（importing country） |
| Place and date, signature and stamp of certifying authority | Place and date, signature of authorized signatory |

162

（1）普惠制原产地证书标题栏（右上角），填上检验检疫机构编定的证书号。在证头横线上方填上"中华人民共和国"。国名必须填打英文全称，不得简化。

**Issued in THE PEOPLE'S REPUBLIC OF CHINA**

（国内印制的证书，已将此印上，无须再填打。）

（2）第1栏：出口商名称、地址、国家。此栏带有强制性，应填明详细地址，包括街道名、门牌号码等。例如，

CHINA ARTEX（HOLDING）COPR. GUANGDONG CO.

NO.119，LIUHUA ROAD，GUANGZHOU，CHINA

中国地名的英文译音应采用汉语拼音，如 GUANGDONG（广东）、GUANGZHOU（广州）、SHANTOU（汕头）等。

（3）第2栏：收货人的名称、地址、国家。该栏应填给惠国最终收货人名称（即信用证上规定的提单通知人或特别声明的收货人），如最终收货人不明确，可填发票抬头人。但不可填中间转口商的名称。

欧洲联盟、挪威对此栏是非强制性要求，如果货物直接运往上述给惠国，而且进口商要求将此栏留空时，则可以不填详细地址，但需填"TO ORDER"。

（4）第3栏：运输方式及路线。

一般应填装货、到货地点（始运港、目的港）及运输方式（如海运、陆运、空运）。例如，ON/AFTER NOV.6，2000 FROM GUANGZHOU TO HONGKONG BY TRUCK，THENCE TRANSHIPPED TO HAMBURG BY SEA.

转运商品应加上转运港，如 VIA HONGKONG。该栏还要填明预定自中国出口的日期，日期必须真实，不得捏造。对输往内陆给惠国的商品，如瑞士、奥地利，由于这些国家没有海岸，因此如系海运，都须经第三国，再转运至该国，填证时应注明。例如，ON/AFTER NOV.6，2000 BY VESSEL FROM GUANGZHOU TO HAMBURG W/T HONGKONG，IN TRANSIT TO SWITZERLAND.

样单 7-6　格式 A 证书

# ORIGINAL

| 1. Goods consigned from (Exporter's businesss name, adderss, country)<br>NINGBO ELECTRIC & CONSUMER GOODS IMPORT &<br>EXPORT CORPORATION NINCBO CHINA | Reference No.  G0638000000230001<br><br>**GENERALIZED SYSTEM OF PREFERENCES**<br>**CERTIFICATE OF ORIGIN**<br>（**Combined declaration and certificate**） |
|---|---|
| 2 ． Goods consigned to (Consignee's name,adderss,country)<br>A. B. C. CORPORATION,<br>205-3 QUEBEC STREET, BLAINVILLE<br>QUEBEC, CANADA | **FORM A**<br>Issued in THE PEOPLE'S REPUBLTC OF CHINA<br>· · · · · · · · · · · · · · · · · · · ·<br>（country）<br><br>See Notes.overleaf |
| 3.  Means of transport and route (as far as known)<br>FROM NINGBO TO BLAINVILLE QUEBEC CANADA BY SEA | 4.  For official use |

| 5.  Ltem number | 6. Marks and numbers of packages | 7.  Number and kind of packages: description of goods | 8.  Origin criterion (see notes overleaf) | 9.  Gross weight or other quantity | 10.  Number and date of invoices |
|---|---|---|---|---|---|
| 1 | N/M | ONE HUNDRED（100）CTNS OF POOL ACCESSORIES（PLASTIC）<br>\*\*\*　\*\*\*　\*\*\*　\*\*\*　\*\*\* | 'P' | 100PCS | 260ZCY001<br>NOV 14,2006 |

| 11.  Certification<br>It is hereby certified,on the basis of control carried out, that the declaration by the exporter is correct. | 12.  Declaration by the exporter<br>The undersigned hereby declares that the above details and statements are correct; that all the goods were produced in CHINA<br>宁波市家电日用品进出口有限公司<br>and NINGBO ELECTRIO AND CONSUMER GOODS requirements spIMPORT an EXPORT CORPORATION System of Preferences for goods exported to<br>CANADA<br>(importing country)<br>NINGBO, CHINA, NOV.  14, 2006<br>Place and date, signature of authorized signatory |
|---|---|
| NINGBO, CHINA, NOV.   14, 2006<br>------------------------------------------<br>Place and date, signature and stamp of certifying authority | ------------------------------------------<br>Place and date, signature of authoried signatory |

S    66244878

（5）第4栏：供官方使用。

此栏由签证机构填写，申请签证的单位应将此栏留空。正常情况下此栏空白。特殊情况下，签证机构在此栏加注。①货物已出口，签证日期迟于出货日期，签发"后发"证书时，此栏盖上"ISSUED RETROSPECTIVELY"红色印章。②证书遗失、被盗或损毁，签发"复本"证书时盖上"DUPLICATE"红色印章，并在此栏注明原证书的编号和签证日期，并声明原发证书作废，其文字是"THIS CERTIFICATE IS IN REPLACEMENT OF CERTIFICATE OF ORIGIN NO. ...DATED...WHICH IS CANCELLED"。

（6）第5栏：商品顺序号。

如同批出口货物有不同品种，则按不同品种、发票号等分列"1""2""3"……以此类推。单项商品，此栏填写"1"。

（7）第6栏：唛头及包装号。

填制的唛头应与货物外包装上的唛头及发票上的唛头一致；唛头不得出现中国以外的地区或国家制造的字样，也不能出现香港、澳门和中国台湾地区原产地字样（如MADE IN TAIWAN，HONGKONG PRODUCTS等）；如货物无唛头应填"无唛头"，即"N/M"或"NO MARK"。如唛头过多，此栏不够填写，可填写打在第7、第8、第9、第10栏截止线以下的空白处。如还不够，此栏写上（SEE THE ATTACHMENT），用附页填打所有唛头（附页的纸张要与原证书一般大小），在右上角写上证书号，并由申请单位和签证机构授权签字人分别在附页末页的右下角和左下角手签、盖印。附页手签的笔迹、地点、日期均与证书第11栏、第12栏相一致。

（8）第7栏：包件数量及种类，商品的名称。

包件数量必须用英文和阿拉伯数字同时表示，例如：

ONE HUNDRED AND FIFTY（150）CARTONS OF WORKING GLOVES。

商品名称必须具体填明，不能笼统填"MACHINE"（机器）、"GARMENT"（服装）等。对一些商品，例如，玩具电扇应注明为"TOYS：ELECTRIC FANS"，不能只列"ELECTRIC FANS"（电扇）。

商品的商标、牌名（BRAND）及货号（ARTICLE NUMBER）一般可以不填。商品名称等项列完后，应在下一行加上表示结束的符号，以防止加填伪造内容。

国外信用证有时要求填具体合同、信用证号码等，可加填在此栏空白处。

（9）第8栏：原产地标准。

完全原产品，不含任何非原产成分，出口到所有给惠国，填"P"。

含有非原产成分的产品，出口到欧盟、挪威、瑞士和日本，填"W"，其后加上出口产品的H.S.品目号，如"W"42.02。含有非原产成分的产品，出口到加拿大，填"F"。含有非原产成分的产品，出口到俄罗斯、乌克兰、白俄罗斯、哈萨克斯坦，填"Y"，其后加上非原产成分价值占该产品离岸价格的百分比，如"Y"38%。输往澳大利亚、新西兰的货物，此栏可以留空。

（10）第9栏：毛重或其他数量。

注意，此栏应以商品的正常计量单位填，如"只""件""双""台""打"等，例如3200 DOZ.或6270 KG。

以重量计算的则填毛重，只有净重的，填净重亦可，但要标上N.W.（NET WEIGHT）。

（11）第10栏：发票号码及日期。

注意，此栏不得留空。月份一律用英文（可用缩写）表示，如PHK50016 Nov.2，2000。

此栏的日期必须按照正式商业发票填制，发票日期不得迟于出货日期。

（12）第 11 栏：签证机构的证明。

此栏填打签证机构的签证地点、日期，例如，GUANGZHOU　NOV.3，2000。

检验检疫局签证人经审核后在此栏（正本）签名，盖签证印章。

注意，此栏日期不得早于发票日期（第 10 栏）和申报日期（第 12 栏），而且应早于货物的出运日期（第 3 栏）。

（13）第 12 栏：出口商的申明。

在生产国横线上填英文的"中国"（CHINA）。进口国横线上填最终进口国，进口国必须与第三栏目的港的国别一致。凡货物运往欧盟国家，进口国不明确时，进口国可填"EU"。

另外，申请单位应授权专人在此栏手签，标上申报地点、日期，并加盖申请单位中英文印章。手签人手迹必须在检验检疫局注册登记，并保持相对稳定。

此栏日期不得早于发票日期（第 10 栏）（最早是同日）。盖章时应避免覆盖进口国名称和手签人姓名。本证书一律不得涂改，证书不得加盖校对章。

# 四、区域性经济集团互惠原产地证书

目前主要有《〈中国—东盟自由贸易区〉优惠原产地证明书》《〈亚太贸易协定〉原产地证明书》《〈中国与巴基斯坦优惠贸易安排〉优惠原产地证明书》《〈中国—智利自贸区〉原产地证书》等。区域优惠原产地证书是具有法律效力的、在协定成员国之间就特定产品享受互惠减免关税待遇的官方凭证。

## （一）《中国—东盟自由贸易区》优惠原产地证明书（FORM E）

自 2004 年 1 月 1 日起，凡出口到东盟的农产品（H.S.第一章到第八章）凭借检验检疫机构签发的《中国—东盟自由贸易区》（FORM E）优惠原产地证书可以享受关税优惠待遇。2005 年 7 月 20 日起，7000 多种正常产品开始全面降税。2010 年 1 月 1 日将关税最终削减为零。老挝、缅甸至 2009 年 1 月、柬埔寨至 2012 年 1 月 50% 的税目的关税降到 0%～5%；2013 年 40% 税目的关税降到零。越南 2010 年 50% 税目的关税降到 0%～5%。2015 年其他 4 国（老挝、缅甸、柬埔寨、越南）将关税降为零。可以签发《中国—东盟自由贸易区》优惠原产地证书（样单 7-7）的国家有文莱、柬埔寨、印尼、老挝、马来西亚、缅甸、菲律宾、新加坡、泰国、越南等 10 个国家。

（1）证书的证号栏及第 1、第 2、第 3、第 5、第 6、第 9、第 10、第 11 栏内容和填制要求参见普惠制原产地证书格式 A 相应栏目的填制要求。

（2）第 4 栏：官方使用。

不论是否给予优惠待遇，进口成员国海关必须在第 4 栏做出相应的标注。

（3）第 7 栏：货物名称和 H.S.品目号。

此栏必须填货物名称和进口国 H.S.品目号。

货品名称必须详细，以使验货的海关官员可以识别。生产商的名称及任何商标也应列明。H.S.品目号为国际上协调统一的 H.S.品目号，填 6 位数 H.S.品目号。

（4）第 8 栏：原产地标准。

① 货物为出口国完全生产的，不含任何非原产成分，填"×"。

② 货物在出口成员国加工但并非完全生产，未使用原产地累计规则判断原产地标准的，

填该国家成分的百分比，如 40%。

样单 7-7 "中国—东盟自由贸易区"优惠原产地证书

## Original

| 1.Goods consigned from (Exporter's business name, address, country)<br>NINGBO ELECTRIC & CONSUMER GOODS IMPORT & EXPORT CORPORATION<br>17TH FLOOR, LING QIAO PLAZA 31 YAO HANG STREET, NINGBO, P. R. CHINA | Reference No. E063800000230001<br><br>ASEAN-CHINA FREE TRADE AREA PREFERENTIAL TARIFF CERTIFICATE OF ORIGIN<br>(Combined Declaration and Certificate)<br><br>FORM E<br><br>Issued in THE PEOPLE'S REPUBLIC OF CHINA<br>(Country)<br>See Notes overleaf |
|---|---|
| 2.Goods consigned to (Consignee's name, address, country)<br>BUHONO INT. CO. LTD<br>5610-3 HONHAI STREET,<br>PENANG, MALAYSIA | |
| 3.Means of transport and route (as far as known)<br><br>Departure date NOV. 18, 2006<br>Vessel's name / Aircraft etc. FU ZHOU 2351<br>Port of discharge PENANG | 4.For official use<br><br>☐ Preferential Treatment Given Under ASEAN-CHINA Free Trade Area Preferential Tariff<br>☐ Preferential Treatment Not Given (Please state reason/s)<br><br><br><br>Signature of Authorised Signatory of the Importing Country |

| 5.Item number | 6.Marks and numbers on packages | 7.Number and type of packages, description of goods (including quantity where appropriate and HS number of the importing Country) | 8.Origin criterion (see Notes overleaf) | 9.Gross weight or other quantity and value (FOB) | 10.Number and date of invoices |
|---|---|---|---|---|---|
| 1 | C/NO. 1-87<br>BUHONO<br>PENANG | EIGHTY SEVEN (87) CTNS OF HAIR CUT COVER<br>H.S CODE:3926<br>*** *** *** *** *** | "X" | 8352PCS<br>USD 4927.68 | 26DZCY001<br>NOV. 17, 2006 |

| 11. Declaration by the exporter<br><br>The undersigned hereby declares that the above details and Statement are correct; that all the goods were produced in<br>宁波市家电日用品进出口有限公司<br>NINGBO ELECTRIC AND CONSUMER GOODS IMPORT & EXPORT CORPORATION<br>CHINA<br>(Country)<br><br>and that they comply with the origin requirements specified for these goods in the ASEAN-CHINA Free Trade Area Preferential Tariff for the goods exported to<br><br>MALAYSIA<br>(Importing Country)<br><br>NINGBO, CHINA, NOV. 17,2006<br>Place and date, signature of authorised signatory | 12. Certification<br><br>It is hereby certified, on the basis of control carried out, that the Declaration by the exporter is correct.<br><br><br><br><br><br><br>NINGBO, CHINA, NOV. 17, 2006<br>Place and date, signature and stamp of certifying authority |
|---|---|

CN 4149936

③ 货物在出口成员国加工但并非完全生产的，使用了原产地累计规则判断原产地标准的，填中国—东盟累计成分的百分比，如 40%。

④ 货物符合产品特定原产地标准的产品，填产品特定原产地标准"PSR"。

（5）第 12 栏：官方证明。

此栏填签证机构的签证地点、日期。

检验检疫局签证人经审核后在此栏（正本）签名，盖签证印章。

当申请单位申请后发证书时，需在此栏加注"ISSUED RETROSPECTIVELY"；

当申请单位申请重发证书时，需在此栏加注"CERTIFIED TRUE COPY"。

## （二）《亚太贸易协定》原产地证明书（格式 B）

2006 年 9 月 1 日起签发《亚太贸易协定》原产地证书。可以签发《亚太贸易协定》原产地证书的有韩国、斯里兰卡、印度、孟加拉四个国家。降税幅度从 5%～100% 不等。

（1）《亚太贸易协定》优惠原产地证书共有 12 栏，除第 5 栏、第 8 栏外，其余各栏的填制要求与普惠制原产地证书格式 A 相应栏目的填制要求相同（普惠制原产地证书第 3 栏为运输方式及路线栏，《亚太贸易协定》优惠原产地证书第 4 栏为运输方式及路线栏。普惠制原产地证书第 4 栏为供官方使用栏，《亚太贸易协定》优惠原产地证书第 3 栏为供官方使用栏）。

（2）《亚太贸易协定》优惠原产地证书第 5 栏填出口商品的四位 H.S.品目号。

（3）《亚太贸易协定》优惠原产地证书第 8 栏填制方法如下。

① 符合《亚太贸易协定原产地规则》第 2 条完全原产的产品，填写字母"A"。

② 含有进口成分的产品，填写方法如下。

符合《亚太贸易协定原产地规则》第 3 条的产品，填写字母"B"并注明原产于非成员国或原产地不明的原材料、零部件或制品的总价值占出口产品 FOB 价的百分比（如"B"50%）。

符合《亚太贸易协定原产地规则》第 4 条的产品，填写字母"C"并注明原产于成员国领土内的累计含量的总价值占出口产品 FOB 价的百分比（如"C"60%）。

## （三）《中国与巴基斯坦自由贸易区》原产地证明书（格式 P）

对巴基斯坦可以签发《〈中国与巴基斯坦自由贸易区〉优惠原产地证明书》，2006 年 1 月 1 日起双方先期实施降税的 3000 多个税目产品，分别实施零关税和优惠关税。原产于中国的 486 个 8 位零关税税目产品的关税将在两年内分三次逐步下降，2008 年 1 月 1 日全部降为零，原产于中国的 486 个 8 位零关税税目产品实施优惠关税，给予关税优惠的商品其关税优惠幅度从 1%～10% 不等。

（1）第 1 栏：填写出口人合法的全称、地址（包括国家）。

（2）第 2 栏：填写收货人合法的全称、地址（包括国家）。

（3）第 3 栏：填写生产商合法的全称、地址（包括国家）。如果证书上的货物生产商不止一个，其他生产商的全称、地址（包括国家）也需列明。如果出口人或生产商希望对该信息保密，也可接受在该栏填写"应要求向海关提供"（AVAILABLE TO CUSTOMS UPON REQUEST）。如果生产商与出口商相同，该栏只须填写"相同"（SAME）。

（4）第 4 栏：填运输方式和路线，并详细说明离港日期、运输工具号、装货港和卸货港。

（5）第 5 栏：由进口成员方的海关当局在该栏简要说明根据协定是否给予优惠待遇。

（6）第 6 栏：填项目编号。

（7）第7栏：该栏的商品名称描述必须详细，以便查验货物的海关官员可以识别，并使其能与发票上的货名及H.S.编码的货名对应。包装上的运输唛头及编号、包装件数和种类也应列明。每一项货物的H.S.编码应为货物进口国的6位H.S.编码。

（8）第8栏：从一成员方出口到另一成员方可享受优惠待遇的货物必须符合下列要求之一（根据特定原产地规则可做调整）。

① 符合中国—巴基斯坦自由贸易区原产地规则的规定，在出口成员方境内完全获得的产品。

② 为实施中国—巴基斯坦自由贸易区原产地规则的规定，使用非原产于中国、巴基斯坦或无法确定原产地的原材料生产和加工产品时，所用这种原材料的总价值不超过由此生产或获得的产品的离岸价格的60%，且最后生产加工工序在该出口成员方境内完成。

③ 符合中国—巴基斯坦自由贸易区原产地规则五的产品，且该产品在一成员方被用于生产可享受另一个成员方优惠待遇的最终产品时，如这部分成分在最终产品的中国—巴基斯坦自由贸易区成分累计中不少于最终产品的40%，则该产品应视为原产于对最终产品进行生产或加工的成员方。

④ 符合中国—巴基斯坦自由贸易区原产地规则产品、特定原产地标准的产品应被视为原产于使该产品发生实质性改变的成员方。

若货物符合上述标准，出口商必须按照表7-1中规定的格式，在本证书第8栏中标明其货物申报享受优惠待遇所依据的原产地标准。

表7-1　　　　　　　　　　　　　　　　原产地标准依据

| 原产国生产或制造的详情 | 填入第8栏 |
| --- | --- |
| （a）出口成员方完全原产的产品（见上述第8栏1项） | "P" |
| （b）符合上述第8栏（2）项的规定，在出口成员方加工但并非完全原产的产品 | 单一国家成分的百分比，如40% |
| （c）符合上述第8栏（3）项的规定，在出口成员方加工但并非完全原产的产品 | 中国—巴基斯坦自由贸易区累计成分的百分比，如40% |
| （d）符合产品特定原产地标准的产品 | "PSR" |

（9）第9栏：该栏应填毛重的千克数。其他的按惯例能准确表明数量的计量单位，如体积、件数也可用于该栏；离岸价格应该是出口人向签证机构申报的价格。

（10）第10栏：该栏应填发票号和发票日期。

（11）第11栏：如有要求，该栏可填订单号，信用证号等。

（12）第12栏：该栏必须由出口人填制，签名、签署日期和加盖印章。

（13）第13栏：该栏必须由签证机构经授权的签证人员签名、签署日期和加盖签证印章。

## （四）中国—智利自由贸易区原产地证书（格式F）

自2006年10月1日起，各地出入境检验检疫机构开始签发《中国—智利自由贸易区优惠原产地证明书》（格式F），该日起对原产于我国的5891个6位税目产品关税降为零。

（1）第1栏：填写出口人合法的全称、地址（包括国家）。

（2）第2栏：填写生产商合法的全称、地址（包括国家）。如果证书包含一个以上生产商的商品，应该列出其他生产商的名称、地址（包括国家）。如果出口人或生产商希望对该信息予以保密，可以填写"应要求提供给主管政府机构（AVAILABLE TO COMPETENT

GOVERNMENTAL AUTHORITY UPON REQUEST)"。如果生产商和出口人相同，应填写"同上（SAME）"。如果不知道生产商，可填写"不知道（UNKNOWN）"。

（3）第3栏：填写收货人合法的全称、地址（包括国家）。

（4）第4栏：填写运输方式和路线，并详细说明离港日期、运输工具、装货港和卸货港。

（5）第5栏：由进口方的海关当局在该栏简要说明根据协定是否给予优惠待遇。

（6）第6栏：如有要求，该栏可填客户订单编号、信用证编号等。如果发票由非成员方经营者出具，应在此栏填写原产国生产商的名称、地址及国家。

（7）第7栏：填写项目编号，但不得超过二十个。

（8）第8栏：填写包装上的运输唛头及编号。

（9）第9栏：填写包装数量及种类，并列明每种货物的详细名称，以便查验的海关官员可以识别，并使其能与发票上的货名及 H.S.编码上的货名相对应。如果货物无包装，应填"散装（IN BULK）"。货物描述结束后，应在后面添加"***"或"\（截止符）"。

（10）第10栏：对应第9栏中的货物名称填写相应的协调制度编码，以6位编码为准。

（11）第11栏：若货物符合原产地规则，出口人必须按照表7-2中规定的格式，在本证书第11栏中填其申报货物享受优惠待遇所依据的原产地标准。

表7-2　　　　　　　　　　　　　　　原产地标准依据

| 出口人申报其货物享受优惠待遇所依据的原产地标准 | 填入第11栏 |
| --- | --- |
| （1）完全原产 | "P" |
| （2）含进口成分，区域价值≥40% | "RVC" |
| （3）产品特定原产地标准 | "PSR" |

（12）第12栏：该栏应填毛重的千克数，其他按惯例能准确表明数量的计量单位，如体积、件数等也可用于该栏。

（13）第13栏：应填发票号、发票日期及发票价值，发票价值填写 FOB 价。

（14）第14栏：该栏必须由出口人填写，签名、签署日期和加盖印章。

（15）第15栏：该栏必须由签证机构经授权的签证人员签名、签署日期并加盖签证印章，并应填写签证机构的电话号码、传真及地址。

## （五）专用原产地证书

专用原产地证书是国际组织和国家根据政策和贸易措施的特殊需要，针对某一特殊行业的特定产品规定的原产地证书。主要有输往欧盟蘑菇罐头原产地证明书、烟草真实性证书等。

### 项目总结

原产地证是证明货物原产地或制造地的证明文件，是为了执行对外贸易政策的文件，是进口海关减免关税的依据，是出口结汇中的重要单证之一。本项目主要介绍了原产地证明书的种类、内容、作用及缮制方法。

### 练习与思考

1. 原产地证明书的种类有哪些？

2. 一般原产地证书的作用是什么？应该向哪个部门申领？

3. 普惠制原产地证书的作用是什么？应该向哪个部门申领？

4. 检验检疫机构签发的区域性优惠原产地证的格式都是一样的吗？如不同，请举例说明。

5. 中间商的名称能否填写在原产地证中收货人栏？

6. 原产地证由哪些机构签署？在信用证未规定原产地证由哪个机构签发的情况下，出口商自行签发的原产地证可否由银行接受？

7. 商业发票的日期是否可以晚于原产地证的签发日期？

8. 经过转口的进出口货物，是否可以取得转口地的原产地证？

## 项目实训

实训一　根据情境引入案例缮制原产地证

实训二　根据信用证要求制作一般产地证

1. L/C 资料如下。

| | | | |
|---|---|---|---|
| 2006MAR22 09:18:11 | | LOGICAL TERMINAL E106 | |
| MT S700 | ISSUE OF A DOCUMENTARY CREDIT | PAGE 00006 | |
| | | FUN MSG700 | |
| | | UMR 06881051 | |

MSGACK　DWS765I AUTH OK, KEY B198081689580FC5, BKCHCNBJ RJHISARI RECORO

| | | |
|---|---|---|
| BASIC HEADER | F　06　BKCHCNBJA940 0588 550628 | |
| APPLICATION HEADER | 0 700　1057 060620 RJHISARIAXXX 7277 977367 060613 1557 N | |
| | *ALRAJHI BANKING AND INVESTMENT | |
| | *CORPORATION | |
| | *RIYADH | |
| | *（HEAD OFFICE） | |
| USER HEADER | SERVICE CODE　106: | （银行盖信用证通知专用章） |
| | BANK. PRIORITY　113: | |
| | MSG USER REF.　108: | |
| | INFO. FROM CI　115: | |
| SEQUENCE OF TOTAL | * 27 | 1 / 1 |
| FORM OF DOC. CREDIT | * 40 A | IRREVOCABLE |
| DOC. CREDIT NUMBER | * 20 | 0061LC123756 |
| DATE OF ISSUE | 31 C | 060620 |
| DATE/PLACE EXP. | * 31 D | DATE 060505 PLACE CHINA |
| APPLICANT | * 50 | NEO GENERAL TRADING CO. |
| | | P.O. BOX 99552, RIYADH 22766, KSA |
| | | TEL: 00966-1-4659220　FAX: 00966-1-4659213 |
| BENEFICIARY | * 59 | KKK TRADING CO., LTD. |
| | | HUARONG MANSION RM2906 NO.85 GUANJIAQIAO, NANJING 210005, CHINA |
| | | TEL: 0086-25-4715006　FAX: 0086-25-4711363 |
| AMOUNT | * 32 B | CURRENCY USD AMOUNT 13260, |
| AVAILABLE WITH/BY | * 41 D | ANY BANK IN CHINA, |
| | | BY NEGOTIATION |

| | | |
|---|---|---|
| DRAFTS AT ... | 42 C | SIGHT |
| DRAWEE | 42 A | RJHISARI |
| | | *ALRAJHI BANKING AND INVESTMENT |
| | | *CORPORATION |
| | | *RIYADH |
| | | *（HEAD OFFICE） |
| PARTIAL SHIPMENTS | 43 P | NOT ALLOWED |
| TRANSSHIPMENT | 43 T | NOT ALLOWED |
| LOADING ON BRD | 44 A | |
| | | CHINA MAIN PORT, CHINA |
| | 44 B | |
| | | DAMMAM PORT, SAUDI ARABIA |
| LATEST SHIPMENT | 44 C | 060630 |
| GOODS DESCRIPT. | 45 A | |
| | | ABOUT 1700 CARTONS CANNED MUSHROOM PIECES & STEMS 24 TINS × 425 GRAMS NET WEIGHT（D.W. 227 GRAMS）AT USD7.80 PER CARTON. ROSE BRAND. |
| DOCS REQUIRED | 46 A | |
| | | DOCUMENTS REQUIRED: |
| | | + SIGNED COMMERCIAL INVOICE IN TRIPLICATE ORIGINAL AND MUST SHOW BREAK DOWN OF THE AMOUNT AS FOLLOWS: FOB VALUE, FREIGHT CHARGES AND TOTAL AMOUNT C AND F. |
| | | + FULL SET CLEAN ON BOARD BILL OF LADING MADE OUT TO THE ORDER OF ALRAJHI BANKING AND INVESTMENT CORP, MARKED FREIGHT PREPAID AND NOTIFY APPLICANT, INDICATING THE FULL NAME, ADDRESS AND TEL NO. OF THE CARRYING VESSEL'S AGENT AT THE PORT OF DISCHARGE. |
| | | + PACKING LIST IN ONE ORIGINAL PLUS 5 COPIES, ALL OF WHICH MUST BE MANUALLY SIGNED. |
| | | + INSPECTION （HEALTH） CERTIFICATE FROM C.I.Q. （ENTRY-EXIT INSPECTION AND QUARANTINE OF THE PEOPLES REP. OF CHINA）STATING GOODS ARE FIT FOR HUMAN BEING. |
| | | + CERTIFICATE OF ORIGIN DULY CERTIFIED BY C.C.P.I.T. STATING THE NAME OF THE MANUFACTURERS OF PRODUCERS AND THAT GOODS EXPORTED ARE WHOLLY OF CHINESE ORIGIN. |
| | | + THE PRODUCTION DATE OF THE GOODS NOT TO BE EARLIER THAN HALF MONTH AT TIME OF SHIPMENT. BENEFICIARY MUST CERTIFY THE SAME. |

| | | |
|---|---|---|
| | | + SHIPMENT TO BE EFFECTED BY CONTAINER AND BY REGULAR LINE. SHIPMENT COMPANY'S CERTIFICATE TO THIS EFFECT SHOULD ACCOMPANY THE DOCUMENTS. |
| | | + INSURANCE POLICY OR CERTIFICATE IN 1 ORIGINAL AND |
| | | 1 COPY ISSUED OR ENDORSED TO THE ORDER OF AL-RAJHI BANKING |
| | | AND INVESTMENT CORP FOR THE INVOICE PLUS 10 PERCENT COVERING |
| | | ALL RISKS, INSTITUTE CARGO CLAUSES, INSTITUTE STRIKES. |
| DD. CONDITIONS | 47 A | |
| | | ADDITIONAL CONDITION: |
| | | A DISCREPANCY FEE OF USD50.00 WILL BE IMPOSED ON EACH SET OF |
| | | DOCUMENTS PRESENTED FOR NEGOTIATION UNDER THIS L/C WITH |
| | | DISCREPANCY. THE FEE WILL BE DEDUCTED FROM THE BILL AMOUNT. |
| | | PAYMENT UNDER THE GOODS WERE APPROVED BY SAUDI GOVERNMENT LAB. |
| CHARGES | 71 B | ALL CHARGES AND COMMISSIONS OUTSIDE |
| | | KSA ON BENEFICIARIES' ACCOUNT INCLUDING REIMBURSING, |
| | | BANK COMMISSION, DISCREPANCY FEE （IF ANY） AND COURIER CHARGES. |
| CONFIRMAT INSTR | * 49 | WITHOUT |
| REIMBURS. BANK | 53 D | // |
| | | ALRAJHI BANKING AND INVESTMENT CORP RIYADH（HEAD OFFICE） |
| INS PAYING BANK | 78 | |
| | | DOCUMENTS TO BE DESPATCHED IN ONE LOT BY COURIER. |
| | | ALL CORRESPONDENCE TO BE SENT TO ALRAJHI BANKING AND INVESTMENT |
| | | COPRORATION RIYADH（HEAD OFFICE） |
| SEND REC INFO | 72 | REIMBURSEMENT IS SUBJECT TO ICC URR 525 |
| TRAILER | | ORDER IS <MAC:> <PAC:> <ENC:> <CHK:> <TNG:> <PDE:> |
| | | MAC:E55927A4 |
| | | CHK:7B505952829A |
| | | HOB: |

2．商业发票资料如下。

<table>
<tr>
<td colspan="2">ISSUER<br>KKK TRADING CO., LTD.<br>HUARONG MANSION RM2906 NO.85<br>GUANJIAQIAO,<br>NANJING 210005, CHINA<br>TEL: 0086-25-4715006　FAX: 0086-25-4711363</td>
<td colspan="3" rowspan="2">商业发票<br>**COMMERCIAL INVOICE**</td>
</tr>
<tr>
<td colspan="2" rowspan="2">TO<br>NEO GENERAL TRADING CO.<br>P.O. BOX 99552, RIYADH 22766, KSA<br>TEL: 00966-1-4659220　FAX: 00966-1-4659213</td>
</tr>
<tr>
<td>NO.<br>2006SDT006</td>
<td colspan="2">DATE<br>Apr.25, 2006</td>
</tr>
<tr>
<td colspan="2" rowspan="2">TRANSPORT DETAILS<br>SHIPMENT FROM SHANGHAI PORT TO<br>DAMMAM PORT BY SEA</td>
<td>S/C NO.<br>NEO2006066</td>
<td colspan="2">L/C NO.<br>0061LC123756</td>
</tr>
<tr>
<td colspan="3">TERMS OF PAYMENT<br>L/C AT SIGHT</td>
</tr>
<tr>
<td>Marks and<br>Numbers</td>
<td>Number and kind of package<br>Description of goods</td>
<td>Quantity</td>
<td>Unit Price</td>
<td>Amount</td>
</tr>
<tr>
<td></td>
<td></td>
<td></td>
<td colspan="2">USD</td>
</tr>
<tr>
<td>ROSE BRAND<br>178/2006<br>RIYADH</td>
<td colspan="4">CFR DAMMAM PORT, SAUDI ARABIA</td>
</tr>
<tr>
<td></td>
<td>ABOUT 1700 CARTONS<br>CANNED MUSHROOMS<br>PIECES & STEMS 24 TINS ×<br>227 GRAMS NET WEIGHT<br>( G.W. 425 GRAMS )AT USD7.80<br>PER CARTON.<br>ROSE BRAND.</td>
<td>1700CARTONS</td>
<td>USD7.80</td>
<td>USD13260.00</td>
</tr>
<tr>
<td colspan="3">Total:1700CARTONS</td>
<td colspan="2">USD13260.00</td>
</tr>
<tr>
<td colspan="5">SAY TOTAL: USD THIRTEEN THOUSAND TWO HUNDRED AND SIXTY ONLY.<br><br><br>BREAK DOWN OF THE AMOUNT AS FOLLOWS:<br>　　　　　　　FOB VALUE:　　　　　USD12260.00<br>　　　　　　　FREIGHT CHARGES:　　USD1000.00<br>TOTAL AMOUNT C AND F: USD13260.00<br><br><br><br>　　　　　　　　　　　　　　　　（出口商签字和盖单据章）</td>
</tr>
</table>

3．其他信息。

（1）DATE OF SHIPMENT：APR. 29,2006

（2）工厂资料。

XUZHOU SHENGTONG FOODSTUFTS CO., LTD.

NO.15 HEPING ROAD, XUZHOU 221009, CHINA

TEL: 86-0516-3406323    FAX: 86-0516-3406330

## ORIGINAL

| 1. Exporter（full name and address） | CERTIFICATE NO |  |
|---|---|---|
| | **CERTIFICATE OF ORIGIN**<br>**OF**<br>**THE PEOPLE'S REPUBLIC OF CHINA** | |
| 2. Consignee（full name, address, country） | | |
| 3. Means of transport and route | 5. For certifying authority use only | |
| 4. Country / region of destination | | |

| 6. Marks and numbers | 7. Number and kind of packages; description of goods | 8. H.S.Code | 9. Quantity | 10. Number and date of invoices |
|---|---|---|---|---|
| | | | | |

| 11. Declaration by the exporter | 12. Certification |
|---|---|
| The undersigned hereby declares that the above details and statement are correct; that all the goods were produced in China and that they comply with the Rules of Origin of the People's Republic of China. | It is hereby certified that the declaration by the exporter is correct. |
| Place and date, signature and stamp of authorized signatory | Place and date, signature and stamp of certifying authority |

## 实训三　根据信用证要求缮制普惠制产地证

1. L/C 资料如下。

| | | | |
|---|---|---|---|
| 2006JAN31 15:23:46 | | | LOGICAL TERMINAL E106 |
| MT S700 | ISSUE OF A DOCUMENTARY CREDIT | | PAGE　00006 |
| | | | FUNC　MSG700 |
| | | | UMR　06607642 |

MSGACK　DWS765I AUTH OK, KEY B110606173BAOC53B, BKCHCNBJ BNPA**** RECORO

| | | |
|---|---|---|
| BASIC HEADER | F　06　BKCHCNBJA940 0542 725524 | |
| APPLICATION | 0 700　1122 060629 BNPACAMMAXXX 4968 839712 060630 0068 N | |
| HEADER | *BNP PARIBAS（CANADA） | |
| | *MONTREAL | |
| USER HEADER | SERVICE CODE　106: | |
| | BANK. PRIORITY　113: | |
| | MSG USER REF.　108: | （银行盖信用证通知专用章） |
| | INFO. FROM CI　115: | |

| | | | | |
|---|---|---|---|---|
| SEQUENCE OF TOTAL | * | 27 | : | 1 / 1 |
| FORM OF DOC. CREDIT | * | 40 A: | | IRREVOCABLE |
| DOC. CREDIT NUMBER | * | 20 | : | 63211060069 |
| DATE OF ISSUE | | 31 C: | | 060629 |
| EXPIRY | * | 31 D: | | |
| | | | | DATE 060610 PLACE IN BENEFICIARY'S COUNTRY |
| APPLICANT | * | 50 | : | FASHION FORCE CO., LTD |
| | | | | P.O.BOX 8935 NEW TERMINAL, ALTA, VISTA OTTAWA, CANADA |
| BENEFICIARY | * | 59 | : | NANJING TANG TEXTILE GARMENT CO., LTD. |
| | | | | HUARONG MANSION RM2906 NO.85 GUANJIAQIAO, NANJING 210005, CHINA |
| AMOUNT | * | 32 B: | | CURRENCY USD AMOUNT 32640, |
| AVAILABLE WITH/BY | * | 41 D: | | ANY BANK |
| | | | | BY NEGOTIATION |
| DRAFTS AT ... | | 42 C: | | SIGHT |
| DRAWEE | | 42 A: | | BNPACAMMXXX |
| | | | | *BNP PARIBAS（CANADA） |
| | | | | *MONTREAL |
| PARTIAL SHIPMENTS | | 43 P: | | NOT ALLOWED |
| TRANSSHIPMENT | | 43 T: | | ALLOWED |
| LOADING ON CHARGE | | 44 A: | | |
| | | | | CHINA |
| FOR TRANSPORT TO... | | 44 B: | | |
| | | | | MONTREAL |
| LATEST DATE OF SHIP. | | 44 C: | | 060625 |

| DESCRIPT OF GOODS | 45 A: |
|---|---|
| | SALES CONDITIONS: CIF MONTREAL/CANADA<br>SALES CONTRACT NO. F06LCB05127<br>LADIES COTTON BLAZER（100% COTTON, 40SX20/140X60）<br>STYLE NO.　PO NO.　QTY/PCS　USD/PC<br>46-306A　10637　2550　12.80 |
| DOCUMENTS REQUIRED | 46 A:<br><br>+ COMMERCIAL INVOICES IN 3 COPIES SIGNED BY BENEFICIARY'S REPRESENTATIVE.<br>+ CANADA CUSTOMS INVOICES IN 4 COPIES.<br>+ FULL SET OF ORIGINAL MARINE BILLS OF LADING CLEAN ON BOARD<br>FLUS 2 NON NEGOTIABLE COPIES MADE OUT OR ENDORSED TO ORDER<br>OF BNP PARIBAS（CANADA）MARKED FREIGHT PREPAID AND NOTIFY APPLICANT'S<br>FULL NAME AND ADDRESS.<br>+ DETAILED PACKING LISTS IN 3 COPIES.<br>+ COPY OF CERTIFICATE OF ORIGIN FORM A.<br>+ COPY OF EXPORT LICENCE.<br>+ BENEFICIARY'S LETTER STATING THAT ORIGINAL CERTIFICATE OF<br>ORIGIN FORM A, ORIGINAL EXPORT LICENCE, COPY OF COMMERCIAL INVOICE,<br>DETAILED PACKING LISTS AND A COPY OF BILL OF LADING WERE SENT<br>DIRECT TO APPLICANT BY COURIER WITHIN 5 DAYS AFTER SHIPMENT.<br>THE RELEATIVE COURIER RECEIPT IS ALSO REQUIRED FOR PRESENTATION.<br>+ COPY OF APPLICANT'S FAX APPROVING PRODUCTION SAMPLES BEFORE<br>SHIPMENT.<br>+ LETTER FROM SHIPPER ON THEIR LETTERHEAD INDICATING THEIR NAME<br>OF COMPANY AND ADDRESS, BILL OF LADING NUMBER, CONTAINER<br>NUMBER AND THAT THIS SHIPMENT, INCLUDING ITS CONTAINER, DOES<br>NOT CONTAIN ANY NON-MANUFACTURED WOODEN MATERIAL, DUNNAGE,<br>BRACING MATERIAL, PALLETS, CRATING OR OTHER NON-MANUFACTURED<br>WOODEN PACKING MATERIAL.<br>+ INSPECTION CERTIFICATE ORIGINAL SINGED AND ISSUED BY FASHION FORCE<br>CO., LTD<br>STATING THE SAMPLES OF FOUR STYLE GARMENTS HAS BEEN APPROVED, WHICH<br>SEND<br>THROUGH DHL BEFORE 15DAYS OF SHIPMENT.<br>+ INSURANCE POLICY OR CERTIFICATE IN 1 ORIGINAL AND<br>1 COPY ISSUED OR ENDORSED TO THE ORDER OF BNP PARIBAS（CANADA）<br>FOR THE CIF INVOICE PLUS 10 PERCENT COVERING<br>ALL RISKS, INSTITUTE CARGO CLAUSES, INSTITUTE STRIKES,<br>INSTITUTE WAR CLAUSES AND CIVIL COMMOTIONS CLAUSES. |
| ADDITIONAL COND. | 47 A: |

176

|  | | |
|---|---|---|
| | + IF DOCUMENTS PRESENTED ARE FOUND BY US NOT TO BE UN FULL COMPLIANCE WITH CREDIT TERMS, WE WILL ASSESS A CHARGE OF USD 55.00 PER SET OF DOCUMENTS. | |
| | + ALL CHARGES IF ANY RELATED TO SETTLEMENTS ARE FOR ACCOUNT OF BENEFICIARY. | |
| | + 3 PCT MORE OR LESS IN AMOUNT AND QUANTITY IS ALLOWED. | |
| | + ALL CERTIFICATES/LETTERS/STATEMENTS MUST BE SIGNED AND DATED | |
| | + FOR INFORMATION ONLY, PLEASE NOTE AS OF JANUARY 4, 2006 THAT ALL SHIPMENTS FROM CHINA THAT ARE PACKED WITH UNTREATED WOOD WILL BE BANNED FROM CANADA DUE TO THE THREAT POSED BY THE ASIAN LONGNORNED BEETLE. | |
| | + THE CANADIAN GOVERNMENT NOW INSIST THAT EVERY SHIPMENT ENTERING CANADA MUST HAVE THE ABOVE DOCUMENTATION WITH THE SHIPMENT. | |
| | + BILL OF LADING AND COMMERCIAL INVOICE MUST CERTIFY THE FOLLOWING: THIS SHIPMENT, INCLUDING ITS CONTAINER DOES NOT CONTAIN ANY NON-MANUFACTURED WOODEN MATERIAL, DUNNAGE, BRACING MATERIAL PALLETS, CRATING OR OTHER NON MANUFACTURED WOODEN PACKING MATERIAL. | |
| | + BENEFICIARY'S BANK ACCOUNT NO. 07773108206140621 | |
| CHARGES | 71 B: | OUTSIDE COUNTRY BANK CHARGES TO BE BORNE BY THE BENEFICIARY OPENING BANK CHARGES TO BE BORNE BY THE APPLICANT |
| CONFIRMATION | * 49 : | WITHOUT |
| INSTRUCTIONS | 78 : | |
| | + WE SHALL COVER THE NEGOTIATING BANK AS PER THEIR INSTRUCTIONS + FORWARD DOCUMENTS IN ONE LOT BY SPECIAL COURIER PREPAID TO BNP PARIBAS（CANADA）1981 MCGILL COLLECE AVE.MONTREAL QC H3A 2W8 CANADA. | |
| SEND. TO REC. INFO. | 72 : | THIS CREDIT IS SUBJECT TO UCP FOR DOCUMENTARY CREDIT 1993 REVISION ICC PUBLICATION 500 AND IS THE OPERATIVE INSTRUMENT |
| TRAILER | | ORDER IS <MAC:> <PAC:> <ENC:> <CHK:> <TNG:> <PDE:> MAC:F344CA36 CHK:AA6206FFDFC2 |

2. 商业发票资料如下。

| ISSUER<br>NANJING TANG TEXTILE GARMENT CO., LTD.<br>HUARONG MANSION RM2906 NO.85 GUANJIAQIAO,<br>NANJING 210005, CHINA | | 商业发票<br>**COMMERCIAL INVOICE** | | |
|---|---|---|---|---|
| **TO**<br>FASHION FORCE CO., LTD<br>P.O.BOX 8935 NEW TERMINAL, ALTA,<br>VISTA OTTAWA, CANADA | | **NO.**<br>NT06FF006 | | **DATE**<br>Mar.9, 2006 |
| **TRANSPORT DETAILS**<br>SHIPMENT FROM SHANGHAI TO MONTREAL BY<br>VESSEL | | **S/C NO.**<br>F06LCB05127 | | **L/C NO.**<br>63211060069 |
| | | **TERMS OF PAYMENT**<br>L/C AT SIGHT | | |
| Marks and<br>Numbers | Number and kind of package<br>Description of goods | Quantity | Unit Price | Amount |
| | | **CIF MONTREAL, CANADA** | | |
| FASHION FORCE<br>F06LCB05127<br>CTN NO.<br>MONTREAL<br>MADE IN CHINA | LADIES COTTON BLAZER<br>(100% COTTON, 40SX20/140X60) | 2550PCS | USD12.80/PC | USD32640.00 |
| | **Total: 2550PCS** | | | **USD32640.00** |

SAY TOTAL: USD THIRTY TWO THOUSAND SIX HUNDRED AND FORTY ONLY

 PACKING IN 51 CTNS（50PCS/CTN）

SALES CONDITIONS: CIF MONTREAL/CANADA

SALES CONTRACT NO. F06LCB05127

LADIES COTTON BLAZER（100% COTTON, 40SX20/140X60）

| STYLE NO. | PO NO. | QTY/PCS | USD/PC |
|---|---|---|---|
| 46-306[a] | 10637 | 2550 | 12.80 |

（出口商签字和盖单据章）

# ORIGINAL

| 1. Goods consigned from （Exporter's business name, address, country） | Reference No: |
|---|---|
| | **GENERALIZED SYSTEM OF PREFERENCES**<br>**CERTIFICATE OF ORIGIN**<br>（Combined declaration and certificate）<br>**FORM A**<br>Issued in　**THE PEOPLE'S REPUBLIC OF CHINA**<br>（country） |
| 2.Goods consigned to （Consignee's name, address, country） | |
| | See Notes, overleaf |
| 3. Means of transport and route （as far as known） | 4.For official use |

| 5. Item number | 6. Marks and numbers of packages | 7. Number and kind of packages; description of goods | 8. Origin criterion （see Notes overleaf） | 9. Gross weight or other quantity | 10. Number and date of invoices |
|---|---|---|---|---|---|
| | | | | | |

| 11. Certification | 12. Declaration by the exporter |
|---|---|
| It is hereby certified, on the basis of control carried out, that the declaration by the exporter is correct. | THE UNDERSIGNED HEREBY DECLARES THAT THE ABOVE DETAILS AND STATEMENTS ARE CORRECT; THAT ALL THE GOODS WERE PRODUCED IN<br>**CHINA**<br>（country）<br>and that they comply with the origin requirements specified for those goods in the Generalized System of Preferences for goods exported to<br><br>（ importing country） |
| Place and date, signature and stamp of certifying authority | Place and date, signature of authorized signatory |

# 项目八

# 缮制报关单

## 知识目标

通过本项目的学习，使学生了解报关单填制的一般要求，掌握报关单的填制方法。

## 职业能力目标

能独立根据合同和信用证缮制进出口报关单。

## 情境引入

浙江华美公司在 2010 年委托其客户指定的船公司出口近 50 万美元的货物，涉及 50 多万的出口退税。具体情况是，由于华美公司采购时是以"盒"为单位采购的，华美公司提供的报关单上也是注明"506000 BOXES"，所以工厂的增值税发票开的单位也是以"盒"为单位。由于船公司在重新填写报关单时却将"BOXES"漏写，只标明"6000KGS"，因此海关计算机上该产品的数量为"6000 千克"，导致报关单上的内容与发票上的数量和单位不同，华美公司不能正常退税。华美公司要求船公司办理改单（修改报关单据），就是要在品名下注明"506000 BOXES"，但是由于船公司的一再拖延，导致华美公司无法办理退税手续。华美公司不断催促船公司办理改单，考虑到手续麻烦需要较长时间，要求对方必须在 3 个月内将改后的单据退还给华美公司，否则要其承担由于不能正常退税造成的相关经济损失。3 个月后，总算了结此案。如果你是公司员工，试对该案例进行分析。

# 任务一 进出口报关流程

## 一、进出口报关基本流程概述

在进出口贸易的实际业务中，绝大多数是卖方负责出口货物报关，买方负责进口货物报关。即绝大多数的贸易公司只是同自己国家的海关打交道。下面是关于我国的基本报关综述。

## 二、报关单位

海关对进出口货物报关管理的主要制度实际是报关注册登记制度。凡是在中华人民共和国进出境口岸办理进出口货物报关手续的企业必须向海关办理报关注册登记。

要履行进出口货物的报关手续，必须先经海关批准成为报关单位。能够向海关注册登记的单位分为两类：一类是办理报关注册登记单位；另一类是办理代理报关注册登记单位。办理报关和代理报关登记，在企业所在地海关办理。报关业务应由报关企业和代理报关企业指派专人即报关员办理。报关员必须经海关培训、考核合格并获得由海关颁发的《报关员证》才可以从事报关工作。

### （一）办理报关注册登记单位

可以向海关申请办理报关注册登记的单位有：经批准有进出口贸易经营权的企业；中外合资、合作经营企业及外商独资企业；经海关认可，直接办理进出口手续的经营对外加工、装配和中小型补偿贸易的企业；经海关认可的经常办理进出口货物手续的单位。

申请办理报关注册登记的企业，应向海关提交有关文件材料：①经贸管理部门批准其经营进、出口业务的文件副本或影印件；②工商行政管理部门核发的营业执照副本或影印件；③银行出具的经济担保书或具有同等效力的证明文件；④《报关注册登记申请书》；⑤有关部门批准开业的证件副本或者影印件。以上内容经海关审核批准后，发给《报关注册登记证明书》。

### （二）办理代理报关注册登记的单位

具有法人资格的企业，可向海关申请办理代理报关注册登记，并同时向海关提交有关文件材料：工商行政管理部门核发的营业执照；代理报关注册登记申请书；资信证明文件，如有足够的流动资产或银行存款、保证进出口货物税款能够及时缴纳的证明文件，或是向金融机构投保并向海关提交金融机构出具的经济担保书，或者通过公证机关以固定资产抵押形式保证缴纳的资信证明文件。申请经海关审核批准后，发给《报关注册登记证明书》。企业取得报关单位的资格后，即可由专职或兼职报关员办理货物进出关境的手续。

报关单位的资格随同原申请成为报关单位的企业的撤销而自动终止。更改注册登记内容时，需重新向海关申请。

## 三、报关期限

进出口货物的报关期限在《海关法》中有明确的规定，而且出口货物报关期限与进口货物报关期限是不同的。

出口货物的发货人或其代理人除海关特许外，应当在装货的 24 小时以前向海关申报。做出这样的规定是为了在装货前给海关以充足的查验货物的时间，以保证海关工作的正常进行。

如果在这一规定的期限之前没有向海关申报，海关可以拒绝接受通关申报。这样，出口货物就得不到海关的检验、征税和放行，无法装货运输，从而影响运输单据的取得，甚至导致延迟装运、违反合同。因此，应该及早地向海关办理申报手续，做到准时装运。

进口货物的收货人或其代理人应当自载运该货的运输工具申报进境之日起 14 天内向海关办理进口货物的通关申报手续。做出这样的规定是为了加快口岸疏运，促使进口货物早日投入使用，减少差错，防止舞弊。

如果在法定的 14 天内没有向海关办理申报手续，海关将征收滞报金。滞报金的起收日期为运输工具申报进境之日起的第 15 天；转关运输货物为货物运抵指运地之日起的第 15 天；邮运进口货物为收到邮局通知之日起的第 15 天。截止日期为海关申报之日。滞报金的每日征收率为进口货物到岸价格的 0.5‰，起征点为人民币 10 元。计算滞报金的公式为：

$$滞报金总额 = 货物的到岸价格 \times 滞报天数 \times 0.5‰$$

进口货物的收货人自运输工具申报进境之日起超过三个月未向海关申报的，其进口货物由海关提取变卖处理。所得价款在扣除运输、装卸、存储等费用和税款后，尚有余款的，自货物变卖之日起一年内经收货人申请，予以发还；逾期无人申请的，上缴国库。确属误卸或者溢卸的进境货物除外。

# 四、报关程序

报关工作的全部程序分为申报、查验、放行三个阶段。

## （一）进出口货物的申报

进出口货物的收、发货人或者他们的代理人，在货物进出口时，应在海关规定的期限内，按海关规定的格式填写进出口货物报关单，随附有关的货运、商业单据，同时提供批准货物进出口的证件，向海关申报。报关的主要单证有以下几种。

（1）进口货物报关单。一般填写一式两份（有的海关要求报关单份数为三份）。报关单填报项目要准确、齐全，字迹清楚，不能用铅笔；报关单内各栏目，凡海关规定有统计代号的，以及税则号列及税率一项，由报关员用红笔填写；每份报关单限填报四项货物；如发现情况有误或其他情况需变更填报内容的，应主动、及时向海关递交更改单。

（2）出口货物报关单。一般填写一式两份（有的海关要求三份）。填单要求与进口货物报关单基本相同。如因填报有误或需变更填报内容而未主动、及时更改的，出口报关后发生退关情况，报关单位应在 3 天内向海关办理更正手续。

（3）随报关单交验的货运、商业单据。任何进出口货物通过海关，都必须在向海关递交已填好的报关单的同时，交验有关的货运和商业单据，接受海关审核诸种单证是否一致，并由海关审核后加盖印章，作为提取或发运货物的凭证。随报关单同时交验的货运和商业单据有：海运进口提货单；海运出口装货单（需报关单位盖章）；陆、空运运单；货物的发票（其份数比报关单少一份，需报关单位盖章）；货物的装箱单（其份数与发票相等，需报关单位盖章）等。需要说明的是，如海关认为必要，报关单位还应交验贸易合同、订货卡片、产地证明等。另外，按规定享受减、免税或免验的货物，应在向海关申请并已办妥手续后，随报关单交验有关证明文件。

（4）进（出）口货物许可证。进出口货物许可证制度，是对进出口贸易进行管理的一种行政保护手段。我国与世界上大多数国家一样，也采用这一制度对进出口货物、物品实行全面管理。必须向海关交验进出口货物许可证的商品并不固定，而是由国家主管部门随时调整公布。凡按国家规定应申领进出口货物许可证的商品，报关时都必须交验由对外贸易管理部门签发的进出口货物许可证，并经海关查验合格无误后始能放行。但原对外经济贸易合作部所属的进出口公司、经国务院批准经营进出口业务的各部委所属的工贸公司、各省（直辖市、自治区）所属的进出口公司，在批准的经营范围内进出口商品，视为已取得许可，免领进出口货物许可证，只凭报关单即可向海关申报。只有在经营进出口经营范围以外的商品时才需要交验许可证。

（5）检验检疫制度。国家出入境检验检疫局与海关总署从 2000 年 1 月 1 日起实施新的检验检疫货物通关制度，通关模式为"先报验，后报关"。同时出入境检验检疫部门将启用新的印章、证书。

新的检验检疫制度对原卫检局、动植物局、商检局进行"三检合一"，全面推行"一次报检、一次取样，一次检验检疫，一次卫生除害处理，一次收费，一次发证放行"的工作规程和"一口对外"的国际通用的新的检验检疫模式。而从 2000 年 1 月 1 日起，对实施进出口检疫的货物启用"入境货物通关单"和"出境货物通关单"，并在通关单上加盖检验检疫专用章，对列入《出入境检验检疫机构实施检验检疫的进出口商品目录》范围内的进出口货物（包括转关运输货物），海关一律凭货物报关地出入境检验检疫局签发的"入境货物通关单"或"出境货物通关单"验放，取消原"商检、动植检、卫检"以放行单、证书及在报关单上加盖放行章通关的形式。同时，正式启用出入境检验检疫证书，原来以"三检"名义对外签发的证书自 2000 年 4 月 1 日起一律停止使用。

同时，从 2000 年起对外签订合同、信用证时都要按新制度办事。

海关要求报关单位出具"入境货物通关单"或"出境货物通关单"，一方面是监督法定检验商品是否已经接受法定的商检机构检验；另一方面是取得进出口商品征税、免税、减税的依据。根据《中华人民共和国进出口商品检验法》以及《商检机构实施检验的进出口商品种类表》规定，凡列入《种类表》的法定检验的进出口商品，均应在报关前向商品检验机构报验。报关时，对进出口商品，海关凭商检机构签发的"入境货物通关单"和"出境货物通关单"验收。

除上述单证外，对国家规定的其他进出口管制货物，报关单位也必须向海关提交由国家主管部门签发的特定的进出口货物批准单证，由海关查验合格无误后再予以放行。诸如药品检验，文物出口鉴定，金银及其制品的管理，珍贵稀有野生动物的管理，进出口射击运动、狩猎用枪支弹药和民用爆破物品的管理，进出口音像制品的管理等均属此列。

### （二）进出口货物的查验

进出口货物，除海关总署特准免验的以外，都应接受海关查验。查验的目的是核对报关单证所报内容与实际到货是否相符，有无错报、漏报、瞒报、伪报等情况，审查货物的进出口是否合法。

海关查验货物应在海关规定的时间和场所进行。如有特殊理由，事先报经海关同意，海关可以派人员在规定的时间和场所以外查询。申请人应提供往返交通工具和住宿并支付费用。

海关查验货物时，要求货物的收、发货人或其代理人必须到场，并按海关的要求负责办理货物的搬移、拆装箱和查验货物的包装等工作。海关认为必要时，可以进行开验、复验或

183

者提取货样，货物保管人应当到场作为见证人。

查验货物时，由于海关人员责任造成被查货物损坏的，海关应按规定赔偿当事人的直接经济损失。赔偿办法：由海关人员如实填写《中华人民共和国海关查验货物、物品损坏报告书》一式两份，查验人员和当事人双方签字，各留一份。双方共同商定货物的受损程度或修理费用（必要时，可凭公证机构出具的鉴定证明确定），以海关审定的完税价格为基数，确定赔偿金额。赔偿金额确定后，由海关填发《中华人民共和国海关损坏货物、物品赔偿通知》，当事人自收到通知单之日起，三个月内凭单向海关领取赔款或将银行账号通知海关划拨，逾期海关不再赔偿。赔款一律用人民币支付。

### （三）进出口货物的放行

海关对进出口货物的报关，经过审核报关单据、查验实际货物，并依法办理了征收货物税费手续或减免税手续后，在有关单据上签盖放行章，货物的所有人或其代理人才能提取或装运货物。此时，海关对进出口货物的监管才算结束。海关通关作业流程如图8-1所示。

另外，进出口货物因各种原因需海关特殊处理的，可向海关申请担保放行。海关对担保的范围和方式均有明确的规定。

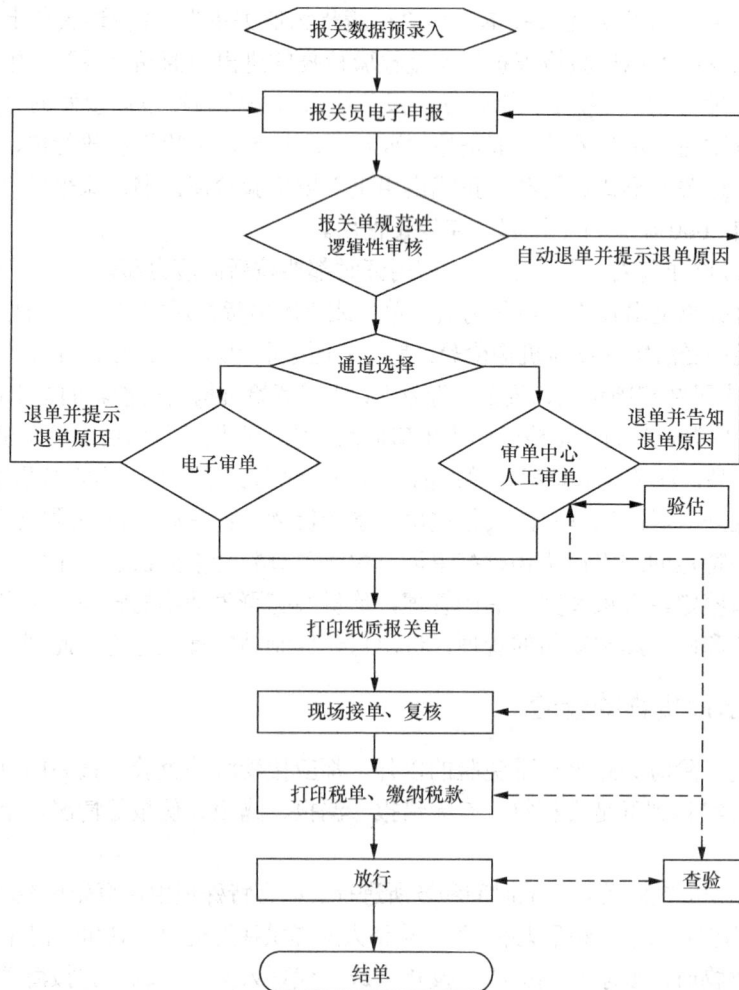

图8-1　海关通关作业流程

# 任务二　缮制报关单

## 一、进出口货物报关单的概念

进出口货物报关单（样单 8-1）是进出口货物的收发货人或其代理人，按照海关规定的格式对进出口货物的实际情况做出书面申明，以此要求海关对其货物按适用的海关制度办理通关手续的法律文书。

样单 8-1　出口货物报关单

### 中华人民共和国海关出口货物报关单

预录入编号：　　　　　　　　　　　　　　　　海关编号：

| 收发货人( ) | | 出口口岸 | | 出口日期 | | 申报日期 | |
|---|---|---|---|---|---|---|---|
| 生产销售单位( ) | | 运输方式 | 运输工具名称 | | | 提运单号 | |
| 申报单位( ) | | 监管方式 | | 征免性质 | | 备案号 | |
| 贸易国(地区) | 运抵国（地区） | | 指运港 | | | 境内货源地 | |
| 许可证号 | 成交方式 | | 运费 | | 保费 | | 杂费 |
| 合同协议号 | 件数 | | 包装种类 | | 毛重（千克） | | 净重（千克） |
| 集装箱号 | 随附单证 | | | | | | |
| 标记唛码及备注 | | | | | | | |

| 项号 | 商品编号 | 商品名称、规格型号 | 数量及单位 | 最终目的国（地区） | 单价 | 总价 | 币制 | 征免 |
|---|---|---|---|---|---|---|---|---|
| | | | | | | | | |

特殊关系确认：　　　　　　价格影响确认：　　　　　支付特许权使用费确认：

续表

| 录入员 | 录入单位 | 兹声明以上申报无讹并承担法律责任 | 海关审单批注及签章 |
|---|---|---|---|
| 报关人员 | | 申报单位（签章） | |

## 二、进出口货物报关单的分类

（1）按进出口状态划分为进口货物报关单和出口货物报关单。

（2）按表现形式划分为纸制报关单和电子报关单。

（3）按海关监管方式划分为，进料加工进（出）口货物报关单、来料加工及补偿贸易进（出）口货物报关单、一般贸易和其他贸易进（出）口货物报关单。

（4）按用途划分为报关录入凭单、预录入报关单、报关单证明联（①出口货物报关单出口退税证明联；②进口货物报关单付汇证明联；③出口货物报关单收汇证明联）。所谓的证明联，实际就是另外打印的一份报关单。出口退税证明联就是报关单右上方印有"出口退税专用"。而进口付汇证明联在报关单的右上方印有"付汇证明联"。出口收汇证明联是在报关单右上方印有"收汇核销联"，所以"出口货物报关单收汇证明联"也就是实际工作中的"出口货物报关单收汇核销联"。报关单的证明联在海关签发时都要加盖海关验讫章。

## 三、进出口货物报关单填制的一般要求

进出口货物报关单由海关统一印制，共有 47 个栏目，除"税费征收情况"和"海关审单批注及放行日期签字"栏外，均由收发货人或其代理人填写。

申报人必须按照《海关法》、《海关进出口申报管理规定》和《海关进出口货物报关单填制规范》的有关规定，如实向海关申报，不得伪报、瞒报及虚报。

报关单的填报必须真实、准确、齐全，字迹工整，若有更改，必须在更改项目上加盖校对章。要做到两个相符：一是单证相符，即报关单与合同、批文、发票、装箱单等相符；二是单货相符，即报关单中所报内容与实际进出口货物情况相符。

不同合同、不同运输工具名称、不同贸易方式、不同征免性质、不同许可证号的货物，不能填在同一份报关单上。一份原产地证明书只能对应一份报关单。

一份电子报关单最多可填报 20 项商品。超过 20 项商品时，必须分单填报。一张纸制报关单上最多打印 5 项商品，一份纸制报关单最多允许联单 4 张。向海关递交的报关单，事后发现差错，须立即填写报关单更正单，向海关办理更正手续。

对于海关放行后的出口货物，由于运输工具配载等原因，全部或部分未能装载上原申报的运输工具的，出口货物发货人应向海关递交《出口货物报关单更改申请》。

## 四、进出口货物报关单的填制

### （一）预录入编号

本栏目填报预录入报关单的编号，预录入编号规则由接受申报的海关决定。

## （二）海关编号

本栏目填报海关接受申报时给予报关单的编号，一份报关单对应一个海关编号。

报关单海关编号为 18 位，其中第 1～4 位为接受申报海关的编号（海关规定的《关区代码表》中相应海关代码），第 5～8 位为海关接受申报的公历年份，第 9 位为进出口标志（"1"为进口，"0"为出口；集中申报清单"I"为进口，"E"为出口），后 9 位为顺序编号。

## （三）收发货人

本栏目填报在海关注册的对外签订并执行进出口贸易合同的中国境内法人、其他组织或个人的名称及编码。编码可选填 18 位法人和其他组织统一社会信用代码或 10 位海关注册编码任一项。

特殊情况填制要求如下。

（1）进出口货物合同的签订者和执行者非同一企业的，填报执行合同的企业。

（2）外商投资企业委托进出口企业进口投资设备、物品的，填报外商投资企业，并在标记唛码及备注栏注明"委托某进出口企业进口"，同时注明被委托企业的 18 位法人和其他组织统一社会信用代码。

（3）有代理报关资格的报关企业代理其他进出口企业办理进出口报关手续时，填报委托的进出口企业。

（4）适用海关核发的《中华人民共和国海关加工贸易手册》、电子账册及其分册（以下统称《加工贸易手册》）管理的货物，收发货人应与《加工贸易手册》的"经营企业"一致。

## （四）进口口岸/出口口岸

本栏目应根据货物实际进出境的口岸海关，填报海关规定的《关区代码表》中相应口岸海关的名称及代码。特殊情况填报要求如下。

进口转关运输货物应填报货物进境地海关名称及代码，出口转关运输货物应填报货物出境地海关名称及代码。按转关运输方式监管的跨关区深加工结转货物，出口报关单填报转出地海关名称及代码，进口报关单填报转入地海关名称及代码。

在不同海关特殊监管区域或保税监管场所之间调拨、转让的货物，填报对方特殊监管区域或保税监管场所所在的海关名称及代码。

其他无实际进出境的货物，填报接受申报的海关名称及代码。

## （五）进口日期/出口日期

进口日期填报运载进口货物的运输工具申报进境的日期。

出口日期指运载出口货物的运输工具办结出境手续的日期，本栏目供海关签发打印报关单证明联用，在申报时免予填报。

无实际进出境的报关单填报海关接受申报的日期。

本栏目为 8 位数字，顺序为年（4 位）、月（2 位）、日（2 位）。

## （六）申报日期

申报日期指海关接受进出口货物收发货人、受委托的报关企业申报数据的日期。以电子数据报关单方式申报的，申报日期为海关计算机系统接受申报数据时记录的日期。以纸质报关单方式申报的，申报日期为海关接受纸质报关单并对报关单进行登记处理的日期。

申报日期为 8 位数字，顺序为年（4 位）、月（2 位）、日（2 位）。本栏目在申报时免予填报。

## （七）消费使用单位/生产销售单位

（1）消费使用单位填报已知的进口货物在境内的最终消费、使用单位的名称，包括：

① 自行从境外进口货物的单位；

② 委托进出口企业进口货物的单位。

（2）生产销售单位填报出口货物在境内的生产或销售单位的名称，包括：

① 自行出口货物的单位；

② 委托进出口企业出口货物的单位。

本栏目可选填 18 位法人和其他组织统一社会信用代码或 10 位海关注册编码或 9 位组织机构代码任一项。没有代码的应填报"NO"。

（3）有 10 位海关注册编码或 18 位法人和其他组织统一社会信用代码或加工企业编码的消费使用单位/生产销售单位，本栏目应填报其中文名称及编码；没有编码的应填报其中文名称。

适用《加工贸易手册》管理的货物，消费使用单位/生产销售单位应与《加工贸易手册》的"加工企业"一致；减免税货物报关单的消费使用单位/生产销售单位应与《中华人民共和国海关进出口货物征免税证明》（以下简称《征免税证明》）的"减免税申请人"一致。

## （八）运输方式

运输方式包括实际运输方式和海关规定的特殊运输方式。前者指货物实际进出境的运输方式，按进出境所使用的运输工具分类；后者指货物无实际进出境的运输方式，按货物在境内的流向分类。

本栏目应根据货物实际进出境的运输方式或货物在境内流向的类别，按照海关规定的《运输方式代码表》选择填报相应的运输方式，如表 8-1 所示。

表 8-1　　　　　　　　　运输方式代码表

| 运输方式代码 | 运输方式名称 | 运输方式代码 | 运输方式名称 |
| --- | --- | --- | --- |
| 0 | 非保税区 | 6 | 邮件运输 |
| 1 | 监管仓库 | 7 | 保税区 |
| 2 | 江海运输 | 8 | 保税仓库 |
| 3 | 铁路运输 | 9 | 其他运输 |
| 4 | 汽车运输 | Z | 出口加工 |
| 5 | 航空运输 | | |

### 1. 特殊情况填报要求

（1）非邮件方式进出境的快递货物，按实际运输方式填报；

（2）进出境旅客随身携带的货物，按旅客所乘运输工具填报；

（3）进口转关运输货物，按载运货物抵达进境地的运输工具填报；出口转关运输货物，按载运货物驶离出境地的运输工具填报；

（4）不复运出（入）境而留在境内（外）销售的进出境展览品、留赠转卖物品等，填报"其他运输"（代码 9）。

**2. 无实际进出境货物在境内流转时的填报要求**

（1）境内非保税区运入保税区货物和保税区退区货物，填报"非保税区"（代码 0）；

（2）保税区运往境内非保税区货物，填报"保税区"（代码 7）；

（3）境内存入出口监管仓库和出口监管仓库退仓货物，填报"监管仓库"（代码 1）；

（4）保税仓库转内销货物，填报"保税仓库"（代码 8）；

（5）从境内保税物流中心外运入中心或从中心运往境内中心外的货物，填报"物流中心"（代码 W）；

（6）从境内保税物流园区外运入园区或从园区内运往境内园区外的货物，填报"物流园区"（代码 X）；

（7）保税港区、综合保税区、出口加工区、珠澳跨境工业区（珠海园区）、中哈霍尔果斯边境合作区（中方配套区）等特殊区域与境内（区外）（非特殊区域、保税监管场所）之间进出的货物，区内、区外企业应根据实际运输方式分别填报"保税港区/综合保税区"（代码 Y）、"出口加工区"（代码 Z）；

（8）境内运入深港西部通道港方口岸区的货物，填报"边境特殊海关作业区"（代码 H）；

（9）经横琴新区和平潭综合试验区（以下简称综合试验区）二线指定申报通道运往境内区外或从境内经二线制定申报通道进入综合试验区的货物，以及综合试验区内按选择性征收关税申报的货物，填报"综合试验区"（代码 T）。

（10）其他境内流转货物，填报"其他运输"（代码 9），包括特殊监管区域内货物之间的流转、调拨货物，特殊监管区域、保税监管场所之间相互流转货物，特殊监管区域外的加工贸易余料结转、深加工结转、内销等货物。

## （九）运输工具名称

本栏目填报载运货物进出境的运输工具名称或编号。填报内容应与运输部门向海关申报的舱单（载货清单）所列相应内容一致。具体填报要求如下。

**1. 直接在进出境地或采用区域通关一体化通关模式办理报关手续的报关单填报要求**

（1）水路运输：填报船舶编号（来往港澳小型船舶为监管簿编号）或者船舶英文名称。

（2）公路运输：启用公路舱单前，填报该跨境运输车辆的国内行驶车牌号，深圳提前报关模式的报关单填报国内行驶车牌号"/""提前报关"。启用公路舱单后，免予填报。

（3）铁路运输：填报车厢编号或交接单号。

（4）航空运输：填报航班号。

（5）邮件运输：填报邮政包裹单号。

（6）其他运输：填报具体运输方式名称，例如，管道、驮畜等。

**2. 转关运输货物的报关单填报要求**

（1）进口。

① 水路运输：直转、提前报关填报"@"16 位转关申报单预录入号（或 13 位载货清单号）；中转填报进境英文船名。

② 铁路运输：直转、提前报关填报"@"16 位转关申报单预录入号；中转填报车厢编号。

③ 航空运输：直转、提前报关填报"@"16 位转关申报单预录入号（或 13 位载货清单号）；中转填报"@"。

④ 公路及其他运输：填报"@"16 位转关申报单预录入号（或 13 位载货清单号）。

⑤ 以上各种运输方式使用广东地区载货清单转关的提前报关货物填报"@" 13 位载货清单号。

（2）出口。

① 水路运输：非中转填报"@" 16 位转关申报单预录入号（或 13 位载货清单号）。如多张报关单需要通过一张转关单转关的，运输工具名称字段填报"@"。

中转货物，境内水路运输填报驳船船名；境内铁路运输填报车名（主管海关 4 位关区代码 "TRAIN"）；境内公路运输填报车名（主管海关 4 位关区代码 "TRUCK"）。

② 铁路运输：填报"@" 16 位转关申报单预录入号（或 13 位载货清单号），如多张报关单需要通过一张转关单转关的，填报"@"。

③ 航空运输：填报"@" 16 位转关申报单预录入号（或 13 位载货清单号），如多张报关单需要通过一张转关单转关的，填报"@"。

④ 其他运输方式：填报"@" 16 位转关申报单预录入号（或 13 位载货清单号）。

### 3. 采用"集中申报"通关方式办理报关手续的报关单填报要求

采用"集中申报"通关方式办理报关手续的，报关单本栏目填报"集中申报"。

### 4. 无实际进出境的报关单填报要求

无实际进出境的报关单，本栏目免予填报。

## （十）航次号

本栏目填报载运货物进出境的运输工具的航次编号。

具体填报要求如下。

### 1. 直接在进出境地或采用区域通关一体化通关模式办理报关手续的报关单

（1）水路运输：填报船舶的航次号。

（2）公路运输：启用公路舱单前，填报运输车辆的 8 位进出境日期〔顺序为年（4 位）、月（2 位）、日（2 位），下同〕。启用公路舱单后，填报货物运输批次号。

（3）铁路运输：填报列车的进出境日期。

（4）航空运输：免予填报。

（5）邮件运输：填报运输工具的进出境日期。

（6）其他运输方式：免予填报。

### 2. 转关运输货物的报关单

（1）进口。

① 水路运输：中转转关方式填报"@"进境干线船舶航次。直转、提前报关免予填报。

② 公路运输：免予填报。

③ 铁路运输："@" 8 位进境日期。

④ 航空运输：免予填报。

⑤ 其他运输方式：免予填报。

（2）出口。

① 水路运输：非中转货物免予填报。中转货物，境内水路运输填报驳船航次号，境内铁路、公路运输填报 6 位启运日期〔顺序为年（2 位）、月（2 位）、日（2 位）〕。

② 铁路拼车拼箱捆绑出口：免予填报。

③ 航空运输：免予填报。

④ 其他运输方式：免予填报。

### 3. 无实际进出境的报关单

无实际进出境的报关单，本栏目免予填报。

## （十一）提运单号

本栏目填报进出口货物提单或运单的编号。

一份报关单只允许填报一个提单或运单号，一票货物对应多个提单或运单时，应分单填报。具体填报要求如下。

### 1. 直接在进出境地或采用区域通关一体化通关模式办理报关手续的报关单

（1）水路运输：填报进出口提单号。如有分提单的，填报进出口提单号"*"分提单号。

（2）公路运输：启用公路舱单前，免予填报；启用公路舱单后，填报进出口总运单号。

（3）铁路运输：填报运单号。

（4）航空运输：填报总运单号"_"分运单号，无分运单的填报总运单号。

（5）邮件运输：填报邮运包裹单号。

### 2. 转关运输货物的报关单

（1）进口。

① 水路运输：直转、中转填报提单号。提前报关免予填报。

② 铁路运输：直转、中转填报铁路运单号。提前报关免予填报。

③ 航空运输：直转、中转货物填报总运单号"_"分运单号。提前报关免予填报。

④ 其他运输方式：免予填报。

⑤ 以上运输方式进境货物，在广东省内用公路运输转关的，填报车牌号。

（2）出口。

① 水路运输：中转货物填报提单号；非中转货物免予填报；广东省内汽车运输提前报关的转关货物，填报承运车辆的车牌号。

② 其他运输方式：免予填报。广东省内汽车运输提前报关的转关货物，填报承运车辆的车牌号。

### 3. 采用"集中申报"通关方式办理报关手续的报关单

采用"集中申报"通关方式办理报关手续的，报关单填报归并的集中申报清单的进出口起止日期〔按年（4位）月（2位）日（2位）年（4位）月（2位）日（2位）〕。

### 4. 无实际进出境的报关单

无实际进出境的，本栏目免予填报。

## （十二）申报单位

自理报关的，本栏目填报进出口企业的名称及编码；委托代理报关的，本栏目填报报关企业名称及编码。

本栏目可选填18位法人和其他组织统一社会信用代码或10位海关注册编码任一项。

本栏目还包括报关单左下方用于填报申报单位有关情况的相关栏目，包括报关人员、申报单位签章。

## （十三）监管方式

监管方式是以国际贸易中进出口货物的交易方式为基础，结合海关对进出口货物的征税、统计及监管条件综合设定的海关对进出口货物的管理方式。其代码由 4 位数字构成，前两位是按照海关监管要求和计算机管理需要划分的分类代码，后两位是参照国际标准编制的贸易方式代码。

本栏目应根据实际对外贸易情况按海关规定的《监管方式代码表》选择填报相应的监管方式简称及代码。一份报关单只允许填报一种监管方式。

特殊情况下加工贸易货物监管方式填报要求如下。

（1）进口少量低值辅料（即 5000 美元以下，78 种以内的低值辅料）按规定不使用《加工贸易手册》的，填报"低值辅料"。使用《加工贸易手册》的，按《加工贸易手册》上的监管方式填报。

（2）外商投资企业为加工内销产品而进口的料件，属非保税加工的，填报"一般贸易"。外商投资企业全部使用国内料件加工的出口成品，填报"一般贸易"。

（3）加工贸易料件结转或深加工结转货物，按批准的监管方式填报。

（4）加工贸易料件转内销货物以及按料件办理进口手续的转内销制成品、残次品、未完成品，应填制进口报关单，填报"来料料件内销"或"进料料件内销"；加工贸易成品凭《征免税证明》转为减免税进口货物的，应分别填制进、出口报关单，出口报关单本栏目填报"来料成品减免"或"进料成品减免"，进口报关单本栏目按照实际监管方式填报。

（5）加工贸易出口成品因故退运进口及复运出口的，填报"来料成品退换"或"进料成品退换"；加工贸易进口料件因换料退运出口及复运进口的，填报"来料料件退换"或"进料料件退换"；加工贸易过程中产生的剩余料件、边角料退运出口，以及进口料件因品质、规格等原因退运出口且不再更换同类货物进口的，分别填报"来料料件复出""来料边角料复出""进料料件复出""进料边角料复出"。

（6）备料《加工贸易手册》中的料件结转转入加工出口《加工贸易手册》的，填报"来料加工"或"进料加工"。

（7）保税工厂的加工贸易进出口货物，根据《加工贸易手册》填报"来料加工"或"进料加工"。

（8）加工贸易边角料内销和副产品内销，应填制进口报关单，填报"来料边角料内销"或"进料边角料内销"。

（9）企业销毁处置加工贸易货物未获得收入，销毁处置货物为料件、残次品的，填报"料件销毁"；销毁处置货物为边角料、副产品的，填报"边角料销毁"。

企业销毁处置加工贸易货物获得收入的，填报为"进料边角料内销"或"来料边角料内销"。

## （十四）征免性质

本栏目应根据实际情况按海关规定的《征免性质代码表》选择填报相应的征免性质简称及代码，持有海关核发的《征免税证明》的，应按照《征免税证明》中批注的征免性质填报。一份报关单只允许填报一种征免性质。

加工贸易货物报关单应按照海关核发的《加工贸易手册》中批注的征免性质简称及代码填报。特殊情况填报要求如下。

（1）保税工厂经营的加工贸易，根据《加工贸易手册》填报"进料加工"或"来料加工"。

（2）外商投资企业为加工内销产品而进口的料件，属非保税加工的，填报"一般征税"或其他相应征免性质。

（3）加工贸易转内销货物，按实际情况填报（如一般征税、科教用品、其他法定等）。

（4）料件退运出口、成品退运进口货物填报"其他法定"（代码0299）。

（5）加工贸易结转货物，本栏目免予填报。

## （十五）备案号

本栏目填报进出口货物收发货人、消费使用单位、生产销售单位在海关办理加工贸易合同备案或征、减、免税备案审批等手续时，海关核发的《加工贸易手册》《征免税证明》或其他备案审批文件的编号。

一份报关单只允许填报一个备案号。具体填报要求如下。

（1）加工贸易项下货物，除少量低值辅料按规定不使用《加工贸易手册》及以后续补税监管方式办理内销征税的外，填报《加工贸易手册》编号。

使用异地直接报关分册和异地深加工结转出口分册在异地口岸报关的，本栏目应填报分册号；本地直接报关分册和本地深加工结转分册限制在本地报关，本栏目应填报总册号。

加工贸易成品凭《征免税证明》转为减免税进口货物的，进口报关单填报《征免税证明》编号，出口报关单填报《加工贸易手册》编号。

对加工贸易设备之间的结转，转入和转出企业分别填制进、出口报关单，在报关单"备案号"栏目填报《加工贸易手册》编号。

（2）涉及征、减、免税备案审批的报关单，填报《征免税证明》编号。

（3）涉及优惠贸易协定项下实行原产地证书联网管理（如香港CEPA、澳门CEPA）的报关单，填报原产地证书代码"Y"和原产地证书编号。

（4）减免税货物退运出口，填报《中华人民共和国海关进口减免税货物准予退运证明》的编号；减免税货物补税进口，填报《减免税货物补税通知书》的编号；减免税货物进口或结转进口（转入），填报《征免税证明》的编号；相应的结转出口（转出），填报《中华人民共和国海关进口减免税货物结转联系函》的编号。

## （十六）贸易国（地区）

本栏目填报对外贸易中与境内企业签订贸易合同的外方所属的国家（地区）。进口填报购自国，出口填报售予国。未发生商业性交易的填报货物所有权拥有者所属的国家（地区）。

本栏目应按海关规定的《国别（地区）代码表》（表8-2）选择填报相应的贸易国（地区）或贸易国（地区）中文名称及代码。

表8-2　　　　　　　　　　　　主要国别（地区）代码表

| 国别（地区）代码 | 中文名（简称） | 国别（地区）代码 | 中文名（简称） |
| --- | --- | --- | --- |
| 116 | 日本 | 344 | 俄罗斯联邦 |
| 132 | 新加坡 | 501 | 加拿大 |
| 133 | 韩国 | 502 | 美国 |
| 142 | 中国 | 601 | 澳大利亚 |
| 303 | 英国 | 609 | 新西兰 |
| 304 | 德国 | 701 | 国（地）别不详的 |
| 305 | 法国 | 702 | 联合国及机构和国际组织 |
| 307 | 意大利 | 999 | 中性包装原产国别 |
| 331 | 瑞士 | | |

无实际进出境的，填报"中国"（代码 142）。

## （十七）启运国（地区）/运抵国（地区）

启运国（地区）填报进口货物起始发出直接运抵我国或者在运输中转国（地）未发生任何商业性交易的情况下运抵我国的国家（地区）。

运抵国（地区）填报出口货物离开我国关境直接运抵或者在运输中转国（地区）未发生任何商业性交易的情况下最后运抵的国家（地区）。

不经过第三国（地区）转运的直接运输进出口货物，以进口货物的装货港所在国（地区）为启运国（地区），以出口货物的指运港所在国（地区）为运抵国（地区）。

经过第三国（地区）转运的进出口货物，如在中转国（地区）发生商业性交易，则以中转国（地区）作为启运/运抵国（地区）。

本栏目应按海关规定的《国别（地区）代码表》选择填报相应的启运国（地区）或运抵国（地区）中文名称及代码。

无实际进出境的，填报"中国"（代码 142）。

## （十八）装货港/指运港

装货港填报进口货物在运抵我国关境前的最后一个境外装运港。

指运港填报出口货物运往境外的最终目的港；最终目的港不可预知的，按尽可能预知的目的港填报。

本栏目应根据实际情况按海关规定的《港口代码表》选择填报相应的港口中文名称及代码。装货港/指运港在《港口代码表》中无港口中文名称及代码的，可选择填报相应的国家中文名称或代码。

无实际进出境的，本栏目填报"中国境内"（代码 142）。

## （十九）境内目的地／境内货源地

境内目的地填报已知的进口货物在国内的消费、使用地或最终运抵地，其中最终运抵地为最终使用单位所在的地区。最终使用单位难以确定的，填报货物进口时预知的最终收货单位所在地。

境内货源地填报出口货物在国内的产地或原始发货地。出口货物产地难以确定的，填报最早发运该出口货物的单位所在地。

本栏目按海关规定的《国内地区代码表》选择填报相应的国内地区名称及代码。

## （二十）许可证号

本栏目填报以下许可证的编号：进（出）口许可证、两用物项和技术进（出）口许可证、两用物项和技术出口许可证（定向）、纺织品临时出口许可证。

一份报关单只允许填报一个许可证号。

## （二十一）成交方式

本栏目应根据进出口货物实际成交价格条款，按海关规定的《成交方式代码表》选择填报相应的成交方式代码。

无实际进出境的报关单，进口填报 CIF，出口填报 FOB。

### （二十二）运费

本栏目填报进口货物运抵我国境内输入地点起卸前的运输费用，出口货物运至我国境内输出地点装载后的运输费用。

运费可按运费单价、总价或运费率三种方式之一填报，注明运费标记（运费标记"1"表示运费率，"2"表示每吨货物的运费单价，"3"表示运费总价），并按海关规定的《货币代码表》选择填报相应的币种代码。

### （二十三）保费

本栏目填报进口货物运抵我国境内输入地点起卸前的保险费用，出口货物运至我国境内输出地点装载后的保险费用。

保费可按保险费总价或保险费率两种方式之一填报，注明保险费标记（保险费标记"1"表示保险费率，"3"表示保险费总价），并按海关规定的《货币代码表》选择填报相应的币种代码。

### （二十四）杂费

本栏目填报成交价格以外的、按照《中华人民共和国进出口关税条例》相关规定应计入完税价格或应从完税价格中扣除的费用。可按杂费总价或杂费率两种方式之一填报，注明杂费标记（杂费标记"1"表示杂费率，"3"表示杂费总价），并按海关规定的《货币代码表》选择填报相应的币种代码。

应计入完税价格的杂费填报为正值或正率，应从完税价格中扣除的杂费填报为负值或负率。

### （二十五）合同协议号

本栏目填报进出口货物合同（包括协议或订单）编号。未发生商业性交易的免予填报。

### （二十六）件数

本栏目填报有外包装的进出口货物的实际件数。特殊情况填报要求如下。
（1）舱单件数为集装箱的，填报集装箱个数。
（2）舱单件数为托盘的，填报托盘数。
本栏目不得填报为零，裸装货物填报为"1"。

### （二十七）包装种类

本栏目应根据进出口货物的实际外包装种类，按海关规定的《包装种类代码表》选择填报相应的包装种类代码。

### （二十八）毛重（千克）

本栏目填报进出口货物及其包装材料的重量之和，计量单位为千克，不足 1 千克的填报为"1"。

## （二十九）净重（千克）

本栏目填报进出口货物的毛重减去外包装材料后的重量，即货物本身的实际重量，计量单位为千克，不足 1 千克的填报为"1"。

## （三十）集装箱号

本栏目填报装载进出口货物（包括拼箱货物）集装箱的箱体信息。一个集装箱填一条记录，分别填报集装箱号（在集装箱箱体上标示的全球唯一编号）、集装箱的规格和集装箱的自重。非集装箱货物填报为"0"。

## （三十一）随附单证

本栏目根据海关规定的《监管证件代码表》选择填报除海关进出口货物报关单填制规范第 18 条规定的许可证件以外的其他进出口许可证件或监管证件代码及编号。

本栏目分为随附单证代码和随附单证编号两栏，其中代码栏应按海关规定的《监管证件代码表》选择填报相应证件代码；编号栏应填报证件编号。

（1）加工贸易内销征税报关单，随附单证代码栏填写"c"，随附单证编号栏填写海关审核通过的内销征税联系单号。

（2）优惠贸易协定项下进出口货物。

有关优惠贸易协定项下报关单填制要求将另行公告。

## （三十二）标记唛码及备注

本栏目填报要求如下。

（1）标记唛码中除图形以外的文字、数字。

（2）受外商投资企业委托代理其进口投资设备、物品的进出口企业名称。

（3）与本报关单有关联关系的，同时在业务管理规范方面又要求填报的备案号，填报在电子数据报关单中"关联备案"栏。

加工贸易结转货物及凭《征免税证明》转内销货物，其对应的备案号应填报在"关联备案"栏。

减免税货物结转进口（转入），报关单"关联备案"栏应填写本次减免税货物结转所申请的《中华人民共和国海关进口减免税货物结转联系函》的编号。

减免税货物结转出口（转出），报关单"关联备案"栏应填写与其相对应的进口（转入）报关单"备案号"栏中《征免税证明》的编号。

（4）与本报关单有关联关系的，同时在业务管理规范方面又要求填报的报关单号，填报在电子数据报关单中"关联报关单"栏。

加工贸易结转类的报关单，应先办理进口报关，并将进口报关单号填入出口报关单的"关联报关单"栏。

办理进口货物直接退运手续的，除另有规定外，应当先填写出口报关单，再填写进口报关单，并将出口报关单号填入进口报关单的"关联报关单"栏。

减免税货物结转出口（转出），应先办理进口报关，并将进口（转入）报关单号填入出口（转出）报关单的"关联报关单"栏。

（5）办理进口货物直接退运手续的，本栏目填报《进口货物直接退运表》或者《海关责令进口货物直接退运通知书》编号。

（6）保税监管场所进出货物，在"保税/监管场所"栏填写本保税监管场所编码，其中涉及货物在保税监管场所间流转的，在本栏填写对方保税监管场所代码。

（7）涉及加工贸易货物销毁处置的，填写海关加工贸易货物销毁处置申报表编号。

（8）当监管方式为"暂时进出货物"（2600）和"展览品"（2700）时，如果为复运进出境货物，在进出口货物报关单的本栏内分别填报"复运进境"、"复运出境"。

（9）跨境电子商务进出口货物，在本栏目内填报"跨境电子商务"。

（10）加工贸易副产品内销，在本栏内填报"加工贸易副产品内销"。

（11）公式定价进口货物应在报关单备注栏内填写公式定价备案号，格式为"公式定价"备案编号 "@"。对于同一报关单下有多项商品的，如需要指明某项或某几项商品为公式定价备案的，则备注栏内填写为"公式定价"备案编号"#"商品序号"@"。

（12）获得《预审价决定书》的进出口货物，应在报关单备注栏内填报《预审价决定书》编号，格式为预审价（P2位商品项号 决定书编号），若报关单中有多项商品为预审价，需依次写入括号中，如预审价（P01VD511500018P02VD511500019）。

（13）含预归类商品报关单，应在报关单备注栏内填写预归类 R-3-关区代码-年份-顺序编号，其中关区代码、年份、顺序编号均为 4 位数字，例如 R-3-0100-2016-0001。

（14）含归类裁定报关单，应在报关单备注栏内填写归类裁定编号，格式为"c" 4 位数字编号，例如 c0001。

（15）申报时其他必须说明的事项填报在本栏目。

## （三十三）项号

本栏目分两行填报及打印。第一行填报报关单中的商品顺序编号；第二行专用于加工贸易、减免税等已备案、审批的货物，填报和打印该项货物在《加工贸易手册》或《征免税证明》等备案、审批单证中的顺序编号。

有关优惠贸易协定项下报关单填制要求将另行公告。

加工贸易项下进出口货物的报关单，第一行填报报关单中的商品顺序编号，第二行填报该项商品在《加工贸易手册》中的商品项号，用于核销对应项号下的料件或成品数量。其中第二行特殊情况填报要求如下。

（1）深加工结转货物，分别按照《加工贸易手册》中的进口料件项号和出口成品项号填报。

（2）料件结转货物（包括料件、制成品和未完成品折料），出口报关单按照转出《加工贸易手册》中进口料件的项号填报；进口报关单按照转进《加工贸易手册》中进口料件的项号填报。

（3）料件复出货物（包括料件、边角料），出口报关单按照《加工贸易手册》中进口料件的项号填报；如边角料对应一个以上料件项号时，填报主要料件项号。料件退换货物（包括料件，不包括未完成品），进出口报关单按照《加工贸易手册》中进口料件的项号填报。

（4）成品退换货物，退运进境报关单和复运出境报关单按照《加工贸易手册》原出口成品的项号填报。

（5）加工贸易料件转内销货物（以及按料件办理进口手续的转内销制成品、残次品、未完成品）应填制进口报关单，填报《加工贸易手册》进口料件的项号；加工贸易边角料、副产品内销，填报《加工贸易手册》中对应的进口料件项号。如边角料或副产品对应一个以上料件项号时，填报主要料件项号。

（6）加工贸易成品凭《征免税证明》转为减免税货物进口的，应先办理进口报关手续。进口报关单填报《征免税证明》中的项号，出口报关单填报《加工贸易手册》原出口成品项号，进、出口报关单货物数量应一致。

（7）加工贸易货物销毁，本栏目应填报《加工贸易手册》中相应的进口料件项号。

（8）加工贸易副产品退运出口、结转出口，本栏目应填报《加工贸易手册》中新增的变更副产品的出口项号。

（9）经海关批准实行加工贸易联网监管的企业，按海关联网监管要求，企业需申报报关清单的，应在向海关申报进出口（包括形式进出口）报关单前，向海关申报"清单"。一份报关清单对应一份报关单，报关单上的商品由报关清单归并而得。加工贸易电子账册报关单中项号、品名、规格等栏目的填制规范比照《加工贸易手册》。

## （三十四）商品编号

本栏目填报的商品编号由 10 位数字组成。前 8 位为《中华人民共和国进出口税则》确定的进出口货物的税则号列，同时也是《中华人民共和国海关统计商品目录》确定的商品编码，后 2 位为符合海关监管要求的附加编号。

## （三十五）商品名称、规格型号

本栏目分两行填报及打印。第一行填报进出口货物规范的中文商品名称，第二行填报规格型号。

具体填报要求如下。

（1）商品名称及规格型号应据实填报，并与进出口货物收发货人或受委托的报关企业所提交的合同、发票等相关单证相符。

（2）商品名称应当规范，规格型号应当足够详细，以能满足海关归类、审价及许可证件管理要求为准，可参照《中华人民共和国海关进出口商品规范申报目录》中对商品名称、规格型号的要求进行填报。

（3）加工贸易等已备案的货物，填报的内容必须与备案登记中同项号下货物的商品名称一致。

（4）对需要海关签发《货物进口证明书》的车辆，商品名称栏应填报"车辆品牌 排气量（注明 cc）车型（如越野车、小轿车等）"。进口汽车底盘不填报排气量。车辆品牌应按照《进口机动车辆制造厂名称和车辆品牌中英文对照表》中"签注名称"一栏的要求填报。规格型号栏可填报"汽油型"等。

（5）由同一运输工具同时运抵同一口岸并且属于同一收货人、使用同一提单的多种进口货物，按照商品归类规则应当归入同一商品编号的，应当将有关商品一并归入该商品编号。商品名称填报一并归类后的商品名称；规格型号填报一并归类后商品的规格型号。

（6）加工贸易边角料和副产品内销，边角料复出口，本栏目填报其报验状态的名称和规格型号。

（7）进口货物收货人以一般贸易方式申报进口属于《需要详细列名申报的汽车零部件清单》（海关总署 2006 年第 64 号公告）范围内的汽车生件的，应按以下要求填报。

① 商品名称填报进口汽车零部件的详细中文商品名称和品牌，中文商品名称与品牌之间用"/"相隔，必要时加注英文商业名称；进口的成套散件或者毛坯件应在品牌后加注"成

套散件""毛坯"等字样,并与品牌之间用"/"相隔。

② 规格型号填报汽车零部件的完整编号。在零部件编号前应当加注"S"字样,并与零部件编号之间用"/"相隔,零部件编号之后应当依次加注该零部件适用的汽车品牌和车型。

汽车零部件属于可以适用于多种汽车车型的通用零部件的,零部件编号后应当加注"TY"字样,并用"/"与零部件编号相隔。

与进口汽车零部件规格型号相关的其他需要申报的要素,或者海关规定的其他需要申报的要素,如"功率""排气量"等,应当在车型或"TY"之后填报,并用"/"与之相隔。

汽车零部件报验状态是成套散件的,应当在"标记唛码及备注"栏内填报该成套散件装配后的最终完整品的零部件编号。

(8)进口货物收货人以一般贸易方式申报进口属于《需要详细列名申报的汽车零部件清单》(海关总署 2006 年第 64 号公告)范围内的汽车维修件的,填报规格型号时,应当在零部件编号前加注"W",并与零部件编号之间用"/"相隔;进口维修件的品牌与该零部件适用的整车厂牌不一致的,应当在零部件编号前加注"WF",并与零部件编号之间用"/"相隔。其余申报要求同上条执行。

### (三十六)数量及单位

本栏目分三行填报及打印。

(1)第一行应按进出口货物的法定第一计量单位填报数量及单位,法定计量单位以《中华人民共和国海关统计商品目录》中的计量单位为准。

(2)凡列明有法定第二计量单位的,应在第二行按照法定第二计量单位填报数量及单位。无法定第二计量单位的,本栏目第二行为空。

(3)成交计量单位及数量应填报并打印在第三行。

(4)法定计量单位为"千克"的数量填报,特殊情况下填报要求如下。

① 装入可重复使用的包装容器的货物,应按货物扣除包装容器后的重量填报,如罐装同位素、罐装氧气及类似品等。

② 使用不可分割包装材料和包装容器的货物,按货物的净重填报(即包括内层直接包装的净重重量),如采用供零售包装的罐头、化妆品、药品及类似品等。

③ 按照商业惯例以公量重计价的商品,应按公量重填报,如未脱脂羊毛、羊毛条等。

④ 采用以毛重作为净重计价的货物,可按毛重填报,如粮食、饲料等大宗散装货物。

⑤ 采用零售包装的酒类、饮料,按照液体部分的重量填报。

(5)成套设备、减免税货物如需分批进口,货物实际进口时,应按照实际报验状态确定数量。

(6)具有完整品或制成品基本特征的不完整品、未制成品,根据《商品名称及编码协调制度》归类规则应按完整品归类的,按照构成完整品的实际数量填报。

(7)加工贸易等已备案的货物,成交计量单位必须与《加工贸易手册》中同项号下货物的计量单位一致,加工贸易边角料和副产品内销、边角料复出口,本栏目填报其报验状态的计量单位。

(8)优惠贸易协定项下进出口商品的成交计量单位必须与原产地证书上对应商品的计量单位一致。

(9)法定计量单位为立方米的气体货物,应折算成标准状况(即摄氏零度及 1 个标准大气压）下的体积进行填报。

### （三十七）原产国（地区）

原产国（地区）应依据《中华人民共和国进出口货物原产地条例》《中华人民共和国海关关于执行〈非优惠原产地规则中实质性改变标准〉的规定》以及海关总署关于各项优惠贸易协定原产地管理规章规定的原产地确定标准填报。同一批进出口货物的原产地不同的，应分别填报原产国（地区）。进出口货物原产国（地区）无法确定的，填报"国别不详"（代码 701）。

本栏目应按海关规定的《国别（地区）代码表》选择填报相应的国家（地区）名称及代码。

### （三十八）最终目的国（地区）

最终目的国（地区）填报已知的进出口货物的最终实际消费、使用或进一步加工制造国家（地区）。不经过第三国（地区）转运的直接运输货物，以运抵国（地区）为最终目的国（地区）；经过第三国（地区）转运的货物，以最后运往国（地区）为最终目的国（地区）。同一批进出口货物的最终目的国（地区）不同的，应分别填报最终目的国（地区）。进出口货物不能确定最终目的国（地区）时，以尽可能预知的最后运往国（地区）为最终目的国（地区）。

本栏目应按海关规定的《国别（地区）代码表》选择填报相应的国家（地区）名称及代码。

### （三十九）单价

本栏目填报同一项号下进出口货物实际成交的商品单位价格。无实际成交价格的，本栏目填报单位货值。

### （四十）总价

本栏目填报同一项号下进出口货物实际成交的商品总价格。无实际成交价格的，本栏目填报货值。

### （四十一）币制

本栏目应按海关规定的《货币代码表》选择相应的货币名称及代码填报，如《货币代码表》中无实际成交币种，需将实际成交货币按申报日外汇折算率折算成《货币代码表》列明的货币填报。

### （四十二）征免

本栏目应按照海关核发的《征免税证明》或有关政策规定，对报关单所列每项商品选择海关规定的《征减免税方式代码表》中相应的征减免税方式填报。

加工贸易货物报关单应根据《加工贸易手册》中备案的征免规定填报；《加工贸易手册》中备案的征免规定为"保金"或"保函"的，应填报"全免"。

### （四十三）特殊关系确认

本栏目根据《中华人民共和国海关审定进出口货物完税价格办法》（以下简称《审价办法》）第十六条，填报确认进出口行为中买卖双方是否存在特殊关系。有下列情形之一的，应当认为买卖双方存在特殊关系，在本栏目应填报"是"，反之则填报"否"：

（1）买卖双方为同一家族成员的；

（2）买卖双方互为商业上的高级职员或者董事的；

（3）一方直接或者间接地受另一方控制的；

（4）买卖双方都直接或者间接地受第三方控制的；

（5）买卖双方共同直接或者间接地控制第三方的；

（6）一方直接或者间接地拥有、控制或者持有对方 5%以上（含 5%）公开发行的有表决权的股票或者股份的；

（7）一方是另一方的雇员、高级职员或者董事的；

（8）买卖双方是同一合伙的成员的。

买卖双方在经营上相互有联系，一方是另一方的独家代理、独家经销或者独家受让人，如果符合前款的规定，也应当视为存在特殊关系。

### （四十四）价格影响确认

本栏目根据《审价办法》第 17 条，填报确认进出口行为中买卖双方存在的特殊关系是否影响成交价格。纳税义务人如不能证明其成交价格与同时或者大约同时发生的下列任何一款价格相近的，应当视为特殊关系对进出口货物的成交价格产生影响，在本栏目应填报"是"，反之则填报"否"：

（1）向境内无特殊关系的买方出售的相同或者类似进出口货物的成交价格；

（2）按照《审价办法》倒扣价格估价方法的规定所确定的相同或者类似进出口货物的完税价格；

（3）按照《审价办法》计算价格估价方法的规定所确定的相同或者类似进出口货物的完税价格。

### （四十五）支付特许权使用费确认

本栏目根据《审价办法》第 13 条，填报确认进出口行为中买方是否存在向卖方或者有关方直接或者间接支付特许权使用费。特许权使用费是指进出口货物的买方为取得知识产权权利人及权利人有效授权人关于专利权、商标权、专有技术、著作权、分销权或者销售权的许可或者转让而支付的费用。如果进出口行为中买方存在向卖方或者有关方直接或者间接支付特许权使用费的，在本栏目应填报"是"，反之则填报"否"。

### （四十六）版本号

本栏目适用加工贸易货物出口报关单。本栏目应与《加工贸易手册》中备案的成品单耗版本一致，通过《加工贸易手册》备案数据或企业出口报关清单提取。

### （四十七）货号

本栏目适用加工贸易货物进出口报关单。本栏目应与《加工贸易手册》中备案的料件、成品货号一致，通过《加工贸易手册》备案数据或企业出口报关清单提取。

### （四十八）录入员

本栏目用于记录预录入操作人员的姓名。

### （四十九）录入单位

本栏目用于记录预录入单位名称。

### （五十）海关批注及签章

本栏目供海关作业时签注。

海关进出口货物报关单填制规范所述尖括号（<>）、逗号（,）、连接符（-）、冒号（:）等标点符号及数字，填报时都必须使用非中文状态下的半角字符。

相关用语的含义如下。

报关单录入凭单：指申报单位按报关单的格式填写的凭单，用作报关单预录入的依据。该凭单的编号规则由申报单位自行决定。

预录入报关单：指预录入单位按照申报单位填写的报关单凭单录入、打印由申报单位向海关申报，海关尚未接受申报的报关单。

报关单证明联：指海关在核实货物实际进出境后按报关单格式提供的，用作进出口货物收发货人向国税、外汇管理部门办理退税和外汇核销手续的证明文件。

### 📁 项目总结

报关是指进出口货物收发货人、进出境运输工具负责人、进出境物品所有人或者他们的代理人向海关办理货物、物品或运输工具进出境手续及相关海关事务的过程，包括向海关申报、交验单据证件，并接受海关的监管和检查等。报关是履行海关进出境手续的必要环节之一。本项目介绍了报关的相关流程，重点介绍了报关单的内容及填制方法。

### 💬 练习与思考

1. 简述报关的基本流程。

2. 进出口报关单的分类有哪些？

3. 进出口报关单填制的一般要求是什么？

4. 海关接受任何企业的报关申请吗？

5. 在整个出口环节中，报关一般在什么时间节点？如商品属于法定检验商品，是先报检后报关，还是先报关后报检？

6. 请根据以下商业发票、装箱单内容填写报关单相应栏目。

Producer:  SKY GARMENTS CO., LTD.  （55062****）

Seller:  COMFORLAND GARMENTS IMP.&EXP.CO.,LTD. (55372****)

Description of the goods: Women's Trousers 100% Cotton/M880206-2

Payment of terms: T/T

Qty: 40000pcs

Unit price: USD27.00/PC FOB SHANGHAI

Loarding Port: Shanghai, China

Discharge Port: Longbeach C.A. USA

（1）收发货人栏填写 （　　　　　）　　　　（2）生产销售单位栏填写（　　　　）

（3）商品名称、规格型号栏填写（　　　　）　（4）单价栏填写（　　　　）

（5）总价栏填写（　　　　）　　　　　（6）运抵国栏填写（　　　　）

## 项目实训

实训一　请根据情境引入案例提供资料缮制报关单

实训二　根据以下信息制作报关委托书、出口货物报关单

1. 合同资料如下。

<table>
<tr><td colspan="4" align="center">**销售合同**<br>**SALES CONTRACT**</td></tr>
<tr><td>卖方<br>SELLER:</td><td colspan="2">**NANJING TANG TEXTILE GARMENT CO., LTD.**<br>HUARONG MANSION RM2901 NO.85<br>GUANJIAQIAO, NANJING 210005, CHINA</td><td>编号 NO.:　　　　F01LCB05127<br>日期 DATE:　　　Dec.26, 2006<br>地点 SIGNED IN:　NANJING, CHINA</td></tr>
<tr><td>买方<br>BUYER:</td><td colspan="3">FASHION FORCE CO., LTD<br>　　　P.O.BOX 8935 NEW TERMINAL, ALTA,<br>　　　　VISTA OTTAWA, CANADA</td></tr>
<tr><td colspan="4">买卖双方同意以下条款达成交易：<br>This contract is made by and agreed between the BUYER and SELLER , in accordance with the terms and conditions stipulated below.</td></tr>
</table>

| 1. 商品号<br>Art No. | 2. 品名及规格<br>Commodity & Specification | 3. 数量<br>Quantity | 4. 单价及价格条款<br>Unit Price & Trade Terms | 5. 金额<br>Amount |
|---|---|---|---|---|
| | | | | **CIF MONTREAL, CANADA** |
| 46-301A | **LADIES COTTON BLAZER**<br>（100% COTTON, 40SX20/140X60） | 2550PCS | USD12.80 | USD32640.00 |
| | | **Total:** | **USD12.80** | **USD32640.00** |

允许　　　　　3%　　　溢短装，由卖方决定
With　　　　　　　　　More or less of shipment allowed at the sellers' option

6. 总值　　　　　　　USD THIRTY TWO THOUSAND SIX HUNDRED AND FORTY ONLY.
　　Total Value

7. 包装　　　　　　　CARTON
　　Packing

8. 唛头　　　　　　　FASHION FORCE
　　Shipping Marks　　F01LCB05127
　　　　　　　　　　CTN NO.
　　　　　　　　　　MONTREAL
　　　　　　　　　　MADE IN CHINA

9. 装运期及运输方式　　　　　　　NOT LATER THAN MAR.25, 2007 BY VESSEL
　　Time of Shipment & means of Transportation

10. 装运港及目的地　　　　FROM : SHANGHAI
　　Port of Loading & Destination　　TO : MONTREAL

11. 保险　　　　　　　FOR 110% CIF INVOICE VALUE COVERING ALL RISKS,
　　Insurance　　　　INSTITUTE CARGO CLAUSES, INSTITUTE STRIKES, INSTITUTE WAR CLAUSES AND CIVIL COMMOTIONS CLAUSES.

| | |
|---|---|
| 12. 付款方式<br>Terms of Payment | BY IRREVOCABLE LETTER OF CREDIT TO BE OPENED BY FULL AMOUNT OF L/C, PAYMENT AT SIGHT DOCUMENT TO BE PRESENTED WITHIN 21 DAYS AFTER DATE OF B/L AT BENEFICIARY'S ACCOUNT. |
| 13. 备注<br>Remarks | 1. PARTIAL SHIPMENTS: NOT ALLOWED.<br>2. TRANSSHIPMENT: ALLOWED. |

| The Buyer | The Seller |
|---|---|
| FASHION FORCE CO., LTD | NANJING TANG TEXTILE GARMENT CO., LTD. |

2. 商业发票资料如下。

| ISSUER<br>NANJING TANG TEXTILE GARMENT CO., LTD.<br>HUARONG MANSION RM2901 NO.85 GUANJIAQIAO,<br>NANJING 210005, CHINA | 商业发票<br>**COMMERCIAL INVOICE** | | |
|---|---|---|---|
| **TO**<br>FASHION FORCE CO., LTD<br>P.O.BOX 8935 NEW TERMINAL, ALTA,<br>VISTA OTTAWA, CANADA | **NO.**<br>NT01FF004 | | **DATE**<br>Mar.9, 2007 |
| **TRANSPORT DETAILS**<br>SHIPMENT FROM SHANGHAI TO MONTREAL BY VESSEL | **S/C NO.**<br>F01LCB05127 | | **L/C NO.**<br>63211020049 |
| | **TERMS OF PAYMENT**<br>L/C AT SIGHT | | |

| Marks and Numbers | Number and kind of package<br>Description of goods | Quantity | Unit Price<br>USD | Amount<br>USD |
|---|---|---|---|---|
| | CIF MONTREAL, CANADA | | | |
| FASHION FORCE<br>F01LCB05127<br>CTN NO.<br>MONTREAL<br>MADE IN CHINA | LADIES COTTON BLAZER<br>（100% COTTON, 40SX20/140X60） | 2550PCS | USD12.80 | USD32640.00 |
| | Total: | 2550PCS | | USD32640.00 |

**SAY TOTAL: USD THIRTY TWO THOUSAND SIX HUNDRED AND FORTY ONLY**

SALES CONDITIONS: CIF MONTREAL/CANADA

SALES CONTRACT NO. F01LCB05127

LADIES COTTON BLAZER（100% COTTON, 40SX20/140X60）

| STYLE NO. | PO NO. | QTY/PCS | USD/PC |
|---|---|---|---|
| 46-301A | 10337 | 2550 | 12.80 |

（出口商签字和盖单据章）

3．装箱单资料如下。

# 南 京 唐 朝 纺 织 服 装 有 限 公 司
## NANJING TANG TEXTILE GARMENT CO., LTD.

# PACKING LIST

| TO: | FASHION FORCE CO., LTD | INVOICE NO.: | NT01FF004 |
|---|---|---|---|
| | P.O.BOX 8935 NEW TERMINAL, ALTA, | INVOICE DATE: | 2007-03-09 |
| | VISTA OTTAWA, CANADA | S/C NO.: | F01LCB05127 |
| | | S/C DATE: | 2006-12-26 |

FROM: SHANGHAI　　　　　　　　　　　TO:  MONTREAL

Letter of Credit No.:　　　63211020049　　　Date of Shipment:　　2007-03-20

| CTN NO | CTNS | DESIGNS/ COLORS | STYLE NO | SIZE ASSORTMENT PER CARTON | | | | | | PCS /CNT /CNTS | TOTAL PCS | G.W. /CTN | N.W. /CTN | MEAS. /CTN | CBM /CTN |
|---|---|---|---|---|---|---|---|---|---|---|---|---|---|---|---|
| | | | | 10 | 12 | 14 | 16 | 18 | 20 | | | | | | |
| 1/18 | 18 | BLACK | 46-301A | 14 | | | | | | 14 | 252 | 15 | 10 | 97×72×12 | 0.084 |
| 19/56 | 38 | BLACK | | | 14 | | | | | 14 | 532 | | | | |
| 57/106 | 50 | BLACK | | | | 13 | | | | 13 | 650 | | | 98×76×12 | 0.089 |
| 107/149 | 43 | BLACK | | | | | 12 | | | 12 | 516 | | | | |
| 150/175 | 25 | BLACK | | | | | | 12 | | 12 | 300 | | | 99×80×11 | 0.087 |
| 176/194 | 19 | BLACK | | | | | | | 12 | 12 | 228 | | | | |

| 196 | 1 | WHITE | 11 | | 11 | 11 | | 0.084 |
|---|---|---|---|---|---|---|---|---|
| 197 | 1 | WHITE | 9 3 | | 12 | 12 | | |
| 198 | 1 | WHITE | 13 | | 13 | 13 | | 0.089 |
| 199 | 1 | WHITE | 3 9 | | 12 | 12 | | |
| 200 | 3 | WHITE | 4 | 4 | 12 | | | 0.087 |
| 201 | 1 | WHITE | 2 10 | 12 | 12 | | | |
| **TOTAL** | **201** | | | | **2550** | **3015** **2010** | | **17.51** |

SHIPPING MARKS:

FASHION FORCE

F01LCB05127

CTN NO.

MONTREAL

MADE IN CHINA


SALES CONDITIONS: CIF MONTREAL/CANADA

SALES CONTRACT NO. F01LCB05127

LADIES COTTON BLAZER（100% COTTON, 40SX20/140X60）

| STYLE NO. | PO NO. | QTY/PCS | USD/PC |
|---|---|---|---|
| 46-301A | 10337 | 2550 | 12.80 |

4．出境货物换证凭单资料如下。

## 中华人民共和国出入境检验检疫

## 出境货物换证凭单

类别： 口岸申报换证　　　　　　　编号： 320100202007610

| 发货人 | 南京唐朝纺织服装有限公司 | 标记及号码 | |
|---|---|---|---|
| 收货人 | *** | FASHION FORCE<br>F01LCB05127<br>CTN NO.<br>MONTREAL<br>MADE IN CHINA | |
| 品名 | 女式全棉上衣 | | |
| H.S. 编码 | 62043200.90 | | |
| 报检数/重量 | -2550 件- | | |
| 包装种类及数量 | 纸箱-201- | | |
| 申报总值 | -32640-美元 | | |
| 产地 | 江苏省无锡市 | 生产单位（注册号） | 无锡季节制衣有限公司 |
| 生产日期 | 2007 年 3 月 | 生产批号 | 3201FZ21802003 |

续表

| 包装性能检验结果单号 | 340400301000200 | 合同/信用证号 | F01LCB05127/63211020049 |
|---|---|---|---|
| | | 运输工具名称及号码 | *** |
| 输往国家或地区 | 加拿大 | 集装箱规格及数量 | *** *** |
| 发货日期 | 2007.03 | 检验依据 | SN/T0557-1996 及合同 |

<table>
<tr><td rowspan="2">检<br>验<br>检<br>疫<br>结<br>果</td><td>
本批货物共 201 箱 2550 件，经按 SN/T0557-1996 标准的要求，随机抽取代表性样品 8 箱 101 件，根据上述检验依据进行检验，结果如下：<br><br>
　　款号：46-301A<br>
　　色号：黑色、白色<br>
　　规格：10-12-14-16-18<br>
上述货物经检验，符合检验依据要求。<br><br>
（出入境检验检疫局检验检疫专用章）
</td></tr>
<tr><td>签字：王天浩　　　　　　　　　日期：2007 年 3 月 13 日</td></tr>
</table>

| 本单有效期 | 截止于 2007 年 5 月 12 日 |
|---|---|
| 备注 | 产地标识查验符合规定 |

| 分批出境核销栏 | 日期 | 出境数/重量 | 结存数/重量 | 核销人 | 日期 | 出境数/重量 | 结存数/重量 | 核销人 |
|---|---|---|---|---|---|---|---|---|
| | | | | | | | | |
| | | | | | | | | |
| | | | | | | | | |
| | | | | | | | | |

说明：①货物出境时，经口岸检验检疫机关查验货证相符，且符合检验检疫要求的予以签发通关单或换发检验检疫证书；②本单不作为国内贸易的品质或其他证明；③涂改无效。

　　① 办理换证　　　　　　　　　　　　　　　　　　　[5-3（2007.1.1）* 1]

# 项目九

# 缮制结算票据

## 知识目标

通过本项目的学习，使学生了解本票、支票的概念和特点。掌握汇票的内容及缮制方法。

## 职业能力目标

能根据合同和信用证独立缮制汇票。

## 情境引入

我国上海工艺品进出口公司向日本丽智贸易公司出口真丝手绢 2400 件，每件 20 美元 CIF 东京，日本东京银行于 2001 年 5 月 12 日开出不可撤销信用证，证号为 01-33498，上海工艺品进出口公司于 2001 年 5 月 25 日装运，请根据上面内容填制一张即期汇票。

# 任务一　缮制汇票

在国际贸易中，买方最关心的是能否收到符合合同规定的货物，而卖方最关心的是能否安全、迅速地收到货款。货款的收取涉及两个方面的问题，即支付工具和支付方式。一般来说，支付工具有两大类可以选择：票据支付和非票据支付。由于国际贸易合同所涉及的金额较大，采用非票据结算一方面携带不便，另一方面不太安全，所以国际贸易货款的收付，采用非票据结算的很少，大多数情况下采用票据结算。

汇票（BILL OF EXCHANGE OR DRAFT）是出票人签发的，委托付款人在见票时或在指定日期无条件支付确定金额给特定的人或其指定的人或持票人，汇票属于资金单据，经过付款人承兑的汇票是一种有价证券，可以代替货币转让或流通。为了防止丢失，商业汇票一般一式两联，这两张汇票具有同等效力，付款人只需付其中一张，先到先付，后到无效。同时，银行在寄送单据时一般将两张正本汇票分两个连续的邮次寄往国外，以防在一个邮次中全部丢失。

## 一、汇票必要项目

每一张有效的汇票必须具备以下七个基本项目：

（1）汇票字样；

（2）确定的金额；

（3）出票日期；

（4）无条件的支付委托；

（5）收款人的名称；

（6）付款人的名称；

（7）出票人签章。

除以上七个必要项目外，汇票上还可以加注其他项目。如信用证支付方式下，汇票还应写明出票依据（DRAWN UNDER…）、信用证号码、开证日期及发票号码、合约号码和商品数量等。

## 二、汇票的流转程序

汇票的流转程序一般有出票→提示→承兑→背书→付款等。

### （一）出票（DRAW 或 ISSUE）

出票包括两个动作：一是写成汇票（DRAW），即在汇票上写明有关内容，并签名；二是交付（DELIVER），将汇票交付给收款人，只有经过交付，才真正建立了债权，完成了出票手续。也有出票人为避免持票人对其追索责任，在出票时加注"WITHOUT RECOURSE TO DRAWER"（对出票人不得追索）的词句。

### （二）提示（PRESENTATION）

提示是指持票人将汇票提交付款人，要求付款和承兑的行为。付款人看到汇票叫作见票（SIGHT）。如系即期汇票，付款人见票后立即付款；如系远期汇票，付款人见票后办理承兑手续，到期立即付款。

## （三）承兑（ACCEPTANCE）

承兑是指付款人对远期汇票表示承担到期付款责任的行为。其手续是由付款人在汇票正面写上"承兑"（ACCEPTED）字样，注明承兑的日期，并由付款人签名。付款人承兑后，就叫作承兑人。承兑人有在远期汇票到期时立即付款的责任。

承兑交付可以有两种：①付款人承兑后，将汇票交给持票人留存，于到期时由持票人向承兑人提示付款；②付款人承兑后，把汇票留下，而以"承兑通知书"（ACCEPTED BILL ADVICE）交给正当持票人，到期凭以付款。

汇票的承兑有两种方式。

（1）一般承兑（GENERAL ACCEPTANCE），或称普通承兑。

做一般承兑时，汇票付款人对汇票的内容一概接受，无条件地承兑。承兑做于正面，如：

ACCEPTED

SEP.03，2003

×××××（SIGNED）

（2）限制承兑（QUALIFIED ACCEPTANCE），或称保留性承兑。

承兑人做承兑时外加一些对汇票内容的修改。常见的限制承兑有下列三种。

① 有条件承兑（CONDITIONAL ACCEPTANCE），指须完成承兑人所提出的条件后，才付款，如：

ACCEPTED

SEP.03，2003

PAYABLE ON DELIVERY OF BILL OF LADING

    ×××××（SIGNED）

② 部分承兑（PARTIAL ACCEPTANCE），是指对汇票金额的一部分负责到期付款，如：

ACCEPTED

SEPT.03，2003

PAYABLE WITH 50% OF THE AMOUNT

    ×××××（SIGNED）

③ 地方性承兑（LOCAL ACCEPTANCE），是指承兑时指明仅能在某地付款，如：

ACCEPTED

SEPT.03，2003

PAPABLE AT ×××× COMPANY，HONGKONG

    ××××（SIGNED）

## （四）付款（PAYMENT）

付款是对即期汇票，在持票人提示时，付款人即应付款，无需经过承兑手续；对远期汇票，在规定的时效、规定的地点向付款人做付款提示时，即应到期付款。

在汇票的付款人向持票人做正当付款后，付款人一般均要求收款的持票人在背面签字，注上"付讫"（PAID）字样，并收回汇票，从而结束汇票上所反映的债权、债务关系。

## （五）背书（ENDORSEMENT）

背书是转让汇票的一种手续，就是由汇票的抬头人（收款人）在汇票背面签上自己的名字，或再加上受让人，即被背书人（ENDORSEE）的名字，并把汇票交给受让人的行为。经背书后，汇票的收款权利便转移给受让人。汇票可以经过背书不断转让下去。对于受让人来说，所有在他以前的背书人（ENDORSER），以及原出票人都是他的"前手"；对于出让人来说，在他出让以后的所有受让人都是他的"后手"。前手对后手负有担保汇票必然会被承兑或付款的责任。

在国际市场上，汇票持有人如要求付款人付款之前取得票款，可以经过背书将汇票转让给银行，银行在扣除一定利息后将票款付给持票人，这叫贴现（DISCOUNT）。银行贴现汇票后，就成为汇票的持有人，还可以在市场上继续转让，或者向付款人索取票款。

## （六）拒付（DISHONOUR）

持票人提示汇票要求付款时，遭到付款人拒绝付款（DISHONOUR BY NON-PAYMENT）或持票人提示汇票要求承兑时，遭到拒绝承兑（DISHONOUR BY NON-ACCEPTANCE），或付款人避而不见，破产或死亡等，以致付款已事实上不可能时，均称为"拒付"，又叫"退票"。

汇票遭到拒付，持票人必须按规定向前手做拒付通知（NOTICE OF DISHONOUR）。前手背书人再通知他的前手，一直通知到出票人。此外，持票人还应将拒付的汇票提交法定公证机构，由其再向付款人提示，若付款人仍拒付，则公证机构将按规定格式做"拒付证书"（PROTECT）。证明持票人已按规定行使票据权利，但未获结果。"拒付证书"是持票人凭以向其"前手"进行追索的法律依据。如拒付的汇票已经承兑，出票人也可凭"拒付证书"向法院起诉，要求承兑汇票的付款人付款。

## （七）追索（RECOURSE）

持票人在汇票被拒付时，对其前手（背书人、出票人）有行使请求偿还汇票金额及费用（包括利息及做成"拒付通知""拒付证书"的公证费用等）的权利。这种行为称为追索。

持票人可以向任何一个前手追索。如汇票已经经过承兑，则出票人还可以向承兑人要求付款。

## （八）贴现（DISCOUNT）

贴现是持票人（即收款人）将未到期的汇票卖给银行，从而提前取得资金的一种融资方式。对于银行来说，贴现实际上是做了一笔贷款，而且银行是在付款时预先扣除了利息。由于一般商业票据有贸易背景，银行有货物做担保，是比较安全的，一般也就不再收取其他抵押品了。

对于持票人来说，通常用汇票进行贴现也是一种融资渠道。而且一般贴现不要抵押品，手续简单、方便。此外，贴现所得不像有些贷款一部分要存入银行做无息存款，因此成本相对比较低。票据贴现被广泛地应用于进出口贸易中，因此，汇票也成了一种常用的信贷工具。

# 三、信用证项下汇票的各项内容及缮制（样单9-1）

## （一）出票依据（DRAWN UNDER）

这一栏内要求填写开证银行的名称和地址。此栏中的名称应填写全称，除非信用证内汇票条款中允许写开证行的缩写，如信用证中规定 DRAFT DRAWN UNDER HK BANK　NY。

但在特殊情况下，由于某种原因如开证行为保护自己或为避免国家管制的缘故，而在此栏中填上另一家银行的名称和地址。一般情况下，出口公司会接受这一要求，按照信用证中规定的银行名称和地址正确填写此栏目。

## （二）信用证号码（L/C NO.）

此栏正确填上信用证的号码。但有时也可接受来证不填此栏的要求。

样单 9-1　信用证项下汇票的各项内容

### BILL OF EXCHANGE

7. 汇票号码

5. 小写金额

8. 付款期限　　10. 出票日期

INVOICE NO. **ASTO9554**

DATE: **06-Apr-09**

FOR　**USD 116,770.60**

AT　**30 DAYS FROM THE DATE OF NEGOTIATION** SIGHT　OF　THIS　FIRST BILL　OF　EXCHANGE（SECOND BEING UNPAID）PAY TO STANDARD CHARTERED BANK（CHINA）LIMITED　OR　ORDER THE SUM OF

9. 收款人

SAY U.S. DOLLARS ONE HUNDRED AND SIXTEEN THOUSAND SEVEN HUNDRED AND SEVENTY CENTS SIXTY ONLY

6. 大写金额

VALUE RECEIVED AND CHARGE THE SAME TO ACCOUNT OF DRAWN UNDER **INTERNATIONAL FINANCE INV AND COMM BANK LIMITED,IFIC BANK LTD MOTIJHEEL BRANCH,125/A MOTIJHEELC/A DHAKA BANGLADESH**

1. 出票依据

L/C NO. **ILC0796090603516**　　　　DATED　**30-Mar-09**

3. 开证日期

TO　**INTERNATIONAL FINANCE INV AND COMM BANK LIMITED,IFIC BANK LTD MOTIJHEEL BRANCH,125/A　MOTIJHEEL C/A DHAKA BANGLADESH ACCOUNT ISLAM DRESSES LTD.16/1,MALIBAGH CHOWDHURY PARA,DHAKA,HO:RANGS ARCADE,5TH FLR 153/A,GULSHAN AVENUE DHAKA,BANGLADESH.**

**VERDATEX (HK)CO.,LIMITED**

2. L/C 号码

11. 付款人　　12. 出票人

THE ISSUING BANK'S DOCUMENTARY CREDIT NUMBER **IL**C0796090603516 AND AD REFERENCE NUMBER 079609060249　　　L/C NO. **IL**C0796090603516　LCA NO.IFICB/ID-69673 AND H.S.CODE NO.5208.1100 TO 5209.5900

GOODS ARE PACKED IN STANDARD **SEA**WORTHY EXPORT PACKIN

13. 特殊条款

注：本张汇票无年息。

## （三）开证日期（DATE OF ISSUE）

此栏应正确填上信用证开立的日期。

## （四）年息（PAYALBE WITH INTEREST@…%）

这一栏目应由结汇银行填写，用以清算企业与银行间利息费用，信用证若无利息则不填。

## （五）小写金额（Exchange For）

此栏填写小写的金额，由货币名称缩写及阿拉伯数字组成。例如，CAN$1278.00 或 US$598.00。金额数要求保留小数点后两位，货币名称应与信用证规定和发票上的货币一样，汇票金额的多少应根据信用证中具体规定而出。

（1）如信用证中规定，DRAFT…FOR 100% OF INVOICE VALUE 或 DRAFT AT SIGHT…FOR FULL INVOICE COST /VALUE，或者当实际装运的数量少于规定的数量，在信用证允许分批时，每一批出货的发票金额是实际应收金额。此时，汇票金额等于发票金额。

（2）当发票金额含佣金或折扣时，信用证表示发票含佣金或折扣，议付时佣金或折扣须在汇票上予以扣除，即汇票上应填制实际所能收回的除去佣金或折扣的金额，如：

INVOICE SHOWING CIF VALUE INCLUDING 3% COMMISSION，AT THE TIME OF NEGOTIATION 3% COMMISSION MUST BE DEDUCTED FROM DRAWINGS UNDER THIS CREDIT。此时，汇票金额小于发票金额。

## （六）汇票大写金额（THE SUM OF）

大写金额应由小写金额翻译而成，一般顶格打印，货币名称全称写在数额前，大写金额后加 ONLY。如，USD23978.55，SAY UNITED STATES DOLLARS TWENTY THREE THOUSAND NINE HUNDRED SEVENTY EIGHT AND CENTS FIFTY-FIVE ONLY。其中小数点后数字 0.55 的表达方法有以下几种：

（1）CENTS　FIFTY-FIVE；
（2）POINT　FIFTY-FIVE；
（3）55%OR55/100。

## （七）号码（NO.）

此栏目有三种填制方法：

（1）填发票号码，说明该汇票是某发票项下的，以核对发票与汇票中相同或相关内容，我国出口贸易多采用此种方法；
（2）按本身汇票的顺序编号；
（3）空白此栏。

## （八）付款期限（AT…SIGHT）

常见的汇票付款期限根据汇票本身性质有两种：即期付款和远期付款。

若是即期汇票（SIGHT DRAFT），则在汇票的出票人按要求向银行提交单据和汇票时，银行应立即付款，一般在 AT 和 SIGHT 之间的横线上打上"…"或"***"或"---"等，注意此处不得留空。

若是远期汇票（TIME DRAFT），表示在将来的某个时间付款。具体付款时间应按照信用证在规定的"远期"起算日算起的几天内，不同的起算日，付款的日期也不同。如：

（1）DRAFT AT 30 DAYS AFTER SIGHT. 这是以见票日为"远期"起算日，即为见票日后 30 天付款，填写时，在付款期限一栏内所上 30 DAYS 即可。

（2）DRAFT AT 30 DAYS FROM THE DATE OF INVOICE. 这是以发票日期为"远期"

起算日，即发票日期后 30 天付款。在填写汇票时应打上 "30 DAYS FROM THE DATE OF INVOICE"。对于此类来证，发票制作时应尽量提前日期以便卖方尽早收汇。

（3）DRAFT AT 30 DAYS FROM THE DATE OF B/L. 这是以提单日期作为"远期"起算日，即提单签发日后的 30 天付款。填写时，只要打上 "30 DAYS AFTER B/L DATE"。

（4）THIS L/C IS AVAILABLE WITH US BY PAYMENT AT 90 DAYS AFTER RECEIPT OF FULL SET OF DOCUMENTS AT OUR COUNTERS.这是一张以付款银行收到全套单据为"远期"起算日的远期付款信用证。在填制时，应打上 "90 DAYS AFTER RECEIPT OF FULL SET OF DOCUMENTS AT YOUR COUNTERS"。注意，信用证内容填写 OUR COUNTERS——我方柜台，在汇票上应相应调整为 "YOUR COUNTERS"，作为受益人对付款银行的称呼。

## （九）收款人（PAY TO THE ORDER OF... ）

此栏是汇票抬头，应根据信用证内容填写。如，CREDIT AVAILABLE WITH THE ADVISING BANK NEGOTIATION AGAINST PRESENTATION OF YOUR DRAFTS AT SIGHT DRAWN ON US FOR FULL INVOICE VALUE，此文显示议付必须在通知行进行，即议付行就是通知行，故在此栏中填制通知行的名称和地址。

信用证对汇票的收款人通常有以下三种不同的规定，相应的，信用证项下的汇票一般有以下三种填写方法。

（1）限制性抬头：如 "PAY×××ONLY"（仅付给×××）或再加上 "NOT NEGOTIABLE" 或 "NOT TRANSFERABLE"（不准流通），这种汇票不能流通，只有指定的收款人×××才能接受票款。

（2）指示抬头：如 "PAY TO THE ORDER OF×××"（凭×××指定），这种汇票可经收款人×××背书转让。

（3）持票人或来人抬头：如 "PAY BEARER"（给来人），这种汇票转让时无须背书，仅将汇票交给受让人即可。

如信用证无规定，则填制议付银行的名称和地址，如无明确哪家银行为议付行，则填制 BANK OF CHINA。

## （十）汇票的出票日期和地点（DATE AND PLACE OF ISSUE）

汇票的出票地点在信用证项下为议付地，托收项下为办理托收的地点。一般都已事先印好，未印好则由银行填写。汇票的出票日期的作用是确定出票人在出票时是否具有出票能力和权利，确定汇票的有效日、付款到期日、提示期限、承兑期限及利息起算日等。出票日期通常和出票地点在一起，都在汇票的右上角，一般在地点之下或之后。出票日期应该在提单日之后，在议付日之前或议付日当天。在外贸实践中，受益人缮制单据和汇票后通常交议付行预审，此时，由议付行在议付时在汇票上代加议付日期作为出票日，受益人一般不需注明议付日。

## （十一）付款人（TO）

此栏应根据信用证汇票条款中所规定的付款人清楚填写其名称和地址，付款人可能是开证行，也可能是开证申请人或通知行或另外一家公司。

如信用证规定，DRAFT DRAWN ON APPLLCANT，则汇票中付款人一栏填写开证申请人的名称和地址。

若信用证规定，DRAWN…YOURSELVES，则付款人为通知行。

又如来证要求，DRAFT ON US/OURSELVES/THIS BANK/AT OUR COUNTERS，以上都是指开证行，应把开证行的名称和地址填在此栏中。

如信用证未做任何规定，付款人即为开证行。

### （十二）出票人（DRAWER）

虽然汇票上没有出票人栏，但出票人却是汇票的必要内容，习惯上在右下角空白处盖上出票人全称印章和其负责人手签印章。与付款人相对应，出票人即出具汇票的人，一般为出口公司。

### （十三）特殊条款（SPECIAL CONDITIONS）

虽然汇票上没有特殊条款一栏，但如信用证上规定汇票中有特殊条款就打印在右上角空白处。例如，来证要求如下。

THE NUMBER OF B/L MUST BE INDICATED IN THE DRAFT，此时应在汇票右上角打上"THE NUMBER OF B/L IS×××"。

## 四、托收项下汇票的各项内容及缮制

汇票作为一种支付工具总是和一定的支付方式相结合而共同完成国际贸易支付行为的，托收这一支付方式尽管属于商业信用，但在国际贸易实践中还是经常采用的。一笔交易的达成，总是基于合同的签订，而托收方式下的汇票（样单9-2）是依据合同条款而编制的。

**样单9-2  托收项下汇票的各项内容**

### Bill of Exchange

DRAWN UNDER S/C NO. ASTO9555 AGAINST SHIPMENT OF 500 CARTONS OF SHOES
　　　　FROM SHANGHAI TO NEWYORK FOR COLLECTION

DATED  **25-APR-09**　　　　　PAYABLE WITH INTEREST @ ＿＿＿＿＿＿％ ＿＿＿＿＿

NO. **ASTO9555**　　　EXCHANGE FOR USD **100,000.00**  SHANGHAI CHINA  **D/P**

AT ＿＿＿＿ *** ＿＿＿＿＿ SIGHT OF THIS SECOND OF EXCHANGE（FIRST OF

EXCHANGE BEING UNPAID）PAY  **TO THE ORDER OF BANK OF CHINA, ANHUI**

THE SUM OF
　　**SAY U.S.DOLLARS ONE HUANDRED THOUSAND ONLY**

TO **NOSKELO BROTHER CO.,LTD**

　**RD.86,BODU PLAZA,NEWYORK.**

　　　　　　　　**ANHUI  XIAOMENG  IMP&EXP  CO.,LTD**

　　　　　　　　　　**LUXIAOLING**

## （一）汇票的号码

每一张汇票都有号码，汇票的号码写在"NO."的后面。汇票的号码填写的是商业发票的号码。一方面是因为商业发票是全套出口单据的核心，另一方面便于核对发票与汇票中相同或相关的内容，例如金额、合同号码等。近年来，不少企业在制单时省略了对这一栏目的填写，银行也接受该栏为空白的汇票。

## （二）出票的地点和日期

出票地点一般印就在汇票上，通常是出口方所在地，出票日期一般在交单时由银行代为填写。

## （三）表明汇票字样

汇票上有"EXCHANGE FOR…"的字样，它表明这是一张汇票，而非本票或支票。

## （四）汇票的金额

汇票必须载明它的金额。"EXCHANGE FOR…"的后面是汇票的小写金额，例如"EXCHANGE FOR USD 1000"；"THE SUM OF…"的后面是汇票的大写金额，例如"THE SUM OF U.S. DOLLARS ONE THOUSAND ONLY"。需要注意的是，大写金额的最后要写上"ONLY"字样。

汇票金额填写方法如下。

汇票金额有整数和有零有整的数，填写的方法是不同的。

（1）整数的填写方法。如果汇票金额是整数，例如10000美元，填写时在"EXCHANGE FOR…"的后面写汇票的小写金额，即 USD10000，"THE SUM OF…"的后面写它的大写金额，即"US.DOLLARS ONE HUNDRED THOUSAND ONLY。"

（2）有零有整数的填写方法。如果汇票金额是有零有整的数，例如10000.65美元，填写时在"Exchange for…"的后面写汇票的小写金额，即USD10000.65，"THE SUM OF…"的后面写它的大写金额，即"US.DOLLARS ONE HUNDRED THOUSAND AND 65/100 ONLY。"

（3）零头的写法：以0.65为例，有下列几种情况。

① CENTS SIXTY-FIVE。

② POINT SIXTY-FIVE/SIX FIVE。

③ 65%OR 65/100。

其中比较常用的是 CENTS SIXTY-FIVE 和 65/100。

## （五）表明是托收方式的汇票

在国际贸易中，按交单的条件不同托收可分为付款交单（D/P）和承兑交单（D/A）两种，其在汇票上的表示方法是不同的。

付款交单时，首先需标明 D/P 字样。即期付款交单在 "AT SIGHT OF…"的前面标上D/P 字样，即"D/P AT SIGHT OF…"；若是远期付款交单，除需表明 D/P 字样外，在"AT"和"SIGHT"之间有远期付款的时间，如"AT 30 DAYS AFTER SIGHT OF…"。

承兑交单均为远期，在缮制时标上"D/A"字样。

### （六）汇票的收款人

如前所述，汇票的收款人有几种填法，一般都采用指示性的抬头方式，即用"PAY TO THE ORDER OF…"来表示。在我国出口业务中，此栏通常填写由××银行指示，如"PAY TO THE ORDER OF BANK OF CHINA，SHANGHAI"。

### （七）汇票的出票依据

出票依据中一般要写明合同号码、商品的成交数量以及支付方式。如"DRAWN UNDER CONTRACT NO. 123 AGAINST SHIPMENT OF 52 BALES OF SHOES FROM SHANGHAI TO HONGKONG FOR COLLECTION"，它标明合同号码为"123"，商品的成交数量为"52"，支付方式为"COLLECTION"。

### （八）汇票的付款人

在汇票的左下角有一英文单词"TO"，汇票的付款人写在"TO"的后面，在托收中，汇票的付款人一般填合同中的买方。

### （九）出票人

汇票的出票人写在汇票的右下角。托收方式下，填写合同中的卖方名称，加盖公司的印章并由负责人签字。

## 五、汇票经常出现的差错

汇票的常见差错有以下几种。

第一，汇票的金额超过信用证金额，如果证内并没有特别规定，这样的汇票将被银行拒付。

第二，汇票没有正确背书。汇票上如果是"凭指定"时，应由合法的收款人背书，但有时会出现收款人遗漏背书或出票人错误地在汇票上背书的现象。

第三，付款人写错。汇票上签发的付款人弄错，如付款人应为其他银行而误填开证行。

第四，汇票金额与发票或信用证金额不同。汇票上的金额是表示付款人应实际支付给受益人的款项，在正常情况下，如果没有其他规定，汇票金额应该和发票金额一致。如发票金额为 CFR 总值 USD5000，则汇票金额亦应为相同金额。另外，来证如规定一定数量、一定金额的货物，只要不允许分批，则汇票金额应该与信用证金额相一致。

第五，汇票上未明确付款日期。汇票上必须明确列出付款日期，如是"即期付款"，也应将汇票上的"At"和"sight"两个字连上，即"AT...SIGHT"。

第六，汇票上的收款人不是议付行或托收行。信用证方式下的票款只能通过议付行向开证行收取；托收方式下的票款只能通过托收行委托代行收取。这是因为国际结算业务只能通过银行办理，出口商不能直接参与国际结算。

第七，汇票上的金额大、小写不一致；汇票大写金额不准确；汇票大写金额最后漏打"ONLY"（整）一词。

第八，汇票上的货币币别与信用证上的货币币别不相符，如信用证内没有特殊规定，这样的汇票是被拒付的。

第九，遗漏寄偿付行的汇票。如信用证规定议付行、付款行或承兑行（均为索偿行）向开证行以外的另一家银行（即偿付行）索取其应得的款项时，出口商应缮制两套汇票。一套汇票的付款人为开证行，随付全套议付单据寄交开证行；另一套汇票的付款人为信用证上指定的偿付行，光票寄交偿付行，凭以向偿付行索取票款。

第十，汇票上有更改和擦动的痕迹。汇票上一般不允许更改，特别在一些关键处如金额、付款期限等处绝不能更改。遇有类似情况时，必须重新缮制。

第十一，汇票上未注明出票日期或过于提前。

第十二，汇票未由出票人签名。

第十三，信用证上的汇票条款未列入汇票的有关栏内。

# 六、信用证中有关汇票的条款举例

有关汇票的条款常出现在信用证的开始部分，一般的用语如下。

（1）WE HEREBY ISSUE OUR IRREVOCABLE LETTER OF CREDIT NO.194956 AVAILABLE WITH ANY BANK IN CHINA, AT 90 DAYS AFTER BILL OF LADING DATE BY DRAFT.

该条款要求出具提单后 90 天的汇票。

（2）DRAFT AT 60 DAYS SIGHT FROM THE DATE OF PRESENTATION AT YOUR COUNTER.

该条款要求出具在议付行起算 60 天到期的远期汇票。

（3）CREDIT AVAILABLE WITH ANY BANK IN CHINA, BY NEGOTIATION, AGAINST PRESENTATION OF BENEFICIARY'S DRAFTS AT SIGHT, DRAWN ON APPLICANT IN DUPLICATE.

该条款要求受益人出具以开证人为付款人的即期汇票。

（4）ALL DRAFTS SHOULD BE MARKED "DRAWN UNDER THE CITIBANK, NEW YORK L/C NO.1956717 DATED 20040310".

该条款要求所有汇票须显示，是依据花旗银行纽约分行 1956717 号、日期 20040310 的信用证出具的。

（5）THIS CREDIT IS AVAILABLE WITH THE HONGKONG AND SHANGHAI BANKING CORPORATION LTD., SHANGHAI BY NEGOTIATION AGAINST BENEFICIARY'S DRAFTS DRAWN UNDER THIS L/C AT SIGHT BASIS.

本信用证在上海汇丰银行议付，随附受益人即期汇票。

（6）还有一些信用证在汇票上带有一些限制性条款，如 "THIS LETTER OF CREDIT IS TO BE NEGOTIATED  AGAINST THE DOCUMENTS DETAILED HEREIN A BENEFICIARY'S DRAFTS AT 60 DAYS AFTER SIGHT WITH STANDARD CHARTERED BANK SHANGHAI".

这样的条款要求汇票的收款人为 "上海标准渣打银行"，实际上是限制了此信用证必须在上海渣打银行议付。在制作汇票时，在汇票的 PAY TO THE ORDER Of 加上渣打银行上海分行，即这样表示："PAY TO THE ORDER OF STANDARD CHARTERED BANK, SHANGHAI BRANCH."

（7）THE DRAFTS AT 90 DAYS SIGHT DRAWN ON BANK OF TOKYO LTD, TOKYO BRANCH. USANCE DRAFTS DRAWN UNDER THIS L/C ARE TO BE NEGOTIATED AT SIGHT BASIS. DISCOUNT CHARGES AND ACCEPTANCE COMMISSION ARE FOR

ACCOUNT OF ACCOUNTEE.

　　此信用证规定受益人须开立 90 天的"远期汇票",但是出口商却开立"即期"可以议付该信用证。因条款中规定承兑费和贴现费由开证人负担,因此对于出口商来说,就是"即期信用证",这就是通常所说的"假远期"。

　　还有一些信用证不需要"汇票",其信用证的条款有时是这样表示的:

　　"DOCUMENTARY CREDIT AVAILABLE WITH YOURSELVES BY PAYMENT AGAINST  PRESENTATION OF THE DOCUMENTS DETAILED HEREIN."

# 任务二　缮制本票和支票

　　在国际贸易结算中,使用的票据以汇票为主,有时也使用本票和支票。

## 一、本票（PROMISSORY NOTE）

### （一）本票的定义

　　我国《票据法》第 73 条规定本票的定义是,本票是由出票人签发的,承诺自己在见票时无条件支付确定的金额给收款人或持票人的票据。

### （二）本票的特征

　　（1）自付票据。本票是由出票人本人对持票人付款。

　　（2）基本当事人少。本票的基本当事人只有出票人和收款人两个。

　　（3）无须承兑。本票在很多方面可以适用汇票法律制度。但是由于本票是由出票人本人承担付款责任,无须委托他人付款,所以本票无须承兑就能保证付款。

### （三）本票的种类

#### 1. 一般本票

　　一般本票是由工商企业或个人签发的本票,也称为商业本票。商业本票可分为即期和远期。远期的商业本票一般不具备再贴现条件,特别是中小企业或个人开出的远期本票,因信用保证不高,因此很难流通。我国《票据法》第 73 条第二款规定,本法所指的本票是指银行本票,不包括商业本票,更不包括个人本票。

#### 2. 银行本票

　　银行本票是由银行签发的本票（样单 9-3）,银行本票都是即期的。在国际贸易结算中使用的本票大多是银行本票。

### （四）本票的内容

　　本票应当具备的内容,各国票据法的规定大同小异。我国票据法第 76 条规定本票必须记载以下事项。

　　（1）表明"本票"的字样。

　　（2）无条件支付的承诺。

　　（3）确定的金额。

219

（4）收款人名称。

（5）出票日期。

（6）出票人签章。

本票可任意记载的事项与汇票的记载事项相同，目的均在于提高本票的信用和保证其流通的顺利进行，包括本票到期后的利率、利息的计算，本票是否允许转让，是否缩短付款的提示期限，在发生拒绝付款时，对其他债务人通知事项的约定。

**样单 9-3　银行本票**

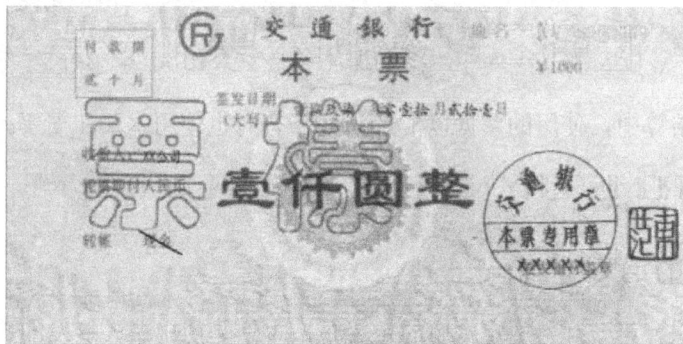

## （五）本票与汇票的区别

本票与汇票有许多共同之处，汇票法中有关出票、背书、付款、拒绝证书以及追索权等规定，基本上都可适用于本票，但它们的区别也是显而易见的。

（1）基本当事人不同。本票的当事人有出票人和收款人，而汇票则有出票人、付款人和收款人。

（2）远期本票无须办理承兑手续，远期汇票则要办理。

（3）本票的出票人是绝对的主要债务人，而汇票的出票人在承兑前是债务人，承兑后，承兑人是主债务人，出票人则处于从债务人的地位。

## （六）本票的形式

因本票的出票人与付款人为同一人，对收款人或持票人负有绝对清偿责任，故任何票据的出票人与付款人为同一人者，均属带有本票性质的票据，其主要形式如下。

（1）国际支付凭证（INTERNATIONAL MONEY ORDER）是一种多功能的以美元定值的支付凭证，其出票人即付款人，通常是设在美元清算中心或国际金融市场的美国银行。

（2）可转让存单（NEGOTIABLE CERTIFICATE OF DEPOSET）即大额可转让定期存单，最早由美国花旗银行推出，它大多由信誉良好的银行发行，是银行扩大资金来源的手段之一。

（3）国库券（TREASURY BILL）是政府发行的短期公债，也是最高级别的短期有价证券。因政府拥有的全国税收和财政收入为其发行后的还本付息提供较为可靠的保证，因此它通常是最受欢迎的短期投资工具，而且具有较强的市场流动性，也是政府进行宏观调控的重要货币手段。

（4）信用卡（CREDIT CARD）是一种具有本票性质的，被世界广泛接受的现代化信用工具和结算手段。它是随国际旅游业和国际经济贸易的日趋发达而发展起来的，其发行者和结算者是同一家信誉卓著、资金雄厚的银行或金融机构。

### （七）本票的票据行为

本票出票、背书、保证、付款行为和追索权的行使，适用票据法有关汇票的规定，但对本票的特殊规定除外。比如，根据我国票据法，本票只能由银行或其他金融机构签发；付款期限最长不超过 2 个月（自出票日起算）；持票人没有按期提示的本票，持票人就不能向其前手追索。

## 二、支票（CHEQUE/CHECK）

### （一）支票的定义

支票是出票人签发的，委托办理支票存款业务的银行或其他金融机构在见票时无条件支付确定金额给收款人或持票人的票据。

### （二）支票的特征

（1）支票是票据的一种，和汇票、本票一样具有票据所具有的共同特征。

（2）票据法对支票付款人的资格有严格限制，仅限于银行或其他金融机构，不能是其他法人或自然人。

（3）支票是见票即付的票据，不像汇票、本票有即期和远期之分（虽然我国票据法只规定了即期本票，但本票可以为远期），支票只能是即期的。因为支票是支付证券，其主要功能在于代替现金进行支付。

（4）支票的无因性受到一定限制。

### （三）支票的种类

（1）记名支票（CHEQUE PAYABLE TO ORDER）：在支票上注明收款人，只有票据上载明收款人才能收款。

（2）不记名支票（CHEQUE PAYABLE TO BEARER）：又称为来人持票或空白抬头支票，这种支票不记载收款人的姓名，取款时不需要收款人签章，持票人仅凭交付就可以将票据权利转让。

（3）划线支票（CROSSED CHEQUE）：是在支票正面画有两道平行线的支票。划线支票与一般支票不同，划线支票非由银行不得领取票款，故只能委托银行代收票款人账款。使用划线支票的目的是为了在支票遗失或被人冒领时，还有可能通过银行代收的线索追回票款。

（4）保付支票（CERTIFIED CHEQUE）：保付支票是一种新的支付结算工具，与普通转账支票有很大的不同，只有信誉良好并与银行订有协议的存款人才能签发保付支票。申请办理保付支票的存款人必须比普通转账支票的使用人具有更好的信誉，经开户银行审查同意，并与之签订协议，明确双方的权利、义务关系后，方可使用保付支票。其最突出的特点是付款有保证，信誉优良，收款人不会遭遇"空头支票"之苦。签发为出票人，付款由银行付款，以保证支票能够收到钱。

## （四）支票的内容

（1）表明"支票"的字样。

（2）无条件支付的委托。

（3）确定的金额。

（4）付款人名称。

（5）出票日期。

（6）出票人签章。

## （五）支票与汇票的区别

支票和汇票都是票据，具有非现金结算安全、迅速和便利的功能。其当事人及其票据行为，都受法律的管辖、保护和规范。有三个当事人，即出票人、付款人与收款人。双方区别表现在以下方面。

（1）支票的付款人是银行；而汇票的付款人则可以是银行，也可以是商号、企业和个人。

（2）支票是即期付款，一经提示，除正当理由可以拒付外，通常是见票即付；而汇票则有即期和远期之分，远期汇票还需承兑。支票可由付款银行保付，而汇票只能由非汇票债务人提供保证。

（3）支票的主债务人是出票人；远期汇票的主债务人是承兑人。

（4）支票可止付；汇票在承兑后不可以止付。

（5）汇票有两种用途，既可以作为结算和押汇的工具，又可以作为信贷工具；而支票只能作为结算工具

## （六）支票的票据行为

支票出票、背书、保证、付款行为和追索权的行使，适用票据法中对于汇票的相应行为和权利行使的规定，但对支票的特殊规定除外。比如，根据我国票据法，支票的出票人所签发的支票金额不能超过其付款时在付款人处实有的存款金额，否则为空头支票，而空头支票依法禁止签发；支票仅限于见票即付等。

### 项目总结

在国际货款结算中，一般采用票据作为结算工具，而现金结算和记账结算使用较少。票据有广义和狭义之分。广义的票据是指商业上的权利单据，它作为某人的、不在他实际占有下的金钱或商品的所有权的证据。狭义的票据是指依据票据法签发和流通的，以无条件支付一定金额为目的的有价证券，包括汇票、本票、支票三种。国际结算票据是指狭义的票据，也可以称为国际结算支付工具。目前，在国际货款结算中，主要使用汇票，有时也使用本票和支票。本项目着重介绍了三种支付工具的作用、内容及缮制方法。

### 练习与思考

1. 汇票的抬头有哪几种写法？

2. 汇票、本票和支票三者有何区别？

3．汇票的背书方式有哪些？

4．简述汇票的流转程序。

5．信用证结算项下使用的汇票是银行汇票还是商业汇票？二者之间有何异同？

6．何种抬头的汇票能进行背书转让？

7．信用证项下缮制汇票时，如信用证未规定谁为汇票付款人，该如何缮制？

8．假远期信用证的汇票付款期限与真远期的汇票付款期限是否一样？需注意什么问题？

9．远期汇票的起始时间是如何计算的？

## 项目实训

**实训一　根据情境引入案例提供信息缮制汇票**

**实训二　根据下列资料填制汇票**

资料如下。

L/C NO. 03/1234-B/128 DATED JUNE 2,2006

FROM: COMMERCIAL BANK OF KUWAIT

ADVISING BANK: BANK OF CHINA, HANGZHOU

APPLICANT: NEAMAGENRAL TRADING & CONTRACTING EST. KUWAIT

AMOUNT: USD 20060.00

BENEFICIARY: ZHEJIANG CHEMICALS IMPORT & EXPORT CORPORATION

WE OPEN THIS IRREVOCABLE DOCUMENTARY CREDIT FAVOURING YOURSELVES

FOR 97% OF THE INVOICE VALUE AVAILABLE AGAINST YOUR DRAFT AT SIGHT BY

NEGOTIATION WITH ADVISING BANK ON US

QUANTITY OF GOODS: 1000KGS NET

UNIT PRICE: USD 20.00 PER KGS CIFC3 KUWAIT

INVOICE NO.: 12469

**实训三　根据下列资料填制汇票**

资料如下。

L/C NO. A-12B-34C DATED NOV.11,2006

ISSUING BANK: ISREAL DISCOUNT BANK OF NEW YORK, NEW YORK BRANCH

APPICANT: THE ABCDE GROUP, INC

BENEFICIARY: ZHEJIANG TEXITILES IMPORT & EXPORT CORPORATION

AMOUNT: USD 5390.00

COVERING: 1000pcs of 100% COTTON CUSHIONS

WE OPEN THIS IRREVOCABLE DOCUMENTARY CREDIT FAVOURING YOURSELVES

AVAILABLE AGAINST YOUR DRAFT AT SIGHT BY NEGOTIATION

OTHER TERMS AND CONDITIONS: INVOICE NOT TO SHOW ANY COMMISSION

BUT TO SHOW TOTAL CFR NEW YORK USD 5500.00

COMMISSION OF 2% TO SHOW ONLY ON BILL OF EXCHANGE

INVOICE NO.: 12346

附：空白汇票

凭　　　　　　　　　　　　　　　　　　　　　信用证
Drawn under　…………………………………………… L/C No.　………………

日期
Dated　………………...　支取 Payable with interest @……..%……按…….息……. 付款

号码　　　　　　　汇票金额　　　　　　　宁波
NO　…………………. Exchange for　　　　Ningbo,……..…………20…..………

见票…………………………………日后（本汇票之副本未付）付交

AT…………..…………sight of this FIRST of Exchange（Second of Exchange being unpaid）

Pay to the order of　　　　　　　　　　　　　　　　　　　the sum of

款已收讫
Value received………………………………………………………………………………..
　………………………………………………………………………………………………

此致
TO：………………………………………………………………………………………….
…………………………………………………………………………………………………

# 项目十

# 缮制其他单据

### 知识目标

通过本项目的学习，使学生了解受益人证明的概念和种类。掌握装运通知的缮制方法。

### 职业能力目标

能根据合同和信用证独立缮制各种相关单据。

### 情境引入

某进出口公司收到信用证一封，其中关于某单据有下列要求。

A CERTIFICATE FROM THE SHIPPING COMPANY OR THEIR AGENT STATING THAT THE GOODS ARE SHIPPED ON VESSELS:

-THAT ARE EXEMPTED FROM THE "SOLAS" CONVENTION CERTIFICATIN REQUIREMENT AND IS NOT REQUIRED TO HAVE A CERTIFICATE OF CONFORMITY TO THE ISM CODE OR THAT HAVE A CURRENT ISM CODE CERTIFICATE IF THE CARRYING VESSEL IS SUBJECT TO "SOLAS".

-COVERED BY THE INSTITUTION CLASSIFICATION CLAUSE.

-THAT ARE ALLOWED BY THE ARAB AUTHORITIES TO CALL AT ARABIAN PORTS AND NOT SCHEDULED TO CALL AT ANY ISRAEL PORT DURING ITS VOYAGE TO THE U.A.E.

-UNDER 15 YEARS OF AGE.

请根据要求制作相关单据。

# 任务一　缮制装运通知

## 一、装运通知（SHIPPING ADVICE）的概念和作用

装运通知（SHIPPING ADVICE）（样单 10-1）是卖方应买方的要求，在出口货物装船完毕后，及时通过传真方式或其他方式，向买方（进口方）或进口商指定的保险公司、报关公司发出的关于货物已装船的详细通知，以便进口商及时办理保险、申请进口许可和安排接收货物及办理清关等事宜。

样单 10-1　装运通知

### 江苏阳光集团毛针织品进出口有限公司

### SUNSHINE GROUP JIANGSU WOOLLEN KNIT & GARMTEX I/E CORP.LTD.
#### NO.91 SUNSHINE ROAD, NANJING, CHINA

#### SHIPPING　ADVICE

MESSRS: MENINI IMP & EXP. CORP.　　　　　　　　DATE: MAR 15,2003

Fax No.: 0039-036-3368010　　　　　　　　　　　INV.NO.: 03HL21401

L/C NO.: 202-612-1068

WE HAVE SHIPPED THE GOODS UNDER S/C NO. 3400Y, THE DETAILS OF THE SHIPMENT ARE AS FOLLOWS:

FROM　SHANGHAI　TO　LONDON　VIA　HONGKONG

| MARKS | DESCRIPTION OF GOODS | QUANTITY | AMOUNT |
|---|---|---|---|
| JYSK | X'MAS DECORATIONS | 313BOXES | USD1443.85 |
| COPENHAGEN | 2-A15261-1 | | |
| A2400A/98 | 2-A15261-1 | | |
| 1-7 | 2-A15261-2 | | |

VESSEL'S NAME: GUANG YANG V.263

B/L NO.: D/2222201

ETD:MAR 14, 2003　　　　　　　ETA:MAY7, 2003

没有特别规定时，装运通知应发给进口商（信用证项下，发给开证申请人）。

在 FOB、CFR 价格条件下，装货后发出装运通知是合同的一项要件。如因没有发出装船通知，致使收货人未能及时投保，则该货物的丢失、损害由发货人负责赔偿。

226

装运通知的内容一般有订单或合同号、商品名称和数量、总值、唛头、载货船舶名称、装运口岸、开航日期等。在实际业务中，应根据信用证的要求和对客户的习惯做法，将上述项目适当地列明在电文中。

一般而言，装运通知可以不签署，但是如果信用证规定"BENEFICIARY CERTIFIED COPY OF SHIPPING ADVICE"，那么受益人必须在该通知上进行签字盖章。

## 二、装运通知的主要内容与缮制

装运通知也是提交银行结汇的单据之一，装运通知并无统一格式，但其内容一定要符合信用证的规定，并且在信用证（或合同）约定的时间内以电传、电报、传真、信件等规定的方式将其通知给进口方。下面以电脑制单统一使用的固定格式的装运声明为例，来说明装运通知的主要内容和缮制。

（1）出单方（ISSUER）。

出单方的名称和地址，一般填写信用证的受益人。

（2）抬头人（TO）。

抬头人是接受该通知的人，按照信用证中的规定填写。一般有以下几种情况。

① 填写承担货物运输险的保险公司名称及地址，便于对方收到通知后，将预约保险单及时转为正式保险单；买方保险公司的名称和地址。

② 填写信用证中申请人（一般为进口商）名称与地址，便于对方在未办理预约保险的情况下及时投保并准备收货。

③ 填写信用证条款指定的保险公司或申请人的代理人的名称与地址，代理人在收到本通知后，可以及时通知保险公司或收货人办理后继相关业务。

（3）日期（DATE）。

填写缮制单据的日期。

（4）发票号（INVOICE NO.）。

填写商业发票号码，注意必须与其他单据相符。

（5）信用证号（L/C NO.）。

信用证号。

（6）参考（RE）。

根据信用证规定的开证人预约保险单号等内容。

（7）数量（QUANTITY）。

填写交易计价单位的数量。

（8）运输工具（MEANS OF CONVEYANCE）。

填写装载货物的运输船舶的船名和航次。

（9）装运日期（DATE OF SHIPMENT）。

装运日期，与已装运提单日期一致。

（10）转船地（TRANSSHIPMENT）。

如果有转船，填写转船地点；若无转船，可留空。

（11）价值（VALUE）。

信用证规定的货物金额，一般情况下，应与发票金额一致。

227

（12）提单号（B/L NO.）。

填写提单号。

（13）装运口岸（PORT OF LOADING）。

填写装运口岸的名称。

（14）目的地（DESTINATION）。

填写目的地名称。

（15）运输标志（MARKS AND NUMBERS）。

填写出口货物包装上的装运标志和号码。

（16）包装种类和件数、货物描述（NUMBER AND KIND OF PACKAGES，DESCRIPTION OF GOODS）。

应严格按照发票、提单等单据的内容来填写。

（17）受益人签字盖章（SIGNATURE）。

填写出口公司的名称并由法人代表或经办人签字。

## 三、信用证中有关装船通知的条款举例

（1）ORIGINAL FAX FROM BENEFICIARY TO OUR APPLICANT EVIDENCING B/L NO. NAME OF SHIP，SHIPMENT DATE、QUANTITY AND VALUE OF GOODS.

（2）INSURANCE EFFECTED IN IRAN BY IRAN INSURANCE CO. THE NAME OF INSURANCE CO. AND THE POLICY NO. ××× DD. — HAVE TO BE MENTIONED ON B/L SHIPMENT ADVICE TO BE MADE TO SAID INSURANCE CO. VIA TLX NO. ××× INDICATING POLICY NO. AND DETAILS OF SHIPMENT，A COPY OF WHICH IS TO BE ACCOMPANIED BY THE ORIGINAL DOCS.

（3）BENEFICIARY'S CERTIFICATE CERTIFYING THAT SHIPMENT ADVISE AND A.M DOCUMENTS HAVE BEEN FAXED TO APPLICANT FOR INSURANCE PURPOSE BEFORE SHIPMENT，FAX COPY WITH TRANSMISSION REPORT IS REQUIRED.

（4）SHIPMENT ADVICE WITH FULL DETAILS INCLUDING SHIPPING MARKS，CTN NUMBERS，VESSEL'S NAME，B/L NUMBER，VALUE AND QUANTITY OF GOODS MUST BE SENT ON THE DATE OF SHIPMENT TO US.

（5）BENEFICIARY MUST CABLE ADVISE THE APPLICANT FOR THE PARTICULARS BEFORE SHIPMENT EFFECTED AND A COPY OF THE ADVICE SHOULD BE PRESENTED FOR NEGOTIATION.

（6）A CERTIFICATE FROM THE BENEFICIARY STATING THAT THEY HAVE ADVISED THE APPLICANT BY TLX THE DATE OF SHIPMENT，NUMBER OF PACKAGES，NAME OF COMMODITY，TOTAL NET AND GROSS WEIGHT，NAME OF VESSEL AND NUMBER OF VOYAGE WITHIN 2 DAYS AFTER SHIPMENT EFFECTED.

BENEFICIARY'S CERTIFIED COPY OF FAX SENT TO APPLICANT WITHIN 48 HOURS AFTER SHIPMENT INDICATING CONTRACT NO.，L/C NO.，GOODS NAME，QUANTITY，INVOICE VALUE，VESSEL'S NAME，PACKAGE/CONTAINER NO.，LOADING PORT，SHIPPING DATE AND ETA.

# 任务二　缮制受益人证明

出口商证明也称受益人证明（BENEFICIARY'S CERTIFICATE），是由受益人签发的证实某个事实的单据。

## 一、出口商证明的内容

出口商证明一般包括如下内容。

（1）单据名称。

单据名称位于单据正上方，可根据来证要求确定具体名称，如"BENEFICIARY'S CERTIFICATE"（受益人证明）、"BENEFICIARY'S STATEMENT"（受益人声明）或"BENEFICIARY'S DECLARATION"（受益人申明）。

（2）出证日期。

按照实际签发日期填写。一般而言，需与所证明的内容相匹配，根据需证实的内容而定，但必须在信用证规定的范围内。

（3）抬头人。

一般都填写笼统的抬头人，即"TO WHOM IT MAY CONCERN"致有关人士。

（4）事由。

一般填写发票号或合同号。

（5）证明文句。

此项内容必须对应于信用证要求填写。

（6）受益人名称及签章。

受益人证明一般不分正副本。若来证要求正本，可在单据名称正下方打上"Original"字样。证明的右下方必须由受益人即出口公司签章，才能生效。

## 二、出口商证明的种类

常见的出口商证明有寄单寄样证明、产品制造方面的证明，环保、人权方面有非童工、非狱工制造，非木质包装的证明等，用以说明出口商已履行了合同义务，（信用证项下）已按开证申请人要求办理某项工作或证实某件事，并达到了进口商的要求和其进口国的有关规定。

### （一）寄单、寄样证明

受益人根据信用证要求，在货物装船前后的一定期限内，向信用证规定的收受人寄送单据、码样、船样等物品，并提供相应的证明。

例如，信用证条款规定："BENEFICIARY'S CERTIFICATE CERTIFYING THAT NON-NEGOTIABLE DOCUMENTS HAVE BEEN SENT TO APPLICANT BY DHL."对此，受益人应该按照 L/C 及时办理寄送，并出具符合要求的证明。

> **小案例**
>
> 信用证条款关于受益人证明的文句：
> +BENEFICIARY'S CERTIFICATE CERTIFYING THAT ONE SET OF COPIES OF SHIPPING DOCUMENTS HAS BEEN SENT TO APPLICANT WHTHIN 5 DAYS AFTER SHIPMENT.
> 相关资料：

229

发票号码：DLTS15095
发票日期：2015-8-5
授权签字人：张平
装船日期：2015-8-23　　提单号码：ADF886740
信用证号码：　TDK9292260

**DALIAN TAISHAN SUITCASE & BAG CO.,LTD**

**66 ZHONGSHAN ROAD DALIAN 116001,CHINA**

**TEL:0086-0411-84524789**

BENEFICIARY'S CERTIFICATE

TO WHOM IT MAY CONCERN:　　　　　　　　　　　　AUG.24,2015

RE: L/C NO.: TDK9292260　　　INVOICE NO.: DLTS15095

B/L NO.:ADF886740　　　B/L DATE: 23 AUG. 2015

WE HEREBY CERTIFY THAT ONE SET OF COPIES OF SHIPPING DOCUMENTS HAS BEEN SENT TO APPLICATN WITHIN 5 DAYS AFTER SHIPMENT.

DALIAN TAISHAN SUITCASE & BAG CO.,LTD.

张平

## （二）货物补充说明

有的信用证规定出口商需要提供一些补充说明货物品质、包装情况、货物产地等信息的证明，为受益人已经做的某些行为出具证明。例如，

关于货物吊牌的证明文句: WE CERTIFY THAT EACH ITEM IS LABELED"MADE IN CHINA".

有的国家规定进口货物不能使用木质包装，出口商需要出具非木质包装证明，以使进口货物顺利清关。关于非木质包装的文句:

WE CERTIFY THAT NO SOLID WOOD MATERIAL USED IN THE PACKING.

## （三）借记通知

在日常业务中，有时需要向进口商收取小额款项，出口商可开立借记通知（样单 10-2），避免修改信用证和托收的繁琐手续和费用。

样单 10-2　借记通知

### FUJIAN WAN FENG TRADING IMP. & EXP. CO.,LTD

22/F., RM. 1306 SHUN FA BUSINESS CENTER FUZHOU FUJIAN CHINA TEL: 0591-7771888 FAX 0591-7656323 EMAIL NO: WFIPL@PUB6.FZ.FJ.CN

***DEBIT NOTE***

**NOV, 15, 2003**

*TO:　THREE START INDUSTRIAL CO.LTD*

*8, LANE 54，HUSIO-LANG ROAD, SEC. 2 YUNDG-HO PARIS FRANCE*

| DESCRIPTION | AMOUNT |
|---|---|
| RE: INVOICE NO.: | B001 |
| TERMINAL CHARGES(THC OR ORC): | US$200.00 |
| COMMISSION: | US$1 600.00 |
| OTHER EXPENSES: | US$3 000.00 |

| ADD MERCHANDISE AMOUNT: | US$32 000.00 |
|---|---|
| TOTAL AMOUTN: | US$36 800.00 |

*SAY:　THIRTY SIX THOUSAND EIGHT HUNDRED US DOLARS AND 00/100*

*BANK INFORMATION:*
*BANKNAME　CHINA CONSTRUCTION BANK, FUZHOU BRANCH*
*BANKADD:　　GUPING ROAD NO 132, FUZHOU CHINA.*
*ACT.NO:　　350105705101389*
*SWIFT NO:*
*BENEFICIARY:　　FUJIAN WAN FENG TRADING IMP. & EXP. CO., LTD*

### （四）贷记通知

出口商用贷记通知告诉被通知人有一笔款项将进其账户，平时常用于通知佣金商付佣金的情况。

CREDIT NOTE
TO...（被告诉的公司名称）
REFERENCE NO...（发票或合同号）
PLEASE BE ADVISED THAT WE HAVE REQUESTED OUR BANKER TO INSTRUCT THE ISSUING BANK TO PAY YOU THE MENTIONED BELOW AS YOUR COMMISSION WHICH HAS BEEN DEDUCTED FROM THEIR PAYMENT TO US.

5% COMMISSION ON INVOICE VALUE USD10 000.00=USD500.00

## 任务三　缮制船公司证明

在我国对外贸易实践中，经常会遇到进口商在信用证中提出要求船公司证明（以下称"船证"）的情形，尤以来自中东和非洲地区的客户为多。船证通常由出口商或船方用英文制作，具体内容应以信用证中要求为准，所有船证必须签署。

常见的船公司证明信有船龄证明、船级证明、黑名单证明、船籍证明、船长收据等。

## 一、船龄证明

船龄证明（CERTIFICATE OF VESSEL'S AGE）（样单10-3）是一种说明载货船舶船龄的证明文件，由承运人出具。因为海洋运输环境恶劣，不是烈日就是冰雪，要不就是风急浪高，暴雨如注，所以航行15年以上的船舶就属于"高龄危险"船舶。国际上有些保险公司拒绝理赔产生在这种"高危"船舶上的意外，或者必须事先通知，收取较高保险费后才理赔。有些进口商担心自己的货物被装入此种"高危"船舶，就会在合同或信用证中提出要求承运人出具船龄证明，证明载货船舶的船龄不超过15年。

231

## 二、船级证明

船级证明（CERTIFICATE OF CLASSIFICATION）是一种证明载货船舶符合一定船级标准的文书。按照惯例船级证明由船级社（CLASSIFICATION SOCIETY）出具。船级社是从事船舶检验的机构，世界上的船级社通常为民间组织，但是在我国，中国船级社（CHINA CLASSIFICATION SOCIETY）是交通部直属的事业单位，属于政府部门。

世界上最早的船级社是 1760 年成立的英国劳埃德船级社（LLOY'S REGISTER OF SHIPPING），也称劳氏船级社。后来船运发达的国家相继成立了自己的船级社，并在世界主要港口设立了分支机构，如挪威船级社（DET NORSKE VERITAS）、美国船舶局（AMERICAN BUREAU OF SHIPPING）、法国船级社（BUREAU VERITAS）、日本船级社（NIPPON KAIJI KYOKAI）等。船级社主要业务是对新造船舶进行技术检验，合格者对船舶的各项安全设施授给相应证书；根据检验业务的需要，制定相应的技术规范和标准；受本国或他国政府委托，代表其参与海事活动。有的船级社也接受陆上工程设施的检验义务。

## 三、黑名单证明

一些国家之间因为政治原因，在与一些有业务往来的船公司列有黑名单，不与一些国家发生业务关系，这就是"黑色单（BLACK LIST）"的由来。

## 四、船籍证明

船籍证明（CERTIFICATE OF SHIP'S NATIONALITY）是说明装载货物船舶之国籍的证明文件，一般由承运人出具。和"黑名单证明"一样，进口商要求出口商提供船籍证明也是因为一些政治原因。

## 五、船长收据

船长收据（CAPTAIN'S RECEIPT）是指船长收到随船带交给收货人单据时的收单证明。在 20 世纪五六十年代，航空快递还没有像今天这样发达，经常会出现货物到达目的港而单据还没有到达的情况。进口商为了能及时提货，常要求出口商将某些单据正本和/或副本在装船时交给载货船舶的船长，让其在货物到达目的港后随货一起交给收货人。船长收据的内容一般是，收到单据的种类、份数，并声明在船舶到达目的港后交给指定人。如今随着航空快递业的发展，现在船长收据已基本不用。

## 六、班轮公会船只证明单

班轮公会船只证明单（CONFERENCE LINE CERTIFICATE），是指信用证规定须装班轮公会船只时，在提供的单据中，出口方应要求船公司、船代理出具的证明文件。

## 七、集装箱船只证明

集装箱船只证明（CERTIFICATE OF CONTAINER VESSEL）：如信用证规定需要出具集装箱船只证明，可由受益人自己出具；如不需出具，可在运输单据上注明。

## 八、转船证明书

转船证明书（CERTIFICATE OF TRANSSHIPMENT）由出口单位出具，说明出口货物将在中途转船且已联系妥当，并由托运人负责将有关转船事项通知收货人。

举例如下。

某信用证中要求：CERTIFICATE FROM THE SHIPPING AGENTS ISSUED AT THE PORT OF SHIPMENT STATING THAT CARGO AND/OR INTERESTS ARE CARRIED BY A MECHANICALLY SELF PROPELLED SEAWORTHY VESSEL CLASSIFIED UNDER LLOYD'S REGISTER OF SHIPPING AS 100A1 OR EQUIVALENT PROVIDED SUCH VESSELS ARE NOT OVER FIFTEEN YEARS OF AGE OR OVER FIFTEEN YEARS BUT NOT OVER TWENTY FIVE YEARS OF AGE AND HAVE ESTABLISHED AND MAINTAINED A REGULAR PATTERN OF TRADING ON AN ADVERTISED SCHEDULE TO LOAD AND UNLOAD AT SPECIFIC PORTS OR EQUIVALENT.船证由船代在装港制作，明确货物系由英国劳合社或其他相应机构确认的 100A1 级、机械驱动、适航的船舶运输，船龄应在 15 年以下，或能按预先公布的船期表在特定港口持续定期投入装卸货物的商业运营的，船龄也可在 15 年以上 25 年以下。证明内容以证内文字及船舶的实际情况加以叙述即可。

233

样单 10-3　船龄证明

### AMERICAN PRESIDENT LINES（CHINA）CO., LTD.
### SHANGHAI BRANCH

---

#### CERTIFICATE

VESSE'S NAME AND VOYAGE NO.

BL NO.

SHIPPING DATE.

LC NO.


TO WHOM IT MAY CONCERN

WE HEREBY CERTIFY

（A）THE VESSEL（S）（ARB）IS NOT OVER 30YEARS OF AGE.

（B）THE VESSEL（S）（ARB）IS INCLUDED IN THE LLOYD'S OR EQUIVALENT CLASSIFICATION AUTHORITY, CLASSIFICTION REGISTER OF SEAWORTHY VESSELS.


美国总统轮船（中国）有限公司上海分公司

AMERICAN PRESIDENT LINES（CHINA）CO., LTD.

SHANGHAI BRANCH

### 项目总结

本项目着重介绍了装运通知、受益人证明和船公司证明的种类、内容及缮制方法。在学习过程中，应重点掌握装运通知以及受益人证明等常用结汇单据的基本缮制，其他辅助性结汇单证作为补充，可在日后工作、学习中作为参考。

### 练习与思考

1. 简述装运通知的概念及其作用。
2. 列举受益人证明的种类及作用。
3. 列举船公司证明的种类及作用。
4. 船公司证明在缮制过程中应注意哪几个方面问题？

### 项目实训

**实训一　根据情境引入案例提供资料缮制船公司证明**

**实训二　根据下述条件制作受益人证明和装船通知，要求格式清楚、内容完整**

1. 信用证资料如下。

ADVISING BANK: BANK OF CHINA, ANHUI BRANCH

IRREVOCABLE DOCUMENTARY CREDIT NO.: 211LC2000616 DATED: 18FEB2005.

DATE AND PLACE OF EXPIRY: 17 APR. 2005    IN BENEFICIARY'S COUNTRY

BENEFICIARY: ANHUI CHEMICALS IMP. & EXP. CO. LTD.

　　　　　　　JIN AN MANSION 306

　　　　　　　TUNXI ROAD, HEFEI, ANHUI, CHINA

　　　　　　　A/C NO.: 6018090000-185

APPLICANT: HOP TONG HAI（PTE）LTD.

　　　　　　BLK 15, NORTH BRIDGE ROAD

　　　　　　#04-9370 SINGAPORE 100032

　　　　　　FAX: 2953397

AMOUNT: USD37850.00

　　　　　　UNITED STATES DOLLARS THIRTY SEVEN THOUSAND EIGHT HUNDRED AND FIFTY ONLY.

PARTIAL SHIPMENT: NOT ALLOWED

TRANSHIPMENT: ALLOWED

SHIPMENT FROM CHINA TO SINGAPORE

LATEST SHIPMENT DATE: 7 APR. 2005

THIS CREDIT IS AVAILABLE WITH THE ADVISING BANK BY NEGOTIATION AGAINST PRESENTATION OF THE DOCUMENTS DETAILED HEREIN AND BENEFICIARY'S DRAFT（S）AT SIGHT DRAWN ON ISSUING BANK FOR FULL INVOICE VALUE.

DOCUMENTS REQUIRED（IN THREE-FOLD UNLESS OTHERWISE STIPULATED）：

1．SIGNED COMMERCIAL INVOICE;

2．SIGNED PACKING LIST;

3．CERTIFICATE OF CHINESE ORIGIN;

4．INSURANCE POLICY/CERTIFICATE ENDORSED IN BLANK FOR 110% CIF VALUE, COVERING ALL RISKS AND WAR RISK;

5．FULL SET OF CLEAN 'ON BOARD' OCEAN BILLS OF LADING MADE OUT TO ORDER OF BANK OF CHINA, SINGAPORE MARKED FREIGHT PREPAID AND NOTIFY APPLICANT.

6. SHIPMENT ADVICE SHOWING THE NAME OF THE CARRYING VESSEL, DATE OF SHIPMENT, MARKS, AMOUNT AND THE NUMBER OF THIS DOCUMENTARY CREDIT TO APPLICANT WITHIN 3 DAYS AFTER THE DATE OF BILL OF LADING.

EVIDENCING SHIPMENT OF:

1300 DOZENS 100% COTTON OVERALLS, SHIRTS & SINGLETS AS PER S/C NO. 02EC301302 DATED 26-01-2005 AS DETAILS BELOW:

（1）600 DOZENS 100% COTTON OVERALLS AT USD45.00 PER DOZEN. CIF SINGAPORE;

（2）600 DOZENS 100% COTTON SHIRTS AT USD16.50 PER DOZEN. CIF SINGAPORE;

（3）100 DOZENS 100% COTTON SINGLETS AT USD9.50 PER DOZEN. CIF SINGAPORE.

OTHER TERMS AND CONDITIONS:

1．ALL BANKING CHARGES, INCLUDING REIMBURSEMENT CHARGES, OUTSIDE SINGAPORE ARE FOR ACCOUNT OF BENEFICIARY.

2．THE NUMBER AND DATE OF THIS CREDIT AND THE NEME OF ISSUING BANK MUST BE QUOTED ON ALL DRAFTS.

3．A FEE OF USD50.00（OR ITS EQUIVALENT）TO BE DEDUCTED FROM THE PROCEEDS UPON EACH PRESENTATION OF DISCREPANT DOCUMENTS EVEN IN THE CREDIT INDICATES THAT ALL BANKING CHARGES ARE FOR THE ACCOUNT OF APPLICANT AND ACCEPTANCE OF SUCH DOCUMENTS DOES NOT IN ANY WAY ALTER THE TERMS AND CONDITIONS OF THIS CREDIT.

4．ONE ADDITIONAL COPY OF COMMERCIAL INVOICE AND PHOTOCOPY OF TRANSPORT DOCUMENT（S）/DELIVERY ORDER(S)ARE REQUIRED TO BE PRESENTED TOGETHER WITH THE DOCUMENTS FOR THE ISSUING BANK'S RETENTION, OTHERWISE USD5.00 OR EQUIVALENT WILL BE DEDUCTED FROM THE PROCEEDS IF THESE EXTRA DOCUMENTS ARE NOT PRESENTED.

5．5 PCT MORE OR LESS IN QUANTITY AND AMOUNT ARE ALLOWED.

6．SHIPMENT MUST BE EFFECTED BY 1×20'FULL CONTAINER LOAD. B/L TO SHOW EVIDENCE OF THIS EFFECT IS REQUIRED.

7．ONE SET OF NON-NEGOTIABLE SHIPPING DOCUMENTS TO BE FAXED TO APPLICANT AFTER SHIPMENT. BENEFICIARY'S CERTIFICATE TO THIS EFFECT IS

REQUIRED.

INSTRUCTIONS TO THE NEGOTIATING BANK:

THE AMOUNT AND DATE OF EACH NEGOTIATION MUST BE ENDORSED ON THE REVERSE OF THE ORIGINAL CREDIT BY THE NEGOTIATING BANK. ALL DOCUMENTS ARE TO BE SENT TO ISSUING BANK IN ONE LOT.

UPON RECEIPT OF DOCUMENTS IN CONFORMITY WITH THE TERMS AND CONDITIONS OF THIS CREDIT, WE SHALL REIMBURSE YOU BY CREDITING OUR HEAD OFFICE'S ACCOUNT WITH US.

THIS CREDIT IS ISSUED SUBJECT TO UNIFORM CUSTOMS AND PRACTICE FOR DOCUMENTARY CREDTIS（1993 REVISION）ICC PUBLICATION NO.500.

BANK OF CHINA, SINGAPORE

+++++++

AUTHORISED SIGNATURES

2．其他信息。

（1）VESSEL NAME AND VOYAGE NO.：TIANSHUN   V. 138

（2）DATE OF SHIPMENT: MARCH 31, 2005

## 项目十一

# 出口收汇核销和出口退税

### 知识目标

通过本项目的学习，使学生掌握出口收汇核销单的缮制和出口核销的程序；了解国家出口退税的有关政策规定，熟悉出口退税的方法及工作程序，掌握出口退税相关单证的内容和缮制要求。

### 职业能力目标

能独立缮制出口退税相关单证。

### 情境引入

2011 年 12 月，某进出口公司小王在网上看到一则新闻，内容如下。

"日前，国家外汇管理局与海关总署签署《关于共同推进货物贸易外汇改革工作合作备忘录》，进一步明确双方联动业务流程及监管信息互换等事宜。

"备忘录的主要内容包括：自货物贸易外汇管理制度改革全国推广之日起，将取消出口收汇核销单管理，外汇局和银行将不再通过进口货物报关单联网核查系统和出口收结汇联网核查系统进行核注报关单金额或扣减（或核增）出口可收汇额操作；双方加强在企业进出口货物报关单数据、企业分类管理信息、企业收付汇率和企业货物贸易收付汇逐笔电子数据等方面的监管信息互换工作，实现数据共享。"

试问，为什么要实行出口收汇核销单管理制度？出口收汇核销单有哪些基本内容？

注：国家外汇管理局在 2012 年第 1 号文件第四条规定：简化出口退税凭证，自 2012 年 8 月 1 日起报关出口的货物（以海关"出口货物报关单[出口退税专用]"注明的出口日期为准，下同），出口企业申报出口退税时，不再提供核销单；税务局参考外汇局提供的企业出口收

汇信息和分类情况，依据相关规定，审核企业出口退税。

由于该项目内容有助于学生对于出口退税的理解和实际操作，所以在编写教材时，该项目内容依然保存。

# 任务一 缮制出口收汇核销单

出口收汇核销制度是国家为加强出口收汇管理，确保国家外汇收入，防止外汇流失而指定外汇管理部门对出口企业贸易项下的外汇收入进行监督检查的一种制度。我国自1991年1月1日起，开始采用《出口收汇核销单》（简称核销单，见样单11-1）对出口货物实施直接收汇控制。其做法是国家外汇管理局印发《出口收汇核销单》，由货物的发货人或其代理人填写，海关凭以接受报关，外汇管理部门凭以核销收汇。因此，《出口收汇核销单》是跟踪、监督出口单位出口货物收汇核销的重要凭证之一。

样单11-1 出口收汇核销单

### 出口收汇核销单
#### 正联
编号：

| 出口单位： | | | | |
|---|---|---|---|---|
| 单位代码： | | | | |
| 银行签审 | 类别 | 币种金额 | 日期 | 盖章 |
| | | | | |
| 海关签注栏： | | | | |
| 外汇局签注栏：<br>年 月 日（盖章） | | | | |

### 出口收汇核销单
#### 出口退税专用联
编号：

| 出口单位： | | |
|---|---|---|
| 单位代码： | | |
| 货物名称 | 数量 | 币种总价 |
| | | |
| 报关单编号： | | |
| 外汇局签注栏：<br>年 月 日（盖章） | | |

### 出口收汇核销单
#### 存根
编号：

| 出口单位： |
|---|
| 单位代码： |
| 出口币种总价： |
| 收汇方式： |
| 预计收款日期： |
| 报关日期： |
| 备注 |
| 此单报关有效期截止到 |

## 一、出口收汇核销单的缮制

出口收汇核销单由出口收汇核销单存根、正联以及出口退税专用三联构成，其缮制要点如下。

### （一）存根联的缮制

（1）编号。编号事先由国家外汇管理局统一印制。

（2）出口单位。填写合同的出口方全称，并加盖公章，应与出口货物报关单、发票等同项内容一致。

（3）单位代码。填写领取核销单的单位在外汇管理局备案的号码，由9位数代码组成。

（4）出口币种总价。填写出口成交货物总价及使用币种，按照应收外汇的原币种和收汇总额填写，一般应与商业发票总金额相同。

（5）收汇方式。根据合同的规定填制收汇方式，如 L/C、T/T、D/P 等。

（6）预计收款日期。根据具体的收汇方式，推算出可能收汇的日期，按照不同的规定填写。即期信用证和即期托收项下的货款，从寄单之日起，近洋地区（香港和澳门）20 天内，远洋地区（香港和澳门以外的地区）30 天内结汇或收账；远期信用证和远期托收项下货款，从汇票规定的付款日期起，港澳地区 30 天内，远洋地区 40 天内结汇或收账；分期付款要注明每次收款日期和金额。

（7）报关日期。填写海关放行日期。

（8）备注。填写出口单位就该核销单项下需要说明的事项。如在委托代理方式下，使用代理出口单位的核销单时，代理出口单位须在此栏注明委托单位名称和地址，并加盖代理单位公章；两个或两个以上单位联合出口时，应由报关单位在此栏加注联合出口单位名称、地址和各单位的出口金额，并加盖报关单位公章；原出口商品调整或部分退货、部分更换的，还应填写原出口商品核销单的编号等情况。

（9）此单报关有效期的截止日期。通常填写出口货物的装运日期。

### （二）正联的缮制

正联除编号、出口单位和单位代码与存根联相同以外，还有以下栏目。

（1）银行签注栏。由银行填写商品的类别号、货币名称和金额、收结汇日期，并加盖银行公章。

（2）海关签注栏。海关验放该核销单项下的出口货物后，在该栏目内加盖"放行"或"验讫"章，并填写放行日期。

（3）外汇局签注栏。由外汇管理部门将核销单、报关单、发票等审核无误后，在该栏内签注，并由核销人员签字，加盖"已核销"章。

### （三）退税联的缮制

退税联除编号、出口单位和单位代码与上述两联相同以外，还有以下栏目。

（1）货物名称。填写实际出口货物名称，与发票、出口货物报关单的品名相一致。

（2）数量。按包装方式的件数填写，应与报关单同项内容相一致。

（3）币种总价。同存根联。

（4）报关单编号。按照报关单实际编号填入。

（5）外汇局签注栏。同正联。

## 二、出口收汇核销业务的基本操作流程

出口收汇核销工作主要当事人有出口企业、外汇管理局、海关、银行和税务机关。出口企业向当地外汇管理局申领出口收汇核销单，并做好其他相关手续，在当地办理核销手续。其具体流程如图 11-1 所示。

（1）到海关办理"中国电子口岸"入网手续。出口单位到海关办理"中国电子口岸"入网手续，并到有关部门办理"中国电子口岸"企业法人 IC 卡和"中国电子口岸"企业操作员 IC 卡电子认证手续。

（2）向外汇管理局申领核销单。初次申领《出口收汇核销单》的出口单位应先到注册所

在地外汇局办理登记手续，外汇局在审核相关材料后，为出口单位办理登记手续，建立出口单位电子档案信息。出口单位操作员在网上向外汇局申请所需领用核销单份数后，凭 IC 卡、核销员证、出口合同（首次申领时提供）到注册地外汇局申领纸质出口收汇核销单。出口单位在核销单正式使用前，应当加盖单位名称及组织机构代码条形章，在骑缝处加盖单位公章，出口单位填写的核销单应与出口货物报关单上记载的有关内容相一致。

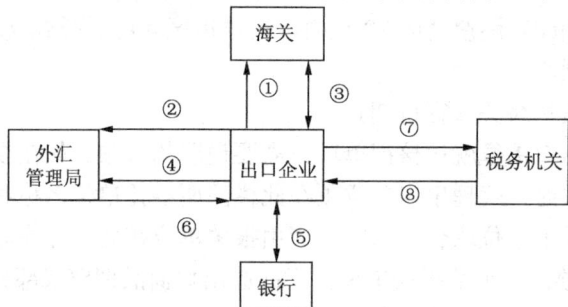

图 11-1　出口收汇核销业务流程示意图

（3）向海关报关。出口企业报关时，向海关提交事先从外汇管理部门领取的加盖出口单位公章的有编号的《出口收汇核销单》，经审核无误后，海关在核销单和有核销单编号的报关单上加盖"放行章"。应该注意的是一张外汇核销单只能对应于一张出口货物报关单。

（4）向外汇局交单。出口单位通过"中国电子口岸出口收汇系统"在网上将已用于出口报关的核销单向外汇局交单。

（5）向银行办理出口收汇手续。出口单位在汇票和发票上注明核销单编号，持全套结汇单据向银行办理议付或托收。银行在办理议付或托收手续后，应在核销单上盖章后连同结汇水单（收账通知）一并退回出口单位。出口单位在向议付行（信用证业务）或托收行（无证托收业务）交单时，必须随附盖有"放行章"的核销单，凡没有随附核销单的单据，银行一律拒绝受理。

（6）到外汇局办理出口收汇核销手续。出口单位不论采用何种方式收汇，必须在最迟收款日期后 30 个工作日内，凭银行签章的核销单、结汇水单或收账通知以及有关证明文件到当地外汇管理部门办理出口收汇核销手续。如逾期未收汇，出口单位应及时以书面形式向外汇管理部门申报原因。实行自动核销的出口单位，除特殊情况外，无须向外汇局进行核销报告。外汇管理局为出口企业办理完核销手续后，在"出口收汇核销单"的"出口退税专用联"上签注净收汇额、币种、日期，并加盖"已核销单"，并将"出口退税专用联"等凭证交出口企业办理退税。

（7）出口单位向税务机关申请办理退税手续。

（8）税务机关核准后，交出口企业退税。

# 任务二　完成出口退税工作

## 一、了解出口退税的相关知识

### （一）出口退税的特点与原则

#### 1. 出口退税的含义

出口退税是指在国际贸易中，对已报关离境的产品，由税务机关将其出口前在生产和流通环节中已征收的增值税和消费税返还给出口企业的一种制度。为鼓励出口，我国从 1985 年开始，就实行了出口退税政策。这是国际上的通行做法，它使出口商品以不含税价格进入国际市场，对扩大出口生产，增强国际竞争力具有积极作用。同时，出口退税政策也体现了自由竞争、公平税负，不将本国税收转嫁给他国消费者的课税原则。

1994 年，国家相继出台了《出口货物退（免）税管理办法》等有关退税的政策法规。为加强出口退税的管理，我国政府实行出口退税与出口收汇核销挂钩的政策，规定出口企业申请出口退税时，应向国家税务机关提交出口货物报关单（出口退税专用联）、出口销售发票、购货发票以及出口收汇核销单（出口退税专用联）、税收缴款书等单据，经国家税务机关审核无误后才予以办理。

2007 年财政部、国家税务总局联合发出《关于调低部分商品出口退税率的通知》（财税 [2007]90 号），从 2007 年 7 月 1 日起，取消濒危动物、植物及其制品等 10 类商品的出口退税，调低植物油等 15 类出口退税率，花生果仁、油画、雕饰板、邮票、印花税票等商品改为出口免税。

### 2. 出口退税的特点

（1）它是一种收入退付行为。出口货物退税目的与其他税收制度不同，它是国家将出口货物已在国内征收的流转税退还给企业的一种收入退付或减免税收的行为。

（2）它具有调节职能的单一性。出口货物退税，意在使企业的出口货物以不含税的价格参与国际市场竞争。

（3）它属间接税范畴内的一种国际惯例。世界上有很多国家实行间接税制度，虽然其具体的间接税政策各不相同，但就间接税制度中对出口货物实行"零税率"而言，各国都是一致的。

### 3. 出口退税的原则

（1）公平税负原则。对出口货物实行退税是保证出口货物公平参与国际贸易竞争的基本要求。

（2）属地管理原则。我国增值税和消费税暂行条例中的征免退税规定只适用于中国境内，而不适用于境外。

（3）宏观调控原则。国家通过对出口货物实行符合国际惯例的免税、退税和不予退税的政策，充分体现了国家以鼓励、限制、禁止等方式进行宏观调控的经济政策。

## （二）出口退税的企业范围

凡发生出口业务的出口企业，均可申报办理出口退税，退税款应退还给承担出口产品盈亏的企业。享有出口退税的企业包括对外贸易经营者、没有出口经营资格委托出口的生产企业、特定退（免）税的企业和人员。

### 1. 对外贸易经营者

它是指依法办理工商登记或者其他执业手续，经商务部及其授权单位赋予出口经营资格的从事对外贸易经营活动的法人、其他组织或者个人。其中，个人（包括外国人）是指注册登记为个体工商户、个人独资企业或合伙企业。

### 2. 委托出口企业

一是无进出口经营权的工厂或企业委托有进出口经营权的企业代理出口业务。二是本身有进出口经营权但委托另一家有进出口权的企业代理出口业务。代理出口企业收取代理费，委托出口企业自负盈亏，并申报办理出口退税。

### 3. 特定退（免）税的企业和人员

它是指按国家有关规定可以申请出口货物退（免）税的企业和人员。如外轮公司、远洋运输公司等单位发生的一些特定业务，也可办理出口退税。

## （三）出口退税的产品范围

准予退税的出口货物，除另有规定者外，必须同时具备以下四个条件。

### 1. 必须是增值税、消费税征收范围内的货物

未征收增值税、消费税的货物（包括国家规定免税的货物）不能退税，以充分体现"未征不退"的原则。

### 2. 必须是报关离境出口的货物

所谓出口，即是输出关口，它包括自营出口和委托代理出口两种形式。这是区分产品是否属于应退税出口产品的主要标准之一，以加盖海关验讫章的出口报关单和出口销售发票为准。凡在国内销售、不报关离境的货物，除另有规定者外，不论出口企业是以外汇还是以人民币结算，也不论出口企业在财务上如何处理，均不得视为出口货物予以退税。

### 3. 必须是在财务上做出口销售处理的货物

出口退税的规定只适用于贸易性的出口货物，而对非贸易性的出口货物，因其一般在财务上不做销售处理，故按照现行规定不能退税。

### 4. 必须是已收汇并经核销的货物

按照现行规定，出口企业申请办理退税的出口货物，必须是已收外汇并经外汇管理部门核销的货物。

## （四）出口退税的方法

### 1. 先征后退

先征后退的方法是指出口货物时，先视同内销货物计算缴纳增值税（由生产企业先缴纳，外贸企业按含税价收购出口货物），待货物出口报关离境后，由税务机关将在生产、流通环节中所征收的税款退还给外贸出口企业。此方法主要适用外贸进出口企业。

### 2. 免、抵、退

免、抵、退的方法是指出口货物根据其生产经营情况的不同，分别采用免税、抵税和退税的方法。即免征生产销售环节增值税，用生产企业出口货物应予退还所耗原材料等已纳税款抵内销货物的纳税款，退一个季度内未抵完的税额部分税款。此方法主要适用于生产企业。

具体到增值税和消费税，两者的退税方法又各不相同。

现行出口货物增值税的退（免）税方法主要有 4 种：①"免、退"税，即对出口环节增值部分免税，进项税额退税。该方法适用于外贸、物资、供销等商业流通企业。②"免、抵、退"税，即对出口环节增值部分免税，进项税额准予抵扣的部分在内销货物的应纳税额中抵扣，不足抵扣的部分实行退税。该方法适用于生产型企业。③"免、抵"税，即对销售环节增值部分免税，进项税额准予抵扣的部分在内销货物的应纳税额中抵扣。该方法适用于国家列明的钢铁企业销售"加工出口专用钢材"。④免税，即对出口货物免征增值税。该方法适用于来料加工等贸易形式和出口有单项特殊规定的指定货物，如卷烟等，以及国家统一规定免税的货物等。

对于出口货物消费税的退（免）税问题，现行政策规定，出口除不退税的应税消费品外，

分别采取退税和免税两种办法。即一是对外贸、物资、供销等商业流通企业收购后出口的消费税应税货物实行退税；二是对生产企业（包括外商投资企业，下同）自营出口或委托外贸企业代理出口以及来料加工出口的消费税应税货物，一律免征消费税。

### 3. 规定出口货物退税率

"征多少，退多少，未征不退"是制定出口货物退税率的基本原则。我国自1997年7月17日起规定各出口货物的退税率，以后又做了若干次调整。国务院于2003年10月13日，对出口退税率进行结构性调整，区别不同产品调整退税率，调整后的出口退税率为17%、13%、11%、8%、5%，共5档，从2004年1月1日（以出口货物报关单上海关注明的出口日期为准）起执行。

### 4. 中央与地方两级退税分摊制度

以出口企业前三年的出口退税平均数作为基数，当年出口退税在基数内的，全部由中央财政承担。超基数部分，中央承担75%，地方政府承担25%。

## 二、出口退税的所需单证及要求

出口退税是一项政策性强、涉及部门多、程序较为复杂的工作，因此，在整个环节中会需要很多单据和凭证，一般情况下应准备下列材料。

（1）报关单。

报关单是货物进口或出口时，进出口企业向海关办理申报手续，以便海关凭此查验和验放而填具的单据。

（2）出口销售发票。

这是出口企业根据与出口购货方签订的销售合同填开的单证，是外商购货的主要凭证，也是出口企业财会部门凭此记账，做出口产品销售收入的依据。

（3）进货发票。

提供进货发票主要是为了确定出口产品的供货单位、产品名称、计量单位、数量，是否是生产企业的销售价格，以便划分和计算确定其进货费用等。

（4）结汇水单或收汇通知书。

（5）属于生产企业直接出口或委托出口自制产品，凡以到岸价CIF结算的，还应附送出口货物运单和出口保险单。

（6）有进料加工复出口产品业务的企业，还应向税务机关报送进口料件的合同编号、日期，进口料件名称、数量，复出口产品名称，进料成本金额和实纳各种税金等。

（7）产品征税证明。

（8）出口收汇已核销证明。

（9）与出口退税有关的其他材料等。

### （一）外贸企业申报出口退税时所需单证

#### 1. "两单三票"

（1）出口货物报关单（出口退税专用联）。

（2）出口收汇核销单（出口退税专用）。远期收汇货物不需提供出口收汇核销单，但需提供远期收汇证明。

（3）购进货物的增值税发票（抵扣联）或普通发票。

（4）税收（出口货物专用）缴款书（第二联）或出口货物完税分割单（第二联）。

（5）出口商业发票。

委托出口的货物除提供上述资料外，还需提供代理出口协议、代理出口货物证明。

### 2. 出口货物退（免）税申报表

（1）出口退税进货凭证申报表。

（2）出口货物退税申报明细表。

（3）出口退税汇总申报表。

### 3. 出口货物销售明细账

## （二）生产企业申报出口退税时所需单证

### 1. "两单一票"

（1）出口货物报关单（出口退税专用联）。

（2）出口收汇核销单（出口退税专用）。

（3）出口商业发票。

### 2. 出口货物退（免）税申报表

### 3. 出口货物销售明细账

## （三）出口货物退税单证使用时应注意的问题

### 1. 出口货物报关单（出口退税专用联）

（1）办理出口货物退税必须是报关单的出口退税专用联；

（2）报关单的"预录入编号"是指预录入单位对书面报关单或对报关单电子报关的编号；

（3）报关单的"经营单位"是指从事对外贸易经营活动的法人和其他组织，必须与申报退税的企业名称一致（委托代理出口的除外）；

（4）报关单的"许可证号"是指出口许可证的编号，若无，则不用填写；

（5）报关单的"批准文号"是指出口许可证外所需的其他批准文件及编号，应与相应的出口收汇核销单号码一致；

（6）报关单的"申报单位"应包括申报单位的名称及报关专用章，还有经海关核准的报关员章，并填写申报单位的地址、邮编、电话号码等；

（7）报关单的"结汇方式"按海关《结汇方式代码表》确定的方式填写，同时，应与合同中规定的结汇方式一致；

（8）报关单须有防伪印油的海关验讫章及经办人员签章。

### 2. 出口收汇核销单

（1）出口收汇核销单未经外汇局核销，各联不得自行撕开；

（2）各栏内容填写准确、齐全，不得擅自涂改，并与报关单对应的内容一致；

（3）印章齐全，包括出口企业公章、海关出口货物验讫章及外汇局监制章和核销章，前两者均为骑缝章；

（4）注意出口收汇核销单三联中各种日期的不同填写要求；

（5）出口收汇核销单存根中的"收汇方式"应根据合同约定和报关单结汇方式填写；

（6）在远期收汇情况下，出口企业应向外管局备案，否则视为即期收汇，应提供核销单。

### 3. 增值税发票

（1）票面字迹清楚，内容准确、齐全，不得涂改，序号应该各联一次填写；

（2）购货单位名称要用全称，不得使用简称，税务登记号必须是15位数字；

（3）商品或劳务的名称须与其他退税单证相关名称相符；

（4）数量、单价、金额、税额应计算准确，不得超额开具发票；

（5）发票联和抵扣联加盖财务专用章或发票专用章。

### 4. 出口商业发票

（1）用于退税的出口商业发票内容，必须与开具给国外进口商的商业发票一致；

（2）商业发票的主要内容应按照项目三商业发票缮制说明的要求填写；

（3）商业发票中的货物描述、单价、总值要与报关单对应项目的内容一致；

（4）商业发票的右下角应该打上出口企业的名称或盖上出口企业名称章，如信用证要求签字，再盖上企业法人代表印章。

## 三、出口退税的基本程序

出口商应在规定期限内，收齐出口货物退税所需的有关单证，使用国家税务总局认可的出口货物退（免）税电子申报系统生成的电子申报数据，如实填写出口货物退（免）税申报表，向税务机关申报办理出口货物退（免）税手续。逾期申报的，除另有规定者外，税务机关不再受理该笔出口货物的退（免）税申报，该补税的应按有关规定补征税款。

### （一）出口退税登记的一般程序

#### 1. 有关证件的送验及登记表的领取

企业在取得有关部门批准其经营出口产品业务的文件（复印件）和工商行政管理部门核发的工商登记证明（副本）后，应于30日内到当地主管退税业务的税务机关办理退税登记，领取《出口企业退税登记表》。

#### 2. 退税登记的申报和受理

企业领到"出口企业退税登记表"后，即按登记表及有关要求填写，加盖企业公章和有关人员印章后，连同出口产品经营权批准文件、工商登记证明等证明资料一起报送税务机关。

#### 3. 填发出口退税登记证

税务机关接到企业的正式申请，经审核无误后，填写相关内容，如退税公式、退税方法、申报方式等。并按规定的程序批准后，核发给企业"出口退税登记证"。

#### 4. 出口退税登记的变更或注销

当企业经营状况发生变化或某些退税政策发生变动时，应根据实际需要变更或注销退税登记。

### （二）出口退税申报

#### 1. 核对出口报关单电子信息

出口企业收到海关签退的出口货物报关单（出口退税专用）后，通过"电子口岸"核对海关报关单电子信息。如发现海关编号、出口日期、商品代码、出口数量及离岸价等与纸质报关单不一致，由出口企业提出申请，退税机关向海关发核实函并按有关规定处理。

### 2. 备齐出口退税所需单证

出口商应在规定期限内，收齐出口货物退（免）税所需的有关单证，并指定专人进行单证的审核，发现问题及时处理。

### 3. 出口货物退税申报

出口企业在出口货物报关单右下角海关签发的验讫放行日期 90 天内收齐退税单据，使用国家税务总局认可的出口货物退（免）税电子申报系统生成的电子申报数据，如实填写出口货物退（免）税申报表，向税务机关申报办理出口货物退（免）税手续。逾期申报的，除另有规定者外，税务机关不再受理该笔出口货物的退（免）税申报，该补税的应按有关规定补征税款。

## （三）定期审核、审批出口退税

出口企业申报出口货物退税时，税务机关应及时予以接受并进行初审。出口企业报送的申报资料、电子申报数据及纸质凭证齐全的，税务机关受理该笔出口货物退税申报。出口商报送的申报资料或纸质凭证不齐全的，除另有规定外，税务机关不予受理该笔出口货物的退税申报，并要当即向出口商提出改正、补充资料、凭证的要求。

税务机关应当使用国家税务总局认可的出口货物退（免）税电子化管理系统以及总局下发的出口退税率文库，按照有关规定进行出口货物退（免）税审核、审批，不得随意更改出口货物退（免）税电子化管理系统的审核配置、出口退税率文库以及接收的有关电子信息。

税务机关受理出口商出口货物退（免）税申报后，应在规定的时间内，对申报凭证、资料的合法性、准确性进行审查，并核实申报数据之间的逻辑对应关系。税务机关经审核符合有关规定的，应及时出具相关证明。税务机关经审核符合有关规定的，应及时出具相关证明，并安排退税资金，根据审核结果将出口退税资金划转出口企业。

# 四、单证备案管理

从 2006 年 1 月 1 日起，我国对出口企业出口货物退（免）税有关单证实行备案管理制度，取消之前实行的出口货物退（免）税清算制度。此举对规范外贸出口经营秩序，加强出口货物退（免）税管理，防范骗取出口退税违法活动起到促进作用。

根据要求，出口企业自营或委托出口属于退（免）增值税或消费税的货物，应在申报退（免）税后 15 天内，将相关出口货物单证在企业财务部门备案，以备税务机关核查。单证包括购货合同、出口货物明细单、货物装货单、货物运输单据等。

备案可采取两种方式：由出口企业按出口货物退（免）税申报顺序，将备案单证对应装订成册，统一编号，并填写《出口货物备案单证目录》，或由出口企业按出口货物退（免）税申报顺序填写《出口货物备案单证目录》，不必将备案单证对应装订成册，但必须在《出口货物备案单证目录》"备案单证存放处"栏内注明备案单证存放地点，如企业内部单证管理部门、财务部门等。不得将备案单证交给企业业务员（或其他人员）个人保存，必须存放在企业。

根据要求，纳税信用等级评定为 C 级或 D 级、未在规定期限内办理出口退（免）税登记的、财务会计制度不健全，日常申报出口货物退（免）税时多次出现错误或不准确情况的、办理出口退（免）税登记不满 1 年的，有偷税、逃避追缴欠税、骗取出口退税、抗税、虚开增值税专用发票等涉税违法行为记录的，有违反税收法律、法规及出口退（免）税管理规定其他行为的出口企业，自发生之日起 2 年内，申报出口货物退（免）税后，必须采取第一种方式备案单证。

此外，备案单证应是原件，如无法备案原件，可备案由经办人签字声明与原件相符，并加盖企业公章的复印件。备案单证由出口企业存放和保管，不得擅自损毁，保存期5年。

在本教材的编撰中，我们主要介绍了出口单证工作的具体内容和要求，进口工作的内容和流程可以参考出口工作，只不过位置颠倒了。单证员具体的工程流程，如表11-1所示。

表 11-1　　　　　　　　　　出口单证流程表

| 工 作 内 容 | | 制 单 依 据 | 产生的单据 | 办 理 者 | 签 发 者 |
|---|---|---|---|---|---|
| 外贸出口谈判 | | 磋商资料和函电 | 出口合同 | 外销员 | 经理 |
| 信用证登记审核 | | 出口合同、信用证 | 信用证分析单 | 外销员 | 银行 |
| 签发外销通知 | | 合同、信用证 | 外销通知单 | 外销员 | 经理 |
| 生产及货物进仓 | | 外销通知单 | 进仓单 | 仓库管理员 | |
| 预制发票、装箱单 | | 合同、信用证、进仓单 | 发票、装箱单 | 单证员 | |
| 办理托运 | | 信用证、发票、船期表 | 托运单 | 报运员 | 货主或货代 |
| 商检出证 | 法定 | 报验单、商检法、检验结果 | 报关单加盖放行章 | 报验员 | 商检局等检验机构 |
| | 公证 | 报验单、检验结果 | 商检证书 | | |
| 签发产地证 | 一般 | 一般原产地证申请书、登记情况、发票副本 | 一般原产地证 | 申领员 | 商检局或贸促会 |
| | 普惠制 | 普惠制产地证申请书、登记情况、发票副本 | 普惠制产地证 | | |
| 船公司配舱 | | 托运单、船期情况 | 配舱回单、装货单 | 船代 | 船公司 |
| 办理保险 | | 投保单、合同、信用证、配舱回单 | 保险单 | 业务员 | 保险公司 |
| 办理报关 | | 货物明细单、发票、装箱单、核销单、装货单（退税专用报关单、法定检验放行章、出口许可证、登记手册等） | 报关单 | 报关员 | |
| 预填提单 | | 配舱回单、合同、信用证、发票 | 预填提单 | 单证员 | |
| 签发出仓单 | | 进仓单、信用证 | 出仓单 | 货源员 | |
| 海关查验放行 | | 全套报关单据 | 经海关签署的装箱单、核销单、退税单 | 海关 | 海关 |
| 货物装船 | | 收货单 | 大副收据 | 理货员 | 大副 |
| 换取提单 | | 大副收据、预填提单 | 全套提单 | 船代 | 船公司 |
| 交单结汇 | | 信用证 | 全套单据 | 单证员 | 经理 |
| 办理出口退税 | | 退税专用报关单、银行结汇水单、发票、进货发票 | 退税申请表 | 财会 | 税务局 |
| 核销 | | 发票、银行结汇水单、报关单、核销单存根 | 核销单 | 财会 | 外汇局 |
| 存档 | | 合同、信用证、各种单据及复印件 | 外销档案 | 秘书 | 经理 |

247

### 项目总结

出口企业向国外买方或银行提交全套合格单据并按时收回货款后，按照我国的外汇管理规定，还必须进行出口收汇核销。出口企业一般会在结关出口后 10～30 天左右取得海关审核签发（注）的出口收汇核销单、出口报关单出口收汇核销证明联以及出口报关单出口退税证明联等凭证，即可向外汇管理局办理出口收汇核销业务。由于我国实行出口收汇核销与出口退税相挂钩的原则，出口企业只有办理完出口收汇核销并取得核销单退税专用联等退税凭证后方可到国税局进行退税。在出口竞争日益激烈的今天，出口退税关系到出口企业的切身利益，影响着企业的出口收入和利润。因此，做好出口收汇核销和出口退税工作，无论是对国家、对外贸领域的宏观管理，还是对企业的微观效益，都有重要意义。

### 练习与思考

1. 简述出口收汇核销的程序及其所需材料。
2. 简述外（工）贸企业出口退税申报程序及所需单据。
3. 以下不能申请退税的是（　　　）。

    A．没有出口经营权的某企业出口一批货物　　　　B．来料加工厂出口一批货物

    C．易货贸易下出口一批小麦　　　　D．捐赠一批速冻食品给塞拉利昂

### 项目实训

**根据下列资料，填制出口收汇核销单**

（1）单位名称是浙江明宇电气有限公司；单位代码是 32011586×2；电话是 88345137。

（2）贸易方式：一般贸易，采用批次核销。

（3）该公司于 2005 年 7 月 20 日报关出口新加坡 20 000 个过载继电器，采用即期信用证方式收汇，报关金额 24 500 美元，预计 8 月 15 日收汇，出口收汇核销单编号 341541012。实际收汇日期为 8 月 12 日，实际收汇金额为 24 475 美元，核销申报号为 320000001002405812N001。

（4）该公司于 2005 年 7 月 28 日报关出口马来西亚 10 000 个断路器，采用 T/T 收汇，报关金额 8 000 美元，预计 8 月 20 日收汇，出口收汇核销单编号 341541024。又于 8 月 5 日报关出口 12 000 个熔断器，也采用 T/T 收汇，报关金额 12 600 美元，预计 8 月 25 日收汇，出口收汇核销单编号 341541030。

（5）该公司于 2005 年 8 月 26 日收汇金额为 20 570 美元，核销申报号为 320000001002441568 N002。

（6）该公司核销员于 8 月 30 日到外汇管理局办理核销，其核销员证号为 NB1230。

| 出口收汇核销单 |
| --- |
| 存　根 |
| 编号 |

| 出口单位： |
| --- |
| 单位代码： |
| 出口币种总价： |
| 收汇方式： |
| 预计收款日期： |
| 报关日期： |
| 备注： |
| 此单报关有效期截止到： |

| 出口收汇核销单 |
| --- |
| 正　联 |
| 编号 |

| 出口单位： | | | | |
| --- | --- | --- | --- | --- |
| 单位代码： | | | | |
| 银行签审 | 类别 | 币种金额 | 日期 | 盖章 |
| | | | | |
| 海关签注栏： | | | | |
| 外汇局签注栏 | | | | |
| 年　　月　　日（盖章） | | | | |

| 出口收汇核销单 |
| --- |
| 出口退税专用 |
| 编号 |

| 出口单位： | | |
| --- | --- | --- |
| 单位代码： | | |
| 货物名称 | 数量 | 币种总价 |
| | | |
| | | |
| 报关单编号： | | |
| 外汇局签注栏 | | |
| 年　　月　　日（盖章） | | |

# 项目十二

# 综合实训

## 任务一 审 单

## 一、主要结汇单证审核的要点

### （一）主要结汇单证审核中常见的不符点

#### 1. 汇票

（1）信用证号码不符或未列出；

（2）汇票金额超出了信用证的金额；

（3）汇票上的付款时间与信用证规定不符；

（4）汇票上大、小写金额不一致；

（5）汇票上的付款人名称、地址打错；

（6）汇票出票人的名称与信用证规定不一致；

（7）出票人漏签字；

（8）汇票未按要求背书；

（9）信用证规定的其他应记载而未在汇票的内容上记载等。

#### 2. 商业发票

（1）商业发票不是由信用证中指定的受益人签发的；

（2）商业发票的抬头人不是信用证的开证申请人；

（3）商业发票中受益人或申请人的名称或地址有误；

（4）品名规格与信用证要求不符；

（5）商品数量和金额与信用证要求不符；

（6）商业发票上的单价与信用证规定不符；

（7）商业发票漏打贸易术语；

（8）运输标志中的码号与货物件数不符；

（9）商业发票未按信用证的要求做声明、签证或证实等；

（10）所交的商业发票份数不足；

（11）在商业发票需要签署时，签署方式不符合信用证的要求；

（12）其他不符合信用证的规定。

### 3．装箱单

（1）单据的名称不符合信用证的要求；

（2）装箱单的签发人与商业发票不一致；

（3）装箱单上的买方名称与商业发票不一致；

（4）装箱单所列的发票的号码和日期与发票不一致；

（5）有关货物的描述不符合信用证的规定；

（6）包装种类不符合信用证的规定；

（7）在信用证有要求时，未列明每箱的毛重、净重及尺码；

（8）运输标志和装箱方式与其他单据不一或与信用证不符；

（9）货物的重量和体积与其他单据不符；

（10）货物的箱号和件数有矛盾；

（11）信用证中规定的其他事项未被遵守。

### 4．海运提单

（1）发货人、收货人和被通知人与信用证要求不符；

（2）装运港和目的港与信用证规定不符；

（3）是否可以转运与信用证规定不符；

（4）提单上有"包装破裂"等类似的批注；

（5）提单上货物的描述与信用证规定不一致；

（6）提单上该注明"已装船"字样而未注明；

（7）装船日期晚于信用证规定的最后装运日；

（8）未注明"运费已付"或"运费到付"或与信用证的要求不一致；

（9）所交提单的份数不符合信用证的要求；

（10）提单的运输标志与其他单据或信用证不符；

（11）信用证规定应在提单上注明的内容没有标注；

（12）货物的重量、尺码与装箱单或其他单据不一致；

（13）未在信用证规定的交单期内交单，或未规定交单期超过了提单签发日后21天交单；

（14）提单该背书而漏背书，或背书不合信用证的要求等。

### 5．保险单

（1）保险单的抬头与信用证规定不符；

（2）保险单中的货币种类与信用证不符；

（3）保险单的运输标志、件数、货名等与信用证不符；

（4）保险金额不足；

（5）保险单上所注明的装运港或卸货港与海运提单或信用证规定不符；

（6）漏保险别，保险公司的名称有误；

（7）保险单份数不足；

（8）保险单应该背书而漏背书；

（9）保险单的日期晚于运输单据的日期；

（10）保险单未加列信用证要求的特别条款。

## （二）主要结汇单证审核的要点

### 1. 汇票

（1）出票条款是否正确，如出票所根据的信用证或合同号码是否正确；

（2）汇票的付款人名称、地址是否正确；

（3）汇票上金额的大、小写必须一致；

（4）付款期限要符合信用证或合同（非信用证付款条件下）规定；

（5）检查汇票金额是否超出信用证金额，如信用证金额前有"大约"一词可按 10% 的增减幅度掌握；

（6）出票人、收款人、付款人都必须符合信用证或合同（非信用证付款条件下）的规定；

（7）货币的名称必须与发票及信用证相一致；

（8）是否按需要进行了背书；

（9）托收项下的汇票需注明托收方式；

（10）汇票是否由出票人进行了签字；

（11）汇票份数是否正确等。

### 2. 商业发票

（1）商业发票的抬头人是否符合信用证的规定；

（2）商业发票的签发人是否是信用证中的受益人；

（3）商业发票上对货物的描述是否与信用证上的规定相符；

（4）商业发票上的商品的数量是否符合信用证的规定；

（5）商业发票上的商品的单价及总金额是否与信用证一致；

（6）如信用证要求列出费用细目，商业发票是否按规定列出；

（7）如信用证不允许分批装运，商业发票上是否记载着信用证项下的全部货物；

（8）提交的正副本份数是否符合信用证的要求；

（9）有无加列与信用证要求一致的条文或证明；

（10）若信用证要求签字的商业发票，则其签字方式是否符合信用证的要求等。

### 3. 装箱单

（1）信用证中对装箱单有无特殊的规定或要求；

（2）装箱单的各项内容是否有矛盾；

（3）各个品种货物的数量和件数是否吻合；

（4）与商业发票的相关内容是否一致；

（5）与海运提单的相关内容是否一致等。

### 4. 运输单据

（1）运输单据的类型须符合信用证的规定；

（2）起运地、转运地、目的地须符合信用证的规定；

（3）装运日期/出单日期须符合信用证的规定；

（4）收货人和被通知人须符合信用证的规定；

（5）商品名称可使用货物的统称，但不得与发票上货物说明的写法相抵触；

（6）运费预付或运费到付须正确表明；

（7）正副本份数应符合信用证的要求；

（8）运输单据上不应有不良批注；

（9）包装件数须与其他单据相一致；

（10）唛头须与其他单据相一致；

（11）全套正本都须盖有承运人的印章及签发日期章；

（12）应加背书的运输单据，须加背书等。

### 5. 保险单

（1）保险单据的种类必须与信用证规定相一致；

（2）保险单的受益人（即投保人）为信用证的受益人或按信用证的规定填写；

（3）保险单的唛头、件数、货物的名称等与其他单据或信用证要求相一致；

（4）保险金额的加成须符合信用证的规定；

（5）运输工具、起运地及目的地，必须与信用证及其他单据相一致；

（6）保险险别须与信用证规定相一致；

（7）保险单据的类型应与信用证的要求相一致。除非信用证另有规定，保险经纪人出具的暂保单银行不予接受；

（8）保险单的日期不能迟于运输单据的签发日期；

（9）保险单据的正副本份数应齐全，如保险单据注明出具一式多份正本，除非信用证另有规定，所有正本都必须提交；

（10）除信用证另有规定外，保险单一般应做成可转让的形式，以受益人为投保人，由受益人背书；

（11）保险单据上的币制应与信用证上的币制相一致；

（12）保险单据必须由保险公司或其代理出具等。

## （三）综合审核各种单证的要点

（1）信用证或合同所规定的各种单证是否齐全；

（2）各种单证所需的份数是否已交足；

（3）所提供的各种单证的名称和类型是否符合信用证或合同的要求；

（4）各种单证是否按规定完成了相关的手续，如背书、签章、认证等；

（5）各种单证之间相关的项目是否一致，如单证之间的货物描述、数量、金额、重量、体积、运输标志等是否一致等；

（6）信用证对单证的特殊要求是否已满足；

（7）单证出具或提交的日期是否符合要求等。

# 二、根据下述信用证审核相关单据并找出不符点

交单日期是 JAN. 28，2006。

## （一）信用证

RECEIVED FROM:CHOHKRSE

　　　　　　　CHO HUNG BANK

　　　　　　　SEOUL

　　　　　　　100 757 SEOUL

　　　　　　　KOREA，REPUBLIC OF

DESTINATION：　ABOCCNBJA110

　　　　　　　AGRICULTURAL BANK OF CHINA，THE

　　　　　　　HANGZHOU（ZHEJIANG BRANCH）

MESSAGE TYPE: 700 ISSUE OF A DOCUMENTARY CREDIT

DATE:　　　　　7 MAR 2006


:27　:SEQUENCE OF TOTAL

　　　1/1

:40A: FORM OF DOCUMENTARY CREDIT

　　　IRREVOCABLE

:20　:DOCUMENTARY CREDIT NUMBER

　　　ABC12345

:31C: DATE OF ISSUE

　　　060605

:31D:DATE OF EXPIRY，PLACE OF EXPIRY

　　　060615 AT NEGOTIATION BANK

:50　:APPLICANT

　　　XYZ TRADING CO.,LTD

　　　NO.1 KING ROAD

　　　SEOUL,KOREA.

:59　:BENEFICIARY

　　　JJJ IMPORT AND EXPORT COMPANY

　　　NO.32 DINGHAI ROAD

　　　HANGZHOU CHINA

:32B:CURRENCY CODE　　　　　　　:USD

　　　AMOUNT　　　　　　　　　　:35500

:41D:AVAILABLE WITH … BY …

　　　ANY BANK

　　　BY NEGOTIATION

:42C:DRAFTS AT …

　　　AT SIGHT

:42D:DRAWEE

　　　DRAWN ON

253

CHO HUNG BANK,SEOUL

FOR FULL INVOICE COST.

:43P :PARTIAL SHIPMENTS

PROHIBITED

:43T:TRANSSHIPMENT

PROHIBITED

:44A:LOADING ON BOARD/DISPATCH/TAKING IN CHARGE

SHANGHAI,CHINA

:44B:FOR TRANSPORTATION TO …

PUSAN,KOREA

:44C:LATEST DATE OF SHIPMENT

990631

:45A:DESCRIPTION OF GOODS AND/OR SERVICES

HEFC BLEND-A FIRE EXTINGUISHER 5000KGS

CIF PUSAN PORT    AT USD7.10    AGENT

CHINA ORIGIN

:46A:DOCUMENTS REQUIRED

SIGNED COMMERCIAL INVOICE IN QUINTUPLICATE

FULL SET OF CLEAN ON BOARD OCEAN BILLS OF LADING

MADE OUT TO THE ORDER OF CHO HUNG BANK MARKED

"FREIGHT PREPAID"AND NOTIFY ACCOUNTEE

INSURANCE POLICY,CERTIFICAT OR DECLARATION IN

DUPLICATE,ENDORSED IN BLANK FOR 110PCT OF THE

INVOICE COST.INSURANCE POLICY,CERTIFICATE OR

DECLARATION MUST EXPRESSLY STIPULATE THAT CLAIMS

ARE PAYABLE IN THE CURRENCY OF THE CREDIT AND MUST

ALSO INDICATE A CLAIMS SETTLING AGENT IN KOREA

INSURANCE MUST INCLUDE:I.C.C.ALL RISK

PACKING LIST IN DUPLICATE

:47A:ADDITIONAL CONDITIONS

UPON RECEIPT OF YOUR DOCUMENTS IN GOOD ORDER,WE

WILL REMIT THE PROCEEDS TO THE ACCOUNT DESIGNATED

BY NEGOTIATION.

:71B:CHARGE

ALL BANKING COMMISSIONS AND CHARGES,INCLUDING

REIMBURSEMENT CHARGES AND POSTAGE OUTSIDE KOREA

ARE FOR ACCOUNT OF BENEFICIARY.

:48 :PERIOD FOR PRESENTATION

DOCUMENTS MUST BE PRESENTED WITHIN 15 DAYS AFTER

THE DATE OF SHIPMENT

:49 :CONFIRMATION INSTRUCTIONS
　　　WITHOUT

:78 :INSTRNS TO PAYING/ACCEPTING/NEGOTIATING BANK
　　　THE AMOUNT OF EACH NEGOTIATION(DRAFT)MUST BE
　　　ENDORSED ON THE REVERSE OF THIS CREDIT BY THE
　　　NEGOTIATING BANK.ALL DOCUMENTS MUST BE FORWARDED
　　　DIRECTLY BY COURIER SERVICE IN ONE LOT TO
　　　CHO HUNG BANK H.O.,(INT'L OPERATIONS DIVISION)
　　　14,1-KA,NAMDAMUNRO,CHUNG-KU,SEOUL 100-757,KOREA.
　　　IF DOCUMENTS ARE PRESENTED WITH DISCREPANCIES,
　　　A DISCREPANCY FEE OF USD60.00 OR EQUIVALENT SHOULD
　　　(WILL)BE DEDUCTED FROM THE REIMBURSMENT CLAIM
　　　(THE PROCEEDS).THIS FEE SHOULD BE CHARGED TO THE
　　　BENEFICIARY.

:57D: "ADVISE THROUGH"BANK
　　　PLS ADVISE THRU YR HANGZHOU BRANCH
　　　INT'L DEPT.

:72 :SENDER TO RECEIVER INFORMATION
　　　THIS CREDIT IS SUBJECT TO I.C.C.PUBLIC NO 500(1993 REVISION)

## （二）商业发票 in 4 copies

| ISSUER：JJJ IMPORT AND EXPORT COMPANY NO.32 DINGHAI ROAD HANGZHOU CHINA | **COMMERCIAL INVOICE** | |
|---|---|---|
| TO：XYZ TRADING CO.,LTD NO.1 KING ROAD SEOUL,KOREA. | NO.： LT5067 | DATE： 20，APR，2006 |
| TRANSPORT DETAILS： SHIPPING TERMS：CIF PUSAN PORT | S/C NO： | L/C NO.： ABC12345 |
| LOADING ON BOARD：SHANGHAI PORT，CHINA FOR TRANSPORTATION TO：PUSAN PORT，KOREA | TERMS OF PAYMENT： L/C AT SIGHT | |

| MARKS AND NUMBERS | NUMBER AND KIND OF PACKAGES; DESCRIPTION OF GOODS | QUANTITY | UNIT PRICE | AMOUNT |
|---|---|---|---|---|
| N/M | HEFC BLEND-A FIRE EXTINGUISHER AGENT | 5000KGS | CIF PUSAN USD7.10 | USD35,500.00 |

TOTAL：SAY UNITED STATES DOLLARS THIRTY FIVE THOUSAND FIVE HUNDRED ONLY.

JJJ IMPORT AND EXPORT COMPANY
（SIGNATURE）

## （三）装箱单 in 2 copies

| ISSUER：JJJ IMPORT AND EXPORT COMPANY NO.32 DINGHAI ROAD HANGZHOU CHINA | PACKING LIST | |
|---|---|---|
| TO：XYZ TRADING CO.,LTD NO.1 KING ROAD SEOUL,KOREA. | INVOICE NO： LT5067 | DATE： 20，APR，2006 |

| MARKS AND NUMBERS | NUMBER AND KIND OF PACKAGES；DESCRIPTION OF GOODS | GROSS WEIGHT | NET WEIGHT | MEASUREMENT |
|---|---|---|---|---|
| N/M | HEFC BLEND-A FIRE EXTINGUISHER 5 CYLINDERS | 7654KGS | 5000KGS | 7.0CBM |

JJJ IMPORT AND EXPORT COMPANY
( SIGNATURE)

## （四）海运提单 3/3

CROSS CARRY LIMITED        BILL OF LADING

| SHIPPER：JJJ IMPORT AND EXPORT COMPANY NO.32 DINGHAI ROAD HANGZHOU CHINA | BOOKING NO：ALS0606A106 |
|---|---|
| | EXPORT REFERENCES：NOLS329N513 |
| CONSIGNEE：TO THE ORDER OF CHOHUNG BANK | FORWARDING AGENT-REFERENCES |
| NOTIFY PARTY：XYZ TRADING CO.,LTD NO.1 KING ROAD SEOUL,KOREA. | DOMESTIC ROUTING/EXPORT INSTRUCTION |
| VESSEL&VOY.NO. TIAN SHUN V.329N | PORT OF LOADING: SHANGHAI | DELIVERY AGENT: MULTIMODAL EXPRESS LINE LTD. 13F,SEOUL CENTER BLDG.91-1, SOGONG-DONG,CHUNG-KU,KOREA TEL(06)7570691FAX:(06)7570697 |
| PORT OF DISCHARGE BUSAN | FOR TRANSSHIPMENT TO: BUSAN | |

| MARKS AND NUMBERS | NUMBER.OF PACKAGES | DESCRIPTION OF PACKAGES AND GOODS | GROSS.WEIGHT | MEASUREMENT |
|---|---|---|---|---|
| N/M | 5 CYLINDERS | HCFC BLEND-A FIRE EXTINGUISHER AGENT CHINA ORIGIN CIF PUSAN PORT 1X20GP FCL CY-CY SHIPPER'S LOAD COURT & SEAL WSDU2066730/06661 SHIPPED ON BOARD APR 25,2006 | 7654KGS FREIGHT PREPAID | 7CBM |
| | SAY：FIVE CYLINDERS | | | |

BY:CROSS CARRY LIMITED
AS AGENT FOR THE CARRIER CROSS CARRY LIMITED
SHANG ALS INT'L TRANSPORTATION CO.,LTD
(SIGNATURE)

| BILL OF LADING NO.：ALS0606A106 | DATED:APR 25,2006 |
|---|---|

（五）保险单 2/2

## PINGAN INSURANCE COMPANY OF CHINA, LTD.

NO.1206007787

### CARGO TRANSPORTATION INSURANCE POLICY

INSURED: JJJ IMPORT AND EXPORT COMPANY

| | |
|---|---|
| POLICY NO:1122200660606000688 | CLAIM PAYABLE AT:PUSAN |
| INVOICE NO.OR B/L NO.　LT5067 | NUMBER OF ORIGINALS:2 |
| PER CONVEYANCE S.S　　TIAN SHUN V.329N | SURVEY BY: |
| SLG.ON OR ABOUT　APR 25 2006 | 　INCOK LOSS & AVERAGE ADJUSTERS |
| | 　NO.81 CHUNGANG-DONG 4GA |
| FROM: SHANGHAI　　VIA:　　　TO:PUSAN | 　CHUNG-KU,BUSAN,KOREA |
| | 　TEL:+82(51)4698377 |
| | 　FAX: +82(51)4698366 |
| DESCRIPTION,MARKS,QUANTITY,PACKING OF GOODS | CONDITIONS: |
| N/M<br>HCFC BLEND-A<br>FIRE EXTINGUISHER<br>AGENT<br>CHINA　ORIGIN<br>CIF PUSAN PORT | COVERING MARINE ALL RISKS AS PER INSTITUTE CARGO CLAUSES (A) DATED1/1/1982<br>SUBJECT TO TERMS AND CONDITIONS IN "YEAR 2006 EXCLUSION CLAUSES FOR PROPERTY INSURANCE" |
| DATE:APR.26,2006 | FOR AND ON BEHALF OF<br>PINGAN INSURANCE COMPANY OF CHINA,LTD.<br>(AUTHORIZED SIGNATURE) |

257

# 任务二　制　单

一、根据合同、信用证及补充资料缮制商业发票、装箱单、普惠制产

地证FORM A、海运提单及汇票

资料一，合同

## SALES CONTRACT

TEL：+86-579- 63561050　　　　　　　　　NO.：ZNA091001

FAX：+86-579 634256055　　　　　　　　　DATE：OCT. 01,

2009

THE SELLER：

ZHEJIANG ZNA IMPORT AND EXPORT CO., LTD.

ROOM301-3 NO, 133BUILDING, YONGSHENG YIWU, ZHEJIANG, CHINA

THE BUYER：

INDUSTRIAS GABUTEAU S.A

1—3 MACHI KU STREET, OSAKA, JAPAN

WE CONFIRM HAVING SOLD YOU THE FOLLOWING GOODS ON TERMS AND CONDITIONS SPECIFIED AS BELOW.

| MARKS & NO | COMMODITY & SPECIFICATION | QUANTITY(PCS) | UNIT PRICE | AMOUNT |
|---|---|---|---|---|
| ABC<br>OSAKA<br>NOS. 1—68 | | | FOBC3 NINGBO | |
| | ORANGE SAFETY VEST STYLE LB1009 STANDARD REFLECTIVE TAPE | 2000PCS | JPY1500.00/PC | JPY3000000.00 |
| | ORANGE SAFETY VEST STYLE LB1005 HIGH REFLECTIVE TAPE | 1400PCS | JPY1500.00/PC | JPY2100000.00 |
| TOTAL | | 3400PCS | | JPY5100000.00 |

PORT OF DESTINATION：OSAKA

PARTIAL SHIPMENT：PROHIBITED

TRANSSHIPMENT：PROHIBITED

INSURANCE：IS TO BE COVERED BY THE BUYER FOR 110 PERCENT OF THE INVOICE VALUE COVERING FPA

PAYMENT：BY L/C AT SIGHT

THE BUYER：                                                    THE SELLER：

INDUSTRIAS GABUTEAU S.A                    ZHEJIANG ZNA IMPORT

AND EXPORT CO., LTD.

资料二：信用证

## IRREVOCABLE DOCUMENTARY CREDIT

SEQUENCE OF TOTAL          *27 ：1/1

FORM OF DOC. CREDIT        *40 A：IRREVOCABLE

DOC. CREDIT NUMBER         *20 ：LC-410-086405

DATE OF ISSUE                   31C：091020

DATE AND PLACE OF EXPIRY   *31D：DATE091225 IN CHINA

ISSUING BANK                     52A：ASAHI BANK LTD.

98,SPRING STREET,TOKYO,JAPAN.

APPLICANT                          *50 ：INDUSTRIAS GABUTEAU S.A

1—3 MACHI KU STREET, OSAKA, JAPAN

BENEFICIARY                       *59 ：ZHEJIANG ZNA IMPORT AND EXPORT CO., LTD.

ROOM301-3 NO, 133BUILDING, YONGSHENG YIWU,

ZHEJIANG, CHINA

AMOUNT                            *32 B：CURRENCY JPY AMOUNT JPY4947000. 00

AVAILABLE WITH / BY          *41 D：BANK OF CHINA, YIWU BRANCH

DRAFTS AT …                       42 C：DRAFTS AT SIGHT FOR FULL INVOICE COST

PARTIAL SHIPMENTS            43 P：NOT ALLOWED

TRANSSHIPMENT                  43 T：NOT ALLOWED

PORT OF LOADING/             44 E：NINGBO PORT

FOR TRANSPORTATION   TO… 44 B：NAGOYA PORT

LATEST DATE OF SHIPMENT   44 C：091205

| | |
|---|---|
| DESCRIPT OF GOODS | 45 A： ORANGE SAFETY VEST STYLE LB1009 STANDARD REFLECTIVE TAPE |
| | ORANGE SAFETY VEST STYLE LB1005 HIGH REFLECTIVE TAPE |
| | JPY1500.00/PC FOBC3 NINGBO |
| DOCUMENTS REQUIRED | 46 A： |

+ SIGNED COMMERCIAL INVOICE , 2 ORIGINAL AND 4 COPIES
                        AND CERTIFYING GOODS ARE OF CHINESE ORIGIN.
+ PACKING LIST, 1 ORIGINAL AND 4 COPIES.
+ CERTIFICATE OF ORIGIN GSP CHINA FORM A AND EEC, ISSUED BY
THE CHAMBER OF COMMERCE OR OTHER AUTHORITY DULY ENTITLED FOR THIS PURPOSE.
+ FULL SET OF B/L ( 3 ORIGINAL AND 5 COPIES )CLEAN ON BOARD,
MADE OUT TO ORDER OF SHIPPER AND BLANK ENDORSED AND
MARKED "FREIGHT COLLECT " AND NOTIFY APPLICANT.

| | |
|---|---|
| ADDITIONAL CONDTIONS | 47A |

+GOODS MUST BE SHIPPED IN FCL CONTAINER AND BILLS OF
                        LADING TO SHOW CONTAINER NUMBER.
+ ALL OF DOCUMENTS MUST INDICATE THE L/C NUMBER

| | |
|---|---|
| CHARGES | 71B: ALL BANKING CHARGES OUTSIDE JAPAN ARE FOR ACCOUNT OF BENEFICIARY. |
| PERIOD FOR PRESENTATION | 48： DOCUMENTS MUST BE PRESENTED WITHIN 15 DAYS |
| | AFTER THE DATE OF SHIPMENT BUT WITHIN THE VALIDITY OF THE CREDIT. |

THIS DOCUMENTARY CREDIT IS SUBJECT TO THE "UNIFORM CUSTOMS AND PRACTICE FOR DOCUMENTARY

CREDIT" 2007 REVISION INTERNATIONAL CHAMBER OF COMMERCE PUBLICATION NO.600.

补充资料。

1. INVOICE NO: 21SSG-017

INVOICE　DATE: OCT.10, 2008

2. PACKING:

G.W: ORANGE SAFETY VEST STYLE LB1009 STANDARD REFLECTIVE TAPE 600 KGS/CTN

　　　ORANGE SAFETY VEST STYLE LB1005 HIGH REFLECTIVE TAPE 650 KGS/CTN

N.W: ORANGE SAFETY VEST STYLE LB1009 STANDARD REFLECTIVE TAPE 500 KGS/CTN

　　　ORANGE SAFETY VEST STYLE LB1005 HIGH REFLECTIVE TAPE 550 KGS/CTN

MEAS: ORANGE SAFETY VEST STYLE LB1009 STANDARD REFLECTIVE TAPE 2.96CBM/CTN

　　　ORANGE SAFETY VEST STYLE LB1005 HIGH REFLECTIVE TAPE 3.54CBM/CTN

　　　1* 20' FCL （CONTAINER NO.OOLU5083793，SEAL NO.TARE2275）

3. 卖方授权签字人：张平

4. B/L NO. : EB154621

5. B/L DATE：NOV. 3, 2008

6. VESSEL NAME：DANU BHUM V.5009

7. 原产地标准：P

附：空白单据

# COMMERCLAL　INVOICE

IEL: _____　　　　　　　　　　　INV NO.: _____

FAX: _____　　　　　　　　　　　DATE: _____

　　　　　　　　　　　　　　　　　　　S/CNO: _____

　　　　　　　　　　　　　　　　　　　L/CNO: _____

TO:

FROM_____　　　　TO_____

| MARKS & NOS | DESCRIPTIONS OF GOODS | QUANTITY | UNIT　PRICE | AMOUNT |
|---|---|---|---|---|
| | | | | |

# PACKING LIST

TEL: _____　　　　　　　　　　　INV NO: _____

FAX: _____　　　　　　　　　　　DATE: _____

　　　　　　　　　　　　　　　　　　　S/CNO: _____

TO:　　　　　　　　　　　　　　　　　　MARKS & NOS.

| CASE NO. | COODS DESCRIPTION & PACKING | QTY | G.W | N.W | MEAS |
|---|---|---|---|---|---|
| | | | | | |
| TOTAL | | | | | |

| 1 Goods consigned from (Exporter's business name, address, country) | Reference No.: |
|---|---|
| | GENERALIZED SYSTEM OF PREFERENCES<br>CERTIFICATR OF ORIGIN<br>(Combined declaration and certificate)<br>FORM A<br>Issued in THE PEOPLE'S REPUBLIC OF CHINA<br>(country)<br>See Notes. overleaf |
| 2 Goods consigned to (Consignee's name, address, country) | |
| 3 Means of transport and route (as far as known) | |
| | 4.For official use |

| 5 Item number | 6 Markds and numbers of packages | 7 Number and kind of packages, description of goods | 8 Origin criterion (see notes overleaf) | 9 Cross weight or other quantity | 10 Number and date of invoices |
|---|---|---|---|---|---|
| | | | | | |

| 11 Certification<br>It is hereby certified , on the basis of control carried our,that the declaration by the exporter is correct. | 12 Declaration by the exporter<br>The undersigned hereby declares that the above details and statements are correct, that all the goods were produced in<br>CHINA<br>（country）<br>and that they comply with the origin requirements specified for those goods in the Generalized System of Preference for goods exported to<br><br>（importing country） |
|---|---|
| ..................................<br>Place and date, signature and stamp of certifying authority | ..................................<br>Place and date,signature of authorized singatory |

261

| Shipper | B/LNO. | *ORIGINAL* |
|---|---|---|
| | **直运或转船提单** | |
| | **BILL OF LADING DIRECT OR WIIH TRANSHIPMENT** | |

RECEIVE on board in apparent good order and condition (unless otherwise indicated) the goods or packages specified herein and to be discharged or the mentioned port of discharge of as near there as the vessel may safely get and be always afloat.

THE WEIGHT, measure, marks and numbers quantity, contents and value, being particulars furnished by the Shipper, are not checked by the Carrier on loading.

THE SHIPPER. Consignee and the Holder of this Bill of Lading hereby expressly accept and agree to all printed , written or stamped provisions, exceptions and conditions of this Bill of Loading , including those on the back hereof.

IN WITNESS where of the number of original Bill of Loading stated below have been signed. one of which being accomplished, the other(s) to be void.

Consignee or order

Notify address

| Pre-carriage by | Port of loading |
|---|---|
| Vessel | Port of transshipment |
| Port of discharge | Final destination |

| Container Seal No. or marks and Nos. | Number and kind of packages Designation of goods | Gross weight (kgs.) | Measurement(m³) |
|---|---|---|---|
| | | | |

| REGARDING TRANSHIPMENT INFORMATION PLEASE CONTACT | Freight and charge |
|---|---|
| | |

| Ex.rate | Prepaid at | Freight payable at | Place and date of issue |
|---|---|---|---|
| | Total Prepaid | Number of original Bs/L | Signed for or on behalf of the Master  as Agent |

No._____

For  **BILL OF EXCHANG**  Date_____

At _____ sight of this SECOND BILL of EXCHANGE (first of the same tenor and date unpaid ) pay to the order of _____ the sum of

Drawn under _____

L/C No._____ Dated _____

To.

## 二、根据下述条件制作议付信用证项下的全套结汇单据，要求格式清楚、内容完整

### （一）信用证

RECEIVED FROM：**SANWHKHH**A×××

　　　　　　　　**UFJ BANK LIMITED，**

　　　　　　　　**HONGKONG BRANCH HONGKONG**

**MESSAGE TYPE** ： MT700　ISSUE OF A DOCUMENTARY CREDIT

：**27**：SEQUENCE　OF　TOTAL

　　　　1/1

：**40A**：FORM OF DOC．CREDIT

　　　IRREVOCABLE

：**20**：DOC．CREDIT NUMBER

　　　BONY0100345

：**31C**：DATE OF ISSUE

　　　060110

：**31D**：EXPIRY

　　　DATE 060315 PLACE CHINA

：**50**：APPLICANT

　　　ABC CO.LTD. HONGKONG

：**59**：BENEFICIARY

　　　ZHEJIANG GREAT CORPORATION HANGZHOU CHINA

：**32B**：AMOUNT

　　　CURRENCY USD AMOUNT 80000.00

：**39A**：PERCENTAGE CREDIT AMOUNT TOLERANCE.(%)

　　　05/05

：**41D**：AVAILABLE WITH/BY

　　　ANY BANK

　　　BY NEGOTIATION

：**42C**：DRAFTS AT…

　　　60 DAYS AFTER SIGHT

：**42D**：DRAWEE

　　　ISSUING BANK

：**43P**：PARTIAL SHIPMENTS

　　　ALLOWED

：**43T**：TRANSSHIPMENT

　　　PROHIBITED

：**44A**：LOADING IN CHARGE

SHANGHAI, CHINA

: **44B**： FOR TRANSPORT TO …

HONGKONG

: **44C**： LATEST DATE OF SHIP.

060305

: **45A**： DESCRIPT. OF GOODS

MEN'S DOWN JACKET  QUANTITY:10000PCS

UNIT PRICE:USD8.00  TT AMOUNT:USD80000.00

ORIGIN:CHINA   CFR HONGKONG

PACKING:STANDARD EXPORT PACKING

: **46A**： DOCUMENTS REQUIRED

+ SIGNED COMMERCIAL INVOICE ONE ORIGINAL AND FIVE COPIES.

+ PACKING LIST INDICATING COLOR AND QUANTITY ONE ORIGINAL

AND THREE COPIES.

+ FULL SET OF CLEAN ON BOARD OCEAN BILLS OF LADING MADE

OUT TO ORDER OF SHIPPER AND ENDORSED IN BLANK, MARKED FREIGHT

PREPAID NOTIFY APPLICANT.

+ CERTIFICATE OF ORIGIN ISSUED BY CHINA COUNCIL FOR THE PROMOTION

OF INTERNATIONAL TRADE .

+ CERTIFICATE OF QUANTITY IN DUPLICATE ISSUED BY BENEFICIARY

+ BENEFICIARY'S FAX COPY OF SHIPPING ADVICE TO APPLICANT AFTER

SHIPMENT ADVISING L/C NO. SHIPMENT DATE, VESSEL NAME, NAME,

QUANTITY AND WEIGHT OF GOODS.

: **47A**： ADDITIONAL COND.

1. A DISCREPANCY HANDLING FEE OF USD50.00（OR EQUIVALENT）AND THE

RELATIVE TELEX/SWIFT COST WILL BE DEDUCTED FROM THE PROCEEDS

NO MATTER THE BANKING CHARGES ARE FOR WHOEVER ACCOUNT.

2. DISCREPANT DOCUMENTS WILL BE REJECTED BUT IF INSTRUCITONS

FOR THEIR RETURN ARE NOT RECEIVED BY THE TIME THE APPLICANT

HAS ACCEPTED AND/OR PAID FOR THEM, THEY MAY BE RELEASED TO

APPLICANT. IN SUCH EVENT BENEFICIARY/NEGOTIATING BANK SHALL

HAVE NO CLAIM AGAINST ISSUING BANK.

3. TOLERANCE OF 5 PERCENT MORE OR LESS ON QUANTITY OF GOODS

AND AMOUNT IS ACCEPTABLE.

4. ALL DOCUMENTS MUST BEAR THIS L/C NO.

: **71B**： DETAILS OF CHARGES

ALL BANKING CHARGES OUTSIDE LC ISSUING BANK ARE FOR ACCOUNT

BENEFICIARY INCLUDING OUR REIMBURSEMENT CHARGES.

: **48**： PRESENTATION PERIOD

WITHIN 10 DAYS AFTER THE DATE OF SHIPMENT BUT WITHIN THE CREDIT VALIDITY.

：49：CONFIRMATION

WITHOUT

：78：INSTRUCTIONS

1. DOCUMENTS MUST BE SENT THROUGH NEGOTIATING BANK TO OUR ADDRESS：G/F FAIRONT HOUSE, 8 COTTON TREE DRIVE, CENTRAL, HONG KONG IN 1 LOT BY COURIER SERVICE.

2. UPON RECEIPT OF COMPLIANT DOCUMENTS, WE SHALL REIMBURSE YOU AS INSTRUCTED.

3. EACH DRAWING/PRESENTATION MUST BE ENDORSED ON THE REVERSE OF THE CREDIT.

## （二）其他信息

（1）INVOICE NO.911R121101　DATE: JAN.15,2006

（2）SHIPPING MARKS:　　G-III

HONGKONG

（3）QUANITITY OF SHIPMENT：10000PCS

（4）PACKED IN CARTON：100PCS/CTN

（5）GROSS WEIGHT PER CARTON:100KGS

NET WEIGHT PER CARTON：90KGS

（6）MEASUREMENT:7.50CBM

（7）DATE OF SHIPMENT：JAN 25，2006

（8）VESSEL NAME AND VOL. NO.：MAYFLOWER V.1398

（9）SHIPPING COMPANY：COSCO，SHANGHAI

（10）B/L NO.：CJ2650

（11）S/C NO.：03ZA0101

（12）H.S. CODE: 6203.3200

（13）BLACK：5000PCS

WHITE：5000PCS

# 三、请根据信用证的内容，缮制相关单据

**MT700**

| STANDARD CHARTERED BANK (CHINA) LTD SHANGHAI BR,22F STANDARD CHARTERED TOWER,201 CENTURY AVENUE,PUDONG SHANGHAI 200120, CHINA | SWIFT: SCBLCNSXSHA TEL : 0086 21 38518000 FAX: 400 6200 888<br><br>FOR BANK USE ONLY: USER ID : JINYUAN SHI 1303238 RM : AGA |
|---|---|

265

VERDATEX (HK) CO LIMITED

FLAT/RM 1005, 10/F WING YUE BLDG,

60-64 DES VOEUX RD, SHEUNG WAN,

HK.

    TEL: 1360569 * * * *

    FAX: 055136 * * * * *

437053D

OLD EXIM ID:

DATE : 31 MARCH 2009

OUR REF : 00333-11-1798474-0

ISSUE DATE: 30MAR09

FOR BANK USE ONLY:

NOT EMS CUSTOMER

KYC COMPLETED - 29/1/08

LC SAFEKEEPING

| L/C NUMBER | ILC0796090603516 | L/C EXPIRY DATE: | 30 MAY 2009 |
|---|---|---|---|
| L/C AMOUNT | USD 491,600.63 | | |
| ISSUING BANK | INTERNATIONAL FINANCE INV AND COMM BANGLADESH | | |
| APPLICANT | ABC DRESSES LTD.16/1,MALIBAGH CHOWDHURY PARA,DHAKA, HO:RANGS ARCAD | | |

### RE: NOTIFICATION OF DOCUMENTARY CREDIT ADVICE

WE ENCLOSE THE AUTHENTICATED SWIFT/TELEX ADVISING THE ISSUE OF THE ABOVE REFERENCED LETTER OF CREDIT.

THIS IS SOLELY AN ADVICE OF CREDIT OPENED BY ABOVE MENTIONED CORRESPONDENT BANK AND CONVEYS NO ENGAGEMENT ON OUR PART.

AS PER L/C TERMS, ALL BANK CHARGES ARE FOR BENEFICIARY'S ACCOUNT, PLEASE REMIT US THE SUM BELOW QUOTING OUR REFERENCE NUMBER 00333-11-1798474-0

ACCORDING TO PBOC DECREE 2/07, IF YOU DON'T MAINTAIN ACCOUNT WITH OUR BANK, COPIES OF ALL THE FOLLOWING IDENTIFICATION DOCUMENTS MUST BE PROVIDED AT THE FIRST TIME YOU PRESENT EXPORT DOCUMENTS TO OUR BANK FOR COLLECTION:

- ANNUALLY REVIEWED BUSINESS LICENSE（已年检的营业执照）
- ENTERPRISE CODE（组织机构代码证）
- TAX CERTIFICATE（税务登记证）
- LEGAL REPRESENTATIVE ID（法人代表身份证）

PLEASE ENSURE THAT THE COPIES ARE DULY STAMPED AND ARE WITHIN VALIDITY OF EXPIRY DATES. THE APPLIED CHOP MUST BE YOUR OFFICIAL COMPANY CHOP （公章）OR THE SAME AS THAT ON EXPORT BILL APPLICATION FORM（客户交单联系单）.

WITHOUT THE ABOVE MENTIONED IDENTIFICATION DOCUMENTS, WE WILL NOT BE ABLE TO PROCESS YOUR TRANSACTIONS, AND MAY RETURN THE DOCUMENTS WITHOUT ANY RESPONSIBILITY ON OUR PART. YOU MAY CHOOSE TO PRESENT EXPORT DOCUMENTS TO OUR BANK THROUGH YOUR ACCOUNT OPENING

BANK, WHERE THE IDENTIFICATION DOCUMENTS ARE NOT REQUIRED.

STANDARD CHARTERED BANK (CHINA) LIMITED WILL NOT BE LIABLE IF IT OR ANOTHER PERSON INVOLVED IN THIS TRANSACTION FAILS TO PERFORM THE TRANSACTION OR DELAYS IT OR DISCLOSES INFORMATION TO A REGULATOR OR OTHER AUTHORITY AS A RESULT OF SANCTIONS REGULATION OR THEIR OWN POLICY, OR FOR ANY ACTION WHICH MAY BE TAKEN OR REQUIRED BY A REGULATOR.IF IN DOUBT, BEFORE INVOLVING A SUSPECTED SANCTIONED PARTY, OR A PARTY LOCATED IN A SANCTIONED COUNTRY YOU MAY CONTACT STANDARD CHARTERED BANK (CHINA) LIMITED FOR ADVICE, WHICH WILL BE BASED ON REGULATIONS AND THE BANK'S SANCTION POLICY AT THE TIME OF ENQUIRY.  IF WE AGREE, THE ABOVE PROVISION WILL STILL APPLY. EXAMPLES OF THE INVOLVEMENT OF A SANCTIONED PARTY MAY INCLUDE A TRADING PARTY, BUYER, SUPPLIER, CONSIGNEE OR NOTIFY PARTY, BANK, SHIPPING COMPANY, AGENT, VESSEL, INSURANCE COMPANY, ASSIGNEE OR TRANSFEREE, PRESENTATION PARTY, OR PLACE OF ORIGIN, LOADING, TRANSSHIPMENT, RECEIPT, DISCHARGE OR FINAL DESTINATION OF GOODS. TRANSSHIPMENT IS PROHIBITED THROUGH IRAN, CUBA, NORTH KOREA, SUDANAND MYANMAR.

FOR L/CS ISSUED BY SWIFT MT700, MT710 OR MT720, THEY ARE AUTOMATICALLY SUBJECT TO THE 'UNIFORM CUSTOMS AND PRACTICE FOR DOCUMENTARY CREDIT' IN FORCE UNLESS L/CS STIPULATED OTHERWISE.

THIS ADVICE IS AUTOMATICALLY GENERATED FROM THE COMPUTER, NO SIGNATURE IS REQUIRED.

ANY QUERIES PLEASE DIAL OUR BELOW CUSTOMER SERVICE HOT LINE:
800 999 0213 OR + 86 755 2215 0988 (FOR OVERSEAS CLIENTS AND MOBILE PHONE USERS)

----- PAGE BREAK -----OUR REFERENCE: 00333-11-1798474-0 ISS 000

SENDER: IFICBDDH001
INTERNATIONAL FINANCE INV AND COMM
BANK LIMITED, IFIC BANK LTD
MOTIJHEEL BRANCH, 125/A MOTIJHEEL
C/A DHAKA BANGLADESH

MESSAGE TYPE: MT700

27    SEQUENCE OF TOTAL
      1/1

40A   FORM OF L/C (Y/N/T)
      IRREVOCABLE

20    DOCUMENT CREDIT NO
      ILC0796090603516

31C   DATE OF ISSUE
      090330

40E   APLLICABLE RULES
      UCP LATEST VERSION

31D   DATE AND PLACE OF EXPIRE
      090530CHINA

50    APPLICANT
      ABC DRESSES LTD.16/1,MALIBAGH
      CHOWDHURY PARA,DHAKA,HO:RANGS ARCAD
      E,5TH FLR 153/A,GULSHAN AVENUE
      DHAKA,BANGLADESH.

59    BENEFICIARY
      VERDATEX (HK) CO.,LIMITED,
      FLAT/RM 2005,10/F,WING YUE BUILDING
      60-64 DES VOEUX ROAD,SHEUNG WAN,
      HONGKONG.

32B   CURRENCY CODE,AMOUNT
      USD491600,63

39B   MAXIMUM CREDIT AMOUNT
      NOT EXCEEDING

41D   AVAILABLE WITH...BY
      ANY BANK IN CHINA
      BY NEGOTIATION

42C   DRAFTS AT
      30 DAYS FROM THE DATE OF
      NEGOTIATION.

42A   DRAWEE
      IFICBDDH001

43P   PARTIAL SHIPMENT
      ALLOWED

43T   TRANSSHIPMENT
      ALLOWED

44E PORT OF LOAD/AIR OF D

SHANGHAI,CHINA

44F PORT OF DISCHARGE/AIR OF

CHITTAGONG/DHAKA BY VESSEL/AIR.

44C LATEST DATE OF SHIPMENT

090515

45A DESCRIPTION OF GOODS

FABRICS FOR 100 PCT EXPORT ORIENTED READYMADE GARMENTS STAND ARD

EXPORT PACKING   AS PER DETAILS AND SPECIFICATION OF BENEFICIARY'S PROFORMA INVOICE NO.PI-08506K AND PI-08506L   DTD 12.03.2009.

46A DOCUMENTS REQUIRED

1)SIGNED INVOICES IN OCTUPLICATE CERTIFYING MERCHANDISE TO BE OF

CHINA ORIGIN.BANGLADESH BANK PERMISSION NO.ECP.COM.241/A-3050 DTD 05.12.1982 AND EXPORT CONTRACT NO.WMC/FALL-08 NO.076-2009 DTD 05.02.09,LCA NO.IFICB/ID-69673,IRC NO.BA-161787 AND H.S.CODE NO.5208.1100 TO 5209.5900 MUST APPEAR ON THE INVOICES.

2)FULL SET(S) CLEAN "SHIPPED ON BOARD" OCEAN BILL OF LADING DRAWN OR ENDORSED TO THE ORDER OF IFIC BANK LTD.MOTIJHEEL BRANCH, 125/A,MOTIJHEEL C/A.,DHAKA,BANGLADESH SHOWING "FREIGHT PREPAID" AND MARKED NOTIFY APPLICANT AND OR

IN CASE OF AIR SHIPMENT:

DULY SIGNED AIRWAY BILL MENTIONING FLIGHT NUMBER DATE AND L/C NO.CONSIGNED TO IFIC BANK LTD.MOTIJHEEL BRANCH,125/A,MOTIJHEEL C/A,DHAKA,BANGLADESH SHOWING "FREIGHT PREPAID" AND MARKED NOTIFY APPLICANT.

3)PACKING LIST,WEIGHT LIST AND MEASUREMENT LIST IN QUADRUPLICATE.IN PACKING LIST MUST BE MENTIONED CARTON/BALE/PALLET/ROLL ETC NUMBER WITH QUANTITY.

4)CERTIFICATE OF ORIGIN IN DUPLICATE FROM CHAMBER OF COMMERCE OR BY BENEFICIARY ALSO ACCEPTABLE.

5)BENEFICIARY MUST DESPATCH ONE SET OF NON-NEGOTIABLE COPY DOCUMENTS TO APPLICANT BY DHL OR BY ANY COURIER SERVICES WITHIN 5 DAYS OF SHIPMENT/DESPATCH   AND RECEIPT OF THE SAME MUST ACCOMPANY THE DOCUMENTS PRESENTED FOR NEGOTIATION.

269

6)PRE-SHIPMENT INSPECTION CERTIFICATE TO BE ISSUED BY SGS OR LOYDS OR BY BENEFICIARY MUST ACCOMPANY THE DOCUMENTS PRESENTED FOR NEGOTIATION.

7)EACH BALE/ROLL OF FABRIC MUST NOT CONTAIN LESS THAN 20 YARDS TO THAT EFFECT A CERTIFICATE FROM BENEFICIARY MUST ACCOMPANY WITH THE ORIGINAL DOCUMENTS.

8)INSURANCE COVERED BY APPLICANT. BENEFICIARY MUST ADVISE DETAILS WITHIN 7 DAYS OF SHIPMENT TO CENTRAL INSURANCE CO.LTD.MOULVI BAZAR BR.36,IMAMGANJ,DHAKA,BANGLADESH SHOWING L/C NO. DATE OF SHIPMENT/DESPATCH,NAME OF VESSEL/AIRLINES,INSURANCE POLICY NO.CIC/MLB/MC-350/11/08(OPEN) BILL OF LADING WITHIN DATE QUANTITY OF GOODS SHIPPED/DESPATCHED.A COPY OF SUCH ADVICE SHOULD ACCOMPANY THE DOCUMENTS.

47A    ADDITIONAL CONDITIONS

+L/C NO.LCA NO. AND H.S.CODE NO.MUST BE MENTIONED IN ALL SHI PPING

DOCUMENTS.

+L/C IS TRANSFERABLE.

+IN CASE OF DISCREPANT DOCUMENT MATURITY OF THE BILL WILL BE COUNTED FROM THE DATE OF ACCEPTANCE OF DISCREPANT DOCUMENT FROM PROCEEDS.

+DISCREPANT DOCUMENTS HANDLING AND CABLE CHARGES OF USD80.00 WILL BE DEDUCTED FROM EACH SET OF DISCREPANT DOCUMENT FROM PROCEEDS.

+GOODS TO BE PACKED IN STANDARD SEAWORTHY/AIRWORTHY EXPORT PACKING.

+BENEFICIARY MUST CERTIFY ON INVOICE THAT THEY HAVE NO LOCAL AGENT IN BANGLADESH AND QUOTED PRICE IS EXCLUSIVE OF ANY COMMISSION PAYABLE TO ANY CONCERN IN BANGLADESH.

+B/L MUST QUOTE GROSS WEIGHT AND MEASUREMENT.

+SHIPMENT/DESPATCH BY ISRAELI FLAG VESSEL/AIRLINES   PROHIBITED AND TRANSHIPMENT ON ISRAELI PORT/AIR   PROHIBITED AND A CERTIFICATE MUST ACCOMPANY THE SHIPPING DOCUMENTS.

+THIRD PARTY SHIPPER DOCUMENTS   ARE ACCEPTABLE.

+BENEFICIARY MUST CERTIFY ON INVOICE THAT QUANTITY, QUALITY,RATE PACKING,MARKING,SPECIFICATION AND ALL OTHER DETAILS ARE STRICTLY

IN ACCORDANCE WITH THE PROFORMA INVOICE.

+BILL OF LADING/HOUSE AIRWAY BILL ISSUED BY FREIGHT FORWARDER NOT ACCEPTABLE.

+PAYMENT UNDER THIS CREDIT IS AVAILABLE TO THE BENEFICIARY BY THEIR DRAFTS QUOTING DC NO.ILC0796090603516 AND AD REF. NO.079609060249 AT 30 DAYS   SIGHT TO BE CALCULATED FROM THE DATE OF NEGOTIATION DRAFT   DRAWN ON OURSELVES ACCOUNT APPLICANT.

+WE HEREBY ENGAGE THAT PAYMENT WILL BE DULY MADE AGAINST DOCUMENTS DRAWN ON CONFORMITY WITH TERMS OF THE CREDIT.

+THE CREDIT IS SUBJECT TO UCPDC (2007 REVISIONS) ICC PUBLICATION NO.600.

PLEASE MUST QOUTE OUR DOCUMENTARY CREDIT NUMBER ILC0796090603516 AND AD REFERENCE NUMBER 079609060249 IN ALL DOCUMENTS.

71B　CHARGES

　　　ALL FOREIGN BANK CHARGES ARE FOR

　　　THE ACCOUNT OF THE BENEFICIARY

48　　PERIOD FOR PRESENTATION

　　　DOCUMENTS MUST BE PRESENTED WITHIN

　　　15 DAYS FROM SHIPPING DOCUMENT DATE

　　　AND WITHIN THE VALIDITY OF THE L/C

49　　CONFIRMATION INSTRUCTION

　　　WITHOUT

78　　INSTR TO PAY/ACCEP/NEG

　　　1) UPON RECEIPT OF CREDIT COMPLIED DOCUMENTS AT OUR COUNTER WE SHALL TELE TRANSFER DRAFT VALUE   AT MATURITY AS PER YOUR INSTRUCTION.

　　　2) AMOUNT OF NEGOTIATED DRAFTS MUST BE ENDORSED ON REVERSE SIDE OF ORIGINAL L/C.

　　　3) PLEASE DESPATCH ORIGINAL DOCUMENTS TO IFIC BANK LTD.MOTIJHEEL BR.125/A,MOTIJHEEL C/A.,DHAKA,BANGLADESH QUOTING OUR L/C NUMBER BY DHL WITHIN 48 HOURS OF NEGOTIATION.

　　　4) DOCUMENTS CONTAINING ANY DISCREPANCY MUST NOT BE NEGOTIATED EVEN AGAINST GUARANTEE OR UNDER RESERVE WITHOUT OUR PRIOR APPROVAL BUT MAY BE SENT ON COLLECTION BASIS.

===== END OF MESSAGE =====

OUR REFERENCE: 00333-11-1798474-0 ISS 000

STANDARD CHARTERED BANK (CHINA) LTD
SHANGHAI BR,22F STANDARD CHARTERED
TOWER,201 CENTURY AVENUE,PUDONG
SHANGHAI 200120, CHINA

渣打银行(中国)有限公司上海分行
信用证通知专用章
FOR STANDARD CHARTERED
BANK (CHINA) LIMITED

----------------------------------------
AUTHORIZED SIGNATURE

THANKS & REGARDS,

*SIMMAH LIU*

TRADE DEPARTMENT
SCOPE INTERNATIONAL(CHINA)CO.,LTD.
TEL:022-59836801

## VERDATEX (HK)CO.,LIMITED

FLAT/RM 2005,10/F,WING YUE BUILDING,60-64 DES VOEUX ROAD,
SHEUNG WAN,HONG KONG.

## COMMERCIAL INVOICE

| To | | DATE | |
|---|---|---|---|
| | | INVOICE NO. | |
| | | CONTRACT NO. | |

| L/C NO. | | | | |
|---|---|---|---|---|
| SHIPPED PER | | SAILING ABOUT | | |
| FROM | | TO | | |

| SHIPPING MARK | DESCRIPTIONS AND QUANTITIES | UNIT PRICE | AMOUNET |
|---|---|---|---|
| | | | |
| | | | |

# VERDATEX (HK)CO.,LIMITED

FLAT/RM 2005,10/F,WING YUE BUILDING,60-64 DES VOEUX ROAD,

SHEUNG WAN,HONG KONG.

## PACKING LIST

| INVOICE NO. | | | DATE: | |
|---|---|---|---|---|

| SHIPPING MARKS | DESCRIPTIONS OF GOODS | QUANNTIY | PIECES | G.W(KGS) | N.W(KGS) | MEASUREMENT |
|---|---|---|---|---|---|---|
| | | | | | | |
| TOTAL | | | | | | |
| | | | | | | |
| | | | | | | |

# 国际商会《跟单信用证统一惯例（UCP600）》

## Article 1    Application of UCP
### 第一条　统一惯例的适用范围

The Uniform Customs and Practice for Documentary Credits, 2007 Revision, ICC Publication no. 600 ("UCP") are rules that apply to any documentary credit ("credit") (including, to the extent to which they may be applicable, any standby letter of credit) when the text of the credit expressly indicates that it is subject to these rules. They are binding on all parties thereto unless expressly modified or excluded by the credit.

跟单信用证统一惯例，2007 年修订本，国际商会第 600 号出版物，适用于所有在正文中标明按本惯例办理的跟单信用证（包括本惯例适用范围内的备用信用证）。除非信用证中另有规定，本惯例对一切有关当事人均具有约束力。

## Article 2    Definitions
### 第二条　定义

For the purpose of these rules:

就本惯例而言：

Advising bank means the bank that advises the credit at the request of the issuing bank.

通知行意指应开证行要求通知信用证的银行。

Applicant means the party on whose request the credit is issued.

申请人意指发出开立信用证申请的一方。

Banking day means a day on which a bank is regularly open at the place at which an act subject to these rules is to be performed.

银行日意指银行在其营业地正常营业，按照本惯例行事的行为得以在银行履行的日子。

Beneficiary means the party in whose favour a credit is issued.

受益人意指信用证中受益的一方。

Complying presentation means a presentation that is in accordance with the terms and conditions of the credit, the applicable provisions of these rules and international standard banking practice.

相符提示意指与信用证中的条款及条件、本惯例中所适用的规定及国际标准银行实务相一致的提示。

Confirmation means a definite undertaking of the confirming bank, in addition to that of the issuing bank, to honour or negotiate a complying presentation.

保兑意指保兑行在开证行之外对于相符提示做出兑付或议付的确定承诺。

Confirming bank means the bank that adds its confirmation to a credit upon the issuing bank's authorization or request.

保兑行意指应开证行的授权或请求对信用证加具保兑的银行。

Credit means any arrangement, however named or described, that is irrevocable and thereby constitutes a definite undertaking of the issuing bank to honour a complying presentation.

信用证意指一项约定，无论其如何命名或描述，该约定不可撤销并因此构成开证行对于相符提示予以兑付的确定承诺。

Honour means:

a. to pay at sight if the credit is available by sight payment.

b. to incur a deferred payment undertaking and pay at maturity if the credit is available by deferred payment.

c. to accept a bill of exchange ("draft") drawn by the beneficiary and pay at maturity if the credit is available by acceptance.

兑付意指：

a. 对于即期付款信用证即期付款。

b. 对于延期付款信用证发出延期付款承诺并到期付款。

c. 对于承兑信用证承兑由受益人出具的汇票并到期付款。

Issuing bank means the bank that issues a credit at the request of an applicant or on its own behalf.

开证行意指应申请人要求或代表其自身开立信用证的银行。

Negotiation means the purchase by the nominated bank of drafts (drawn on a bank other than the nominated bank) and/or documents under a complying presentation, by advancing or agreeing to advance funds to the beneficiary on or before the banking day on which reimbursement is due to(to be paid the nominated bank).

议付意指被指定银行在其应获得偿付的银行日或在此之前，通过向受益人预付或者同意向受益人预付款项的方式购买相符提示项下的汇票（汇票付款人为被指定银行以外的银行）及/或单据。

Nominated bank means the bank with which the credit is available or any bank in the case of a credit available with any bank.

被指定银行意指有权使用信用证的银行，对于可供任何银行使用的信用证而言，任何银行均为被指定银行。

Presentation means either the delivery of documents under a credit to the issuing bank or nominated bank or the documents so delivered.

提示意指信用证项下单据被提交至开证行或被指定银行，抑或按此方式提交的单据。

Presenter means a beneficiary, bank or other party that makes a presentation.

提示人意指做出提示的受益人、银行或其他一方。

### Article 3　Interpretations
第三条　释义

For the purpose of these rules:

就本惯例而言：

Where applicable, words in the singular include the plural and in the plural include the singular.

在适用的条款中，词汇的单复数同义。

A credit is irrevocable even if there is no indication to that effect.

信用证是不可撤销的，即使信用证中对此未作指示也是如此。

A document may be signed by handwriting, facsimile signature, perforated signature, stamp, symbol or any other mechanical or electronic method of authentication.

单据可以通过手签、签样印制、穿孔签字、盖章、符号表示的方式签署，也可以通过其他任何机械或电子证实的方法签署。

A requirement for a document to be legalized, visaed, certified or similar will be satisfied by any signature, mark, stamp or label on the document which appears to satisfy that requirement.

当信用证含有要求使单据合法、签证、证实或对单据有类似要求的条件时，这些条件可由在单据上签字、标注、盖章或标签来满足，只要单据表面已满足上述条件即可。

Branches of a bank in different countries are considered to be separate banks.

一家银行在不同国家设立的分支机构均视为另一家银行。

Terms such as "first class", "well known", "qualified", "independent", "official", "competent" or "local" used to describe the issuer of a document allow any issuer except the beneficiary to issue that document.

诸如"第一流""著名""合格""独立""正式""有资格""当地"等用语用于描述单据出单人的身份时，单据的出单人可以是除受益人以外的任何人。

Unless required to be used in a document, words such as "prompt", "immediately" or "as soon as possible" will be disregarded.

除非确需在单据中使用，银行对诸如"迅速""立即""尽快"之类词语将不予置理。

The expression "on or about" or similar will be interpreted as a stipulation that an event is to occur during a period of five calendar days before until five calendar days after the specified date, both start and end dates included.

"于或约于"或类似措辞将被理解为一项约定，按此约定，某项事件将在所述日期前后各五天内发生，起迄日均包括在内。

The words "to", "until", "till", "from" and "between" when used to determine a period of shipment include the date or dates mentioned, and the words "before" and "after" exclude the date mentioned.

词语"×月×日止"（to）、"至×月×日"（until）、"直至×月×日"（till）、"从×月×日"（from）及"在×月×日至×月×日之间"（between）用于确定装运期限时，包括所述日期。词语"×月×日之前"（before）及"×月×日之后"（after）不包括所述日期。

The words "from" and "after" when used to determine a maturity date exclude the date mentioned.

词语"从×月×日"（from）以及"×月×日之后"（after）用于确定到期日时不包括所述日期。

The terms "first half" and "second half" of a month shall be construed respectively as the 1st to the 15th and the 16th to the last day of the month, all dates inclusive.

术语"上半月"和"下半月"应分别理解为自每月"1 日至 15 日"和"16 日至月末最后一天"，包括起讫日期。

The terms "beginning", "middle" and "end" of a month shall be construed respectively as the 1st to the 10th, the 11th to the 20th and the 21st to the last day of the month, all dates inclusive.

术语"月初"、"月中"和"月末"应分别理解为每月 1 日至 10 日、11 日至 20 日和 21 日至月末最后一天，包括起讫日期。

### Article 4　Credits v. Contracts
### 第四条　信用证与合同

a. A credit by its nature is a separate transaction from the sale or other contract on which it may be based. Banks are in no way concerned with or bound by such contract, even if any reference whatsoever to it is included in the credit. Consequently, the undertaking of a bank to honour, to negotiate or to fulfil any other obligation under the credit is not subject to claims or defences by the applicant resulting from its relationships with the issuing bank or the beneficiary.

A beneficiary can in no case avail itself of the contractual relationships existing between banks or between the applicant and the issuing bank.

a．就性质而言，信用证与可能作为其依据的销售合同或其他合同，是相互独立的交易。即使信用证中提及该合同，银行亦与该合同完全无关，且不受其约束。因此，一家银行作出兑付、议付或履行信用证项下其他义务的承诺，并不受申请人与开证行之间或与受益人之间在已有关系下产生的索偿或抗辩的制约。

受益人在任何情况下，不得利用银行之间或申请人与开证行之间的契约关系。

b. An issuing bank should discourage any attempt by the applicant to include, as an integral part of the credit, copies of the underlying contract, proforma invoice and the like.

b．开证行应劝阻申请人将基础合同、形式发票或其他类似文件的副本作为信用证整体组成部分的作法。

### Article 5　Documents v. Goods, Services or Performance
### 第五条　单据与货物/服务/行为

Banks deal with documents and not with goods, services or performance to which the documents may relate .

银行处理的是单据，而不是单据所涉及的货物、服务或其他行为。

### Article 6　Availability, Expiry Date and Place for Presentation
### 第六条　有效性、有效期限及提示地点

a. A credit must state the bank with which it is available or whether it is available with any bank. A credit available with a nominated bank is also available with the issuing bank.

a. 信用证必须规定可以有效使用信用证的银行，或者信用证是否对任何银行均为有效。对于被指定银行有效的信用证同样也对开证行有效。

b. A credit must state whether it is available by sight payment, deferred payment, acceptance or negotiation.

b. 信用证必须规定它是否适用于即期付款、延期付款、承兑抑或议付。

c. A credit must not be issued available by a draft drawn on the applicant.

c. 不得开立包含有以申请人为汇票付款人条款的信用证。

d. i. A credit must state an expiry date for presentation. An expiry date stated for honour or negotiation will be deemed to be an expiry date for presentation.

d. i 信用证必须规定提示单据的有效期限。规定的用于兑付或者议付的有效期限将被认为是提示单据的有效期限。

ii. The place of the bank with which the credit is available is the place for presentation. The place for presentation under a credit available with any bank is that of any bank. A place for presentation other than that of the issuing bank is in addition to the place of the issuing bank.

ii. 可以有效使用信用证的银行所在的地点是提示单据的地点。对任何银行均为有效的信用证项下单据提示的地点是任何银行所在的地点。不同于开证行地点的提示单据的地点是开证行地点之外提交单据的地点。

e. Except as provided in sub-article 29 (a), a presentation by or on behalf of the beneficiary must be made on or before the expiry date.

e. 除非如 29(a)中规定，由受益人或代表受益人提示的单据必须在到期日当日或在此之前提交。

### Article 7　Issuing Bank Undertaking
### 第七条　开证行的承诺

a. Provided that the stipulated documents are presented to the nominated bank or to the issuing bank and that they constitute a complying presentation, the issuing bank must honour if the credit is available by:

倘若规定的单据被提交至被指定银行或开证行并构成相符提示，开证行必须按下述信用证所适用的情形予以兑付：

i. sight payment, deferred payment or acceptance with the issuing bank;

i 由开证行即期付款、延期付款或者承兑；

ii. sight payment with a nominated bank and that nominated bank does not pay;

ii. 由被指定银行即期付款而该被指定银行未予付款；

iii. deferred payment with a nominated bank and that nominated bank does not incur its deferred payment undertaking or, having incurred its deferred payment undertaking, does not pay at maturity;

iii．由被指定银行延期付款而该被指定银行未承担其延期付款承诺，或者虽已承担延期付款承诺但到期未予付款；

iv. acceptance with a nominated bank and that nominated bank does not accept a draft drawn on it or, having accepted a draft drawn on it, does not pay at maturity;

iv．由被指定银行承兑而该被指定银行未予承兑以其为付款人的汇票，或者虽已承兑以其为付款人的汇票但到期未予付款；

v. negotiation with a nominated bank and that nominated bank does not negotiate.

v．由被指定银行议付而该被指定银行未予议付。

b. An issuing bank is irrevocably bound to honour as of the time it issues the credit.

b．自信用证开立之时起，开证行即不可撤销地受到兑付责任的约束。

c. An issuing bank undertakes to reimburse a nominated bank that has honoured or negotiated a complying presentation and forwarded the documents to the issuing bank. Reimbursement for the amount of a complying presentation under a credit available by acceptance or deferred payment is due at maturity, whether or not the nominated bank prepaid or purchased before maturity. An issuing bank's undertaking to reimburse a nominated bank is independent of the issuing bank's undertaking to the beneficiary.

c．开证行保证向对于相符提示已经予以兑付或者议付并将单据寄往开证行的被指定银行进行偿付。无论被指定银行是否于到期日前已经对相符提示予以预付或者购买，对于承兑或延期付款信用证项下相符提示的金额的偿付于到期日进行。开证行偿付被指定银行的承诺独立于开证行对于受益人的承诺。

## Article 8　Confirming Bank Undertaking
## 第八条　保兑行的承诺

a. Provided that the stipulated documents are presented to the confirming bank or to any other nominated bank and that they constitute a complying presentation, the confirming bank must:

a．倘若规定的单据被提交至保兑行或者任何其他被指定银行并构成相符提示，保兑行必须：

i. honour, if the credit is available by：

i．兑付，如果信用证适用于：

ii. sight payment, deferred payment or acceptance with the confirming bank;

ii．由保兑行即期付款、延期付款或者承兑；

b. sight payment with another nominated bank and that nominated bank does not pay;

b．由另一家被指定银行即期付款而该被指定银行未予付款；

c. deferred payment with another nominated bank and that nominated bank does not incur its deferred payment undertaking or, having incurred its deferred payment undertaking, does not pay at maturity；

c．由另一家被指定银行延期付款而该被指定银行未承担其延期付款承诺，或者虽已承担延期付款承诺但到期未予付款；

d. acceptance with another nominated bank and that nominated bank does not accept a draft drawn on it or, having accepted a draft drawn on it, does not pay at maturity;

d. 由另一家被指定银行承兑而该被指定银行未予承兑以其为付款人的汇票，或者虽已承兑以其为付款人的汇票但到期未予付款；

e. negotiation with another nominated bank and that nominated bank does not negotiate.

e. 由另一家被指定银行议付而该被指定银行未予议付。

ii. negotiate, without recourse if the credit is available by negotiation with the confirming bank.

ii. 无追索权，若信用证由保兑行议付，无追索权地议付。

b. A confirming bank is irrevocably bound to honour or negotiate as of the time it adds its confirmation to the credit.

b. 自为信用证加具保兑之时起，保兑行即不可撤销地受到兑付或者议付责任的约束。

c. A confirming bank undertakes to reimburse another nominated bank that has honoured or negotiated a complying presentation and forwarded the documents to the confirming bank. Reimbursement for the amount of a complying presentation under a credit available by acceptance or deferred payment is due at maturity, whether or not another nominated bank prepaid or purchased before maturity. A confirming bank's undertaking to reimburse another nominated bank is independent of the confirming bank's undertaking to the beneficiary.

c. 保兑行保证向对于相符提示已经予以兑付或者议付并将单据寄往开证行的另一家被指定银行进行偿付。无论另一家被指定银行是否于到期日前已经对相符提示予以预付或者购买，对于承兑或延期付款信用证项下相符提示的金额的偿付于到期日进行。保兑行偿付另一家被指定银行的承诺独立于保兑行对于受益人的承诺。

d. If a bank is authorized or requested by the issuing bank to confirm a credit but is not prepared to do so, it must inform the issuing bank without delay and may advise the credit without confirmation.

d. 如开证行授权或要求另一家银行对信用证加具保兑，而该银行不准备照办时，它必须不延误地告知开证行并仍可通知此份未经加具保兑的信用证。

### Article 9    Advising of Credits and Amendments
### 第九条    信用证及修改的通知

a. A credit and any amendment may be advised to a beneficiary through an advising bank. An advising bank that is not a confirming bank advises the credit and any amendment without any undertaking to honour or negotiate.

a. 信用证及其修改可以通过通知行通知受益人。除非已对信用证加具保兑，通知行通知信用证不构成兑付或议付的承诺。

b. By advising the credit or amendment, the advising bank signifies that it has satisfied itself as to the apparent authenticity of the credit or amendment and that the advice accurately reflects the terms and conditions of the credit or amendment received.

b. 通过通知信用证或修改，通知行即表明其认为信用证或修改的表面真实性得到满足，且通知准确地反映了所收到的信用证或修改的条款及条件。

c. An advising bank may utilize the services of another bank ("second advising bank") to advise the credit and any amendment to the beneficiary. By advising the credit or amendment, the second advising bank signifies that it has satisfied itself as to the apparent authenticity of the advice it has received and that the advice accurately reflects the terms and conditions of the credit or amendment received.

c. 通知行可以利用另一家银行的服务（"第二通知行"）向受益人通知信用证及其修改。通过通知信用证或修改，第二通知行即表明其认为所收到的通知的表面真实性得到满足，且通知准确地反映了所收到的信用证或修改的条款及条件。

d. A bank utilizing the services of an advising bank or second advising bank to advise a credit must use the same bank to advise any amendment thereto.

d. 如一家银行利用另一家通知行或第二通知行的服务将信用证通知给受益人，它也必须利用同一家银行的服务通知修改书。

e. If a bank is requested to advise a credit or amendment but elects not to do so, it must so inform, without delay, the bank from which the credit, amendment or advice has been received.

e. 如果一家银行被要求通知信用证或修改但决定不予通知，它必须不延误通知向其发送信用证、修改或通知的银行。

f. If a bank is requested to advise a credit or amendment but cannot satisfy itself as to the apparent authenticity of the credit, the amendment or the advice, it must so inform, without delay, the bank from which the instructions appear to have been received. If the advising bank or second advising bank elects nonetheless to advise the credit or amendment, it must inform the beneficiary or second advising bank that it has not been able to satisfy itself as to the apparent authenticity of the credit, the amendment or the advice.

f. 如果一家被要求通知信用证或修改，但不能确定信用证、修改或通知的表面真实性，就必须不延误地告知向其发出该指示的银行。如果通知行或第二通知行仍决定通知信用证或修改，则必须告知受益人或第二通知行其未能核实信用证、修改或通知的表面真实性。

### Article 10 Amendments
### 第十条 修改

a. Except as otherwise provided by article 38, a credit can neither be amended nor cancelled without the agreement of the issuing bank, the confirming bank, if any, and the beneficiary.

a. 除本惯例第38条另有规定外，凡未经开证行、保兑行（如有）以及受益人同意，信用证既不能修改也不能撤销。

b. An issuing bank is irrevocably bound by an amendment as of the time it issues the amendment. A confirming bank may extend its confirmation to an amendment and will be irrevocably bound as of the time it advises the amendment. A confirming bank may, however, choose to advise an amendment without extending its confirmation and, if so, it must inform the issuing bank without delay and inform the beneficiary in its advice.

b. 自发出信用证修改书之时起，开证行就不可撤销地受其发出修改的约束。保兑行可将其保兑承诺扩展至修改内容，且自其通知该修改之时起，即不可撤销地受到该修改的约束。然而，保兑行可选择仅将修改通知受益人而不对其加具保兑，但必须不延误地将此情况通知开证行和受益人。

c. The terms and conditions of the original credit (or a credit incorporating previously accepted amendments) will remain in force for the beneficiary until the beneficiary communicates its acceptance of the amendment to the bank that advised such amendment. The beneficiary should give notification of acceptance or rejection of an amendment. If the beneficiary fails to give such notification, a presentation that complies with the credit and to any not yet accepted amendment will be deemed to be notification of acceptance by the beneficiary of such amendment. As of that moment the credit will be amended.

c. 在受益人向通知修改的银行表示接受该修改内容之前，原信用证（或包含先前已被接受修改的信用证）的条款和条件对受益人仍然有效。受益人应发出接受或拒绝接受修改的通知。如受益人未提供上述通知，当其提交至被指定银行或开证行的单据与信用证以及尚未表示接受的修改的要求一致时，则该事实即视为受益人已作出接受修改的通知，并从此时起，该信用证已被修改。

d. A bank that advises an amendment should inform the bank from which it received the amendment of any notification of acceptance or rejection.

d. 通知修改的银行应当通知向其发出修改书的银行任何有关接受或拒绝接受修改的通知。

e. Partial acceptance of an amendment is not allowed and will be deemed to be notification of rejection of the amendment.

e. 不允许部分接受修改，部分接受修改将被视为拒绝接受修改的通知。

f. A provision in an amendment to the effect that the amendment shall enter into force unless rejected by the beneficiary within a certain time shall be disregarded.

f. 修改书中作出的除非受益人在某一时间内拒绝接受修改，否则修改将开始生效的条款将被不予置理。

### Article 11　Teletransmitted and Pre-Advised Credits and Amendments
### 第十一条　电讯传递与预先通知的信用证和修改

a. An authenticated teletransmission of a credit or amendment will be deemed to be the operative credit or amendment, and any subsequent mail confirmation shall be disregarded.

If a teletransmission states "full details to follow" (or words of similar effect), or states that the mail confirmation is to be the operative credit or amendment, then the teletransmission will not be deemed to be the operative credit or amendment. The issuing bank must then issue the operative credit or amendment without delay in terms not inconsistent with the teletransmission.

a. 经证实的信用证或修改的电讯文件将被视为有效的信用证或修改，任何随后的邮寄证实书将被不予置理。

若该电讯文件声明"详情后告"（或类似词语）或声明随后寄出的邮寄证实书将是有效的信用证或修改，则该电讯文件将被视为无效的信用证或修改。开证行必须随即不延误地开出有效的信用证或修改，且条款不能与与电讯文件相矛盾。

b. A preliminary advice of the issuance of a credit or amendment ("pre-advice") shall only be sent if the issuing bank is prepared to issue the operative credit or amendment. An issuing bank that sends a pre-advice is irrevocably committed to issue the operative credit or amendment, without delay, in terms not inconsistent with the pre-advice.

b. 只有准备开立有效信用证或修改的开证行，才可以发出开立信用证或修改预先通知书。发出预先通知的开证行应不可撤销地承诺将不延误地开出有效的信用证或修改，且条款不能与预先通知书相矛盾。

### Article 12　Nomination
### 第十二条　指定

a. Unless a nominated bank is the confirming bank, an authorization to honour or negotiate does not impose any obligation on that nominated bank to honour or negotiate, except when expressly agreed to by that nominated bank and so communicated to the beneficiary.

a．除非一家被指定银行是保兑行，对被指定银行进行兑付或议付的授权并不构成其必须兑付或议付的义务，被指定银行明确同意并照此通知受益人的情形除外。

b. By nominating a bank to accept a draft or incur a deferred payment undertaking, an issuing bank authorizes that nominated bank to prepay or purchase a draft accepted or a deferred payment undertaking incurred by that nominated bank.

b．通过指定一家银行承兑汇票或承担延期付款承诺，开证行即授权该被指定银行预付或购买经其承兑的汇票或由其承担延期付款的承诺。

c. Receipt or examination and forwarding of documents by a nominated bank that is not a confirming bank does not make that nominated bank liable to honour or negotiate, nor does it constitute honour or negotiation.

c．非保兑行身份的被指定银行接受、审核并寄送单据的行为既不使得该被指定银行具有兑付或议付的义务，也不构成兑付或议付。

### Article 13　Bank-to-Bank Reimbursement Arrangements
### 第十三条　银行间偿付约定

a. If a credit states that reimbursement is to be obtained by a nominated bank ("claiming bank") claiming on another party ("reimbursing bank"), the credit must state if the reimbursement is subject to the ICC rules for bank-to-bank reimbursements in effect on the date of issuance of the credit.

a．如果信用证规定被指定银行（"索偿行"）须通过向另一方银行（"偿付行"）索偿获得偿付，则信用证中必须声明是否按照信用证开立日正在生效的国际商会《银行间偿付规则》办理。

b. If a credit does not state that reimbursement is subject to the ICC rules for bank-to-bank reimbursements, the following apply:

b．如果信用证中未声明是否按照国际商会《银行间偿付规则》办理，则适用于下列条款：

i. An issuing bank must provide a reimbursing bank with a reimbursement authorization that conforms with the availability stated in the credit. The reimbursement authorization should not be subject to an expiry date.

i．开证行必须向偿付行提供偿付授权书，该授权书须与信用证中声明的有效性一致。偿

283

付授权书不应规定有效日期。

ii. A claiming bank shall not be required to supply a reimbursing bank with a certificate of compliance with the terms and conditions of the credit.

ii．不应要求索偿行向偿付行提供证实单据与信用证条款及条件相符的证明。

iii. An issuing bank will be responsible for any loss of interest, together with any expenses incurred, if reimbursement is not provided on first demand by a reimbursing bank in accordance with the terms and conditions of the credit.

iii．如果偿付行未能按照信用证的条款及条件在首次索偿时即行偿付，则开证行应对索偿行的利息损失以及产生的费用负责。

iv. A reimbursing bank's charges are for the account of the issuing bank. However, if the charges are for the account of the beneficiary, it is the responsibility of an issuing bank to so indicate in the credit and in the reimbursement authorization. If a reimbursing bank's charges are for the account of the beneficiary, they shall be deducted from the amount due to a claiming bank when reimbursement is made. If no reimbursement is made, the reimbursing bank's charges remain the obligation of the issuing bank.

iv．偿付行的费用应由开证行承担。然而，如果费用系由受益人承担，则开证行有责任在信用证和偿付授权书中予以注明。如偿付行的费用系由受益人承担，则该费用应在偿付时从支付索偿行的金额中扣除。如果未发生偿付，开证行仍有义务承担偿付行的费用。

c. An issuing bank is not relieved of any of its obligations to provide reimbursement if reimbursement is not made by a reimbursing bank on first demand.

c．如果偿付行未能于首次索偿时即行偿付，则开证行不能解除其自身的偿付责任。

### Article 14　Standard for Examination of Documents
### 第十四条　审核单据的标准

a. A nominated bank acting on its nomination, a confirming bank, if any, and the issuing bank must examine a presentation to determine, on the basis of the documents alone, whether or not the documents appear on their face to constitute a complying presentation.

a．按照指定行事的被指定银行、保兑行（如有）以及开证行必须对提示的单据进行审核，并仅以单据为基础，以决定单据在表面上看来是否构成相符提示。

b. A nominated bank acting on its nomination, a confirming bank, if any, and the issuing bank shall each have a maximum of five banking days following the day of presentation to determine if a presentation is complying. This period is not curtailed or otherwise affected by the occurrence on or after the date of presentation of any expiry date or last day for presentation.

b．按照指定行事的被指定银行、保兑行（如有）以及开证行，自其收到提示单据的翌日起算，应各自拥有最多不超过五个银行工作日的时间以决定提示是否相符。该期限不因单据提示日适逢信用证有效期或最迟提示期或在其之后而被缩减或受到其他影响。

c. A presentation including one or more original transport documents subject to articles 19, 20, 21, 22, 23, 24 or 25 must be made by or on behalf of the beneficiary not later than 21 calendar days after the date of shipment as described in these rules, but in any event not later than the expiry date of the credit.

c. 提示若包含一份或多份按照本惯例第 19 条、第 20 条、第 21 条、第 22 条、第 23 条、第 24 条或第 25 条出具的正本运输单据，则必须由受益人或其代表按照相关条款在不迟于装运日后的 21 个公历日内提交，但无论如何不得迟于信用证的到期日。

d. Data in a document, when read in context with the credit, the document itself and international standard banking practice, need not be identical to, but must not conflict with, data in that document, any other stipulated document or the credit.

d. 单据中内容的描述不必与信用证、信用证对该项单据的描述以及国际标准银行实务完全一致，但不得与该项单据中的内容、其他规定的单据或信用证相冲突。

e. In documents other than the commercial invoice, the description of the goods, services or performance, if stated, may be in general terms not conflicting with their description in the credit.

e. 除商业发票外，其他单据中的货物、服务或行为描述若须规定，可使用统称，但不得与信用证规定的描述相矛盾。

f. If a credit requires presentation of a document other than a transport document, insurance document or commercial invoice, without stipulating by whom the document is to be issued or its data content, banks will accept the document as presented if its content appears to fulfil the function of the required document and otherwise complies with sub-article 14 (d).

f. 如果信用证要求提示运输单据、保险单据和商业发票以外的单据，但未规定该单据由何人出具或单据的内容。如信用证对此未做规定，只要所提交单据的内容看来满足其功能需要且其他方面与第 14 条（d）款相符，银行将对提示的单据予以接受。

g. A document presented but not required by the credit will be disregarded and may be returned to the presenter.

g. 提示信用证中未要求提交的单据，银行将不予置理。如果收到此类单据，可以退还提示人。

h. If a credit contains a condition without stipulating the document to indicate compliance with the condition, banks will deem such condition as not stated and will disregard it.

h. 如果信用证中包含某项条件而未规定需提交与之相符的单据，银行将认为未列明此条件，并对此不予置理。

i. A document may be dated prior to the issuance date of the credit, but must not be dated later than its date of presentation.

i. 单据的出单日期可以早于信用证开立日期，但不得迟于信用证规定的提示日期。

j. When the addresses of the beneficiary and the applicant appear in any stipulated document, they need not be the same as those stated in the credit or in any other stipulated document, but must be within the same country as the respective addresses mentioned in the credit. Contact details (telefax, telephone, email and the like) stated as part of the beneficiary's and the applicant's address will be disregarded. However, when the address and contact details of the applicant appear as part of the consignee or notify party details on a transport document subject to articles 19, 20, 21, 22, 23, 24 or 25, they must be as stated in the credit.

j. 当受益人和申请人的地址显示在任何规定的单据上时，不必与信用证或其他规定单据中显示的地址相同，但必须与信用证中述及的各自地址处于同一国家内。用于联系的资料（电传、电话、电子邮箱及类似方式）如作为受益人和申请人地址的组成部分将被不予置理。然而，当申请人的地址及联系信息作为按照第 19 条、第 20 条、第 21 条、第 22 条、第 23 条、第 24 条或第 25 条出具的运输单据中收货人或通知方详址的组成部分时，则必须按照信用证规定予以显示。

k. The shipper or consignor of the goods indicated on any document need not be the beneficiary of the credit.

k．显示在任何单据中的货物的托运人或发货人不必是信用证的受益人。

l. A transport document may be issued by any party other than a carrier, owner, master or charterer provided that the transport document meets the requirements of articles 19, 20, 21, 22, 23 or 24 of these rules.

l．假如运输单据能够满足本惯例第 19 条、第 20 条、第 21 条、第 22 条、第 23 条或第 24 条的要求，则运输单据可以由承运人、船东、船长或租船人以外的任何一方出具。

### Article 15　Complying Presentation
### 第十五条　相符提示

a. When an issuing bank determines that a presentation is complying, it must honour.

a．当开证行确定提示相符时，就必须予以兑付。

b. When a confirming bank determines that a presentation is complying, it must honour or negotiate and forward the documents to the issuing bank.

b．当保兑行确定提示相符时，就必须予以兑付或议付并将单据寄往开证行。

c. When a nominated bank determines that a presentation is complying and honours or negotiates, it must forward the documents to the confirming bank or issuing bank.

c．当被指定银行确定提示相符并予以兑付或议付时，必须将单据寄往保兑行或开证行。

### Article 16　Discrepant Documents, Waiver and Notice
### 第十六条　不符单据及不符点的放弃与通知

a. When a nominated bank acting on its nomination, a confirming bank, if any, or the issuing bank determines that a presentation does not comply, it may refuse to honour or negotiate.

a．当按照指定行事的被指定银行、保兑行（如有）或开证行确定提示不符时，可以拒绝兑付或议付。

b. When an issuing bank determines that a presentation does not comply, it may in its sole judgement approach the applicant for a waiver of the discrepancies. This does not, however, extend the period mentioned in sub-article 14 (b).

b．当开证行确定提示不符时，可以依据其独立的判断联系申请人放弃有关不符点。然而，这并不因此延长第 14 条（b）款中述及的期限。

c. When a nominated bank acting on its nomination, a confirming bank, if any, or the issuing bank decides to refuse to honour or negotiate, it must give a single notice to that effect to the presenter.

c．当按照指定行事的被指定银行、保兑行（如有）或开证行决定拒绝兑付或议付时，必须一次性通知提示人。

The notice must state:

通知必须声明：

i. that the bank is refusing to honour or negotiate; and

i. 银行拒绝兑付或议付；及

ii. each discrepancy in respect of which the bank refuses to honour or negotiate; and

ii. 银行凭以拒绝兑付或议付的各个不符点；及

iii.（a）that the bank is holding the documents pending further instructions from the presenter; or

iii.（a）银行持有单据等候提示人进一步指示；或

（b）that the issuing bank is holding the documents until it receives a waiver from the applicant and agrees to accept it, or receives further instructions from the presenter prior to agreeing to accept a waiver; or

（b）开证行持有单据直至收到申请人通知弃权并同意接受该弃权，或在同意接受弃权前从提示人处收到进一步指示；或

（c）that the bank is returning the documents; or

（c）银行退回单据；或

（d）that the bank is acting in accordance with instructions previously received from the presenter.

（d）银行按照先前从提示人处收到的指示行事。

d. The notice required in sub-article 16 (c) must be given by telecommunication or, if that is not possible, by other expeditious means no later than the close of the fifth banking day following the day of presentation.

d. 第16条（c）款中要求的通知必须以电讯方式发出，或者，如果不可能以电讯方式通知时，则以其他快捷方式通知，但不得迟于提示单据日期翌日起第5个银行工作日终了。

e. A nominated bank acting on its nomination, a confirming bank, if any, or the issuing bank may, after providing notice required by sub-article 16 (c) (iii) (a) or (b), return the documents to the presenter at any time.

e. 按照指定行事的被指定银行、保兑行（如有）或开证行可以在提供第16条（c）款（iii）、（a）款或（b）款要求提供的通知后，于任何时间将单据退还提示人。

f. If an issuing bank or a confirming bank fails to act in accordance with the provisions of this article, it shall be precluded from claiming that the documents do not constitute a complying presentation.

f. 如果开证行或保兑行未能按照本条款的规定行事，将无权宣称单据未能构成相符提示。

g. When an issuing bank refuses to honour or a confirming bank refuses to honour or negotiate and has given notice to that effect in accordance with this article, it shall then be entitled to claim a refund, with interest, of any reimbursement made.

g. 当开证行拒绝兑付或保兑行拒绝兑付或议付，并已经按照本条款发出通知时，该银行将有权就已经履行的偿付索取退款及其利息。

## Article 17 Original Documents and Copies
第十七条 正本单据和副本单据

a. At least one original of each document stipulated in the credit must be presented.

a．信用证中规定的各种单据必须至少提供一份正本。

b. A bank shall treat as an original any document bearing an apparently original signature, mark, stamp, or label of the issuer of the document, unless the document itself indicates that it is not an original.

b．除非单据本身表明其不是正本，银行将视任何单据表面上具有单据出具人正本签字、标志、图章或标签的单据为正本单据。

c. Unless a document indicates otherwise 另外的, a bank will also accept a document as original if it:

c．除非单据另有显示，银行将接受单据作为正本单据如果该单据：

i. appears to be written, typed, perforated or stamped by the document issuer's hand; or

i．表面看来由单据出具人手工书写、打字、穿孔签字或盖章；或

ii. appears to be on the document issuer's original stationery; or

ii．表面看来使用单据出具人的正本信笺；或

iii. states that it is original, unless the statement appears not to apply to the document presented.

iii．声明单据为正本，除非该项声明表面看来与所提示的单据不符。

d. If a credit requires presentation of copies of documents, presentation of either originals or copies is permitted.

d．如果信用证要求提交副本单据，则提交正本单据或副本单据均可。

e. If a credit requires presentation of multiple documents by using terms such as "in duplicate", "in two fold" or "in two copies", this will be satisfied by the presentation of at least one original and the remaining number in copies, except when the document itself indicates otherwise.

e．如果信用证使用诸如"一式两份"、"两张"、"两份"等术语要求提交多份单据，则可以提交至少一份正本，其余份数以副本来满足。但单据本身另有相反指示者除外。

### Article 18　Commercial Invoice
### 第十八条　商业发票

a. A commercial invoice:

a．商业发票：

i. must appear to have been issued by the beneficiary (except as provided in article 38);

i．必须在表面上看来系由受益人出具（第 38 条另有规定者除外）；

ii. must be made out in the name of the applicant (except as provided in sub-article 38 (g));

ii．必须做成以申请人的名称为抬头（第 38 条（g）款另有规定者除外）

iii. must be made out in the same currency as the credit; and

iii．必须将发票币别作成与信用证相同币种。

iv. need not be signed.

iv．无须签字。

b. A nominated bank acting on its nomination, a confirming bank, if any, or the issuing bank may accept a commercial invoice issued for an amount in excess of the amount permitted by the credit, and its decision will be binding upon all parties, provided the bank in question has not honoured or negotiated for an amount in excess of that permitted by the credit.

b. 按照指定行事的被指定银行、保兑行（如有）或开证行可以接受金额超过信用证所允许金额的商业发票，倘若有关银行已兑付或已议付的金额没有超过信用证所允许的金额，则该银行的决定对各有关方均具有约束力。

c. The description of the goods, services or performance in a commercial invoice must correspond with that appearing in the credit.

c. 商业发票中货物、服务或行为的描述必须与信用证中显示的内容相符。

### Article 19　Transport Document Covering at Least Two Different Modes of Transport
### 第十九条　至少包括两种不同运输方式的运输单据

a. A transport document covering at least two different modes of transport (multimodal or combined transport document), however named, must appear to:

a. 至少包括两种不同运输方式的运输单据（即多式运输单据或联合运输单据），不论其称谓如何，必须在表明上看来：

i. indicate the name of the carrier and be signed by:

i. 显示承运人名称并由下列人员签署：

- the carrier or a named agent for or on behalf of the carrier, or
- 承运人或承运人的具名代理或代表，或
- the master or a named agent for or on behalf of the master.
- 船长或船长的具名代理或代表。

Any signature by the carrier, master or agent must be identified as that of the carrier, master or agent.

承运人、船长或代理的任何签字必须分别表明承运人、船长或代理的身份。

Any signature by an agent must indicate whether the agent has signed for or on behalf of the carrier or for or on behalf of the master.

代理的签字必须显示其是否作为承运人或船长的代理或代表签署提单。

ii. indicate that the goods have been dispatched, taken in charge or shipped on board at the place stated in the credit, by:

ii. 通过下述方式表明货物已在信用证规定的地点发运、接受监管或装载：

- pre-printed wording, or

预先印就的措辞，或

- a stamp or notation indicating the date on which the goods have been dispatched, taken in charge or shipped on board.

注明货物已发运、接受监管或装载日期的图章或批注。

- The date of issuance of the transport document will be deemed to be the date of dispatch, taking in charge or shipped on board, and the date of shipment. However, if the transport document indicates, by stamp or notation, a date of dispatch, taking in charge or shipped on board, this date will be deemed to be the date of shipment.

- 运输单据的出具日期将被视为发运、接受监管或装载以及装运日期。然而，如果运输单据以盖章或批注方式标明发运、接受监管或装载日期，则此日期将被视为装运日期。

iii. indicate the place of dispatch, taking in charge or shipment and the place of final destination stated in the credit, even if:

iii．显示信用证中规定的发运、接受监管或装载地点以及最终目的地的地点，即使：

a. the transport document states, in addition, a different place of dispatch, taking in charge or shipment or place of final destination, or

a．运输单据另外显示了不同的发运、接受监管或装载地点或最终目的地的地点，或

b. the transport document contains the indication "intended" or similar qualification in relation to the vessel, port of loading or port of discharge.

b．运输单据包含"预期"或类似限定有关船只、装货港或卸货港的指示。

iv. be the sole original transport document or, if issued in more than one original, be the full set as indicated on the transport document.

iv．如仅有的一份正本运输单据，或者，如果出具了多份正本运输单据，应是运输单据中显示的全套正本份数。

v. contain terms and conditions of carriage or make reference to another source containing the terms and conditions of carriage (short form or blank back transport document). Contents of terms and conditions of carriage will not be examined.

v．包含承运条件须参阅包含承运条件条款及条件的某一出处（简式或背面空白的运输单据）者，银行对此类承运条件的条款及条件内容不予审核。

vi. contain no indication that it is subject to a charter party.

vi．未注明运输单据受租船合约约束。

b. For the purpose of this article, transhipment means unloading from one means of conveyance and reloading to another means of conveyance (whether or not in different modes of transport) during the carriage from the place of dispatch, taking in charge or shipment to the place of final destination stated in the credit.

b．就本条款而言，转运意指货物在信用证中规定的发运、接受监管或装载地点到最终目的地的运输过程中，从一个运输工具卸下并重新装载到另一个运输工具上（无论是否为不同运输方式）的运输。

c. i. A transport document may indicate that the goods will or may be transhipped provided that the entire carriage is covered by one and the same transport document.

c. i．只要同一运输单据包括运输全程，则运输单据可以注明货物将被转运或可被转运。

ii. A transport document indicating that transhipment will or may take place is acceptable, even if the credit prohibits transhipment.

ii．即使信用证禁止转运，银行也将接受注明转运将发生或可能发生的运输单据。

### Article 20　Bill of Lading
第二十条　提单

a. A bill of lading, however named, must appear to:

a．无论其称谓如何，提单必须表面上看来：

i. indicate the name of the carrier and be signed by:

i．显示承运人名称并由下列人员签署：

- the carrier or a named agent for or on behalf of the carrier, or
- 承运人或承运人的具名代理或代表，或
- the master or a named agent for or on behalf of the master.
- 船长或船长的具名代理或代表。

Any signature by the carrier, master or agent must be identified as that of the carrier, master or agent.

承运人、船长或代理的任何签字必须分别表明其承运人、船长或代理的身份。

Any signature by an agent must indicate whether the agent has signed for or on behalf of the carrier or for or on behalf of the master.

代理的签字必须显示其是否作为承运人或船长的代理或代表签署提单。

ii. indicate that the goods have been shipped on board a named vessel at the port of loading stated in the credit by:

ii．通过下述方式表明货物已在信用证规定的装运港装载上具名船只：

- pre-printed wording, or
- 预先印就的措辞，或
- an on board notation indicating the date on which the goods have been shipped on board.
- 注明货物已装船日期的装船批注。

The date of issuance of the bill of lading will be deemed to be the date of shipment unless the bill of lading contains an on board notation indicating the date of shipment, in which case the date stated in the on board notation will be deemed to be the date of shipment.

提单的出具日期将被视为装运日期，除非提单包含注明装运日期的装船批注，在此情况下，装船批注中显示的日期将被视为装运日期。

If the bill of lading contains the indication "intended vessel" or similar qualification in relation to the name of the vessel, an on board notation indicating the date of shipment and the name of the actual vessel is required.

如果提单包含"预期船"字样或类似有关限定船只的词语时，装上具名船只必须由注明装运日期以及实际装运船只名称的装船批注来证实。

iii. indicate shipment from the port of loading to the port of discharge stated in the credit.

iii．注明装运从信用证中规定的装货港至卸货港。

If the bill of lading does not indicate the port of loading stated in the credit as the port of loading, or if it contains the indication "intended" or similar qualification in relation to the port of loading, an on board notation indicating the port of loading as stated in the credit, the date of shipment and the name of the vessel is required. This provision applies even when loading on board or shipment on a named vessel is indicated by pre-printed wording on the bill of lading.

如果提单未注明以信用证中规定的装货港作为装货港，或包含"预期"或类似有关限定装货港的标注者，则需要提供注明信用证中规定的装货港、装运日期以及船名的装船批注。即使提单上已注明印就的"已装船"或"已装具名船只"措词，本规定仍然适用。

iv. be the sole original bill of lading or, if issued in more than one original, be the full set as indicated on the bill of lading.

iv．系仅有的一份正本提单，或者，如果出具了多份正本，应是提单中显示的全套正本份数。

v. contain terms and conditions of carriage or make reference to another source containing the terms and conditions of carriage (short form or blank back bill of lading). Contents of terms and conditions of carriage will not be examined.

v．包含承运条件须参阅包含承运条件条款及条件的某一出处（简式或背面空白的提单）者，银行对此类承运条件的条款及条件内容不予审核。

vi. contain no indication that it is subject to a charter party.

vi．未注明运输单据受租船合约约束。

b. For the purpose of this article, transhipment means unloading from one vessel and reloading to another vessel during the carriage from the port of loading to the port of discharge stated in the credit.

b．就本条款而言，转运意指在信用证规定的装货港到卸货港之间的海运过程中，将货物由一艘船卸下再装上另一艘船的运输。

c. i. A bill of lading may indicate that the goods will or may be transhipped provided that the entire carriage is covered by one and the same bill of lading.

c. i．只要同一提单包括运输全程，则提单可以注明货物将被转运或可被转运。

ii. A bill of lading indicating that transhipment will or may take place is acceptable, even if the credit prohibits transhipment, if the goods have been shipped in a container, trailer or LASH barge as evidenced by the bill of lading.

ii．银行可以接受注明将要发生或可能发生转运的提单。即使信用证禁止转运，只要提单上证实有关货物已由集装箱、拖车或子母船运输，银行仍可接受注明将要发生或可能发生转运的提单。

d. Clauses in a bill of lading stating that the carrier reserves the right to tranship will be disregarded.

d．对于提单中包含的声明承运人保留转运权利的条款，银行将不予置理。

### Article 21　Non-Negotiable Sea Waybill
### 第二十一条　非转让海运单

a. A non-negotiable sea waybill, however named, must appear to:

a．无论其称谓如何，非转让海运单必须表面上看来：

i. indicate the name of the carrier and be signed by:

i．显示承运人名称并由下列人员签署：

- the carrier or a named agent for or on behalf of the carrier, or
- 承运人或承运人的具名代理或代表，或
- the master or a named agent for or on behalf of the master.
- 船长或船长的具名代理或代表。

Any signature by the carrier, master or agent must be identified as that of the carrier, master or agent.

承运人、船长或代理的任何签字必须分别表明其承运人、船长或代理的身份。

Any signature by an agent must indicate whether the agent has signed for or on behalf of the carrier or for or on behalf of the master.

代理的签字必须显示其是否作为承运人或船长的代理或代表签署提单。

ii. indicate that the goods have been shipped on board a named vessel at the port of loading stated in the credit by:

ⅱ．通过下述方式表明货物已在信用证规定的装运港装载上具名船只：

- pre-printed wording, or
- 预先印就的措辞，或
- an on board notation indicating the date on which the goods have been shipped on board.
- 注明货物已装船日期的装船批注。

The date of issuance of the non-negotiable sea waybill will be deemed to be the date of shipment unless the non-negotiable sea waybill contains an on board notation indicating the date of shipment, in which case the date stated in the on board notation will be deemed to be the date of shipment.

非转让海运单的出具日期将被视为装运日期，除非非转让海运单包含注明装运日期的装船批注，在此情况下，装船批注中显示的日期将被视为装运日期。

If the non-negotiable sea waybill contains the indication "intended vessel" or similar qualification in relation to the name of the vessel, an on board notation indicating the date of shipment and the name of the actual vessel is required.

如果非转让海运单包含"预期船"字样或类似有关限定船只的词语时，装上具名船只必须由注明装运日期以及实际装运船只名称的装船批注来证实。

iii. indicate shipment from the port of loading to the port of discharge stated in the credit.

ⅲ．注明装运从信用证中规定的装货港至卸货港。

If the non-negotiable sea waybill does not indicate the port of loading stated in the credit as the port of loading, or if it contains the indication "intended" or similar qualification in relation to the port of loading, an on board notation indicating the port of loading as stated in the credit, the date of shipment and the name of the vessel is required. This provision applies even when loading on board or shipment on a named vessel is indicated by pre-printed wording on the non-negotiable sea waybill.

如果非转让海运单未注明以信用证中规定的装货港作为装货港，或包含"预期"或类似有关限定装货港的标注者，则需要提供注明信用证中规定的装货港、装运日期以及船名的装船批注。即使非转让海运单上已注明印就的"已装船"或"已装具名船只"措词，本规定仍然适用。

iv. be the sole original non-negotiable sea waybill or, if issued in more than one original, be the full set as indicated on the non-negotiable sea waybill.

ⅳ．系仅有的一份正本非转让海运单，或者，如果出具了多份正本，应是非转让海运单中显示的全套正本份数。

v. contain terms and conditions of carriage or make reference to another source containing the terms and conditions of carriage (short form or blank back non-negotiable sea waybill). Contents of terms and conditions of carriage will not be examined.

ⅴ．包含承运条件须参阅包含承运条件条款及条件的某一出处（简式或背面空白的提单）

者，银行对此类承运条件的条款及条件内容不予审核。

vi. contain no indication that it is subject to a charter party.

vi．未注明运输单据受租船合约约束。

b. For the purpose of this article, transhipment means unloading from one vessel and reloading to another vessel during the carriage from the port of loading to the port of discharge stated in the credit.

b．就本条款而言，转运意指在信用证规定的装货港到卸货港之间的海运过程中，将货物由一艘船卸下再装上另一艘船的运输。

c. i. A non-negotiable sea waybill may indicate that the goods will or may be transhipped provided that the entire carriage is covered by one and the same non-negotiable sea waybill.

c. i．只要同一非转让海运单包括运输全程，则非转让海运单可以注明货物将被转运或可被转运。

ii. A non-negotiable sea waybill indicating that transhipment will or may take place is acceptable, even if the credit prohibits transhipment, if the goods have been shipped in a container, trailer or LASH barge 子母船 as evidenced by the non-negotiable sea waybill.

ii．银行可以接受注明将要发生或可能发生转运的非转让海运单。即使信用证禁止转运，只要非转让海运单上证实有关货物已由集装箱、拖车或子母船运输，银行仍可接受注明将要发生或可能发生转运的非转让海运单。

d. Clauses in a non-negotiable sea waybill stating that the carrier reserves the right to tranship will be disregarded.

d．对于非转让海运单中包含的声明承运人保留转运权利的条款，银行将不予置理。

### Article 22　Charter Party Bill of Lading
### 第二十二条　租船合约提单

a. A bill of lading, however named, containing an indication that it is subject to a charter party (charter party bill of lading), must appear to:

a．无论其称谓如何，倘若提单包含有提单受租船合约约束的指示（即租船合约提单），则必须在表面上看来：

i. be signed by:

i．由下列当事方签署：

- the master or a named agent for or on behalf of the master, or
- 船长或船长的具名代理或代表，或
- the owner or a named agent for or on behalf of the owner, or
- 船东或船东的具名代理或代表，或
- the charterer or a named agent for or on behalf of the charterer.
- 租船主或租船主的具名代理或代表。

Any signature by the master, owner, charterer or agent must be identified as that of the master, owner, charterer or agent.

船长、船东、租船主或代理的任何签字必须分别表明其船长、船东、租船主或代理的身份。

Any signature by an agent must indicate whether the agent has signed for or on behalf of the master, owner or charterer.

代理的签字必须显示其是否作为船长、船东或租船主的代理或代表签署提单。

An agent signing for or on behalf of the owner or charterer must indicate the name of the owner or charterer.

代理人代理或代表船东或租船主签署提单时必须注明船东或租船主的名称。

ii. indicate that the goods have been shipped on board a named vessel at the port of loading stated in the credit by:

ⅱ．通过下述方式表明货物已在信用证规定的装运港装载上具名船只：

- pre-printed wording, or
- 预先印就的措辞，或
- an on board notation indicating the date on which the goods have been shipped on board.
- 注明货物已装船日期的装船批注。

The date of issuance of the charter party bill of lading will be deemed to be the date of shipment unless the charter party bill of lading contains an on board notation indicating the date of shipment, in which case the date stated in the on board notation will be deemed to be the date of shipment.

租船合约提单的出具日期将被视为装运日期，除非租船合约提单包含注明装运日期的装船批注，在此情况下，装船批注中显示的日期将被视为装运日期。

iii. indicate shipment from the port of loading to the port of discharge stated in the credit. The port of discharge may also be shown as a range of ports or a geographical area, as stated in the credit.

ⅲ．注明货物由信用证中规定的装货港运输至卸货港。卸货港可以按信用证中的规定显示为一组港口或某个地理区域。

iv. be the sole original charter party bill of lading or, if issued in more than one original, be the full set as indicated on the charter party bill of lading.

ⅳ．系仅有的一份正本租船合约提单，或者，如果出具了多份正本，应是租船合约提单中显示的全套正本份数。

b. A bank will not examine charter party contracts, even if they are required to be presented by the terms of the credit.

b．即使信用证中的条款要求提交租船合约，银行也将对该租船合约不予审核。

## Article 23　Air Transport Document
## 第二十三条　空运单据

a. An air transport document, however named, must appear to:

a．无论其称谓如何，空运单据必须在表面上看来：

i. indicate the name of the carrier and be signed by:

ⅰ．注明承运人名称并由下列当事方签署：

- the carrier, or
- 承运人，或

- a named agent for or on behalf of the carrier.
- 承运人的具名代理或代表。

Any signature by the carrier or agent must be identified as that of the carrier or agent.

承运人或代理的任何签字必须分别表明其承运人或代理的身份。

Any signature by an agent must indicate that the agent has signed for or on behalf of the carrier.

代理的签字必须显示其是否作为承运人的代理或代表签署空运单据。

ii. indicate that the goods have been accepted for carriage.

ii. 注明货物已收妥待运。

iii. indicate the date of issuance. This date will be deemed to be the date of shipment unless the air transport document contains a specific notation of the actual date of shipment, in which case the date stated in the notation will be deemed to be the date of shipment.

iii．注明出具日期。这一日期将被视为装运日期，除非空运单据包含注有实际装运日期的专项批注，在此种情况下，批注中显示的日期将被视为装运日期。

Any other information appearing on the air transport document relative to the flight number and date will not be considered in determining the date of shipment.

空运单据显示的其他任何与航班号和起飞日期有关的信息不能被视为装运日期。

iv. indicate the airport of departure and the airport of destination stated in the credit.

iv．表明信用证规定的起飞机场和目的地机场。

v. be the original for consignor or shipper, even if the credit stipulates a full set of originals.

v．为开给发货人或拖运人的正本，即使信用证规定提交全套正本。

vi. contain terms and conditions of carriage or make reference to another source containing the terms and conditions of carriage. Contents of terms and conditions of carriage will not be examined.

vi．载有承运条款和条件，或提示条款和条件参见别处。银行将不审核承运条款和条件的内容。

b. For the purpose of this article, transhipment means unloading from one aircraft and reloading to another aircraft during the carriage from the airport of departure to the airport of destination stated in the credit.

b．就本条而言，转运是指在信用证规定的起飞机场到目的地机场的运输过程中，将货物从一飞机卸下再装上另一飞机的行为。

i. An air transport document may indicate that the goods will or may be transhipped, provided that the entire carriage is covered by one and the same air transport document.

i．空运单据可以注明货物将要或可能转运，只要全程运输由同一空运单据涵盖。

ii. An air transport document indicating that transhipment will or may take place is acceptable, even if the credit prohibits transhipment.

ii．即使信用证禁止转运，注明将要或可能发生转运的空运单据仍可接受。

## Article 24　Road, Rail or Inland Waterway Transport Documents
第二十四条　公路、铁路或内陆水运单据

a. A road, rail or inland waterway transport document, however named, must appear to:

a．公路、铁路或内陆水运单据，无论名称如何，必须看似：

i. indicate the name of the carrier and:

i．表明承运人名称，并且：

- be signed by the carrier or a named agent for or on behalf of the carrier, or

- 由承运人或其具名代理人签署，或者

- indicate receipt of the goods by signature, stamp or notation by the carrier or a named agent for or on behalf of the carrier.

- 由承运人或其具名代理人以签字、印戳或批注表明货物收讫。

Any signature, stamp or notation of receipt of the goods by the carrier or agent must be identified as that of the carrier or agent.

承运人或其具名代理人的售货签字、印戳或批注必须标明其承运人或代理人的身份。

Any signature, stamp or notation of receipt of the goods by the agent must indicate that the agent has signed or acted for or on behalf of the carrier.

代理人的收获签字、印戳或批注必须标明代理人系代表承运人签字或行事。

If a rail transport document does not identify the carrier, any signature or stamp of the railway company will be accepted as evidence of the document being signed by the carrier.

如果铁路运输单据没有指明承运人，可以接受铁路运输公司的任何签字或印戳作为承运人签署单据的证据。

ii. indicate the date of shipment or the date the goods have been received for shipment, dispatch or carriage at the place stated in the credit. Unless the transport document contains a dated reception、stamp, an indication of the date of receipt or a date of shipment, the date of issuance of the transport document will be deemed to be the date of shipment.

ii．表明货物在信用证规定地点的发运日期，或者收讫代运或代发送的日期。运输单据的出具日期将被视为发运日期，除非运输单据上盖有带日期的收货印戳，或注明了收货日期或发运日期。

iii. indicate the place of shipment and the place of destination stated in the credit.

iii．表明信用证规定的发运地及目的地。

b. i. A road transport document must appear to be the original for consignor or shipper or bear no marking indicating for whom the document has been prepared.

b.i．公路运输单据必须看似为开给发货人或托运人的正本，或没有认可标记表明单据开给何人。

ii. A rail transport document marked "duplicate" will be accepted as an original.

ii．注明"第二联"的铁路运输单据将被作为正本接受。

iii. A rail or inland waterway transport document will be accepted as an original whether marked as an original or not.

iii．无论是否注明正本字样，铁路或内陆水运单据都被作为正本接受。

c. In the absence of an indication on the transport document as to the number of originals issued, the number presented will be deemed to constitute a full set.

c．如运输单据上未注明出具的正本数量，提交的分数即视为全套正本。

d. For the purpose of this article, transhipment means unloading from one means of conveyance and reloading to another means of conveyance, within the same mode of transport, during the carriage from the place of shipment, dispatch or carriage to the place of destination stated in the credit.

d. 就本条而言，转运是指在信用证规定的发运、发送或运送的地点到目的地之间的运输过程中，在同一运输方式中从一运输工具卸下再装上另一运输工具的行为。

e. i. A road, rail or inland waterway transport document may indicate that the goods will or may be transhipped provided that the entire carriage is covered by one and the same transport document.

e.i. 只要全程运输由同一运输单据涵盖，公路、铁路或内陆水运单据可以注明货物将要或可能被转运。

ii. A road, rail or inland waterway transport document indicating that transhipment will or may take place is acceptable, even if the credit prohibits transhipment.

ii. 即使信用证禁止转运，注明将要或可能发生转运的公路、铁路或内陆水运单据仍可接受。

### Article 25　Courier Receipt, Post Receipt or Certificate of Posting
### 第二十五条　快递收据、邮政收据或投邮证明

a. A courier receipt, however named, evidencing receipt of goods for transport, must appear to:

a. 证明货物收讫待运的快递收据，无论名称如何，必须看似：

i. indicate the name of the courier service and be stamped or signed by the named courier service at the place from which the credit states the goods are to be shipped; and

i. 表明快递机构的名称，并在信用证规定的货物发运地点由该具名快递机构盖章或签字；并且

ii. indicate a date of pick-up or of receipt or wording to this effect. This date will be deemed to be the date of shipment.

ii. 表明取件或收件的日期或类似词语。该日期将被视为发运日期。

b. A requirement that courier charges are to be paid or prepaid may be satisfied by a transport document issued by a courier service evidencing that courier charges are for the account of a party other than the consignee.

b. 如果要求显示快递费用付讫或预付，快递机构出具的表明快递费由收货人以外的一方支付的运输单据可以满足该项要求。

c. A post receipt or certificate of posting, however named, evidencing receipt of goods for transport, must appear to be stamped or signed and dated at the place from which the credit states the goods are to be shipped. This date will be deemed to be the date of shipment.

c. 证明货物收讫待运的邮政收据或投邮证明，无论名称如何，必须看似在信用证规定的货物发运地点盖章或签署并注明日期。该日期将被视为发运日期。

### Article 26　"On Deck", "Shipper's Load and Count", "Said by Shipper to Contain" and Charges Additional to Freight
### 第二十六条　"货装舱面""托运人装载和计数""内容据托运人报称"及运费之外的费用

a. A transport document must not indicate that the goods are or will be loaded on deck. A clause on a transport document stating that the goods may be loaded on deck is acceptable.

a．运输单据不得表明货物装于或者将装于舱面。声明货物可能被装于舱面的运输单据条款可以接受。

b. A transport document bearing a clause such as "shipper's load and count" and "said by shipper to contain" is acceptable.

b．载有诸如"托运人装载和计数"或"内容据托运人报称"条款的运输单据可以接受。

c. A transport document may bear a reference, by stamp or otherwise, to charges additional to the freight.

c．运输单据上可以以印戳或其他方式提及运费之外的费用。

### Article 27　Clean Transport Document
### 第二十七条　清洁运输单据

A bank will only accept a clean transport document. A clean transport document is one bearing no clause or notation expressly declaring a defective condition of the goods or their packaging. The word "clean" need not appear on a transport document, even if a credit has a requirement for that transport document to be "clean on board".

银行只接受清洁运输单据。清洁运输单据指未载有明确宣称货物或包装有缺陷的条款或批注的运输单据。"清洁"一词并不需要在运输单据上出现，即使信用证要求运输单据为"清洁已装船"的。

### Article 28　Insurance Document and Coverage
### 第二十八条　保险单据及保险范围

a. An insurance document, such as an insurance policy, an insurance certificate or a declaration under an open cover, must appear to be issued and signed by an insurance company, an underwriter or their agents or their proxies.

a．保险单据，例如，保险单或预约保险项下的保险证明书或者声明书，必须看似由保险公司或承保人或其代理人或代表出具并签署。

Any signature by an agent or proxy must indicate whether the agent or proxy has signed for or on behalf of the insurance company or underwriter.

代理人或代表的签字必须标明其系代表保险公司或承保人签字。

b. When the insurance document indicates that it has been issued in more than one original, all originals must be presented.

b．如果保险单据表明其以多份正本出具，所有正本均须提交。

c. Cover notes will not be accepted.

c．暂保单将不被接受。

d. An insurance policy is acceptable in lieu of an insurance certificate or a declaration under an open cover.

d．可以接受保险单代替预约保险项下的保险证明书或声明书。

e. The date of the insurance document must be no later than the date of shipment, unless it appears from the insurance document that the cover is effective from a date not later than the date of shipment.

e. 保险单据日期不得晚于发运日期，除非保险单据表明保险责任不迟于发运日生效。

f. i. The insurance document must indicate the amount of insurance coverage and be in the same currency as the credit.

f.i. 保险单据必须表明投保金额并以与信用证相同的货币表示。

ii. A requirement in the credit for insurance coverage to be for a percentage of the value of the goods, of the invoice value or similar is deemed to be the minimum amount of coverage required.

ii. 信用证对于投保金额为货物价值、发票金额或类似金额的某一比例的要求，将被视为对最低保额的要求。

If there is no indication in the credit of the insurance coverage required, the amount of insurance coverage must be at least 110% of the CIF or CIP value of the goods.

如果信用证对投保金额未作规定，投保金额须至少为货物的 CIF 或 CIP 价格的 110%。

When the CIF or CIP value cannot be determined from the documents, the amount of insurance coverage must be calculated on the basis of the amount for which honour or negotiation is requested or the gross value of the goods as shown on the invoice, whichever is greater.

如果从单据中不能确定 CIF 或者 CIP 价格，投保金额必须基于要求承付或议付的金额，或者基于发票上显示的货物总值来计算，两者之中取金额较高者。

iii. The insurance document must indicate that risks are covered at least between the place of taking in charge or shipment and the place of discharge or final destination as stated in the credit.

iii. 保险单据须标明承包的风险区间至少涵盖从信用证规定的货物监管地或发运地开始到卸货地或最终目的地为止。

g. A credit should state the type of insurance required and, if any, the additional risks to be covered. An insurance document will be accepted without regard to any risks that are not covered if the credit uses imprecise terms such as "usual risks" or "customary risks".

g. 信用证应规定所需投保的险别及附加险（如有的话）。如果信用证使用诸如"通常风险"或"惯常风险"等含义不确切的用语，则无论是否有漏保之风险，保险单据将被照样接受。

h. When a credit requires insurance against "all risks" and an insurance document is presented containing any "all risks" notation or clause, whether or not bearing the heading "all risks", the insurance document will be accepted without regard to any risks stated to be excluded.

h. 当信用证规定投保"一切险"时，如保险单据载有任何"一切险"批注或条款，无论是否有"一切险"标题，均将被接受，即使其声明任何风险除外。

i. An insurance document may contain reference to any exclusion clause.

i. 保险单据可以援引任何除外责任条款。

j. An insurance document may indicate that the cover is subject to a franchise or excess (deductible).

j. 保险单据可以注明受免赔率或免赔额（减除额）约束。

## Article 29　Extension of Expiry Date or Last Day for Presentation
## 第二十九条　截止日或最迟交单日的顺延

a. If the expiry date of a credit or the last day for presentation falls on a day when the bank to which presentation is to be made is closed for reasons other than those referred to in article 36, the expiry date or the last day for presentation, as the case may be, will be extended to the first following banking day.

a. 如果信用证的截止日或最迟交单日适逢接受交单的银行非因第36条所述原因而歇业，则截止日或最迟交单日，视何者适用，将顺延至其重新开业的第一个银行工作日。

b. If presentation is made on the first following banking day, a nominated bank must provide the issuing bank or confirming bank with a statement on its covering schedule that the presentation was made within the time limits extended in accordance with sub-article 29 (a).

b. 如果在顺延后的第一个银行工作日交单，指定银行必须在其致开证行或保兑行的面涵中声明交单是在根据第二十九条a款顺延的期限内提交的。

c. The latest date for shipment will not be extended as a result of sub-article 29 (a).

c. 最迟发运日不因第二十九条a款规定的原因而顺延。

## Article 30　Tolerance in Credit Amount, Quantity and Unit Prices
## 第三十条　信用证金额、数量与单价的增减幅度

a. The words "about" or "approximately" used in connection with the amount of the credit or the quantity or the unit price stated in the credit are to be construed as allowing a tolerance not to exceed 10% more or 10% less than the amount, the quantity or the unit price to which they refer.

a. "约"或"大约"用语信用证金额或信用证规定的数量或单价时，应解释为允许有关金额或数量或单价有不超过10%的增减幅度。

b. A tolerance not to exceed 5% more or 5% less than the quantity of the goods is allowed, provided the credit does not state the quantity in terms of a stipulated number of packing units or individual items and the total amount of the drawings does not exceed the amount of the credit.

b. 在信用证未以包装单位件数或货物自身件数的方式规定货物数量时，货物数量允许有5%的增减幅度，只要总支取金额不超过信用证金额。

c. Even when partial shipments are not allowed, a tolerance not to exceed 5% less than the amount of the credit is allowed, provided that the quantity of the goods, if stated in the credit, is shipped in full and a unit price, if stated in the credit, is not reduced or that sub-article 30 (b) is not applicable. This tolerance does not apply when the credit stipulates a specific tolerance or uses the expressions referred to in sub-article 30 (a).

c. 如果信用证规定了货物数量，而该数量已全部发运，及如果信用证规定了单价，而该单价又未降低，或当第30条（b）款不适用时，则即使不允许部分装运，也允许支取的金额有5%的减幅。若信用证规定有特定的增减幅度或使用第30条（a）款提到的用语限定数量，则该减幅不适用。

### Article 31　Partial Drawings or Shipments
### 第三十一条　分批支款或分批装运

a. Partial drawings or shipments are allowed.

a．允许分批支款或分批装运

b. A presentation consisting of more than one set of transport documents evidencing shipment commencing on the same means of conveyance and for the same journey, provided they indicate the same destination, will not be regarded as covering a partial shipment, even if they indicate different dates of shipment or different ports of loading, places of taking in charge or dispatch. If the presentation consists of more than one set of transport documents, the latest date of shipment as evidenced on any of the sets of transport documents will be regarded as the date of shipment.

b．表明使用同一运输工具并经由同次航程运输的数套运输单据在同一次提交时，只要显示相同目的地，将不视为部分发运，即使运输单据上标明的发运日期不通或装卸港、接管地或发送地点不同。如果交单由数套运输单据构成，其中最晚的一个发运日将被视为发运日。

A presentation consisting of one or more sets of transport documents evidencing shipment on more than one means of conveyance within the same mode of transport will be regarded as covering a partial shipment, even if the means of conveyance leave on the same day for the same destination.

含有一套或数套运输单据的交单，如果表明在同一种运输方式下经由数件运输工具运输，即使运输工具在同一天出发运往同一目的地，仍将被视为部分发运。

c. A presentation consisting of more than one courier receipt, post receipt or certificate of posting will not be regarded as a partial shipment if the courier receipts, post receipts or certificates of posting appear to have been stamped or signed by the same courier or postal service at the same place and date and for the same destination.

c．含有一份以上快递收据、邮政收据或投邮证明的交单，如果单据看似由同一快递或邮政机构在同一地点和日期加盖印戳或签字并且表明同一目的地，将不视为部分发运。

### Article 32　Instalment Drawings or Shipments
### 第三十二条　分期支款或分期装运

If a drawing or shipment by instalments within given periods is stipulated in the credit and any instalment is not drawn or shipped within the period allowed for that instalment, the credit ceases to be available for that and any subsequent instalment.

如信用证规定在指定的时间段内分期支款或分期发运，任何一期未按信用证规定期限支取或发运时，信用证对该期及以后各期均告失效。

### Article 33　Hours of Presentation
### 第三十三条　交单时间

A bank has no obligation to accept a presentation outside of its banking hours.

银行在其营业时间外无接受交单的义务。

## Article 34　Disclaimer on Effectiveness of Documents
### 第三十四条　关于单据有效性的免责

A bank assumes no liability or responsibility for the form, sufficiency, accuracy, genuineness, falsification or legal effect of any document, or for the general or particular conditions stipulated in a document or superimposed thereon; nor does it assume any liability or responsibility for the description, quantity, weight, quality, condition, packing, delivery, value or existence of the goods, services or other performance represented by any document, or for the good faith or acts or omissions, solvency, performance or standing of the consignor, the carrier, the forwarder, the consignee or the insurer of the goods or any other person.

银行对任何单据的形式、充分性、准确性、内容真实性、虚假性或法律效力，或对单据中规定或添加的一般或特殊条件，概不负责；银行对任何单据所代表的货物、服务或其他履约行为的描述、数量、重量、品质、状况、包装、交付、价值或其存在与否，或对发货人、承运人、货运代理人、收货人、货物的保险人或其他任何人的诚信与否，作为或不作为、清偿能力、履约或资信状况，也概不负责。

## Article 35　Disclaimer on Transmission and Translation
### 第三十五条　关于信息传递和翻译的免责

A bank assumes no liability or responsibility for the consequences arising out of delay, loss in transit, mutilation or other errors arising in the transmission of any messages or delivery of letters or documents, when such messages, letters or documents are transmitted or sent according to the requirements stated in the credit, or when the bank may have taken the initiative in the choice of the delivery service in the absence of such instructions in the credit.

当报文、信件或单据按照信用证的要求传输或发送时，或当信用证未作指示，银行自行选择传送服务时，银行对报文传输或信件或单据的递送过程中发生的延误、中途遗失、残缺或其他错误产生的后果，概不负责。

If a nominated bank determines that a presentation is complying and forwards the documents to the issuing bank or confirming bank, whether or not the nominated bank has honoured or negotiated, an issuing bank or confirming bank must honour or negotiate, or reimburse that nominated bank, even when the documents have been lost in transit between the nominated bank and the issuing bank or confirming bank, or between the confirming bank and the issuing bank.

如果指定银行确定交单相符并将单据发往开证行或保兑行。无论指定的银行是否已经承付或议付，开证行或保兑行必须承付或议付，或偿付指定银行，即使单据在指定银行送往开证行或保兑行的途中，或保兑行送往开证行的途中丢失。

A bank assumes no liability or responsibility for errors in translation or interpretation of technical terms and may transmit credit terms without translating them.

银行对技术术语的翻译或解释上的错误，不负责任，并可不加翻译地传送信用证条款。

## Article 36　Force Majeure
### 第三十六条　不可抗力

A bank assumes no liability or responsibility for the consequences arising out of the interruption of its business by Acts of God, riots, civil commotions, insurrections, wars, acts of terrorism, or by any strikes or lockouts or any other causes beyond its control.

银行对由于天灾、暴动、骚乱、叛乱、战争、恐怖主义行为或任何罢工、停工或其无法控制的任何其他原因导致的营业中断的后果，概不负责。

A bank will not, upon resumption of its business, honour or negotiate under a credit that expired during such interruption of its business.

银行恢复营业时，对于在营业中断期间已逾期的信用证，不再进行承付或议付。

### Article 37　Disclaimer for Acts of an Instructed Party
### 第三十七条　关于被指示方行为的免责

a. A bank utilizing the services of another bank for the purpose of giving effect to the instructions of the applicant does so for the account and at the risk of the applicant.

a. 为了执行申请人的指示，银行利用其他银行的服务，其费用和风险由申请人承担。

b. An issuing bank or advising bank assumes no liability or responsibility should the instructions it transmits to another bank not be carried out, even if it has taken the initiative in the choice of that other bank.

b. 即使银行自行选择了其他银行，如果发出指示未被执行，开证行或通知行对此亦不负责。

c. A bank instructing another bank to perform services is liable for any commissions, fees, costs or expenses ("charges") incurred by that bank in connection with its instructions.

c. 指示另一银行提供服务的银行有责任负担被指示方因执行指示而发生的任何佣金、手续费、成本或开支（"费用"）。

If a credit states that charges are for the account of the beneficiary and charges cannot be collected or deducted from proceeds, the issuing bank remains liable for payment of charges.

如果信用证规定费用由受益人负担，而该费用未能收取或从信用证款项中扣除，开证行依然承担支付此费用的责任。

A credit or amendment should not stipulate that the advising to a beneficiary is conditional upon the receipt by the advising bank or second advising bank of its charges.

信用证或其修改不应规定向受益人的通知以通知行或第二通知行收到其费用为条件。

d. The applicant shall be bound by and liable to indemnify a bank against all obligations and responsibilities imposed by foreign laws and usages.

d. 外国法律和惯例加诸于银行的一切义务和责任，申请人应受其约束，并就此对银行负补偿之责。

### Article 38　Transferable Credits
### 第三十八条　可转让信用证

a. A bank is under no obligation to transfer a credit except to the extent and in the manner expressly consented to by that bank.

a. 银行无办理转让信用证的义务，除非该银行明确同意其转让范围和转让方式。

b. For the purpose of this article:

b．就本条款而言：

Transferable credit means a credit that specifically states it is "transferable". A transferable credit may be made available in whole or in part to another beneficiary ("second beneficiary") at the request of the beneficiary ("first beneficiary").

转让信用证意指明确表明其"可以转让"的信用证。根据受益人（"第一受益人"）的请求，转让信用证可以被全部或部分地转让给其他受益人（"第二受益人"）。

Transferring bank means a nominated bank that transfers the credit or, in a credit available with any bank, a bank that is specifically authorized by the issuing bank to transfer and that transfers the credit. An issuing bank may be a transferring bank.

转让银行意指办理信用证转让的被指定银行，或者在适用于任何银行的信用证中，转让银行是由开证行特别授权并办理转让信用证的银行。开证行也可担任转让银行。

Transferred credit means a credit that has been made available by the transferring bank to a second beneficiary.

转让信用证意指经转让银行办理转让后可供第二受益人使用的信用证。

c. Unless otherwise agreed at the time of transfer, all charges (such as commissions, fees, costs or expenses) incurred in respect of a transfer must be paid by the first beneficiary.

c．除非转让时另有约定，所有因办理转让而产生的费用（诸如佣金、手续费、成本或开支）必须由第一受益人支付。

d. A credit may be transferred in part to more than one second beneficiary provided partial drawings or shipments are allowed.

d．倘若信用证允许分批支款或分批装运，信用证可以被部分地转让给一个以上的第二受益人。

A transferred credit cannot be transferred at the request of a second beneficiary to any subsequent beneficiary. The first beneficiary is not considered to be a subsequent beneficiary.

第二受益人不得要求将信用证转让给任何次序位居其后的其他受益人。第一受益人不属于此类其他受益人之列。

e. Any request for transfer must indicate if and under what conditions amendments may be advised to the second beneficiary. The transferred credit must clearly indicate those conditions.

e．任何有关转让的申请必须指明是否以及在何种条件下可以将修改通知第二受益人。转让信用证必须明确指明这些条件。

f. If a credit is transferred to more than one second beneficiary, rejection of an amendment by one or more second beneficiary does not invalidate the acceptance by any other second beneficiary, with respect to which the transferred credit will be amended accordingly. For any second beneficiary that rejected the amendment, the transferred credit will remain unamended.

f．如果信用证被转让给一个以上的第二受益人，其中一个或多个第二受益人拒绝接受某个信用证修改并不影响其他第二受益人接受修改。对于接受修改的第二受益人而言，信用证已做相应的修改；对于拒绝接受修改的第二受益人而言，该转让信用证仍未被　修改。

g. The transferred credit must accurately reflect the terms and conditions of the credit, including confirmation, if any, with the exception of:

g．转让信用证必须准确转载原证的条款及条件，包括保兑（如有），但下列项目除外：

305

- the amount of the credit,

-信用证金额，

- any unit price stated therein,

-信用证规定的任何单价，

- the expiry date,

-到期日，

- the period for presentation, or

-单据提示期限，或

- the latest shipment date or given period for shipment,

-最迟装运日期或规定的装运期间，

any or all of which may be reduced or curtailed.

以上任何一项或全部均可减少或缩短。

The percentage for which insurance cover must be effected may be increased to provide the amount of cover stipulated in the credit or these articles.

必须投保的保险金额的投保比例可以增加，以满足原信用证或本惯例规定的投保金额。

The name of the first beneficiary may be substituted for that of the applicant in the credit.

可以用第一受益人的名称替换原信用证中申请人的名称。

If the name of the applicant is specifically required by the credit to appear in any document other than the invoice, such requirement must be reflected in the transferred credit.

如果原信用证特别要求开证申请人名称应在除发票以外的任何单据中出现时，则转让信用证必须反映出该项要求。

h. The first beneficiary has the right to substitute its own invoice and draft, if any, for those of a second beneficiary for an amount not in excess of that stipulated in the credit, and upon such substitution the first beneficiary can draw under the credit for the difference, if any, between its invoice and the invoice of a second beneficiary.

h．第一受益人有权以自己的发票和汇票（如有），替换第二受益人的发票和汇票（如有），其金额不得超过原信用证的金额。在如此办理单据替换时，第一受益人可在原信用证项下支取自己发票与第二受益人发票之间产生的差额（如有）。

i. If the first beneficiary is to present its own invoice and draft, if any, but fails to do so on first demand, or if the invoices presented by the first beneficiary create discrepancies that did not exist in the presentation made by the second beneficiary and the first beneficiary fails to correct them on first demand, the transferring bank has the right to present the documents as received from the second beneficiary to the issuing bank, without further responsibility to the first beneficiary.

i．如果第一受益人应当提交其自己的发票和汇票（如有），但却未能在收到第一次要求时照办；或第一受益人提交的发票导致了第二受益人提示的单据中本不存在的不符点，而其未能在收到第一次要求时予以修正，则转让银行有权将其从第二受益人处收到的单据向开证行提示，并不再对第一受益人负责。

j. The first beneficiary may, in its request for transfer, indicate that honour or negotiation is to be effected to a second beneficiary at the place to which the credit has been transferred, up to and including the expiry date of the credit. This is without prejudice to the right of the first beneficiary in accordance with sub-article 38 (h).

j．第一受益人可以在其提出转让申请时，表明可在信用证被转让的地点，在原信用证的到期日之前（包括到期日）向第二受益人予以兑付或议付。本条款并不损害第一受益人在第38 条（h）款下的权利。

k. Presentation of documents by or on behalf of a second beneficiary must be made to the transferring bank.

k．由第二受益人或代表第二受益人提交的单据必须向转让银行提示。

### Article 39   Assignment of Proceeds
第三十九条  款项让渡

The fact that a credit is not stated to be transferable shall not affect the right of the beneficiary to assign any proceeds to which it may be or may become entitled under the credit, in accordance with the provisions of applicable law. This article relates only to the assignment of proceeds and not to the assignment of the right to perform under the credit.

信用证未表明可转让，并不影响受益人根据所适用的法律规定，将其在该信用证项下有权获得的款项让渡与他人的权利。本条款所涉及的仅是款项的让渡，而不是信用证项下执行权利的让渡。